领军企业
创新链研究

杨 忠等 著

LEADING ENTERPRISE
INNOVATION CHAIN RESEARCH

国家自然科学基金重点项目"领军企业创新链的组织架构与协同管理"（批准号：71732002）
国家社会科学基金重大项目"新型举国体制下科技创新要素的优化配置研究"（批准号：23&ZD133）

科学出版社

北京

内 容 简 介

本书主要探究我国领军企业创新链的现状。绪论章节主要介绍新时代下我国经济发展新常态与科技创新特征；第一篇是领军企业创新链研究背景与基础理论，包含三章，主要探究新时代我国科技创新的新发展、我国科技创新新发展下的创新链理论和领军企业创新链的内涵界定；第二篇是领军企业创新链构建与运行，包含四章，主要探究领军企业创新链的组织模式、组织形态、协同管理机制等；第三篇是领军企业创新链发展与优化，包含四章，主要探究领军企业创新链的动态演化规律、整体效能提升机制、优化策略设计及典型应用案例。

本书可为领军企业创新链理论研究者和领军企业创新管理者的相关工作提供参考。

图书在版编目(CIP)数据

领军企业创新链研究/杨忠等著. —北京：科学出版社，2023.12
ISBN 978-7-03-077915-1

Ⅰ.①领… Ⅱ.①杨… Ⅲ.①企业创新-研究-中国
Ⅳ.①F279.23

中国国家版本馆 CIP 数据核字（2023）第 251214 号

责任编辑：陈会迎 郝 悦/责任校对：王晓茜
责任印制：张 伟/封面设计：有道设计

科学出版社 出版
北京东黄城根北街 16 号
邮政编码：100717
http://www.sciencep.com
北京建宏印刷有限公司印刷
科学出版社发行 各地新华书店经销

*

2023 年 12 月第 一 版 开本：720×1000 1/16
2023 年 12 月第一次印刷 印张：19 1/4
字数：383 000
定价：198.00 元
（如有印装质量问题，我社负责调换）

序　　一

目前，创新链已成为学界和业界广为关注的话题。我对该书的研究主题抱有极大的兴趣，很荣幸能够受到杨忠教授团队的邀请，从一位国有企业管理者的视角为《领军企业创新链研究》一书撰写序言。

在我于中国中车股份有限公司工作期间，杨忠教授带领国家自然科学基金重点项目"领军企业创新链的组织架构与协同管理"课题组一行来到中国中车股份有限公司下属的中车四方车辆有限公司和中车长春轨道客车股份有限公司进行了三次深度调研。调研期间，集团高管、技术专家和研发团队积极配合，与课题组成员进行了广泛且深入的交流。我们向课题组介绍了公司近些年在战略规划、组织架构、管理创新和技术研发等方面的具体做法和当下面临的一些问题与困惑。通过深入交流，双方都有很大收获：公司的创新实践为课题研究提供了丰富的素材，课题组深厚的理论素养和敏锐的学术洞见也加深了我们对科技创新规律的认识与理解。让我们感到荣幸的是，我们在创新管理与实践方面的探索，成为该书思想和理论的重要源泉。

我仔细阅读了全书，从一个领军企业管理者的视角看，该书有如下几个特点。第一，该书选择在我国经济发展中具有重要地位的领军企业作为研究对象，切合了管理实践的需要。该书详细阐述了领军企业的独有特性及其在创新管理实践中的特殊地位，进一步明确了领军企业在国家创新体系中的重要角色，指出领军企业要承担起在国家科技创新中的使命和责任，就要担负起牵头构建创新链，进而建设创新联合体的重大责任。第二，该书具有强烈的问题导向。从创新实践中提出问题，又紧密服务创新实践。该书从我国领军企业科技创新管理特别是构建创新链的现状和痛点入手，深入剖析了领军企业通过组织架构的科学设计和全链条的整体协同，实现创新链效能整体提升的成功经验和内在规律。第三，扎根本土开展研究，研究成果具有理论上的突破性。该书让我们对创新链有了全新的理解和认识，创新链上创新主体的多样性、利益的多元性、过程的连续性、匹配的精准性，使得创新链的构建成为一个复杂的管理系统。第四，该书对实践具有指导意义，这是给我留下的最为深刻的印象。无论是创新链构建模式的选择还是创新链上各个主体的协同，包括如何合理设计各主体间的权力、责任和利益分配机制，领军企业如何发挥好自身的治理者角色作用等，该书都提供了具有指导意义的方法和策略。

该书最终呈现的一系列结论和观点，是在不同行业的众多典型案例研究基础上得出的，这些不同行业领军企业的经验和做法相互印证，也使得该书的结论更具有现实的指导意义。所以，我非常荣幸地向大家推荐《领军企业创新链研究》这本著作。相信该书的思想和观点，一定会为我国领军企业的创新管理实践特别是创新链的构建与管理提供裨益。

楼齐良

中国铁路通信信号集团有限公司董事长

中国中车股份有限公司原总经理

序 二

杨忠教授的新书《领军企业创新链研究》付梓在即，很荣幸受邀为该书作序，也有幸能够先睹为快。过去数十年，大量创新研究相关著作出版，但总体上以对话国际学术社区为主，对我国实践问题的关照存在一定不足，不免让人有隔靴搔痒之感。令人欣喜的是，杨忠教授的著作能够将关照中国实践和开展学术对话这两个目标有机结合，一方面以现象剖析为驱动，聚焦于我国科技创新的广泛实践，解析领军企业发挥的重要作用；另一方面以理论构建为导向，在对现实问题进行理论抽象和提炼的基础上，建构领军企业创新链的理论体系。此外，在该书的字里行间，我时常会感受到杨忠教授带领团队在回答我国科技创新面临的现实问题时所肩负的学术使命感。我想，既然提笔作序，除了以上的夸赞，还要谈些具体的感受，让读者能够加深理解，激发好奇。具体地，我想从以下三个方面谈一谈该书的突出特点。

第一，该书扎根实践直面中国科技创新的关键问题。当今世界正处于百年未有之大变局，科技创新被摆在了史无前例的高度。一方面，以人工智能为代表的新一轮科技革命和产业变革正加速袭来，与我国发展方式向高质量转变历史性相遇，我国需要顺势而为，抢抓科技革命的主动权；另一方面，以技术封锁为重要内容的国际政治冲突与对抗正接踵而至，凸显出中国科技创新的短板与不足，我国需要逆流而上，实现科技的自立自强。加之，我国正处于实现中华民族伟大复兴的关键时期，科技创新的重要性前所未有。那么如何提升科技创新水平，进而实现经济的高质量发展？对此，习近平指出，"要围绕产业链部署创新链、围绕创新链布局产业链"[①]。产业链需求使得科技创新有方向，创新链成果使得产业升级有保障。其中，企业是创新的主体，是推动创新的生力军，领军企业更是构建创新链、带动产业链升级的领军者。因此，杨忠教授团队将研究问题始终聚焦于领军企业如何通过构建创新链，实现科技的创新突破。在研究过程中，研究团队一直深深扎根我国科技创新实践构建理论，深入走访和调研了中国中车股份有限公司、国家电网有限公司、江苏恒瑞医药股份有限公

---

① 《习近平在陕西考察时强调：扎实做好"六稳"工作落实"六保"任务 奋力谱写陕西新时代追赶超越新篇章》，https://www.gov.cn/xinwen/2020-04/23/content_5505476.htm，2020年4月23日。

司、华为技术有限公司等一大批领军企业。这样扎根我国科技创新实践的研究，不仅为国家的科技创新政策的出台出谋划策，也为创新研究贡献了理论智慧，更响应了"研究中国问题、讲好中国故事"的学术呼声，为世界了解我国创新实践提供了窗口。

第二，该书研究方法多样且深入扎实。只有严谨的研究方法及过程才能产生经得起推敲的理论。在研究早期，为深入了解我国科技创新的现状，研究团队选择信息技术产业、先进轨道交通装备、电力装备和生物医药等四大行业开展深度研究，研究方法以个案和质性研究为主。研究团队自2014年陆续调研、追踪多家领军企业及相关创新主体，系统总结它们在构建创新链过程中的经验做法，进行初步的理论抽象。然后，在研究的中后期，研究团队综合运用问卷调查、二手数据、仿真模拟等方法，始终围绕领军企业创新链构建这一核心研究主题，从不同的视角和侧面系统地探讨创新链架构演化、不同创新链主体协同创新等相关子核心议题，对前期的初步理论抽象进行验证、修订和补充，从而使得所构建的领军企业创新链理论不断丰富和体系化。研究方法的多元化，不仅为研究结论提供了严谨性，也为相关的创新研究提供了借鉴。

第三，该书贡献了基于中国管理实践的创新理论。紧跟管理实践的变化，创新理论大体上经历了从企业层面向企业间层面的转变，相继涌现出企业层面的双元创新、颠覆式创新等，企业间层面的创新网络、创新生态系统、整合式创新等。并且，随着商业环境VUCA[①]加剧，创新活动逐渐从自由探索式向有组织创新过渡。但是，大部分创新理论是在西方情景发展成熟后才被学者引入我国情景，难免会产生适用性不足等问题。创新链理论发端于20世纪90年代的西方，在以往的理论竞赛中并未得到长足发展。杨忠教授团队在中国情景中将之创造性发展，不仅使得创新链理论本身得以进步，还实现了创新链理论的中国化。对比已有的创新管理理论，杨忠教授团队所构建的领军企业创新链理论让我最受启发的是，创新链强调从科学发现到科技成果产业化的全链条整合式协同管理，同时关注企业创新的广度、深度与时间跨度，能够为识别企业创新过程中可能存在的"卡脖子"风险等重大挑战、提升科技创新体系整体效能提供策源性框架。杨忠教授团队提出，领军企业在创新链构建与运行过程中发挥主导作用，扮演治理者角色；领军企业应根据创新情境的不同，从"共生开放型""线性开放型""共生聚合型""线性聚合型"四种模式中，选择与自身所处创新情境相匹配的创新链组织模式；领军企业需要通过推动自身合法性和技

[①] VUCA 是 volatility（易变性）、uncertainty（不确定性）、complexity（复杂性）、ambiguity（模糊性）的缩写。

能力的共演来实现创新链整体效能的逐步提升。这些学术观点,完善和拓展了现有的创新管理理论。除此以外,该书还有很多原创性观点,留待读者自行阅读探寻。简言之,实践之路常新,理论之树常青,希望杨忠教授团队再接再厉,紧跟中国创新实践的步伐,让领军企业创新链理论永葆生命力!

陈 劲

清华大学经济管理学院教授

清华大学技术创新研究中心主任

前　　言

党的二十大报告明确指出："从现在起，中国共产党的中心任务就是团结带领全国各族人民全面建成社会主义现代化强国、实现第二个百年奋斗目标，以中国式现代化全面推进中华民族伟大复兴。"[①]要实现中国式现代化，关键路径之一就是"坚持面向世界科技前沿、面向经济主战场、面向国家重大需求、面向人民生命健康，加快实现高水平科技自立自强"[①]。特别是面对百年未有之大变局，在中美科技博弈全面升级的态势下，实现高水平科技自立自强成为实现中华民族伟大复兴中国梦的坚强保障，是实现中国式现代化的根基所在。高水平科技自立自强目标的实现，需要"强化企业科技创新主体地位"[①]，优化科技领军企业的定位和布局。在越来越多的中国企业成长为世界级领军企业的现实背景下，发挥好领军企业在科技创新中的引领支撑作用，已经成了提升国家创新体系整体效能，进而实现高水平科技自立自强的重要战略举措。

对于这些在中国经济快速发展的浪潮中成长起来的世界级领军企业而言，它们的创新管理实践在多方面发生了变化，其中最为显著的变化就是领军企业的竞争理念由传统的零和博弈竞争转变为基于共享价值的竞争与合作，竞争范式也从早期的企业个体间竞争转向了企业所嵌入的价值链间的竞争。这种竞争理念和竞争范式的转变，使得领军企业的创新范式从独立创新转变为协同创新，相应的功能结构也发生了根本改变，即从早期依赖于企业自身资源的点式创新结构转向了以领军企业为核心的链式创新结构。遗憾的是，虽然实践发生了翻天覆地的变化，但是现有的创新研究对于实践中发生的这种转变并没有进行很好的回应。

时代为思想之端，实践为理论之源；伟大的时代呼唤重大的理论创新，领先的创新管理实践孕育全新的创新理论体系[②]。正是率先关注到领军企业创新链这一新型创新组织形式的最新发展，国家自然科学基金委员会在2017年设立了"领军企业创新链的组织架构与协同管理"重点项目。基于团队前期积累的研究优势，我们申请并获批了国家自然科学基金委员会的项目资助。

国家自然科学基金委员会给予我们项目资助，是对我们团队专业能力的信任，对于我们来说也是一份沉甸甸的责任。肩负着这样一份责任和使命，我们团队在

[①] 《习近平：高举中国特色社会主义伟大旗帜　为全面建设社会主义现代化国家而团结奋斗——在中国共产党第二十次全国代表大会上的报告》，https://www.gov.cn/xinwen/2022-10/25/content_5721685.htm，2022年10月25日。

[②] 蔡莉、葛宝山、李雪灵等：《创新驱动创业的理论基础》，科学出版社，2023年。

获批课题后迅速组织系统研讨，提炼确立课题研究的关键核心问题，并基于这些关键核心问题拟订了翔实的项目执行计划。在 2017 年 12 月至 2022 年 12 月的 5 年内，我们团队围绕课题研究的关键核心问题，走访调研了 40 余家企业、研发机构，问卷调研了 500 多家企业，收集了大量宝贵的实践数据。在系统收集实践数据的基础上，我们团队结合混搭组织、价值共创、协同创新、制度逻辑等多种基础理论，采用案例研究、计算机仿真模拟、计量经济学、博弈论等方法开展了一系列研究，发表科研论文 80 余篇，相关研究成果在学术界形成了较大的影响力。

为了让理论研究者、产业工作者和相关政府部门人员更全面理解领军企业创新链，包括其概念内涵、组织架构特征、协同管理模式机制、动态演化规律、构建策略与制度安排等，我们团队于 2023 年初萌生出系统整理领军企业创新链研究成果并出版专著的想法，经与科学出版社沟通，获得了出版社领导同志的肯定和支持。经过历时一年的写作，我们团队最终完成了《领军企业创新链研究》这本专著。本专著可能只能让读者窥得我国领军企业创新链理论研究的冰山一角，但我们团队真诚地希望本专著能够为关注领军企业创新链主题的研究者和实践者提供借鉴和启发。

感谢楼齐良董事长和陈劲教授对本专著的大力推荐。感谢蔡莉教授、陈劲教授、李新春教授、张玉利教授、曾赛星教授、吴晓波教授，以及国家自然科学基金委员会领导，他们为重点课题的执行提供了宝贵的建议。感谢中国中车股份有限公司、中车青岛四方机车车辆股份有限公司、中车长春轨道客车股份有限公司、国家电网有限公司、华为技术有限公司、江苏恒瑞医药股份有限公司、中国电子科技集团公司第十四研究所、江苏省产业技术研究院、华润燃气控股有限公司、陕西鼓风机（集团）有限公司、安徽创新馆、中国移动云能力中心等企事业单位的领导、专家和一线科技工作者接受访谈，并不辞劳苦地为我们团队提供丰富资料，他们的辛劳奉献是本专著撰写的基础。感谢南京大学科学技术处、南京大学社会科学处和南京大学创新创业与成果转化工作办公室的同事，他们为重点课题的执行提供了重要的支撑。本专著的最终完成，也离不开科学出版社的信任和支持，尤其是各位编辑的辛苦付出。

目　录

第1章　绪论 ··· 1
   1.1　新时代下我国经济发展新常态与科技创新格局 ······················· 1
   1.2　科技创新困境与领军企业创新链 ·· 7
   1.3　本书的基本框架与研究内容 ··· 13
   参考文献 ··· 18

第一篇　领军企业创新链研究背景与基础理论

第2章　新时代我国科技创新的新发展 ·· 23
   2.1　我国科技创新的新任务 ··· 23
   2.2　我国科技创新的新特征 ··· 29
   2.3　我国科技创新的新模式 ··· 44
   参考文献 ··· 49

第3章　我国科技创新新发展下的创新链理论 ··································· 51
   3.1　创新理论：回顾与挑战 ··· 51
   3.2　创新链内涵阐释 ·· 58
   3.3　创新链研究现状 ·· 65
   参考文献 ··· 71

第4章　领军企业创新链的内涵界定 ··· 74
   4.1　领军企业概念界定 ··· 74
   4.2　领军企业创新链概念与内涵 ·· 76
   4.3　领军企业的划分与选择 ·· 87
   参考文献 ··· 89

第二篇　领军企业创新链构建与运行

第5章　领军企业创新链的组织模式 ··· 93
   5.1　创新链组织模式研究的两个视角 ·· 93
   5.2　影响领军企业创新链组织模式的两种情境因素 ····················· 95

  5.3 不同创新情境下领军企业创新链组织模式的主要特征 …………… 97
  5.4 领军企业创新链组织模式与创新情境的匹配 ………………… 108
 参考文献 …………………………………………………………………… 112

第6章 领军企业创新链的组织形态与效率提升 …………………… 116
  6.1 领军企业创新链的组织形态 …………………………………… 116
  6.2 创新主体结网偏好与领军企业创新链不同阶段的创新效率 …… 123
  6.3 网络密度与领军企业创新链不同阶段的创新效率 …………… 132
 参考文献 …………………………………………………………………… 144

第7章 领军企业创新链的协同创新管理 …………………………… 147
  7.1 协同创新相关研究现状 ………………………………………… 147
  7.2 领军企业创新链的协同创新机制 ……………………………… 151
  7.3 领军企业创新链的协同创新绩效 ……………………………… 158
 参考文献 …………………………………………………………………… 167

第8章 领军企业创新链关键主体的分工与协作机制 ………………… 172
  8.1 基于多重制度逻辑的关键主体特征差异 ……………………… 172
  8.2 领军企业创新链关键主体的分工机制 ………………………… 179
  8.3 基于"政府+市场"有效结合的领军企业创新链协作机制构建 …… 183
 参考文献 …………………………………………………………………… 192

第三篇 领军企业创新链发展与优化

第9章 领军企业创新链的动态演化 ………………………………… 197
  9.1 领军企业创新链的主体情境、认知与行为演化规律 ………… 197
  9.2 领军企业创新链的主体自主创新能力演化机制 ……………… 206
  9.3 领军企业创新链的主体间合作关系动态演化过程 …………… 214
 参考文献 …………………………………………………………………… 226

第10章 领军企业创新链的整体效能提升 …………………………… 228
  10.1 领军企业创新链整体效能提升的影响因素 ………………… 228
  10.2 领军企业创新链整体效能提升过程:以中国中车为例 …… 236
  10.3 两链融合促进领军企业创新链整体效能提升的机制 ……… 239
 参考文献 …………………………………………………………………… 243

第11章 领军企业创新链优化策略与制度安排 ……………………… 246
  11.1 领军企业创新链优化策略设计 ……………………………… 246

11.2 领军企业创新链制度安排与保障措施 ································· 256
参考文献 ·· 267
第12章 领军企业创新链主体连接与冲击应对：以集成电路产业为例 ········ 269
12.1 集成电路产业领军企业创新链主体与连接 ························· 269
12.2 集成电路产业领军企业创新链遭遇的外部冲击：
美国《芯片与科学法案》 ······································ 277
12.3 领军企业创新链下推动我国集成电路产业高质量发展的政策措施 ···· 282
参考文献 ·· 288

后记 ·· 290

第1章 绪　　论

中国式现代化是实现全体人民共同富裕的路向坐标。当前，一方面，新时代我国经济发展面临着中高速、中高端和新引擎的新常态；另一方面，逆全球化趋势与大国竞争新变局的相互交织，使得我国在关键核心技术领域的短板问题持续放大，进而导致企业在上下游产业链面临重大"卡脖子"风险与挑战。为此，2020年10月习近平在深圳经济特区建立40周年庆祝大会上指出，"要围绕产业链部署创新链、围绕创新链布局产业链"[①]，这不仅赋予了创新链新的内涵与使命，更为我国创新型国家建设指明了方向，然而目前学界和业界对创新链的研究尚缺乏一定的认识。

领军企业作为创新引领的代表，在创新链中发挥引导作用，领军企业创新链研究不仅有助于深入了解企业创新绩效的追溯和机制剖析，而且有助于洞察产业发展动态、把握产业规律，为政府政策制定及其他企业发展提供战略指导和借鉴，进而促进产业升级和创新驱动发展，并推动我国科技创新的全面发展。因此，在新时代我国科技创新形势下，开展领军企业创新链研究具有一定的必要性和紧迫性，对于提升企业创新能力、推动产业升级和转型、优化政策支持及加强国际竞争力等都具有积极意义。

1.1　新时代下我国经济发展新常态与科技创新格局

1.1.1　新时代我国经济发展面临新常态

党的二十大报告提出，"共同富裕是中国特色社会主义的本质要求"[②]。中国式现代化是实现全体人民共同富裕的路向坐标，然而，新时代我国经济发展面临着中高速、中高端和新引擎的新常态。新常态下，我国经济发展具有以下主要特点：增长速度从高速转向中高速，发展方式从规模速度型转向质量效率型，经济结构调整从增量扩能为主转向调整存量、做优增量并举，发展动力从主要依靠资

---

① 《（受权发布）习近平：在深圳经济特区建立40周年庆祝大会上的讲话》，http://www.xinhuanet.com/politics/leaders/2020-10/14/c_1126611290.htm，2020年10月14日。
② 《习近平：高举中国特色社会主义伟大旗帜　为全面建设社会主义现代化国家而团结奋斗——在中国共产党第二十次全国代表大会上的报告》，https://www.gov.cn/xinwen/2022-10/25/content_5721685.htm，2022年10月25日。

源和低成本劳动力等要素投入转向创新驱动，其中，科技创新是中国式现代化的关键。近年来，我国不断加大研发投入，加强基础研究和应用研究的融合，培育和吸引高端人才，构建创新型国家。此外，近年来以数字化、智能化等为代表的新质生产力，现已成为推进中国式现代化的新动能，这些因素将共同推动我国经济的可持续发展和国家综合竞争力的提升。总之，新常态下，我国经济发展的目标、模式、动力也将发生明显变革（方敏，2021）。

（1）在新目标方面，当前我国已经发展为世界性经济大国，经济发展由追求数量转向注重质量，由追求规模转向注重质量效益，由追求要素驱动转向注重质量提升。这意味着经济增长速度有所下滑，但经济增长更加稳定、更具有可持续性，经济发展质量更高。我国经济发展将不再追求单纯的速度，而是将更多关注放在提高经济质量和效益上。

（2）在新模式方面，调整发展方式和优化产业结构是新常态的重要特征。新时代我国经济转向高质量发展阶段，需摒弃过去粗放型发展模式，通过要素结构的优化和配置，全面提升全要素发展效率，完善经济发展的制度体系和市场机制，坚持速度与质量双轮驱动。因此，我国会努力推动产业结构从低端迈向中高端，通过升级和转型来提升整体产业水平，从而促使经济更加具有竞争力和韧性。

（3）在新动力方面，经济发展动力由过去主要依靠要素和投资驱动转变为主要依靠创新驱动。一方面，现阶段以"算力"为代表的新质生产力在促进我国经济高质量发展方面作用巨大。新质生产力是在社会日渐网络化、信息化、数字化、智能化的条件下，生产力因科技创新加速、新型产业崛起而呈现的新形式和新质态。因此，新质生产力不仅是促进我国经济高质量发展的必然要求，也是实现中国式现代化的具体体现。另一方面，新时代我国经济转变创新驱动发展方向，注重提高自主创新能力、构建技术领域创新体系、促进产业结构优化升级、推动我国产业向全球中高端价值链迈进。创新驱动经济发展，能提供更多的发展机会和潜力，推动建设现代化产业体系。

总体而言，新常态是指一个国家或地区的经济发展模式发生调整，包括中高速增长、产业结构升级和创新驱动等方面的转变，这种转变旨在实现经济的可持续增长，提高经济质量和效益。与之相伴随，当前我国科技创新正处于一个蓬勃发展的阶段，经济新常态下的科技创新面临着新可能。

①科技革命和产业变革蓬勃兴起。新一轮科技革命和产业变革正在加速发展，涵盖领域广泛，如人工智能、大数据、云计算、物联网、生物技术等。这些技术的突破和应用将深刻改变产业结构和竞争格局。②全球科技竞争日益加剧。国家之间的科技竞争日益激烈，各国都意识到科技创新对国家发展的重要性。我国积极投资于科技研发和创新，加强人才培养和科技基础设施建设，以提升国家竞争力。③我国重视优化资源配置。在新常态下，我国更加注重优化资源的配置，提

高资源利用效率。这包括设计政策体系，发挥科技创新在推动绿色发展、节约能源、减少浪费等方面的作用。④科技创新合作需求明显增强。竞争的加剧使得不同创新主体之间更需要加强合作。不同企业、机构和学术界之间的协同创新需求日益凸显，以共同应对技术挑战和实现更大的创新成果。⑤科学技术进步与数字经济发展日益融合。在科学技术不断发展的同时，数字经济时代的到来为创新主体之间的连接和互动提供了更广泛和便利的可能性。互联网、智能手机和社交媒体等技术的普及，促进了信息的流动和创新的传播。⑥可持续发展为科技创新提供新空间。在新常态下，可持续发展将成为经济发展的重要目标。我国会推动经济发展与环境保护、社会公平相协调，实现经济、社会和环境的可持续平衡。

总的来说，当前我国科技创新正朝着更高层次和更广泛领域迈进。我国必须继续大力支持科技创新和研发合作，要持续致力于推动科技成果的广泛应用，以引领经济发展和社会进步。面向未来，我国科技创新发展将继续迎来新的突破和机遇。

1.1.2 新时代我国经济发展对科技创新提出的新要求

中国式现代化需要科技创新来支撑。在当前经济转型升级过程中，科技创新被视为实现可持续发展和提升国家竞争力的关键因素。新时代我国经济发展对科技创新提出一系列的新要求。①提升技术引领能力。我国经济需要通过科技创新来引领发展方向，从传统产业向高科技领域转型。科技创新将推动经济结构的优化和升级，培育新兴产业和高端制造业。②加强自主创新能力。我国经济需要更加重视自主创新能力的培养和提升。这意味着在关键技术领域要减少对外部技术的依赖，加强自主研发能力，保护知识产权，并积极推动科技成果的转化和应用。③优化创新生态环境。为科技创新提供良好的生态环境是至关重要的。政府需要提供支持政策和资金支持，减少创新的壁垒和风险，促进企业、高校、科研机构之间的合作和资源共享，营造鼓励创新的文化氛围。④做好人才引进和培养。我国需要优秀的科技人才支持创新发展。政府和企业应加大对科研人员的培养和引进力度，提供良好的薪酬和发展机会，吸引更多高层次人才参与科技创新。⑤促进科技与产业深度融合。科技创新要与产业发展深度融合，加快技术成果的转化应用，推动科技与制造业、服务业、农业等实体经济的结合，加强创新供应链和价值链的整合，提高经济整体竞争力。⑥革新体制机制。为了激发创新活力，要推动科技管理体制和机制改革，简化科研项目立项和审批流程，强化知识产权保护，建立激励机制，提升科研人员的积极性和创造力。

因此，新时代下我国经济发展形势对科技创新提出了新的要求，只有积极应对这些新要求，我国科技创新才能真正支撑起中国式现代化的进程，真正实现中国式现代化的目标，并进一步在全球科技竞争中取得更大的优势。

1.1.3 新时代我国科技创新发展的机遇与挑战

科技创新是原创性科学研究和技术创新的总称，是指创造和应用新知识、新技术、新工艺，采用新的生产方式和经营管理模式，开发新产品、新武器、新装备，提供新服务的过程。新时代背景下，我国科技创新发展面临着新的机遇与挑战：从国际来看，新一轮科技革命和产业变革带来的机遇和挑战；从国内来看，当前我国面临高质量发展的要求。习近平在中国科学院第十九次院士大会、中国工程院第十四次院士大会上指出："现在，我们迎来了世界新一轮科技革命和产业变革同我国转变发展方式的历史性交汇期，既面临着千载难逢的历史机遇，又面临着差距拉大的严峻挑战。"[①] 其中，机遇主要体现在以下四个方面。

1. 政策支持与重视程度达到新高度

我国政府高度重视科技创新，在国家战略层面将科技创新作为促进经济发展的重要支撑。政府颁布了一系列支持科技创新的政策，包括提供财税支持、加大科研资金投入、简化科研项目申报审批程序等，营造了良好的创新环境。例如，党的十八大提出，"科技创新是提高社会生产力和综合国力的战略支撑，必须摆在国家发展全局的核心位置"[②]。2021年，我国出台的《中华人民共和国国民经济和社会发展第十四个五年规划和2035年远景目标纲要》进一步提出与"补链""强链"相关的诸多举措。根据2022年《财富》世界500强排行榜，我国企业数量创纪录地达到145家，连续四年超越美国居世界首位。世界知识产权组织发布的《2022年全球创新指数报告》显示，我国超越法国升至全球第11位。

2. 科技投入持续增加

近年来，我国持续加大对科技创新投入力度，在科研经费、科技项目扶持和科技企业发展等方面提供了大量的资金支持。例如，设立了国家重大科技专项、国家科技计划等专项资金，鼓励企业加大研发投入和技术创新。目前，我国R&D（research and experimental development，研究与试验发展）经费投入强度屡创新高。

---

① 《在中国科学院第十九次院士大会、中国工程院第十四次院士大会上的讲话》，https://www.gov.cn/gongbao/content/2018/content_5299599.htm，2018年5月28日。

② 《胡锦涛在中国共产党第十八次全国代表大会上的报告》，https://www.gov.cn/ldhd/2012-11/17/content_2268826_2.htm，2012年11月17日。

2013 年 R&D 经费投入强度首次突破 2%[①]。2019 年全社会 R&D 支出 2.17 万亿元，占 GDP 的比重为 2.19%，2020 年 R&D 经费支出与 GDP 之比达 2.4%。2022 年，全社会 R&D 经费支出首次突破 3 万亿元，R&D 投入强度首次突破 2.5%，基础研究投入比重连续 4 年超过 6%[②]。

3. 人才培养与引进力度不断加大

为了支持科技创新，我国加大了人才培养和引进的力度。一方面，国家出台了一系列人才引进政策，鼓励海外高层次人才回国，为其提供优厚的待遇和创新资源。另一方面，重视本土人才的培养，加大科研院所、高校等科技创新基地的建设力度，培养更多的高端科技人才。近年来，我国在科技人才培养方面成效显著，科技人才队伍持续壮大。全国研发人员总量于 2013 年首次超过美国，2018 年全国研发人员总量为 419 万人年。2022 年，我国研发人员总量超过 600 万人年，连续多年保持世界第一。人才队伍结构进一步优化，领军人才和高水平创新团队不断涌现，更多青年科技人才脱颖而出。

4. 产学研深度融合与科技进步贡献率进一步提升

我国积极推动产学研深度融合，加强科技成果的转化应用。通过建立技术转移机构、科技企业孵化器等多种载体，促进科技成果的产业化、市场化，加快科技创新的落地与推广。2018 年我国科技进步贡献率达 58.5%，2019 年我国科技进步贡献率达 59.5%。2023 年《政府工作报告》指出：过去五年，全社会研发经费投入强度从 2.1%提高到 2.5%以上，科技进步贡献率提高到 60%以上，创新支撑发展能力不断增强[③]。

综上所述，新时代我国科技创新发展的机遇体现在国家的高度重视、科技投入的增加、对人才培养和引进的强力支持，以及产学研深度融合程度和科技进步贡献率的进一步提升。这些因素为科技创新提供了重要的保障和机遇，为我国科技创新迈向更高水平和更广领域创造了良好的条件。但不可否认的是，我国科技创新的发展目前还面临一些挑战。

1）国际专利申请量保持增长，但科技进步贡献率不足

从 2009 年到 2022 年，我国的国际专利申请量一直保持着相对比较快速的增长态势，2022 年我国国际专利申请量首次突破 7 万件，为 7.0015 万件，再次位居

---

① 资料来源：《2013 年全国科技经费投入统计公报》。
② 《2022 年全社会研发经费支出首次突破 3 万亿元 研发投入强度首次突破 2.5%》，https://www.ccdi.gov.cn/yaowenn/202302/t20230224_248952.html，2023 年 2 月 24 日。
③ 《政府工作报告——2023 年 3 月 5 日在第十四届全国人民代表大会第一次会议上》，https://www.gov.cn/zhuanti/2023lhzfgzbg/index.htm?eqid=a2d7d66800005226000000066459ed2a，2023 年 3 月 5 日。

全球第一，见图 1-1。但目前我国科技进步贡献率并没有随着研发投入的快速和大幅增长而同步显著提高，还存在一定的不足。

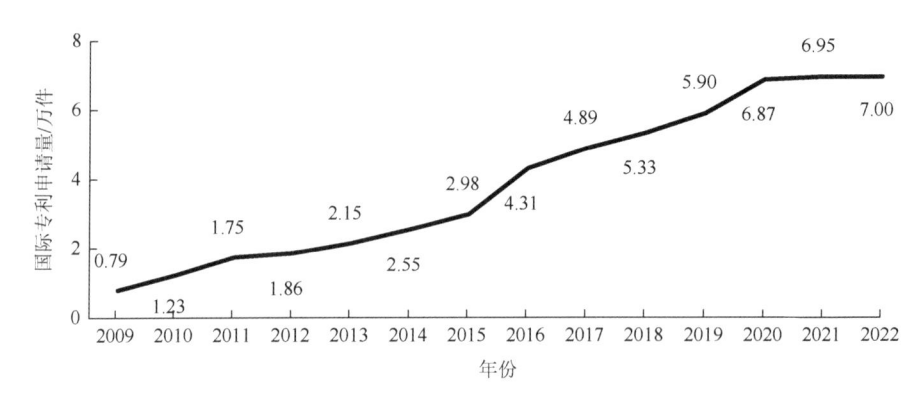

图 1-1 我国国际专利申请量

图中数据均是四舍五入保留两位小数后的结果

2）科技研发投入对经济推动作用不够显著

虽然近年来我国研发投入迅猛增长，但科技对经济的推动作用并未明显同步发生。一方面，研究指出我国科技研发投入并未带来我国全要素生产率（total factor productivity，TFP）的显著提高，每亿元研发投入的 TFP 贡献、每百件授权专利的 TFP 贡献均呈持续下降的趋势（叶初升和孙薇，2023）。另一方面，从全球创新指数来看，世界知识产权组织发布的《2022 年全球创新指数报告》显示，我国排名第 11 位。同时，在 2022 年全球最具创新力公司榜单中，上榜的我国公司有阿里巴巴（第 22 位）、联想（第 24 位）、京东（第 30 位）、小米（第 31 位）、腾讯（第 41 位）、字节跳动（第 45 位）。与 2017~2021 年波士顿咨询公司发布的全球最具创新力公司 50 强榜单一致，2022 年的榜单中超过一半的公司位于北美。因此，我国科技研发投入增长并未直接带来对经济高质量发展的推动作用。

3）一些关键核心技术受制于人的局面有待进一步解决

继中兴、华为事件以及发达国家的"芯片围攻"后，我国关键核心技术受制于人的状况凸显（孙琴等，2023；张治河等，2022）。工业母机、高端芯片、核心发动机、基础元器件、基础材料、复杂装备和基础软件等对外依存度较高，关键环节"卡脖子"问题十分突出（中国社会科学院工业经济研究所课题组，2022；葛爽和柳卸林，2022）。在新一轮产业革命加速拓展、国家间战略竞争关系深刻重构的背景下，关键核心技术自主可控和领先发展已成为各国战略竞争的关键（曲永义，2023）。

4）创新主体间存在明显壁垒，协同创新机制尚需进一步完善

虽然目前我国在产学研合作方面取得了一定成效，但我国科技成果转化能力仍较为薄弱且转化体制机制仍然不畅。"十三五"期间，我国在基础研究领域的研发投入增长了近一倍，虽然近年来已取得一系列重大科技创新成果，但同时也要清醒地认识到目前我国创新能力还不适应高质量发展要求，产业体系还存在短板和弱项。中研普华产业研究院撰写的《2023—2028年中国科技成果转化行业深度分析及发展前景预测报告》显示，虽然经过多年发展与积累，我国技术转移行业在商业模式、从业人员来源、投融资方式、科技成果转化路径、应用体系建设等方面实现了较大转变与升级，但我国科技成果转化率仍较低，在30%左右。究其原因，我国创新链在构建过程中存在断裂（存在壁垒无法有效协同）或断点（缺少关键核心技术或"卡脖子"技术等）情况，这阻碍了协同创新活动的有效开展，进而导致创新效率低下。

1.2 科技创新困境与领军企业创新链

1.2.1 当前我国科技创新面临的困境

新时代是蕴含众多发展机遇的时代，同时也是充满挑战的时代。在新时代中，创新驱动发展战略是党和国家在经济发展的实践中做出的重要战略部署，尤其注重科技创新驱动，突破关键领域的"卡脖子"技术，攻克难关，为我国现代化创新发展提供重要动力支撑。虽然我国近年来已取得诸多科技创新成果，但仍需清醒地认识到当前我国科技创新面临的困境。

1. 研发投入的迅猛增长并未带来TFP的显著提升

为更好地实施创新驱动发展，使得科技创新成为引领发展的第一动力，我国科研投入规模持续扩大。作为科技创新的主要指标之一，我国研发经费支出快速增长。1998~2019年我国全社会研发投入实现了年均19.2%的快速增长。2022年我国研发经费投入达30 870亿元，首次突破3万亿元大关，比2021年增长10.4%，自"十三五"以来已连续7年保持两位数增长[①]。在此基础上，我国经费投入强度获得较快提升，从1998年的0.65%快速提升到2022年的2.55%，远超欧盟平均水平。

与研发经费高速增长相悖的是，作为经济高质量发展水平衡量指标的TFP不

---

① 《2022年我国研发经费投入突破3万亿元》，http://gd.people.com.cn/n2/2023/0123/c123932-40277130.html，2023年1月23日。

仅未能实现同样增长，其增速甚至出现放缓的趋势（江飞涛等，2014；叶祥松和刘敬，2018；叶初升和孙薇，2023）。此外，学者采用多种数据来源进行分析，都表明研发支出对 TFP 增长具有负向影响（张海洋，2005；李小平和朱钟棣，2006）。科技创新投入的大规模增长并没有带来 TFP 的显著提升，甚至出现了"R&D 成倍增加-TFP 增速下降"的悖论现象，学者将这一现象称为"中国科技创新困境"（黄阳华和夏良科，2013；唐未兵等，2014；叶初升和孙薇，2023）。

2. 部分领域亟待突破关键核心技术"卡脖子"制约

科技创新现已成为时代发展的主旋律。2018 年以来，全球贸易保护主义的抬头以及美国一系列单边主义行为使得中美贸易摩擦不断升级，导致中美产业链断裂的可能性大大增加。并且，随着国际竞争的日益加剧，一些"卡脖子"技术受制于人的局面尚未根本改变（曲冠楠等，2023），我国一些产业目前还处于全球产业链、价值链中低端。尤其是近年来，以美国制裁华为、中兴等企业为典型事例的中美贸易摩擦，更凸显了我国制造业发展过程中存在的短板与不足，即制造业整体科技水平尤其是高端制造业科技水平与国际技术前沿存在差距，关键领域与核心技术受制于人（叶祥松和刘敬，2020）。

3. 我国科技成果转化能力较为薄弱且转化体制机制仍然不畅

"十三五"期间，我国在基础研究领域的研发投入增长了近一倍，且我国科技研发投入及论文发表和专利授权量都跃居世界前列。虽然近年来已取得一系列重大科技创新成果，但同时也要清醒地认识到，目前我国创新能力还不适应高质量发展要求，产业体系还存在短板和弱项。科技成果转化率的长期偏低，导致科技与经济"两张皮"现象明显。由此可知，一方面，我国科技成果转化率还有待进一步提升；另一方面，科技成果转化率长期偏低使得科技推动经济发展的作用效果并不明显（王海军和温兴琦，2018）。

1.2.2 新时代下中国式创新理论的发展

"互联网＋"、大数据及人工智能等信息技术的快速发展，给人们的生产与生活都带来了深刻变革，不仅使得各项生产活动免受时空约束、交流互动更加频繁便利，而且使得传统创新研究受到挑战。全新创新范式在三个方面挑战了传统企业创新研究的基本假设。①竞争理念。在强调"链接"和"融合"的信息时代，领军企业间的竞争理念由传统的零和博弈转变为基于价值共创的竞争与合作。②竞争模式。现阶段领军企业间的竞争模式从早期企业个体间的竞争转向企业所嵌入的价值链或集群间的竞争（肖红军，2015；Rothgang et al.，2017）。

③价值创造目标。传统企业创新研究认为企业利益最大化是企业创新追求的绩效目标，但全新创新范式追求协同效应产生后的共创价值最大化。这种竞争理念、竞争模式及价值创造目标的转变使得全新创新范式由企业单独创新转变为多主体间的协同创新（Lee et al., 2012）。

创新范式的转变使得企业在创新过程中不仅要积极拥抱开放，更要做到与合作伙伴互利共生。一方面，传统以企业内部自行研发以及层级式结构为基础的封闭式创新，正逐渐被来自不同领域的多主体之间的协同合作以及无边界虚拟结构下的开放式创新模式取代。在开放式创新模式下，企业不仅可以有效整合内外部资源为我所用，而且可以将来自不同领域、不同知识背景的创新者纳入价值创造系统中，进而实现共创价值的最大化。比如，海尔通过让消费者、供应商、各类技术人员参与产品设计、研发、制造等环节，突破了企业自有资源和能力的限制，可广泛获取与整合内外部资源以提升竞争优势。另一方面，创新范式的转变使得企业需以互利共生的理念，通过共创、共享与利益相关方实现共同发展（赵志耘和杨朝峰，2015）。由于社会分工的加深以及专业化的凸显，企业的创新范式也从独立创新走向共生创新，未来企业只有秉持"合作共生，协同共进"的发展理念，才能降低边际成本，提高创新效率，进而实现合作共赢。因此，创新范式的转变呼吁新的创新理念、创新模式与创新策略，开展中国式创新理论研究正当时。

1.2.3 创新链构建的实践与创新链理论的提出

1. 创新链构建的实践背景

当前，新一轮的科技革命和产业变革正在进行，全球产业结构和竞争格局的深度调整正在孕育。同时，国家之间的科技竞争日益激烈，企业的生存发展对创新的需求也日趋强烈。竞争程度的加剧使得不同创新主体在更大范围、更高层次、更深程度和更大规模上开展协同创新的需求更加凸显。科学技术的不断发展和数字经济时代的到来进一步为创新主体间更广泛的连接和更深入的互动提供了可能与便利。

进入 21 世纪以来，科学创新迅猛发展，呈现出一系列新趋势，包括科学技术一体化、学科交叉融合、高新技术产业集群化以及科技发展速度指数化等。这些新趋势将推动科技创新活动不断突破地域、组织、学科、技术和产业的边界，演变成一个涵盖知识创新、技术创新、产品创新和产业创新的协同创新竞争格局。事实上，现今的创新竞争已经逐步演化为创新体系的竞争。随着全球科技竞争形势的复杂化，学界和业界都开始认识到科技创新竞争已经从单纯的技术竞争升级到创新体系间的竞争与合作（王苓祥等，2023）。目前我国的创新体系构建仍面临一些挑战，其中一个关键原因是，我国科技创新力量的各组成部分功能定位不够明确、边界模糊，导致缺乏高效的协同配合，无法充分发挥体系化优势。要构建一个强大的创新体系，一方面需要明确每个组成部分的角色和职责，并确保它们之间相互配合和协同工作；另一方面需要加强创新体系中相关协同配套企业的有效配合，这包括科技创新主体与产业链上下游企业之间的协同合作，以及政府与企业之间的有效沟通和互动。

此外，受到新冠疫情和国际环境的双重影响，我国工业行业在创新发展方面面临新的挑战。虽然我国已经成为全球科技人力投入第一大国和研发经费投入第二大国，但创新链效率不高、科技创新与经济发展之间存在"两张皮"问题等困境仍然存在。当前的研究表明，制约创新链效率提升的主要因素包括创新孤岛现象、"创新绩效假象"、关键核心技术受制于人以及产业链与创新链脱节等（曲冠楠等，2023）。现代创新具有越来越复杂的网络结构和生态体系，创新研究已拓展到创新链理论（Hansen and Birkinshaw，2007）与创新链模式研究（Rothwell，1992），创新链理论将创新过程归结为知识创新和市场应用，创新链断裂以及创新链协同发展困境并未得到有效解决。知识创新过程系统且复杂，知识从扩展到向市场转化更要跨越"死亡之谷"。尤其是我国作为世界科技创新活动的主要参与者、建设者和受益者，在建设科技强国的过程中急需通过识别创新链模式、部署全流程创新链，解决"卡脖子"问题，实现科技自立自强（孙佳怡等，2023）。因此，加快布局和构建产业创新链、通过创新驱动高质量发展，是我国战略性新兴产业实现弯道超车、增强国际竞争力的重要途径。

2. 创新链理论提出的背景

在新常态下，我国的企业将面临更多的竞争。科技创新活动的高风险性与高复杂性，使得以往单个企业的封闭式研发模式已不再适合当下的创新发展需求，跨越组织边界与其他领域各创新主体开展协同合作是现今科技创新的必由之路（余义勇和杨忠，2020）。而且，现今创新资源高度分散在各创新主体间（Davis and Eisenhardt，2011；刘丹和闫长乐，2013），表现出多主体、多环节和多活动的特征。在当代创新环境中，要完成一项复杂的创新任务需要来自不同领域的多个企业共同参与，并且创新成果最后形成过程分解成了多个环节，每一个创新主体专注于其中某一个环节，集中力量进行专项突破，最后再集成最后的创新成果或服务。

在这一新形势下，创新管理需要从局部视角上升到整个区域或产业链的全局视角来考虑创新问题，这需要在更大范围内对多种不同类型的创新主体及活动进行全面管理。以往的创新研究虽然已从系统论的视角强调多样化创新主体之间的相互联系问题，但是在创新活动多样性方面，更多关注的是不同类型创新活动各自的特点和规律。因而，在较大尺度上对性质迥异的多种创新活动进行跨类型协调的问题尚未得到充分的关注。因此，创新过程的多样性、创新活动的多样性以及创新主体的多样性的特征呼吁新的创新理论来阐释与探究。

此外，我国协同创新方面还存在以下不足：①微创新成果比较多，而突破性重大创新成果比较少；②单个企业创新能力有所提升，但是企业之间的联合创新能力比较弱；③国家对于创新持续大量投入，但这种创新资源投入高度重复，创新主体之间的协同难度大。这些不足存在的原因是：一方面，现有研究对协同创新活动中"多主体、多环节"的特征把握不到位；另一方面，不同领域多个创新主体间缺乏有效的合作协同机制。此外，协同创新活动中领军企业的失位及功能缺失也是造成该结果的重要原因之一。因此，如何协同管理创新过程中多个创新主体的创新行为就成为解决上述不足的最为核心的关键问题。

传统创新理论主要关注创新的技术和市场两个方面，无法解释创新由基础研究到应用研究，再到试验发展的全过程创新活动规律。因此，这就需要从传统创新理论向创新链理论发展，即在创新链协同创新过程中，有必要将理论研究视野由单一环节扩展到整个创新链中的各个环节，包括科研、设计、生产、营销和服务等。通过研究创新链及创新链协同创新，可以深入探讨这些环节之间的关系和相互作用，使创新活动更加系统化和协同化。

基于此，2020年10月习近平提出"要围绕产业链部署创新链、围绕创新链布局产业链"[①]。随后，《中华人民共和国国民经济和社会发展第十四个五年规划和2035年远景目标纲要》提出，"打好关键核心技术攻坚战，提高创新链整体效能"，并提出与"补链""强链"相关的诸多举措。至此，创新链逐渐成为学界、业界和政界共同关注的焦点（洪银兴，2019；余义勇和杨忠，2020；杨忠和巫强，2021；中国社会科学院工业经济研究所课题组，2022）。2021年《政府工作报告》进一步指出，"依靠创新推动实体经济高质量发展，培育壮大新动能""促进产业链和创新链融合"[②]。

通过构建有效的创新链带动整个产业链的创新与升级，是创新型国家建设的必然选择。一方面，中美贸易摩擦中，美国对我国企业采取的相关措施都是在创新链条的不同环节进行发力，这也从侧面印证了我国有效部署创新链的重要性和紧迫性。另一方面，我国创新链的有效构建不仅能防止科技成果跌入"死亡峡谷"，有效提升科技成果转化率，而且能在创新链上下游之间做好衔接，进而促进异质性科技创新资源在不同领域创新主体间自由流动与深度整合。

---

① 《（受权发布）习近平：在深圳经济特区建立40周年庆祝大会上的讲话》，http://www.xinhuanet.com/politics/leaders/2020-10/14/c_1126611290.htm，2020年10月14日。
② 《政府工作报告——2021年3月5日在第十三届全国人民代表大会第四次会议上》，https://www.gov.cn/guowuyuan/2021zfgzbg.htm，2021年3月5日。

1.2.4 构建领军企业创新链的深刻理论内蕴和重大现实价值

现有研究普遍认为，创新链的构建要充分发挥领军企业的引领与带动作用，构建创新联合体（杨忠和巫强，2021）。由于科技创新具有高投入和高风险的特性，尤其对于一些关键核心技术而言更是如此，如果企业不具有一定实力，将不能承担此重任；同时，现今的技术突破普遍具有系统化、集成化和协同化创新的特点，但所需创新资源又分散在各个创新主体之间，不具有一定号召力的企业无法将各创新资源进行有效整合。例如，2021年5月，习近平指出，"要发挥企业出题者作用，推进重点项目协同和研发活动一体化，加快构建龙头企业牵头、高校院所支撑、各创新主体相互协同的创新联合体，发展高效强大的共性技术供给体系，提高科技成果转移转化成效"[①]。

一方面，领军企业雄厚的物质基础和技术实力是突破关键核心技术的重要保障。相关研究指出，领军企业作为国家战略科技力量的重要组成部分，自身拥有较充足的资金储备和科研人才储备，在创新链和产业链中也占有重要地位（邵记友等，2023）。事实上，领军企业通常处于产业链和价值链的核心环节，是推动关键核心技术突破、破解"卡脖子"难题的主导力量，不仅掌握着底层技术和关键集成技术，资金实力雄厚，科研平台水平高，而且拥有大规模战略性市场，具有较强的科技创新能力和规范的管理机制，这为关键核心技术突破提供了有效保障（辜胜阻等，2018；綦良群和周凌玥，2019）。与中小企业相比，领军企业自主创新的资源基础更加雄厚，同时产品集成度普遍更高，产品涉及的学科和技术领域更加广泛（Trajtenberg，1990），因而领军企业更有条件成为突破关键"卡脖子"技术瓶颈的中坚力量（中国社会科学院工业经济研究所课题组，2022）。

另一方面，领军企业的知识外溢能够助力行业内企业快速成长，进而突破关键核心技术。领军企业拥有资源禀赋优势，由领军企业牵头构建创新链，有益于协调多元主体的创新行为，因而由领军企业主导构建创新链，有益于提高创新链整体效能（邵记友等，2023）。相比于其他企业，自主创新能力强的领军企业除了能承担科技创新中的高风险，还可为行业内企业提供创新方向，其强大的引领与带动作用能够促进整个行业科技创新能力的提升。近年来，各级政府都在大力支持产业链领军企业"以大促小"带动本地企业成长，寄希望于"大树底下好乘凉"（叶振宇和庄宗武，2022），通过外部性推动产业共性技术的研发和扩散等途

---

① 《习近平：在中国科学院第二十次院士大会、中国工程院第十五次院士大会、中国科协第十次全国代表大会上的讲话》，https://www.gov.cn/xinwen/2021-05/28/content_5613746.htm，2021年5月28日。

径影响本地企业的发展（范剑勇等，2021）。具体而言，领军企业不仅可有效联结产业管理部门、地方政府与产业链上下游相关配套企业、科研院所等各类创新主体，共同推动前沿技术突破、畅通创新链和产业链；而且有条件带动外部创新主体，针对核心基础零部件、关键基础材料、先进基础工艺短板，从系统全局思维出发，协同开展全产业链的补链强基。因此，由领军企业牵头协调不同主体的创新行为，构建以领军企业为核心主体的创新链即领军企业创新链，有助于发挥创新资源的集成优势和获取创新的倍增效益，进而提高创新链整体效能（邵记友等，2023）。

此外，我国已有一批领军企业通过创新链构建实现了快速发展，其成功经验值得借鉴与学习。领军企业创新链的构建关键在于发挥领军企业创新能力强、资源整合范围广、带动性大的作用，进而实现整个产业的创新发展。值得庆幸的是，近年来随着改革开放的不断深入，我国本土也有一批代表性企业逐渐成长为行业内的领军企业，如华为、中国中车、国家电网等。它们的存在不仅带动了整个行业或产业创新能力的提升，而且推动了我国经济的快速发展。特别是近年来，在一大批具有自主知识产权和核心竞争力的领军企业的带动下，我国逐渐形成了各种类型、不同规模的创新企业集群，各产业创新集群的协同创新与互动有效促进了我国企业整体创新实力的提升。虽然经济运行和企业创新管理实践发生了巨大变化，但是现有的创新研究对于实践中发生的这种转变并没有进行很好的回应。以领军企业为研究对象，总结其成功经验，不仅有助于创新链的有效构建及功能发挥，而且可为其他企业提供借鉴与学习经验。因此，构建领军企业创新链并发挥其主导和引领作用，既是创新链得以有效构建的关键，也是提升国家创新体系效能的着力点，这对于解决当前我国所面临的科技创新困境具有重要意义。

1.3 本书的基本框架与研究内容

1.3.1 基本框架

全书共分为 3 篇 12 章。第 1 章为绪论，主要介绍新时代下我国经济发展新常态与科技创新现状，以及当前我国科技创新所遇到的困境，并进一步阐释当前领军企业创新链理论提出的背景和必要性。第一篇是领军企业创新链研究背景与基础理论，共包含 3 章，分别主要探究新时代我国科技创新的新发展、我国科技创新新发展下的创新链理论以及领军企业创新链的内涵界定。第二篇是领军企业创新链构建与运行，共包含 4 章，主要从领军企业创新链组织架构和协同管理两个方面来探讨，其中，组织架构层面分别探究了宏观视角下的领军企业创新链的组织模式和微观视角下的领军企业创新链的组织形态与效率提升；协同管理层面分别探究了领军企业创新链的协同创新管理和领军企业创新链关键主体的分工与协作机制。第三篇是领军企业创新链发展与优化，共包含 4 章，首先探究了领军企业创新链的动态演化，其次阐释了领军企业创新链整体效能提升机制，再次探究了领军企业创新链优化策略与制度安排，最后以集成电路产业为例，对领军企业创新链主体连接和冲击应对进行了应用案例研究。

1.3.2 研究内容及其逻辑关系

新时代下我国科技发展所呈现出的新常态与科技创新新趋势，对企业创新链的构建与完善都提出了新的要求。本书围绕"领军企业如何构建并完善创新链以提升其整体效能"这一核心研究主题展开，依据"研究背景与基础理论—构建与运行—发展与优化"的逻辑思路设计了相互关联的 3 篇 12 章的研究内容，以期构建领军企业创新链理论体系。其中，绪论部分是对当前我国科技创新研究的背景介绍，主要介绍新时代下我国经济发展新常态与科技创新新格局，以及我国科技创新目前所遇到的困境与如何进行破局等相关关键问题。针对当前所面临的挑战与机遇，本书设计了 11 章来进行详细且具体的阐释，具体的研究内容及逻辑框架如图 1-2 所示。

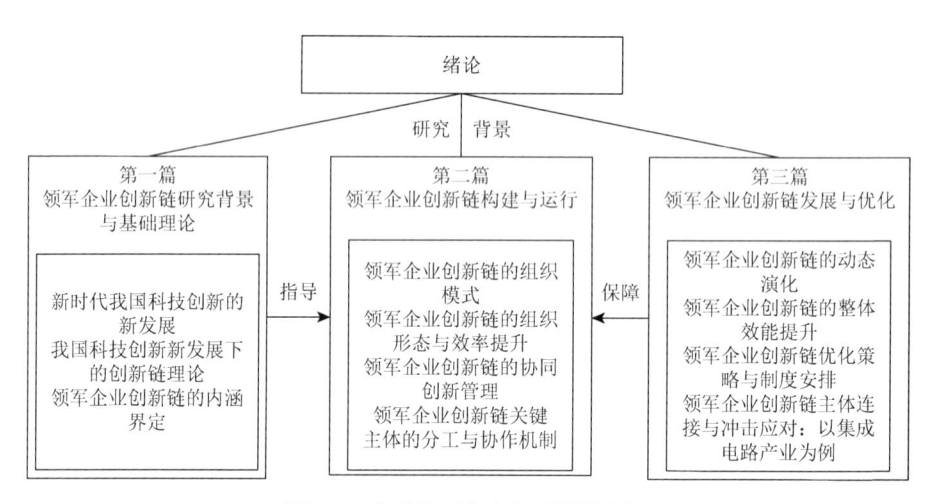

图 1-2 本书的研究内容及逻辑框架

首先，领军企业创新链研究需要对领军企业创新链的现有研究背景与基础理论进行梳理，以指导后续研究的顺利开展。为此，第一篇的主旨是领军企业创新链研究背景与基础理论，主要讨论以下三个内容：①分析当前我国科技创新的新任务、新特征与新模式；②梳理我国科技创新新趋势对当前创新理论的挑战以及创新链理论提出的背景、依据和创新链研究现状；③阐释为何要构建领军企业创新链以及领军企业创新链的概念内涵。以上这些问题的梳理和阐释将作为本书研究的理论基础，可以对后续两篇内容的分析与研究起到有效指导的作用。

其次，构建领军企业创新链并促使其高效运行。在了解了领军企业创新链的概念及特征后，如何顺利构建起领军企业创新链成为本书需要解决的核心问题。为此，第二篇的主旨是领军企业创新链构建与运行，主要探讨领军企业创新链的组织架构与协同管理两个方面：在领军企业创新链组织架构方面，本书探讨了领军企业创新链的组织模式以及领军企业创新链组织形态与创新效率提升间的关系；在领军企业创新链协同管理方面，由于领军企业创新链具有参与主体多样化、创新活动多样化的特征，所以领军企业如何带领不同领域的各创新主体进行协同合作是创新链成功构建的关键。因而，本书从领军企业创新链协同创新管理以及领军企业创新链上的关键创新主体间的协同创新理念与分工机制两方面加以探究。

最后，领军企业创新链的构建并非一蹴而就，而是一个动态演化和效能提升的过程。一方面，领军企业创新链的构建在初始阶段并不一定是高效能的，也存在一个不断提升与完善的过程；另一方面，随着企业内外部环境的变化，领军企业创新链也许会做出相应的适应性调整与优化，这也为领军企业创新链的有效构建与运行提供了强有力的保障。为此，第三篇的主旨是领军企业创新链发展与优化，主要从以下四个方面来阐释：①基于主体情境导向、主体认知、主体行为、主体能力和主体间协作关系的领军企业创新链动态演化研究；②领军企业创新链的整体效能提升，包括整体效能提升影响因素分析、整体效能提升过程以及整体效能提升机制；③基于优化策略设计和保障制度两个方面探究领军企业创新链优化策略与制度安排；④以集成电路产业为例，探究领军企业创新链主体连接与冲击应对策略。

1.3.3 主要的创新之处

1. 明晰了领军企业创新链概念及内涵

随着经济全球化和知识经济时代的到来，企业更多地开始以创新链的模式组织创新活动（杨忠等，2019）。尽管目前创新链研究形成了一定数量的研究成果，但现有研究大多停留在对创新链的理论探讨。现有研究对创新链概念定义模糊，不同学者对于创新链的内涵尚未达成一致，这不仅没有真正实现创新链概念构念化，而且给创新链的深入研究带来了困难（史璐璐和江旭，2020；丁雪等，2020）。基于此，本书在梳理已有创新链相关研究的基础上，通过对创新生态系统和创新网络这两个相似概念的定义进行文本分析提取核心属性，并与创新链的核心属性进行对比，确定了创新链概念的边界。此外，本书结合领军企业创新链的实践现象与连接方式，对领军企业创新链的概念进行了进一步界定。总之，对创新链以及领军企业创新链的概念进行界定不仅可以更好地理解创新链的内涵与运作机制，而且可以为创新链理论的发展提供更有效的指导与借鉴。

2. 构建了不同情境下的领军企业创新链组织模式

对事物进行分类是将因果关系组织成连贯叙述的重要方法，是战略和组织领域对理论进行构建的基石（Fiss，2011）。然而，目前对领军企业创新链尚缺少深入的类型研究。已有研究主要从结构与运行两个不同视角出发对创新链的结构特征与运行规律进行探索，对创新链的组织模式提炼和类型划分尚缺乏统一框架（吴晓波和吴东，2018；史璐璐和江旭，2020）。本书基于领军企业创新链组织模式受产品类型和技术创新路径两大情境因素的显著影响这一重要现实（江鸿和吕铁，2019；赵晶等，2022；郭艳婷等，2023），构建了基于产品类型（复杂产品系统和大规模制成品）和技术创新路径（逆向工程和正向设计）两个维度的2×2理论分析框架，面向四种创新情境对领军企业创新链的不同组织模式进行了系统性识别，并采用模式匹配技术构建了创新情境与领军企业创新链组织模式之间的关联。

3. 构建了领军企业创新链协同创新模式

本书明晰了创新链协同创新模式及各创新主体的角色定位和彼此间的互动关系，打开了领军企业创新链协同创新的机制。已有协同创新研究大多关注产学研三者间的互动关系（Wen et al.，2018；原长弘和张树满，2019），事实上，领军企业创新链的创新活动具有多种类型，其中主要包括了基础研究、应用研究和试验发展（邵记友和盛志云，2022）。为此，本书采用纵向案例研究方法，探讨了领军企业创新链上领军企业与高校、科研院所、产业企业、客户等不同创新主体以适宜耦合方式协同创新的过程，进而提炼了领军企业创新链的协同创新模式。本书发现，领军企业创新链中存在三种不同类型的协同创新模式，分别为解耦型、松散耦合型和紧密耦合型，且不同类型的协同创新模式适用于开展不同的创新活动。本书结论将为我国领军企业创新链的构建提供一定的理论指导与实践借鉴。

4. 明晰了领军企业创新链协同创新机制

有研究指出，创新链之所以无法有效构建，一方面是因为存在断裂，另一方面是因为存在断点（蔺雷等，2014；余义勇和杨忠，2020）。尤其是由企业核心技术能力不强或核心技术仍然严重依赖国外所导致的断点情况的出现，将严重制约创新链的构建（何郁冰，2012），故唯有提升企业（尤其是领军企业）自主创新能力才能保障创新链的顺利构建。此外，转型期的企业创新活动多嵌入在"政府-市场"双元逻辑并行的制度环境中（苏敬勤和刘畅，2019），而已有研究较少关注用户需求导向及政府干预下的协同创新行为（王海军和温兴琦，2018）。基于此，本书通过对领军企业创新链关键主体的协同创新理念、协同创新角色分工进行分析，构建了基于"政府-市场"有效结合的领军企业创新链协同创新构建机制。本书不仅明确了政府、市场和企业在创新链构建过程中的重要角色作用，而且为创新链的顺利构建提供了保障机制。

5. 阐释了领军企业创新链动态演化及整体效能提升机制

领军企业创新链作为一种混合组织，具有类生命体特征，根据生命周期理论，其发展同样遵循着孕育、成长、成熟和衰退的演化规律。此外，领军企业创新链的顺利构建并不是结束，而只是开始，还需关注其未来演化趋势及整体效能提升机制，但目前学界对创新链进一步的动态演化趋势缺乏关注。为此，本书基于组织生命周期、后发企业赶超等理论，探究领军企业创新链的演化规律，发现领军企业创新链是伴随着领军企业的成长逐步形成及发展的，其动态演化规律主要由领军企业从"后发"走向"领先"过程中所采取的系列行动所决定。同时，本书发现我国领军企业整体效能提升经历了从跟跑到并跑、并跑到领跑的阶段，且在不同的创新阶段，领军企业面临的创新情境和采取的创新举措存在较大区别。本书研究结论不仅为领军企业创新链的动态演化和整体效能提升提供了重要理论指导，而且为我国出台相应政策来保障创新链的高效运行提供了政策依据。

6. 领军企业创新链理论：从理论到实践的拓展与应用

本书在领军企业创新链理论的研究中取得了创新性进展，并将理论观点从抽象的理论层面引向实际应用，通过深入的案例研究和精心设计的政策措施，为实际产业提供了切实可行的解决方案，从而丰富了领军企业创新链理论的实践层面。领军企业创新链的有效构建与高效运转是一个不断迭代与完善的过程，这需要解决创新链上潜在的各种阻碍，为此本书提出了创新链的优化策略和制度安排。政策措施的设计不仅解决了创新链的"堵点""断点""难点"问题，而且强调了对策略和制度的双重保障，为领军企业创新链的稳定运行提供了切实可行的方法。此外，本书以领军企业创新链理论为基础，详细剖析了领军企业创新链在集成电路产业的成功构建及协同创新模式的形成过程。这使得已有理论不再停留在抽象的概念层面，而是通过真实产业案例的呈现，揭示了创新链构建的实际情况，为理论的实际应用提供了有力的支持。本书将领军企业创新链理论与实际产业深度结合，不仅使理论观点得到了验证，而且为实际产业提供了可操作性解决方案，实现了理论和实践的有效融合，为领军企业创新链的研究领域带来了新的视角和启示。这一创新点使得领军企业创新链理论更具有指导实践的价值，为产业提供了实际推动创新的路径。

参 考 文 献

丁雪，杨忠，徐森. 2020. 创新链概念的核心属性与边界：一项提升概念清晰度的文本分析[J]. 南京大学学报（哲学·人文科学·社会科学），57（3）：56-64.
范剑勇，刘念，刘莹莹. 2021. 地理距离、投入产出关系与产业集聚[J]. 经济研究，56（10）：138-154.
方敏. 2021. 马克思经济学经典问题阐释与当代发展[M]. 北京：社会科学文献出版社.
葛爽，柳卸林. 2022. 我国关键核心技术组织方式与研发模式分析：基于创新生态系统的思考[J]. 科学学研究，40（11）：2093-2101.
辜胜阻，吴华君，吴沁沁，等. 2018. 创新驱动与核心技术突破是高质量发展的基石[J]. 中国软科学，33（10）：9-18.
郭艳婷，郑刚，刘雪锋，等. 2023. 复杂产品系统后发企业如何实现快速追赶？——中集海工纵向案例研究（2008~2021）[J]. 管理世界，39（2）：170-185.
何郁冰. 2012. 产学研协同创新的理论模式[J]. 科学学研究，30（2）：165-174.
洪银兴. 2019. 围绕产业链部署创新链：论科技创新与产业创新的深度融合[J]. 经济理论与经济管理，39（8）：4-10.
黄阳华，夏良科. 2013. 为什么R&D投资没能有效促进中国工业TFP快速提升？[J]. 经济管理，39（3）：12-25.
江飞涛，武鹏，李晓萍. 2014. 中国工业经济增长动力机制转换[J]. 中国工业经济，（5）：5-17.
江鸿，吕铁. 2019. 政企能力共演化与复杂产品系统集成能力提升：中国高速列车产业技术追赶的纵向案例研究[J]. 管理世界，35（5）：106-125，199.
李小平，朱钟棣. 2006. 国际贸易、R&D溢出和生产率增长[J]. 经济研究，41（2）：31-43.
刘丹，闫长乐. 2013. 协同创新网络结构与机理研究[J]. 管理世界，29（12）：1-4.
蔺雷，吴家喜，王萍. 2014. 科技中介服务链与创新链的共生耦合：理论内涵与政策启示[J]. 技术经济，33（6）：7-12.
綦良群，周凌玥. 2019. 装备制造企业协同创新网络知识转移的演化博弈研究[J]. 预测，38（1）：83-90.
曲冠楠，陈凯华，陈劲. 2023. 面向新发展格局的意义导向"创新链"管理[J]. 科学学研究，41（1）：134-142，180.
曲永义. 2023. 关键核心技术识别与管制：基于美欧日比较研究[J]. 北京社会科学，（8）：45-56.
邵记友，盛志云. 2022. 领军企业创新链的嵌套式结构与协同机制：基于华为的案例研究[J]. 科技进步与对策，39（18）：67-76.
邵记友，杨忠，汪涛，等. 2023. 以领军企业为核心主体的创新链：结构特征与协同机制[J]. 中国科技论坛，（11）：97-107.
史璐璐，江旭. 2020. 创新链：基于过程性视角的整合性分析框架[J]. 科研管理，41（6）：56-64.
苏敬勤，刘畅. 2019. 政府驱动逻辑与市场逻辑的关系[J]. 科学学研究，37（11）：1979-1989.
孙佳怡，杨忠，徐森. 2023. 创新主体、创新行动对企业创新绩效的影响：基于创新链理论的元分析[J]. 系统管理学报，32（4）：761-773.
孙琴，刘戒骄，胡贝贝. 2023. 中国集成电路产业链与创新链融合发展研究[J]. 科学学研究，41（7）：1223-1233，1281.
唐未兵，傅元海，王展祥. 2014. 技术创新、技术引进与经济增长方式转变[J]. 经济研究，49（7）：31-43.
王海军，温兴琦. 2018. 资源依赖与模块化交叉调节下的产学研用协同创新研究[J]. 科研管理，39（4）：21-31.
王苓祥，刘杨，黄涛. 2023. 基于创新链主建-产业链主战耦合视角的国家战略科技力量体系研究[J]. 中国科技论坛，（12）：1-7.
吴晓波，吴东. 2018. 论创新链的系统演化及其政策含义[J]. 自然辩证法研究，24（12）：58-62.

肖红军. 2015. 共享价值、商业生态圈与企业竞争范式转变[J]. 改革, (7): 129-141.

杨忠, 李嘉, 巫强. 2019. 创新链研究: 内涵、效应及方向[J]. 南京大学学报（哲学·人文科学·社会科学）, 56 (5): 62-70, 159.

杨忠, 巫强. 2021. 加快构建创新联合体[N]. 人民日报, 2021-08-16 (10).

叶初升, 孙薇. 2023. 中国"科技创新困境"再审视: 技术创新质量的新视角[J]. 世界经济, 46 (8): 80-107.

叶祥松, 刘敬. 2018. 异质性研发、政府支持与中国科技创新困境[J]. 经济研究, 53 (9): 116-132.

叶祥松, 刘敬. 2020. 政府支持与市场化程度对制造业科技进步的影响[J]. 经济研究, 55 (5): 83-98.

叶振宇, 庄宗武. 2022. 产业链龙头企业与本地制造业企业成长: 动力还是阻力[J]. 中国工业经济, (7): 141-158.

余义勇, 杨忠. 2020. 如何有效发挥领军企业的创新链功能: 基于新巴斯德象限的协同创新视角[J]. 南开管理评论, 23 (2): 4-15.

原长弘, 张树满. 2019. 以企业为主体的产学研协同创新: 管理框架构建[J]. 科研管理, 40 (10): 184-192.

张海洋. 2005. R&D两面性、外资活动与中国工业生产率增长[J]. 经济研究, 40 (5): 107-117.

张治河, 高中一, 檀润华, 等. 2022. 突破"卡脖子"技术的思维模式: 基于TRIZ的设计[J]. 科研管理, 43 (12): 54-68.

赵晶, 刘玉洁, 付珂语, 等. 2022. 大型国企发挥产业链链长职能的路径与机制: 基于特高压输电工程的案例研究[J]. 管理世界, 38 (5): 221-239.

赵志耘, 杨朝峰. 2015. 创新范式的转变: 从独立创新到共生创新[J]. 中国软科学, (11): 155-160.

中国社会科学院工业经济研究所课题组. 2022. 产业链链长的理论内涵及其功能实现[J]. 中国工业经济, (7): 5-24.

Davis J P, Eisenhardt K M. 2011. Rotating leadership and collaborative innovation: recombination processes in symbiotic relationships[J]. Administrative Science Quarterly, 56 (2): 159-201.

Fiss P C. 2011. Building better causal theories: a fuzzy set approach to typologies in organization research[J]. Academy of Management Journal, 54 (2): 393-420.

Hansen M T, Birkinshaw J. 2007. The innovation value chain[J]. Harvard Business Review, 85 (6): 121-130, 142.

Lee S M, Olson D L, Trimi S. 2012. Co-innovation: convergenomics, collaboration, and co-creation for organizational values[J]. Management Decision, 50 (5): 817-831.

Rothgang M, Cantner U, Dehio J, et al. 2017. Cluster policy: insights from the German leading edge cluster competition[J]. Journal of Open Innovation: Technology, Market, and Complexity, 3 (3): 1-20.

Rothwell R. 1992. Successful industrial innovation: critical factors for the 1990s[J]. R&D Management, 22 (3): 221-240.

Trajtenberg M. 1990. A penny for your quotes: patent citations and the value of innovations[J]. The Rand Journal of Economics, 21 (1): 172-187.

Wen F J, Yang Z, Ou Y G, et al. 2018. "Government-industry-university-research-promotion" collaborative innovation mechanism construction to promote the development of agricultural machinery technology[J]. IFAC-PapersOnLine, 51 (17): 552-559.

第一篇　领军企业创新链研究背景与基础理论

第 2 章 新时代我国科技创新的新发展

新时代，我国科技创新正面临新的任务，以新的特征和模式推进科技创新的新发展。坚持走中国特色的科技创新道路是实现经济高质量发展的必然要求。在科技革命和产业变革的背景下，强化企业科技创新主体地位、建立价值共创和生态竞争的合作网络，是我国参与全球科技竞争的重要路径。我国正以前瞻性视角布局和规划科技创新，以系统性观点部署科技创新，以开放性视野推动我国科技创新走向世界舞台。我国正建立基于科技自立自强的新型举国体制，构建顺应新发展格局的产业创新体系，重点支持关键核心技术的突破以及领军企业创新链的构建。本章将着重探讨我国科技创新的新任务、新特征以及新模式，为本书领军企业创新链研究奠定宏观背景，为我国科技创新发展提供新的思路和方向。

2.1 我国科技创新的新任务

2.1.1 探索中国特色科技创新道路

近年来，我国科技创新取得了显著的成就，成为全球科技创新的重要力量。然而，在日益复杂的国内外环境和科技竞争加剧的背景下，我国科技创新面临着新的要求和任务。习近平指出："科技创新是核心，抓住了科技创新就抓住了牵动我国发展全局的牛鼻子。"[①]立足新发展阶段，坚持走中国特色的科技创新道路，发挥中国科技创新的优势，是推动中国科技创新迈上新台阶、实现高质量发展的必然要求。

我国科技创新走上正确方向离不开党对科技事业的全面领导。2018 年，习近平在两院院士大会上强调："中国共产党领导是中国特色科技创新事业不断前进的根本政治保证。"[②]

纵观历史，在党中央的科学指引下，我国从农业国向工业国转变，从"科技立国"向"科技强国"发展，综合国力和世界影响力不断提升。新中国成立后，党中央提出"向科学进军"的伟大号召，并且集中力量、调动资源发展科技事业，

[①]《习近平：为建设世界科技强国而奋斗》，http://jhsjk.people.cn/article/28399667，2016 年 5 月 31 日。
[②]《习近平：在中国科学院第十九次院士大会、中国工程院第十四次院士大会上的讲话》，http://jhsjk.people.cn/article/30019215，2018 年 5 月 28 日。

使得我国成功研制原子弹、氢弹等先进科技成果，提升了我国在世界上的科技地位。改革开放后，党中央制定了科教兴国、创新驱动发展战略以及一系列支撑政策，使得国家科技体系进一步完善，我国科技与经济实力逐步提升。自党的十八大以来，我国陆续推出了许多重要的科技政策，取得了历史性科技成就。我国不仅在太空中不断刷新着"中国高度"，还成功建成了全球最长的跨海大桥和最快的智能高铁等，新能源汽车销量全球领先。我国科技事业发生了历史性、整体性、格局性重大变化（刘垠和操秀英，2022）。经过 70 余年发展，我国科技事业从基础薄弱到相对超前，走出了一条中国特色科技创新道路。种种经验表明，把科技创新摆在国家发展全局的核心位置是中国特色社会主义事业的关键举措，而构筑起强大的科技实力和创新能力的根本政治保证在于党对科技事业的领导。

党的十九大以来，我国经济已从高速增长阶段转向高质量发展阶段，在过去的发展中，我国已经在速度和规模上取得一定的成就，但创新对经济高质量发展的重要性还没有得到一致认同。中国特色社会主义进入新时代，我国正处在转变经济发展方式、优化产业结构的关键时期，在尊重科技创新发展内在规律的基础上有效调整科技发展的方针政策，进一步实现有为政府和有效市场的有机结合，既是中国特色科技创新的宝贵经验，更是走好未来科技创新之路的要求。

科技创新是一项具有风险性的活动，但这并不意味着科技事业的发展是随机的，科技创新具有必然性及其自身的内在规律（杨思莹和李政，2022）。新中国成立以来，我国不断探索和适应科技创新规律，在不同历史阶段积极调整科技创新的有关政策与方针，适应科技创新的内在规律。例如，新中国成立初期，科技工作百废待兴之时，我国的科技重点瞄准现代化的国防科技体系和工业体系建设。改革开放后，我国更深层次地加入到国际竞争中。这一背景下，我国提出了科学技术工作必须面向经济建设等重要观点。进入新时代，习近平提出了"把科技创新摆在更加重要位置""推进以科技创新为核心的全面创新"[①]等重要论断。我国科技创新方针政策因时制宜地调整，既遵循了科技创新的内在规律，又极大程度地释放出我国科技创新的活力，推动我国科技事业朝着进步的方向稳步发展。

党的领导在科技创新中发挥着核心作用，是中国特色科技创新事业稳步前进的重要政治保证，完善的市场机制和高效的公共服务则是我国科技创新事业取得成功的效率保证和战略方向保证（杨思莹和李政，2022）。党的领导、完善的市场机制和高效的公共服务共同构成推动我国科技创新事业不断取得成功的关键要素。在市场竞争中，企业作为关键的创新主体，直接面对市场竞争带来的外部激

---

① 《回顾十八大以来习近平关于科技创新的精彩话语》，http://jhsjk.people.cn/article/28398570，2016 年 5 月 31 日。

励,但市场竞争面临着不确定性,科技创新的资源和要素具有外部性和流动性,科技创新活动本身也具有高风险性,这导致市场主体在从事科技创新活动的各个环节时,都可能面临或产生不可控因素。所以,市场主体进行科技创新活动就需要政府有形之手的扶持。

虽然市场在资源配置中起决定性作用,但不可否认市场对于科技创新这一特殊资源的配置可能会失灵。面对这一问题,我国在经济基础薄弱的早期,选择高度集中和计划色彩浓重的创新体制,而在改革开放后,我国科技创新则处于政府与市场结合的创新体制中。当前进入中国特色社会主义新时代,我国仍在不断深化科技体制改革,坚持走中国特色的科技创新道路,努力推进科技现代化、完善科技创新体系(杨忠,2023),要进一步推动有效市场和有为政府更有机地结合,通过市场需求引导创新资源有效配置,围绕产业链部署创新链,从而激发科技创新主体释放创新潜能、推动创新环境的不断完善。

2.1.2 强化企业科技创新主体地位

在新一轮科技革命和产业转型的背景下,对于关键核心技术的需求日益迫切,以往由大学、科研院所等牵头开展技术攻关的组织模式已然难以匹配科技的快速进步,更难以适应国家的战略需求。在国家创新体系中,企业、高校、科研院所、政府等都起着不可或缺的作用。其中,高校和科研院所等的目标更倾向于基础研究和公共利益,对市场需求的敏感性较低。政府是科技创新的组织者、推动者和保障者。然而,科技创新必须面向经济主战场,科技创新本质上必须和经济活动对接。在市场经济下,企业作为科技创新主体具有一定的必然性(许庆瑞等,2019)。只有强化企业在科技创新中的主体地位,才能遵循科技创新的市场导向。

企业是从事经济活动的主体,更加贴近市场,有着市场反馈机制。通过市场反馈机制,企业可以及时识别市场变化的信息、发现市场机会和需求痛点,从而更加灵活地调整创新战略和研发内容,并且有利于主动进行技术改进和创新。激烈的市场竞争不仅会激励,也会倒逼企业进行持续的创新活动,从而帮助企业获取可持续竞争优势。所以,企业具有科技创新的诉求,以应对市场竞争和实现可持续发展。相较而言,高校和科研机构更注重长期和纯粹的科学研究,对市场需求的敏感性较低,且研究目标更倾向于基础研究和公共利益。此外,创新活动离不开资源要素的合理配置与重组,资源在市场上具有更高的流通效率,借助市场来推动资源要素的吸纳与扩散会更加有效。然而,政府和科研机构的资源获取渠道相对有限,且科研机构所从事的科技创新活动较为集中,资源要素的流动相对受限。

近年来,我国的企业,特别是领军企业,在科技创新和经济发展中扮演着日益重要的角色。首先,科技和经济的发展实践显示,相较于高校和科研机构,企业更加关注全球科技发展趋势,在全球市场竞争中能更充分地认识到科技创新的核心地位。为实现高质量发展,我国应该积极强化企业的科技创新主体地位,充分尊重企业的主体性,激发企业的创新活力和积极性(杨忠,2022),鼓励企业的自主创新活动,为企业创新提供良好的环境和条件。其次,加强企业主导的产学研深度融合是推动科技创新的重要途径(杨忠和巫强,2021)。产学研深度融合是提高我国科技创新能力的有效路径,也是实现产学研协同创新的重要机制。企业作为科技创新的主体,具有丰富的实践经验和市场需求,高校和科研机构则具有丰富的科研资源和技术优势。通过加强企业主导的产学研深度融合,企业可以充分利用高校和科研机构的科研资源,加快科技成果的转化和应用,提高科技创新的效率和质量。同时,这能促进科研人员与企业之间的交流与合作,加强产学研各方的协同创新能力,形成良好的科技创新生态系统。

此外,强化领军企业的主导地位也是推动科技创新的重要路径。领军企业往往积极参与全球科技活动和科技竞争,更能把握关键核心技术的前沿导向,并具有强烈的原始创新和自主创新的需求和愿望,从而能主动投入研发和创新活动中。领军企业在科技创新中起着引领和带动作用,具有先进的技术和管理经验,对产业链的整合和创新有积极推动作用。领军企业通过强大的创新能力和技术实力,能够突破核心技术瓶颈,引领产业发展方向,推动技术商业化应用和产业升级。同时,领军企业还可以通过国际合作和技术引进的方式,拓宽创新资源和市场渠道,加强与国际科技前沿的对接和合作。并且,领军企业拥有强大的研发领导能力和抗风险能力,拥有雄厚的研发团队和资源,能够组织和管理大规模的研发项目。领军企业有较为成熟的风险识别和管控体系,能够更好地确保创新项目的成功实施。通过领军企业的引领,构建创新链或建立创新联合体,能够提高整个创新链上下游企业的技术水平,实现关键核心技术的突破。

在提升企业科技创新主体地位的同时,还需要加强知识产权的充分保护和合理使用,并在全球范围内保护知识产权,提高知识产权的国际竞争力。知识产权是科技创新的核心要素,对于企业保护自主创新成果、获得创新回报、提高创新竞争力至关重要。我国要加强知识产权法规体系建设,提高知识产权的保护力度,加强知识产权的运用和管理,引导企业加强知识产权创造与运用能力。同时,还要加强国际合作和交流,建立国际化的知识产权保护合作机制,为企业走出国门、拓展国际市场提供有力支持。

2.1.3 价值共创破解创新发展难题

我国科技创新近年来取得了长足发展,科技领域的突破给国家经济发展注入了强劲动力。过去,科技创新往往被视为一个零和博弈的竞争过程,每个国家都试图通过自己的努力获得技术上的优势和竞争力。然而，科技创新的理念正日益朝着价值共创的方向转变。

在过去，科技创新主要依靠国家或企业投入大量资金和资源，通过自主研发来实现技术突破，科技创新被视为国家之间的零和博弈。在全球科技竞争日趋激烈的背景下，各国都试图通过获取技术优势来实现竞争优势。然而，不可否认，科技创新的零和博弈模式存在局限性。首先，零和博弈容易导致资源的浪费和重复投入。在全球范围内，各国纷纷进行科技竞赛，为自己谋求科技领先地位而投入大量资金和人力资源。这种重复投入不仅浪费了资源，也限制了科技创新的发展。其次，零和博弈模式约束了科技创新的跨学科和跨地区合作。科技创新需要不同学科和领域的专业人才共同合作解决问题，同时也需要不同国家和地区之间的合作交流。零和博弈模式往往使得各方更加关注自身利益，缺乏开放和合作的意愿，限制了科技创新的发展。最后，零和博弈模式不利于科技创新成果的共享和转化。在竞争激烈的环境中，各国往往会采取保护自身创新成果的措施，以限制他国使用。这种保护主义做法不利于科技创新成果的共享和转化，会限制创新成果发挥更大的价值。

此外，科学技术的不断进步也使得科技创新的过程变得越来越复杂，尤其是在一些前沿领域，如人工智能、大数据、生物科技等，需要跨学科、跨地区的合作来解决复杂的问题。可见，个体孤立的创新行为已无法满足复杂的创新活动（王琳等，2023）。为了破解科技创新发展的难题，我国的科技创新发展之路正在从零和博弈走向价值共创。

价值共创是一种基于合作的创新模式，旨在通过各方的共同努力实现更大的价值和利益。首先，价值共创可以促进创新资源的共享与整合，包括技术、知识、人力资源等，从而提高科技创新效率和创新质量（Hakanen and Jaakkola，2012）。不同创新主体之间的协同合作，可以互补彼此的优势，实现资源优化配置，提升科技创新的综合竞争力。科技创新面临的问题日益复杂，需要不同学科和领域的专业人才共同参与解决，而价值共创鼓励各方进行跨学科、跨地区的合作。同时，全球化的趋势也要求不同国家和地区之间进行合作交流，价值共创模式可以促进各方之间的合作，共同解决科技创新的难题。其次，价值共创还可以推动科技创新成果的共享和转化。在价值共创模式下，各方可以共享自己的创新成果和研究成果，促进知识的流动和交流，可以避免资源的重复投入和浪费，有助于优化资源配置以及提高创新成果的效率和质量，推动科技创新成果的转化和应用。最后，科技创新不仅仅是各国之间的竞争，更需要各方之间的互惠互利。价值共创可以促进各方之间的利益共享，通过共同努力在科技创新中获得更多的利益和价值，有助于提高各方对科技创新的参与度和积极性，推动科技创新的可持续发展。

价值共创需要不同利益相关方之间的合作和共同努力，这需要有良好的合作意识和文化氛围，所以要加强创新文化建设。政府、企业、学术界和社会组织等各方可以加强交流与沟通，建立良好的合作伙伴关系，共同推动科技创新的发展。另外，为了使价值共创在科技创新中更好地应用，需要加强知识产权保护机制的建设。知识产权是创新成果的重要保护和推动因素，需要有相应的法律和政策支持。我国可以加大对知识产权的保护力度，建立健全的知识产权保护机制，为创新和合作提供良好的环境和保障。

我国科技创新正处于从零和博弈转变为价值共创的过程，通过实现价值共创，我国可以在科技创新领域实现更大的发展和突破。构建一个开放包容、互利共赢的创新价值共创生态系统，是当前我国科技创新的迫切要求。这不仅需要各方的合作和共同努力，还需要具备完善的科技创新体系和良好的政策支持。

2.1.4　生态竞争应对外部局势挑战

改革开放40多年来，我国在科技创新领域取得了显著的进展，科技创新竞争主要集中在个体企业或研究机构之间。在这种模式下，企业或机构通过自主研发新技术、提升研发能力来提高自身竞争力，从而取得市场份额或科技领先地位。然而，近年来全球经济形势的不确定性、贸易摩擦和技术封锁的严峻程度不断加剧，地缘政治局势的紧张也带来了巨大的挑战。同时，全球科技竞争的激烈程度也在持续加剧。在这种背景下，我国科技创新的生态环境也难免受到冲击。单个企业或组织的单纯创新已经无法满足日益复杂和具有挑战性的科技发展需求，生态竞争模式应运而生。相比之下，生态竞争模式强调合作、共享和互利共赢的理念（易靖韬和何金秋，2023），倡导企业之间的协同合作，并建立全新的创新生态系统来参与全球创新生态竞争，以更好地应对外部局势的挑战，并提高我国在全球科技竞争中的地位。

科技创新正面临着日益复杂的挑战。过去科技创新主要集中在特定领域或行业，独立研发就能够取得相应成果。然而，当前的科技创新已经涉及多个学科和领域的交叉，为了解决复杂的问题，需要更广泛的合作和资源共享。由于个体企业或机构往往难以独立进行跨学科研发，因此建立生态竞争的合作网络，共同开展跨学科合作以实现技术的整合、交流和创新势在必行。

当前，科技创新的周期变得更长，风险也变得更高。随着科技进一步发展，许多创新面临着更高的技术门槛和更大的工程难度。个体企业或机构独自承担这样的挑战往往困难重重。通过建立合作生态，可以共同分担风险、资源和成本，以提高创新的成功概率。例如，联合研发、共享研发设施和技术平台、共同投资等方式都可以加速科技创新的过程。此外，在某些领域，如人工智能、量子科技等，需要更多的人才和研发资源，生态竞争的合作模式可以有效整合各方资源，提高科技创新的效率和水平。

过去科技创新的目标主要是追求技术的突破和领先，重点放在"产品"或"解决方案"上。然而，当前的科技创新已不再仅仅局限于个体产品或解决方案，而是更注重整个技术生态系统的构建和发展。只有通过更大范围的协同创新，才能推动技术、产业和市场的协同发展，实现真正的竞争优势。在这一方面，生态竞争模式可以促进各方共同发展和融合，形成更加完整和持续的技术生态。

在全球化的背景下，个体竞争已无法适应当前的全球科技竞争格局。各国之间的科技创新竞争已进入一个全新阶段，国际合作与竞争不断融合。在这种背景下，我国科技创新也需要转变思维，借鉴国际经验和资源，通过与国际合作伙伴建立生态竞争模式，推动我国科技创新的国际化进程。在科技创新国际竞争中，生态竞争模式能发挥其协同效应，为我国在全球科技创新舞台上占据更具竞争力的位置提供有力支撑。

总而言之，我国科技创新正从个体竞争向生态竞争转变，这既反映了又顺应了科技创新发展的新要求。生态竞争模式可以促进跨学科的合作、分担风险和资源共享，加速科技创新的进程。同时，生态竞争坚持技术生态系统的构建和发展，实现技术、产业和市场的协同发展。生态竞争还强调了合作与共享的重要性，在全球化的背景下，科技创新往往需要跨国合作和知识共享，通过与国际合作伙伴分享经验和资源，我国可以更好地在全球科技竞争中拥有话语权。这一转变不仅对我国科技创新的发展具有重要意义，也能够更好地适应全球科技竞争的新形势。

2.2 我国科技创新的新特征

2.2.1 战略性：新时代科技创新的前瞻布局

习近平指出，"战略问题是一个政党、一个国家的根本性问题"[①]。战略思维是从全局视野和长远眼光把握事物发展总体趋势和方向、客观辩证地思考和处理问题的科学思维。如今，全球科技创新进入空前密集活跃的时期，新一轮科技革命和产业变革正在孕育成长，将成为重构全球创新版图、重塑全球经济结构的主要力量。各个国家都在出台各种各样的科技发展战略，竞相争夺科技制高点，如美国的"未来工业发展计划"、德国的"工业 4.0"以及"国家工业战略 2030"、

---

① 《习近平在省部级主要领导干部学习贯彻党的十九届六中全会精神专题研讨班开班式上发表重要讲话》，https://www.gov.cn/xinwen/2022-01/11/content_5667663.htm，2022 年 1 月 11 日。

日本的"科学技术创新综合战略"等（王俊生和秦升，2019）。从世界格局的演变历史看，国力竞争的根本在于国家战略科技力量的比拼。对我国而言，实现中华民族伟大复兴，建设社会主义现代化强国，更需抓住新一轮科技革命的历史机遇，将科技自立自强作为国家发展的战略支撑。"十四五"时期及未来一段时期，科技革命与产业变革、大国战略博弈加剧等多重不确定性因素叠加和交汇，我国科技创新的机遇意识和紧迫感十分强烈，需着力围绕国家战略需求和产业共性需求进行重大科技项目攻关和前沿布局，抢占未来产业发展制高点，把握未来发展主动权。

1. 从跟随创新迈向引领创新

实施创新驱动发展战略，是加快转变经济发展方式、提高我国综合国力和国际竞争力的必然要求与战略举措。从国际经验来看，在经济赶超的初期和中期，后发国家经济增长的主要动力是通过引进、吸收发达国家的生产技术、管理经验，进行模仿创新，但是在经济赶超的后期，随着后发国家国内生产总值的提高和与发达国家技术差距的缩小，必须由模仿创新转向引领创新，占据国际创新的前沿。回顾历史，我国错过了第一次和第二次工业革命，在科技创新积累上远远落后于西方发达国家。改革开放后的很长一段时间，我国主要采取的是模仿创新战略，借助发达国家的技术转移和自身的跟随、模仿，在较高的起点进行消化吸收再创新，着力缩小同发达国家之间的差距。作为后发国家，我国在科技领域能够快速进步，进而实现"后发优势"，与转向外向型经济发展模型并享受发达国家的技术外溢直接相关。但是，模仿创新所依赖的"引进、消化、再创新"与原始创新所遵循的"基础研究—应用研究—商业化"路径存在本质不同，创新战略如果无法得到及时转换，后发国家极易陷入"技术引进陷阱"（黄先海和宋学印，2017），从而错失自主创新的宝贵机遇，被长期锁定在全球产业链分工中的低端，这已经被许多国际经验证实。

2012年后，我国的科技创新水平相比改革开放初期有了显著的提升，与欧美发达国家的差距大幅缩小，在全球科技竞争中的位势也由以往的完全跟跑转变为跟跑、并跑、领跑"三跑并存"（蔡跃洲，2021）。随着我国科技创新能力积累接近全球技术前沿，我国作为后发国家接受发达国家技术溢出的红利已经消耗殆尽，通过跟随式创新所能获得的回报率正在下降。在新一轮技术革命的深入演化下，在5G、超算、量子科学、基因技术等很多前沿科技领域，我国已经进入"无人区"，没有太多先例可以借鉴。更何况，面对当前的国际竞争环境，西方国家的科技遏制打压不断加剧，我国只有不断提升自主创新能力，把核心技术掌握在自己手中，才能抢占技术发展制高点，把握未来发展主动权。党的十八大以来，党中央把提升原始创新能力摆在更加突出的位置，成功组织一批重大基础研究任务、建成一批重大科技基础设施，基础前沿方向重大原创成果持续涌现，由"跟跑"为主转向更多领域"并跑"，甚至以"非对称"策略"换道超车"，加快进行对发达国家的赶超，实现了"领跑"。

在这一过程中，我国充分认识到，基础研究决定一个国家科技创新的深度和广度，"卡脖子"问题的根源在于基础研究薄弱。相对于应用研究，基础研究要解决科学创新的基础理论问题，这是科技创新的源头和根本动力，也是原始创新的基石。习近平深刻指出："核心技术的根源问题是基础研究问题，基础研究搞不好，应用技术就会成为无源之水、无本之木。"[①]在过去，由于长时间的模仿创新，我国在基础研究上与发达国家存在差距，重大原创研究成果偏少。在新时期，我国空前重视基础研究，统筹需求导向和自由探索，强化应用牵引、突破瓶颈导向，构建引领科技创新、支撑产业发展的基础研究布局；完善从经济社会发展和国家安全中凝练重大科学问题的机制，强化对高精尖产业技术的源头支撑，探索建立符合基础学科发展规律的支持方式和评价机制；探索基础研究多元化投入渠道，健全稳定性和竞争性相协调的支持机制，引导企业加大对基础研究的支持力度，探索基础研究长周期资助模式。这一系列举措都有力助推我国基础研究水平提升。

2018年，国务院印发的《关于全面加强基础科学研究的若干意见》指出，坚持从教育抓起，潜心加强基础科学研究，对数学、物理等重点基础学科给予更多倾斜；发挥国家自然科学基金支持源头创新的重要作用，更加聚焦基础学科和前沿探索，支持人才和团队建设。可以看到，近年来国家和中央科技基金越来越强调以解决应用问题为导向的基础研究，国家重点项目和重大专项中，以问题为导向的基础研究占据了绝大部分（柳卸林等，2023）。2019年，我国基础研究占研发投入的比重首次超过了6%，2021年达到6.09%。除了国家政策的倾斜，越来越多的领军企业也把强化基础研究放在了更突出的位置，如华为一直以来都非常注重基础科学研究，每年投入30亿～50亿美元用于基础研究；腾讯、京东等一大批头部互联网企业也都开始转型，向人工智能、集成电路等硬科技基础研究领域大规模进军。

2. 提升科技自立自强水平

党的二十大报告明确指出，"加快实施创新驱动发展战略""加快实现高水平科技自立自强""以国家战略需求为导向，集聚力量进行原创性引领性科技攻关，坚决打赢关键核心技术攻坚战""加快实施一批具有战略性全局性前瞻性的国家重

[①] 《习近平：在网络安全和信息化工作座谈会上的讲话》，http://cpc.people.com.cn/n1/2016/0426/c64094-28303771.html，2016年4月26日。

大科技项目，增强自主创新能力"①。从大国崛起的历史经验和科技史来看，当下我国正处于大国博弈与新一轮科技革命叠加的历史机遇期，严峻的国际形势进一步凸显出实现高水平科技自立自强的重要性和紧迫性。实现高水平科技自立自强既是新科技革命和产业变革背景下中国共产党强国理念的时代体现，又是实现高质量发展和构建新发展格局的重要支撑（彭绪庶，2022）。高水平科技自立自强意味着在关键产业、关键技术领域以及关键原材料、设备等方面摆脱过度对外依赖，实现本土产业链、供应链与价值链体系的循环畅通（温军和张森，2022；阳镇和贺俊，2023），本质上是从跟随型战略走向引领型战略的转型，是因应时势变化而形成的一种赶超范式变迁（周代数等，2022）。

党的十八大以来，以习近平同志为核心的党中央高度重视，从战略高度对我国科技自立自强以及科技进一步发展作出了一系列具有前瞻意义的重要战略部署：重视前沿基础研究，大幅提高原始创新能力，努力夯实科技自立自强的深厚根基；从国家急迫需要和长远需求出发，加快突破一批关键核心技术，实现重要领域和产业技术的自主可控；瞄准事关国家全局和国家安全的基础核心领域，加强战略性、储备性前瞻科技布局，努力抢占未来科技和产业发展制高点等。综合技术自主率的测算结果表明，中国综合技术自主率保持平稳上升态势，从 2012 年的 81.29%增长到 2020 年的 90.60%，提升近 10 个百分点，从侧面证实了中国科技自立自强水平取得了跨越式的发展（彭绪庶，2022）。

关键核心技术是一国科技实力的标志，是国际科技竞争力的关键所在，关乎国家安全和经济社会发展全局。科技自立自强要求重大科技领域的关键核心技术要由对外依赖到自主可控（雷小苗等，2023）。我国作为后发国家，在过去出口导向型经济制度的安排下，长期依赖于从发达国家引进技术，采用专利购买、技术转让、合作研发等方式进行模仿创新，忽视了内生性创新能力建设，导致本土企业自主创新能力严重缺失（陈劲等，2020）。在逆全球化背景下，以美国为首的西方发达国家加大了对我国科技发展的遏制力度，近年来不断发起单边科技制裁，使我国多个产业领域与领军企业频频面临"卡脖子"问题，关键核心技术严重受制于人。在中国科学院第十九次院士大会、中国工程院第十四次院士大会上，习近平明确指出："实践反复告诉我们，关键核心技术是要不来、买不来、讨不来的。只有把关键核心技术掌握在自己手中，才能从根本上保障国家经济安全、国防安全和其他安全。"②因此，强化科技自立自强对国家发展的战略支撑，当务之

---

① 《习近平：高举中国特色社会主义伟大旗帜 为全面建设社会主义现代化国家而团结奋斗——在中国共产党第二十次全国代表大会上的报告》，https://www.gov.cn/xinwen/2022-10/25/content_5721685.htm，2022 年 10 月 25 日。

② 《习近平：在中国科学院第十九次院士大会、中国工程院第十四次院士大会上的讲话》，https://www.gov.cn/xinwen/2018-05/28/content_5294322.htm，2018 年 5 月 28 日。

第2章 新时代我国科技创新的新发展

急是依靠科学理论和前沿科技等战略科技领域的进步，解决关键核心技术的"卡脖子"问题，防范"科技脱钩"和"产业脱钩"的潜在风险，增强我国创新链和产业链的安全性与稳定性（彭绪庶，2022）。

新时期，我国把突破关键核心技术作为提升科技自立自强水平的关键路径，面向国家重大需求，加快实施科技创新重大项目技术攻关。在港珠澳大桥的建设中，我国通过独立技术攻关实现了海底沉管隧道技术的自主创新。沉管技术是隧道工程中的一种特殊技术，它以沉管为基础，在海底开凿隧道。这项技术的应用能够避免海洋环境和天气等自然因素的影响，同时还能将隧道的防水质量提升到极高水平，从而提高隧道的安全系数，使得各地区之间交通更加便利快捷。当初修建港珠澳大桥时，掌握这一技术的荷兰开出了15亿元人民币的天价。对此，我国的中交集团选择迎难而上，自主突破。在建造过程中，中交集团带领产学研各界创新力量，通过集中攻关克服了大量工艺难题，最终建成了长达6.7公里的海底隧道。这条隧道由33节巨型沉管组成，每个沉管重达8万吨，是目前世界上最重的隧道沉管。港珠澳大桥海底隧道的成功建设，证明了在隧道沉管的关键核心技术方面，我国已位居世界首位。目前，我国是世界上唯一一个大规模实施海底沉管隧道技术的国家，占据着全球领先地位。

3. 推动科技成果向现实生产力转化

党的十八大以来，科技进步对经济增长的贡献率从2012年的52.2%提高到2021年超过60%，有力推动了产业转型升级，为经济社会持续健康发展提供了战略支撑。新时期，我国科技创新更加强调以产业发展重大需求为导向，且更加注重科技成果能否转化落地、能否引领产业发展与服务国家经济（贺德方等，2022）。科技成果转化是指为提高生产力水平，对科学研究与技术开发所产生的具有实用价值的科技成果进行后续试验、开发、应用、推广，直至形成新产品、新工艺、新材料，发展新产业等。然而，由于科研体制不通畅、市场机制不完善、支持体系不健全等问题，科技与经济的"两张皮"状况是一直以来存在的突出问题，其直接表现是科技成果向现实生产力转化不力、不顺、不畅，对于经济社会发展的推动功能发挥不充分，不能起到科技创新应有的战略支撑作用。现实中，一方面，大量科技成果在论文发表后被搁置在实验室，"养在深闺人未识"；另一方面，市场对先进产品十分渴求，企业在遇到技术瓶颈后找不到适用的解决方案。因此，新时期我国科技创新的一大着力点就是解决创新链中科研成果转化效率低的这一重大瓶颈，采取有效措施推动科技成果对接市场，实现科技成果的商业化，以期形成科研促进产业创新、产业支持科研发展的正向价值循环。

科技成果转化具有长期性、不确定性和高风险性等特点，因此在整个科技创新体系中，科技成果从实验室走向商业应用以实现其市场价值，要经历多重主体、多种创新要素和市场要素共同作用的过程。为了让科技成果走出大学的"围墙"、走向市场，实现科研单位、企业、用户、政府之间的协同化，我国近年来积极推动科技结构调整优化，进一步增强企业创新主体地位，深化产学研结合，加大金融对科技创新的支持力度，完善科技金融发展机制，加快多元化科技投入体系建设，强化产业链供应链科技支撑，推动科技成果转化措施扎实落地。2017年，国务院印发的《国家技术转移体系建设方案》部署构建符合科技创新规律、技术转移规律和产业发展规律的国家技术转移体系，强调深入实施创新驱动发展战略，激发创新主体活力，加强技术供需对接，优化要素配置，完善政策环境，发挥技术转移对提升科技创新能力、促进经济社会发展的重要作用。例如，为了改变大量科技成果在实验室被"束之高阁"这一局面，跨越科技创新成果转化途中的"最后一公里"，2021年，在国家发展和改革委员会与教育部的支持下，我国首个技术转移专业硕士学位点在上海建立，加大了对技术转移专业人才的培养力度。在科技成果转化中，技术搜索、概念验证、成果评价、投融资等专业服务都需要相应细分领域的技术转移人才去承担。因此，优秀的技术转移人才不仅要了解创新技术前沿、市场真实需求，还要对相关经济金融政策、法律法规、资本运作等具备专业认知，这样才能打通基础研究与应用研究间的壁垒，推动科技成果转化为现实生产力。

针对科技成果转化为现实生产力的方向，习近平特别指出："要把满足人民对美好生活的向往作为科技创新的落脚点，把惠民、利民、富民、改善民生作为科技创新的重要方向。"[①]新时期，我国在加快推进科技创新上，不断加大资源环境、人口健康、公共安全等民生领域的科技投入和研发攻关，以满足人民对美好生活的需要为奋斗目标，提高科技供给体系质量和水平，支撑健康中国、美丽中国、平安中国建设和乡村振兴，推动科技成果惠及民生领域，切实保障和改善民生福祉。例如，强调面向人民生命健康做好药物研发，用科技保障人民生命健康；注重科技促进绿色可持续发展，构建完善市场导向的绿色技术创新体系；加快研发重大灾害事故风险防控和应急救援技术，全面提升预警和应急处置能力；加强种源等农业关键核心技术攻关，为巩固拓展脱贫攻坚成果、助力乡村振兴提供支撑……大力促进科学技术和经济社会发展加速渗透融合，更好发挥科技创新的支撑引领作用，推动科技创新成果惠及更多国家和人民。

2.2.2 系统性：新时代科技创新的全面部署

唯物辩证法认为，整个世界既是相互联系的整体，也是相互作用的系统。系

[①] 《习近平：在中国科学院第十九次院士大会、中国工程院第十四次院士大会上的讲话》，https://www.gov.cn/xinwen/2018-05/28/content_5294322.htm，2018年5月28日。

统思维以系统论的原理和观点为指导，把事物作为系统，从系统和要素、要素和要素、系统和环境的相互联系、相互作用中综合地考察认识对象。习近平高度重视系统思维，提出："创新是一个复杂的社会系统工程，涉及经济社会各个领域。坚持创新发展，既要坚持全面系统的观点，又要抓住关键，以重要领域和关键环节的突破带动全局。"①新时期，我国科技创新实力正从量的积累迈向质的飞跃、从单点的突破迈向系统能力提升阶段，需要在系统论范式指导下大力推进科技体制改革，完善国家科技治理结构和重大科技项目的组织结构，对国家战略科技力量进行系统化布局，优化创新资源整合和创新要素配置，提高科技创新的整体性及要素的关联性、耦合性和协同性，在新发展格局下形成"全国一盘棋"的国家创新合力，提升国家创新体系整体效能。

1. 提高国家创新体系整体效能

2014年6月，习近平在中国科学院第十七次院士大会、中国工程院第十二次院士大会上指出，"加快建立健全各主体、各方面、各环节有机互动、协同高效的国家创新体系"②。党的二十大报告进一步强调，"健全新型举国体制，强化国家战略科技力量，优化配置创新资源"③。随着创新驱动发展战略的实施，我国国家创新体系建设取得显著成效。2019年我国成为国际专利申请最大来源国，2020年我国学术论文发表总量超过美国，涌现出一批原创性科技成果；2022年我国研发经费支出首次突破3万亿元，研发投入强度首次突破2.5%；2022年我国全球创新指数排名由2012年的第34位上升为第11位，正式迈入创新型国家行列。

国家创新体系集创新主体、创新环境和创新制度于一体，是促进新知识和新技术的产生、应用和扩散，各类创新要素和主体关联互动、动态演化的开放系统，是实现科技创新和制度创新能力提升的重要保障（贺德方等，2023）。Porter（2011）将技术进步和创新意义拓展到国家宏观层面，认为国家的竞争力在于其产业创新与升级的能力，强调构建创新是系统中各方参与者之间复杂关系的协同结果。然而，我国科技领域过去一直存在资源配置分散、体系封闭、重复建设的问题，造成科研计划碎片化、重复研究、经费浪费等后果。多元创新主体间也存在松散耦合、协同低效、利益争夺、收益分配激励不相容等体制机制障碍，彼此之间难以

---

① 《在省部级主要领导干部学习贯彻党的十八届五中全会精神专题研讨班上的讲话（2016年1月18日）》，http://www.xinhuanet.com/politics/2016-05/10/c_128972755.htm，2016年5月10日。

② 《习近平在中科院第十七次院士大会、工程院第十二次院士大会上的讲话》，https://www.gov.cn/xinwen/2014-06/09/content_2697437.htm，2014年6月9日。

③ 《习近平：高举中国特色社会主义伟大旗帜 为全面建设社会主义现代化国家而团结奋斗——在中国共产党第二十次全国代表大会上的报告》，https://www.gov.cn/xinwen/2022-10/25/content_5721685.htm，2022年10月25日。

发挥优势互补、协同共享的作用，导致我国创新体系整体效能不强。新时期，我国国家创新体系建设的重点从完善功能结构转变到提升整体效能上，更突出了以下特点。

首先，加强党中央对科技工作的集中统一领导，统筹推进国家创新体系建设和科技体制改革。中共中央、国务院印发《党和国家机构改革方案》，要求组建中央科技委员会，该委员会负责研究审议国家科技发展重大战略、重大规划、重大政策，统筹解决科技领域战略性、方向性、全局性重大问题，研究确定国家战略科技任务和重大科研项目，统筹布局国家实验室等战略科技力量，统筹协调军民科技融合发展等。中央科技委员会的成立将有助于全面加强党中央对科技创新的部署，从最高层统筹协调国家战略科技事业，通过新型举国体制的实施，充分发挥集中力量办大事的制度优势，在关键核心技术等重大创新领域形成竞争优势、赢得战略主动。

其次，充分发挥市场配置资源基础性作用与强化政府宏观调控功能相结合。国家创新体系是实现自主创新和科技自立自强的制度基础，充分体现国家创新意志和战略目标。中国特色社会主义基本经济制度支撑着国家创新体系的建设与发展，我国政府在创新中的作用不单是弥补市场失灵（安同良和姜妍，2021）。因此，在科技管理体制、创新资源配置、科技评价制度、市场竞争环境、创新创业生态、创新人才培养、国际科技合作等多个领域，既要利用市场机制解决创新资源的配置效率问题，更要重新理解我国政府角色的转变。面向未来，我国不断完善国家科技治理结构，加快由政府引领的战略性科技创新体系建设，大力发展新型研发机构等国家战略科技力量，通过科学统筹、集中力量以及协同攻关，有效提升科技创新体系化能力，提升国家创新体系整体效能。

最后，推进教育、科技、人才"三位一体"融合发展，为国家创新体系提供强大动能。党的二十大报告指出，"教育、科技、人才是全面建设社会主义现代化国家的基础性、战略性支撑"[①]。立足新发展阶段，教育是全面建设社会主义现代化国家的坚实基础，坚持教育优先发展战略，重在培育知识型、技能型、创新型劳动者，构筑现代化产业体系的人力资源"蓄水池"；科技是全面建设社会主义现代化国家的强大动力，要把增强科技创新能力摆到更加突出的位置，加快适应创新范式深刻变革和学科交叉融合的新要求，推动"从0到1"的基础研究突破和关键核心技术攻关，力争在新一轮科技革命的激烈竞争中勇立潮头；人才是全面建设社会主义现代化国家的有力支撑，要坚持人才强国战略，从多方面建立起创新型人才的培养体系，构建人才链并使人才链支撑创新链产

[①] 《习近平：高举中国特色社会主义伟大旗帜 为全面建设社会主义现代化国家而团结奋斗——在中国共产党第二十次全国代表大会上的报告》，https://www.gov.cn/xinwen/2022-10/25/content_5721685.htm，2022年10月25日。

业链深度融合，优化国家创新体系整体布局，为建设社会主义现代化强国提供战略支撑。

2. 完善重大科技项目组织结构

按照我国《国家中长期科学和技术发展规划纲要（2006—2020年）》的界定，国家重大科技项目是指为了实现国家目标，通过核心技术突破和资源集成，在一定时限内完成的重大战略产品、关键共性技术和重大工程。经过70余年的实践与探索，我国重大科技项目逐渐形成了一套适合自身发展的组织管理模式，主要体现为思想层面上受钱学森系统论管理思想的指导，实践层面上应用项目管理方法技术，并主要采取总体设计部和两条指挥线的组织结构。总体设计部以实现整体优化为目标，协调总体与分系统、分系统与分系统之间的关系；两条指挥线是指行政指挥线和技术指挥线，分别从管理和技术两个方面进行抓总、协调和决策（唐伟等，2022；邵婧婷和江鸿，2023）。在过去，这种组织结构取得了以航天工程项目为代表的一系列历史性科技突破。但是，随着新一轮科技革命和产业变革深度演进，科技创新活动不断突破地域、组织、技术的界限，各学科、各领域、各主体间深度交叉融合、广泛扩散渗透，过去的工作体系和制度安排不再适用新时期的科技创新范式，因而有力驱动了重大科技项目主体构成、主体分工、部门协同等组织结构和治理结构的变革。

面对日益严峻的国际环境和愈演愈烈的科技竞争态势，对于关系国计民生和经济命脉的重大科技攻关任务，需要推进总体结构调整和系统整合相结合，打破主体之间、子系统之间的壁垒，在关系国家发展全局的关键领域加大各类创新主体、创新要素投入的统筹力度，推进战略性科技任务实施取得重大突破。当前，我国在科技创新系统能力上与发达国家还有差距，必须发挥国家战略科技力量建制化优势，提升科技创新体系化能力和重点突破能力，推动重大科技项目的实施。党的二十大报告提出，"强化国家战略科技力量，优化配置创新资源"[①]。国家战略科技力量是体现国家意志、服务国家需求、代表国家水平的科技中坚力量，能够有效带动科技创新系统能力提升，推动我国科技事业实现新的跨越式发展。强化国家战略科技力量是新时代实现我国科技自立自强、支撑全面建设社会主义现代化国家的必然选择，是加快建设科技强国的重要任务。

国家战略科技力量代表了国家科技创新的最高水平，是国家创新体系的中坚力量。国家实验室、国家科研机构、高水平研究型大学、科技领军企业都是国家战略科技力量的重要组成部分。国家实验室紧跟世界科技发展大势，适应我国

---

① 《习近平：高举中国特色社会主义伟大旗帜 为全面建设社会主义现代化国家而团结奋斗——在中国共产党第二十次全国代表大会上的报告》，https://www.gov.cn/xinwen/2022-10/25/content_5721685.htm，2022年10月25日。

发展对科技发展提出的使命任务，多出战略性、关键性重大科技成果，并同国家重点实验室结合，形成中国特色国家实验室体系。国家科研机构以国家战略需求为导向，着力解决影响国家发展全局和长远利益的重大科技问题，加快建设原始创新策源地，加快突破关键核心技术。高水平研究型大学把发展科技第一生产力、培养人才第一资源、增强创新第一动力更好结合起来，发挥基础研究深厚、学科交叉融合的优势，成为基础研究的主力军和重大科技突破的生力军。科技领军企业发挥市场需求、集成创新、组织平台的优势，整合集聚创新资源，建设产业链创新平台，牵头开展产业共性关键技术研发、科技成果转化及产业化、科技资源共享服务，打造自主可控、安全可靠、竞争力强的产业集群，提升我国产业基础能力和产业链现代化水平。在重大科技项目开展中，国家实验室发挥引领作用，国家科研机构发挥建制化组织作用，高水平研究型大学发挥主力军作用，科技领军企业则发挥"出题人""答卷人""阅卷人"作用（庄芹芹和高洪玮，2023）。

党的十八大以来，以习近平同志为核心的党中央以前所未有的力度强化国家战略科技力量，围绕国家战略需求，以整体性思维、系统性部署，有力组织和调动创新资源，实施重大科技项目联合攻关，我国战略性科研体系水平不断提升。例如，作为重要的国家战略科技力量，中国科学院的主要任务是面向国家长远发展和全局问题，开展具有基础性和战略性的系统前瞻性研究。新时期，中国科学院主持了"率先行动"计划等一系列涉及国家战略的重大科技项目，现已全面完成第一阶段的目标任务，解决了一大批事关国家全局的重大科技问题，突破了一大批制约发展的关键核心技术，取得了一大批具有一流水平的原创成果，为塑造创新发展新优势、走向高水平科技自立自强奠定了坚实基础。

3. 优化创新要素配置

2018年5月，习近平在中国科学院第十九次院士大会、中国工程院第十四次院士大会上强调，"加强创新驱动系统能力整合，打通科技和经济社会发展通道，不断释放创新潜能，加速聚集创新要素"[①]。系统是由若干要素组成的具有独特结构和功能的整体，在创新活动中涉及的人才、资金、知识、技术、数据等各类要素都是我国科技创新系统必要的战略资源。当前，我国正处于构建新发展格局和建设现代化经济体系的关键时期，需要充分调动政府、企业、社会、科研机构和科研人才等多重积极性和创造性（韩保江和李志斌，2022）。这就要求切实提高创新要素配置效率，充分释放创新要素配置潜能。然而，当前我国要素市场的质量、

---

① 《习近平：在中国科学院第十九次院士大会、中国工程院第十四次院士大会上的讲话》，https://www.gov.cn/xinwen/2018-05/28/content_5294322.htm，2018年5月28日。

模式和结构都不够完善，影响了创新要素配置的质量和效率，造成全要素生产率提升滞缓（叶初升和孙薇，2023）。新时期，我国着力破解深层次体制机制障碍，推动创新要素在全国范围内合理流动、优化配置，这既是加快构建新发展格局、畅通国内大循环的现实需求，也是增强科技创新能力、实现科技自立自强的必然要求。

首先，深化要素市场化改革，发挥市场在资源配置中的决定性作用。市场体系是要素市场配置的载体和平台，完善创新要素的市场化配置，有助于实现要素价格市场决定、要素流动自主有序、要素配置高效公平（洪银兴，2022）。2020年4月，我国颁布了《关于构建更加完善的要素市场化配置体制机制的意见》，就土地、劳动、资本、技术、数据、知识、管理等七大生产要素提出了具有里程碑意义的市场化改革举措。在所有的创新主体中，企业最了解市场需求，最了解"卡脖子"的问题所在。因此，新时期，我国不断强化企业科技创新主体地位，将更多创新要素采取市场化的办法、按照市场化的机制和约束配置到创新型领军企业中。在各类要素中，数据要素具有向生产过程全面渗透的驱动力，对于推动高质量发展具有重要意义（史丹，2022）。因此，新时期，我国不断完善数据要素培育和发展相关体制机制，加快构建数据基础制度，大力推动宏观层面的数字经济发展与微观企业层面的数字化转型，更好地发挥数据的基础资源作用和创新引擎作用。

其次，加快构建全国统一大市场，破除影响创新要素自由流动的体制机制藩篱。在旧的发展模式下，要素市场的分割抑制了创新要素在区域间的自由流动，严重阻碍了创新效率的提升，削弱了创新要素对空间知识的溢出效应（罗德明等，2012）。党的十八届三中全会通过的《中共中央关于全面深化改革若干重大问题的决定》提出，必须加快形成企业自主经营、公平竞争，消费者自由选择、自主消费，商品和要素自由流动、平等交换的现代市场体系，着力清除市场壁垒，提高资源配置效率和公平性。新时期，我国以改革释放创新活力，打破体制机制及政策上的束缚和障碍，推动建设统一开放、竞争有序、区域协同的全国统一大市场，打通生产、分配、流通、消费的各个环节，加速实现创新要素的自由流动，推动供需在更高水平上的动态均衡，加强新发展格局下我国实现科技自立自强的内生动力。

最后，深化国际国内创新合作，打造全球科技创新要素汇聚地。新时期，我国实施更加开放包容、互惠共享的国际科技合作战略，加强国际化科研环境建设，打造具有全球竞争力的开放创新生态。一方面，围绕国家重大发展战略，以全球视野、国际标准建设统筹推进国际科技创新中心、综合性国家科学中心和区域科技创新中心建设，鼓励世界一流的研究机构来华共建合作平台，打造全球科技创新要素汇聚地和新兴产业技术策源地。另一方面，习近平指出，"世界科技强国必须能够在全球范围内吸引人才、留住人才、用好人才"[①]。我国也在着力改变国际化创新人才占比偏低和国际化环境优势不明显的状况，通过搭建世界顶尖科学家论坛、世界青年科学家峰会等高端学术交流平台开展招才引智工作，依托国家科学中心和国际科技合作基地吸引和集聚高水平科技人才。与此同时，在国内设立连接全球创新网络的平台和在海外设立创新驿站，借此吸收海外先进的知识、技术和能力，促进全球创新要素向我国流动。

2.2.3　开放性：新时代科技创新的全球视野

经济全球化日益深入，创新资源也在全球范围内快速传递，世界各国之间的经济、科技联系更加密切，任何一个国家都无法孤立地依靠自身力量解决所有创新难题。在此背景下，各国更需要加强开放合作，共同应对时代的挑战，通过科技创新共同探索解决重要全球性问题的途径和方法。习近平指出："科学技术是世界性的、时代性的，发展科学技术必须具有全球视野。"[②]在自主创新方面，习近平指出"我们强调自主创新，不是关起门来搞研发，一定要坚持开放创新"[③]。所以，我国必须立足于全球视野，坚持开放创新，加强国际合作，积极融入全球科技创新的大环境中，与各国共同探索和研究解决重要的全球性问题，共同推动科技创新的进步和发展，为人类社会的可持续发展做出更大的贡献。

1. 顺应科技社会发展规律及趋势的客观要求

科技的发展已经超越任何一个国家或地区的边界，成为全球性合作和交流的需要。科技创新开放性促进科技创新的加速和规模效应的发挥，在全球范围内加强合作和共享资源，有助于加快科技创新的速度、提高科技创新的水平。全世界的发展呼唤着开放性科技创新。当今世界面临许多共同的挑战，如气候变化、医疗保健、粮食安全等，这些问题迫切需要各国合力解决。开放性科技创新不仅可以促进科技成果的共享和技术的整合，还有助于优化资源配置，提高解决人类发展难题的效率和效果。

人类历史上的科技创新几乎都是跨越国界和地域限制的结果。从古代的丝绸之路到近代的航海探险，人类通过开放和交流带来了大量的科技创新和经验累积。随着全球化和数字化的进程，科技创新已经超越了国家的边界，需要更加广泛的

[①]《习近平：在中国科学院第二十次院士大会、中国工程院第十五次院士大会、中国科协第十次全国代表大会上的讲话》，https://www.gov.cn/xinwen/2021-05/28/content_5613746.htm，2021年5月28日。

[②]《习近平在中国科学院第十七次院士大会、中国工程院第十二次院士大会上的讲话》，http://jhsjk.people.cn/article/25125270，2014年6月9日。

[③]《习近平：在网络安全和信息化工作座谈会上的讲话》，http://jhsjk.people.cn/article/28283260，2016年4月25日。

国际合作与开放式创新来应对共同挑战。历史上的科技创新事实也证明了，开放性科技创新不仅有助于满足人类社会的需求，而且对于推动社会发展和文明进步起到了重要的作用。

开放性科技创新是推动社会变迁的重要因素，开放性科技创新对于社会结构和价值观念等方面都具有深远的影响。开放性科技创新引入新的技术和生产模式，提高生产力和效率，从而促进了经济的发展和产业的升级。新的科技创新可以改变传统产业的规模和方式，推动新兴产业和创新型企业的兴起。例如，互联网、人工智能、大数据等科技的快速发展，推动数字经济和高科技产业的蓬勃发展，改变传统产业和商业模式，带来了新的经济增长点。开放性科技创新有助于促进社会公平与包容，通过开放性科技创新，知识和信息得以更加广泛地传播，减少了信息和数字鸿沟，增加了人们享有科技成果的机会。同时，开放性科技创新也提供了更多的机会和平台，使得创新者和创业者能够更加平等地参与社会经济发展，并从中获得回报和利益。通过开放性科技创新，不仅可以引进国际先进的科技成果和经验，加快自身的科技发展进程，还能够激发社会中潜在的创新力量和创新活力。开放性科技创新可以促进社会的多元化和协同发展，推动知识的共享和传播，促进社会创新和社会变革的发生。

我国科技创新的开放性体现在对外开放、引进消化吸收再创新等方面，也体现在对内开放、加强科技创新与经济社会发展互动等方面。随着科技创新实力不断增强，我国在全球科技创新格局中也逐渐占据重要地位，越来越多地参与国际科技合作与竞争，越来越深地参与到全球科技治理中来。当前，我国正处于经济社会转型期，需要通过科技创新驱动来应对各种社会挑战和经济压力。开放性科技创新可以帮助我国引进国际先进的科技成果和经验，加快自身的科技发展进程。此外，开放性科技创新也是我国实现可持续发展、提高竞争力的关键举措。只有在准确把握世界科技发展趋势、了解科技发展前沿信息、认识我国科技发展不足和短板的基础上进行顶层设计和战略部署，才能更有效地推动我国科技创新发展。通过开放性科技创新，我国能够更好地与国际接轨，充分发挥自身科技创新能力，借鉴和吸收全球先进的科技成果和经验。我国还面临着日益增长的科技创新需求和人才需求。通过开放性创新，我国可以吸引国际一流的科研人才来华工作和合作，积极开展人才培养和教育机制改革，提高科技创新能力。

2. 应对全球发展难题和共同挑战的大势所趋

世界百年未有之大变局加速演进，科技创新是人类社会发展的重要引擎，是应对全球性挑战的有力武器。习近平指出："我们将全方位加强国际科技创新合作，积极参与全球创新网络，同世界各国人民携手应对人类面临的共同挑战，实现各国共同发展。"①开放性科技创新是应对全球共同挑战的大势所趋，它能够更好地适应人类社会发展的需求和规律，实现国际合作和多边主义的目标，体现人类命运共同体的理念。加强科技开放合作，共同探索科技创新，才能解决重要全球性问题、共同应对时代挑战。我国在面对全球共同挑战时，应该积极参与开放性科技创新，加强国际合作和交流，共享科技成果和资源，为全球共同挑战贡献力量。

科技创新本身是人类认识世界、改造世界的一种基本驱动力，开放性科技创新符合人类社会的整体发展趋势和人的本质需求。科技创新是人类解决自身问题和面对挑战的一种响应机制，人类天生具有探索未知、寻求改变的本能，人类科技创新正是凭借这种本能产生和发展。全球共同挑战如气候变化、环境污染、粮食安全等都超越了任何一个国家或地区的能力，需要全球合作来解决。开放性科技创新能够集聚全球创新资源，跨越国界和地域限制，为全球共同挑战提供更加切实可行的解决方案。

在全球化背景下，开放性科技创新是促进国际合作的体现。在全球化的背景下，世界各国的利益日益交织、互相依存，共同面对的挑战需要多个国家的协作，开放性科技创新是促进国家合作的重要途径。开放性科技创新能够促进国家间的互相理解和交流，塑造更加开放的国际合作环境。此外，针对科技创新过程中所面临的知识产权和资源利用等敏感问题，国际社会可以通过开放性科技创新这一途径，更好地协商和制定共同的规则和原则，保护各方的合法权益，实现科技创新资源的公平、合理分配。

我国科技创新的发展得益于全球科技创新的发展，我国在积极参与全球科技创新的过程中，不断贡献自己的智慧和力量。例如，我国科学家在人工智能、大数据、5G等领域的创新和突破，不仅为我国经济社会发展提供了重要支撑，也为全球科技进步做出了重要贡献。

党的十八大明确指出，"要倡导人类命运共同体意识，在追求本国利益时兼顾他国合理关切，在谋求本国发展中促进各国共同发展，建立更加平等均衡的新型全球发展伙伴关系"②。开放性科技创新也是人类命运共同体这一意识的体现。当今各国间的联系和依存日益加深，所面临的诸多全球性共同挑战不可忽视。通过开放性科技创新，全球各国能够共享科技成果和经验，共同参与解决方案的制定和实施。这样的合作机制有助于构建更加包容和平等的国际秩序，缩小贫富和科技差距，促进全球可持续发展。

总之，我国科技创新的开放性，不仅是我国经济社会发展的客观需要，也是

---

① 《习近平和普京为2014浦江创新论坛致贺信》，http://jhsjk.people.cn/article/25908505，2014年10月26日。
② 《胡锦涛在中国共产党第十八次全国代表大会上的报告》，https://www.gov.cn/ldhd/2012-11/17/content_2268826_7.htm，2012年11月17日。

我国在全球科技治理中发挥积极作用的客观需要。在未来发展中，我国科技创新要继续保持开放性的特征，在不断引进消化吸收再创新的同时，积极参与国际科技合作与竞争，为全球科技进步做出更多贡献。

3. 提升我国科技创新国际话语权的重要支撑

随着全球化进程的加快和科技创新的快速发展，国家之间的科技竞争与合作日益紧密。在这个时代背景下，我国科技创新的国际话语权成为国家战略的重要组成方面，开放性正是提升我国科技创新国际话语权的重要因素之一。

党的二十大报告指出："扩大国际科技交流合作，加强国际化科研环境建设，形成具有全球竞争力的开放创新生态。"[1]通过与国际科技创新中心合作，我国可以借鉴和吸收国际先进的科技创新经验和方法。同时，我国科技创新的成果也可以更广泛地传播和推广到国际市场。开放性促使我国与其他国家之间建立更为密切的科技创新合作关系，形成合作共赢的局面。例如，我国在绿色能源、人工智能等领域的科技创新成果，逐渐在国际舞台上得到关注和认可。这些成果的国际传播和赢得国际合作伙伴的认同，有助于提升我国科技创新的国际话语权。

在我国开放合作倡议中，如"一带一路"倡议、数字丝绸之路等，深度融入开放性科技创新理念，使我国成为国际科技创新的重要参与者和贡献者，为国际社会的科技共享与开放合作提供了新的渠道。这种开放合作的态度将受到国际社会的广泛关注和认同，有助于拓展我国科技创新的国际影响力。同时，国际社会的科技共享也为我国科技创新提供了更广阔的市场和更丰富的资源，推动我国科技创新的发展和应用。

开放性可以促进科技创新成果的全球传播与接纳。通过互联网和数字技术的普及，科技创新成果可以更迅速地在全球范围内传播，吸引更多的国际合作与投资。开放性使得我国的科技创新成果能够迅速被国际市场接受和应用，提升了我国在全球科技创新中的地位和影响力。例如，我国在5G技术、电子商务、在线支付等领域的创新成果，已经在国际市场上产生了突出的影响力。

开放性还可以为国际科技合作和人才交流提供良好的机遇。通过开放科技合作平台和国际科技交流机制，我国可以吸引更多的国际科技人才和学术资源，推动科技创新的全球合作。这不仅带来了跨国界的知识交流和技术创新，还为我国科技创新提供了广阔的国际视野，如我国在科技创新领域积极参与国际大科学计划。通过开放合作，我国科技创新逐步融入国际科技创新的前沿，提升了国际话语权。

---

[1]《习近平：高举中国特色社会主义伟大旗帜 为全面建设社会主义现代化国家而团结奋斗——在中国共产党第二十次全国代表大会上的报告》，https://www.gov.cn/xinwen/2022-10/25/content_5721685.htm，2022年10月25日。

习近平指出，"要深度参与全球科技治理，贡献中国智慧"[①]。虽然我国的科技创新事业快速发展，但在国际上尚未建立起国际话语权。我国科技创新经验和创新理论尚未得到系统表达和传播，在国际上的影响力仍显薄弱。原因在于虽然当前我国在科技创新方面取得了巨大成就，但在科技创新的制度建设等方面仍存在改进空间（杨思莹和李政，2022）。此外，国内外对于我国科技创新道路的研究和总结仍停留在事实描述层面，尚未深入探索中国特色科技创新的一般规律并进行系统的理论概括。因此，还需要坚持走中国特色的科技创新道路，坚持开放性科技创新，未来应以我国科技创新实践为基础，系统总结和完善中国特色的创新理论，从而提升我国科技创新的影响力和国际话语权。在这一过程中，需要加强理论研究，深入认识和把握我国科技创新的规律和机制。同时，加强国际交流与合作，与全球科技界展开深入对话，分享创新经验，吸取先进理念，借鉴国际创新最佳实践，逐渐树立起具有国际影响力的中国特色科技创新理论体系，使"中国智慧"在国际舞台上得到更广泛的传播和认可。

2.3 我国科技创新的新模式

进入新时期，新的发展矛盾、新的发展方式、新的科技竞争格局以及新的创新驱动发展战略，推动我国科技创新模式实现新的历史跨越。发挥新型举国体制优势，推动现代化产业体系建设，构建领军企业创新链，强化国家战略科技力量，是我国应对百年未有之大变局的战略举措，也是新一轮科技革命与产业革命下，我国抢占技术革命窗口期的统筹战略安排，更是提升我国科技创新能力、建设世界科技强国的重大战略决策。

2.3.1 基于科技自立自强的新型举国体制

新时期，面对国内国际形势的深刻变化，尤其是针对实现高水平科技自立自强存在的问题和面临的突出挑战，构建新型举国体制成为我国科技创新领域的当务之急。党的二十大报告提出"完善党中央对科技工作统一领导的体制，健全新型举国体制"[②]。健全新型举国体制，对于抢抓新一轮科技革命和产业变革的历史机遇，加快关键技术重大突破，实现高水平科技自立自强，从而把创新发展主动

---

① 《习近平：在中国科学院第二十次院士大会、中国工程院第十五次院士大会、中国科协第十次全国代表大会上的讲话》，http://jhsjk.people.cn/article/32116542，2021年5月28日。

② 《习近平：高举中国特色社会主义伟大旗帜 为全面建设社会主义现代化国家而团结奋斗——在中国共产党第二十次全国代表大会上的报告》，https://www.gov.cn/xinwen/2022-10/25/content_5721685.htm，2022年10月25日。

权牢牢掌握在自己手中，拓宽中国式现代化道路意义深远。

举国体制是以国家利益为核心，以国家意志为导向，为满足国家重大事务需要，在政府主导下，通过全面动员、快速调配和高效组织一国相关资源，以达成某一特定目标的制度安排与体系建构（王聪等，2023）。科技创新举国体制是举国体制在科技创新领域的应用，是国家组织实施重大科技创新计划或工程的一种举国体制模式。实质上，无论是新中国成立初期的以"两弹一星"为代表的一系列重大科技成就，还是改革开放后我国探月工程与高速列车产业的巨大成功，均得益于举国体制的实施。从国际科技发展历史进程来看，举国体制的管理结构与治理体制同样广泛存在于发达国家的重大科技项目的攻关过程中。近年来，我国科技水平能够取得突飞猛进的提升，正是得益于社会主义市场经济条件下新型举国体制的优势。新型举国体制意味着以前瞻的战略定位、明确的顶层设计，在政府全局性领导和组织下采用体系化、任务型的跨界联合体模式，调动一切积极因素解决我国重大工程、重大项目关键技术攻关问题。在延续传统举国体制的核心要义的基础上，新型举国体制在战略目标、理论逻辑、组织模式和运行机制等层面实现了系统创新。

首先，新中国成立初期实施举国体制时，世界科技处于平稳发展期，科学技术的发展方向和实现路径是明确的，我国的科技创新活动以技术跟踪、模仿和追赶为主。现阶段，面对严峻复杂的国际趋势带来的新矛盾、新挑战，以及新一轮科技革命与产业变革带来的新范式、新规律，我国需要在前沿性、战略性领域抢占未来竞争的制高点，实现高水平科技自立自强。因此，以国家发展和国家安全为最高目标，攻克关键核心技术和共性技术，突破西方技术封锁和围堵，实现自主可控，是构建新型科技创新举国体制的首要目的。习近平对此做出指示，"发挥市场经济条件下新型举国体制优势，集中力量、协同攻关，为攀登战略制高点、提高我国综合竞争力、保障国家安全提供支撑"[①]。

其次，与传统举国体制相比，新型举国体制最显著的特征在于兼顾经济逻辑与政治逻辑、政府与市场的关系，以及功能定位进一步明晰（张三保等，2022）。在健全新型举国体制的过程中，"有为政府"与"有效市场"二者协同发力。一方面，市场要更有效，充分发挥在资源配置中的决定性作用，促进创新要素合理流动和高效集聚。坚持企业创新主体地位，提升企业技术创新能力，在重点领域培育一批不惧怕技术封锁和打压的科技领军企业，加快关键核心技术突破。另一方面，政府要更加有为，发挥公共物品的提供者和宏观调控者的作用，强化科学引导和统一管理功能，在更大范围内动员和协调资源，防范和弥补"市场失灵"，同

---

① 《习近平：抓住牵动经济社会发展全局的"牛鼻子"》，http://politics.people.com.cn/n1/2016/0412/c1001-28270255.html，2016年4月12日。

时集中力量进行系统化布局,从顶层设计入手构建完善的国家创新体系,通过体制机制改革破除制约科技创新的制度藩篱,营造支持创新的经济社会环境。

最后,在新型举国体制下,政府、高校和科研院所、新型研发机构、大中小企业、金融机构与各类服务中介机构等多元创新主体的协同创新效应更加明显。政府指导或发起重大创新项目,通过有效的组织形式与政策执行力,整合优化创新要素资源,建设有利于科技创新的政策环境;科技领军企业作为重要的牵头单位,做关键技术的"出题人",以及主要的"答题人"和"阅卷人",支持、推动高校和科研院所做前沿的基础科学研究和特定关键技术的突破探索,并承担产业化责任,加快科研成果落地为现实生产力。在制度与市场双轮驱动下,各类创新主体的能动性得到全面激发,多部门、多层级之间实现耦合互动,推动创新链、产业链、资金链、人才链深度融合,打通从科技强到企业强、产业强、经济强的通道。

2.3.2 基于新发展格局的产业创新体系

面对国际经济新格局以及国际关系新形势,我国提出要构建以国内大循环为主体、国内国际双循环相互促进的新发展格局。习近平强调,"新发展格局以现代化产业体系为基础,经济循环畅通需要各产业有序链接、高效畅通"[①]。现阶段,尽管我国是世界上唯一拥有联合国产业分类中所列全部工业门类的国家,具备全球最完整的产业体系,但我国尚未将制造业第一大国的优势转化为制造业强国优势,体现在基础研究能力薄弱,底层技术、基础工艺能力不足,导致产业链上部分核心环节和关键技术仍受制于欧美发达国家,国内大市场供给质量不高,生产和消费之间、供给和需求之间不能很好地实现动态匹配,难以发挥国内大循环的主导作用(黄群慧,2020)。在中美关系不确定性加剧以及逆全球化风险不断加深的背景下,外循环所面临的风险和挑战不断加剧,部分产业在国际市场上频频受阻,亟须建立基于完备本土产业链的产业创新体系,以产业链与创新链的双轮融合机制驱动我国经济循环畅通无阻(阳镇和贺俊,2023)。

产业创新体系是产品开发活动和技术利用活动的系统集合,即形成产品开发设计、生产制造与服务体系(Edquist,2013)。新时期,我国构建产业创新体系,首先要强调企业是创新主体,着力建设科技型企业梯次培育机制与优质企业梯度培育体系,鼓励并支持更多创新型企业成为科技领军企业,使科技领军企业持续涌现并不断成长。习近平强调:"中央企业等国有企业要勇挑重担、敢打头阵,

---

① 《习近平主持中共中央政治局第二次集体学习并发表重要讲话》,https://www.gov.cn/xinwen/2023-02/01/content_5739555.htm,2023 年 2 月 1 日。

勇当原创技术的'策源地'、现代产业链的'链长'。"①中央企业大多处于关系国家安全、国民经济命脉和国计民生的重要行业和关键领域，在现代化产业体系中发挥着科技创新、产业控制、安全支撑作用。因此，构建产业创新体系需要发挥好中央企业对产业链的融通带动作用，由中央企业快速整合全球资源，向生态底座持续投入，引领带动产业链上中下游企业协同创新，向价值链中高端不断迈进。

其次，把握技术攻关方向，加快补上我国产业链供应链短板弱项。现代产业创新体系建设需要顺应产业发展大势，以原始创新与全面自主创新促进产业基础能力提升和推动短板产业补链，在关键产业、关键技术领域以及关键原材料、设备等方面加快摆脱过度对外依赖，提高自给质量，解决制约高水平技术供给的关键问题，形成需求牵引供给、供给创造需求的高水平动态平衡，推动产业链、供应链与价值链的完备、安全、畅通。

再次，通过数字技术的规模化应用实现产业创新。当前，数字技术推动或依托数字技术发展的全球产业链和创新链已经成为一种新趋势（江小涓和孟丽君，2021），数字经济已成为我国"十四五"规划和"新基建"战略的重要支撑。新时期，我国正在通过加快夯实数据设施底座，充分发挥海量数据和丰富的应用场景优势，通过数字产业化和产业数字化促进数字技术与实体经济深度融合，为产业创新体系构建赋能。

最后，在我国现有的经济体系中，存在着明显的资本错配、金融市场不完善和"脱实向虚"问题，阻碍了新发展格局下产业的高质量发展（余泳泽等，2021）。构建产业创新体系需要统筹好扩大内需和深化供给侧结构性改革，突出科技金融、知识产权与标准对创新体系的保障与引领作用，强化金融对科技创新的支持力度，完善科技金融发展机制，加快多元化科技投入体系建设，通过政策性基金引导、金融机构投入倾斜等相关举措为发展现代化经济体系增强后劲，推动实现经济循环的畅通无阻。

2.3.3 基于全面自主创新的领军企业创新链

国家创新体系框架的核心是创新链（雷小苗等，2023）。近年来，随着国际局势的紧张，我国产业链在嵌入全球价值链的过程中面临"断链"风险（刘志彪和孔令池，2021），表现为创新链之间的各链条呈现出孤岛式以及节点断裂的特征。在断链风险下，创新链对产业链的支撑能力不足，关键核心技术严重受制于人（张其仔和许明，2020）。为此，习近平指出："要围绕产业链部署创新链、围绕创新

---

① 《习近平：把握新发展阶段，贯彻新发展理念，构建新发展格局》，https://www.gov.cn/xinwen/2021-04/30/content_5604164.htm，2021年4月30日。

链布局产业链，推动经济高质量发展迈出更大步伐。"①创新链是跨越多个创新主体的复杂组织，创新主体间建立开放式协同创新关系，整合多主体各类创新要素和资源，以市场需求为导向，实现最终的价值创造及增值（杨忠等，2019）。不同于传统创新范式，领军企业创新链在创新理念上发生了重大转向：从集成创新到全面自主创新，从个体最优到整体最优，从竞合逻辑走向共生逻辑，其本质是创新模式的重构。

首先，新时期，我国已经建成一批世界一流科技型领军企业。领军企业创新链将全面自主创新作为打造全球科技竞争力的战略关键。在全面自主创新战略下，领军企业不再依托于对现有技术的引进模仿和二次集成，而是转向基础研究、前沿研究和关键核心技术攻关，通过独立自主的研发活动掌握具有全面自主知识产权的技术，从而获得根本性竞争优势，彻底摆脱对外来技术的依赖，不再惧怕国外的技术封锁和打压。全面自主创新不仅包括市场导向的应用研究，也将前沿导向的基础研究摆在更加突出的位置；不仅能够解决重大科学问题，推动我国多个产业链实现安全可控、自主发展，建立高水平科技自立自强的现代产业体系，更有可能让我国在新一轮科技革命的驱动下抓住机会窗口，通过突变情境下的颠覆性创新占据技术前沿，在一些技术领域实现国际引领，为全面推进中华民族伟大复兴塑造新动能。

其次，在组织结构上，以各创新主体的有机连接为关键，以整体效益增值为共同创新目标（杨忠等，2019）。不同于单个企业追求自身绩效的最大化，领军企业创新链追求的是系统效率的最优化，通过新的战略目标、新的治理结构与管理体制实现各类创新主体的有效协同以及各类创新要素的有效配置。各创新主体之间打破过去一事一议的松散型项目合作方式，建立具有战略性、长期性的深度关联和利益绑定，除了经济意图，还包含长期性社会信任和情感因素（徐森和孙佳怡，2023）。在长期的合作中，企业与企业之间的关系逐渐从以垄断、竞争和竞合为主，转变为以开放、合作和共享为主。

最后，在创新治理上，领军企业创新链强调发挥"链主"作用，更加关注内部治理关系。其中，领军企业拥有链主的核心地位，掌握创新链结构和功能的主导权（余义勇和杨忠，2020；巫强，2021），实现了对创新链中所有关键节点上的主体与要素的有效影响乃至可控。在新的时代背景下，政府支持领军企业替代政府协调创新链的部分职能，赋予企业技术路线决定权，支持领军企业面向国家重大需求，更大范围整合创新资源，强化企业创新、助力产业升级，带动全链条提升自主创新能力，提升关键核心技术领域的决策效率与政策执行力，有效响应产

---

① 《习近平在陕西考察时强调：扎实做好"六稳"工作落实"六保"任务 奋力谱写陕西新时代追赶超越新篇章》，https://www.gov.cn/xinwen/2020-04/23/content_5505476.htm，2020年4月23日。

业链供应链和新型国家安全等战略使命和任务。

总体来看，领军企业创新链研究目前仍处于初级阶段，学术界对背后的要素、条件、运行机制等尚未达成共识，无法有效指导实践。在此背景下，深入探讨领军企业创新链高效构建和运行的内在机理，既是面向国家战略需求亟须破解的重大现实问题，也是亟待深入研究的前沿理论议题。

参 考 文 献

安同良，姜妍. 2021. 中国特色创新经济学的基本理论问题研究[J]. 经济学动态，（4）：15-26.

蔡跃洲. 2021. 中国共产党领导的科技创新治理及其数字化转型：数据驱动的新型举国体制构建完善视角[J]. 管理世界，37（8）：30-45.

陈劲，阳镇，朱子钦. 2020. "十四五"时期"卡脖子"技术的破解：识别框架、战略转向与突破路径[J]. 改革，（12）：5-15.

韩保江，李志斌. 2022. 中国式现代化：特征、挑战与路径[J]. 管理世界，38（11）：29-43.

洪银兴. 2022. 论中国式现代化的经济学维度[J]. 管理世界，38（4）：1-15.

贺德方，汤富强，陈涛，等. 2023. 国家创新体系的发展演进分析与若干思考[J]. 中国科学院院刊，38（2）：241-254.

贺德方，汤富强，刘辉. 2022. 科技改革十年回顾与未来走向[J]. 中国科学院院刊，37（5）：578-588.

黄群慧. 2020. 以产业链供应链现代化水平提升推动经济体系优化升级[J]. 马克思主义与现实，72（6）：38-42.

黄先海，宋学印. 2017. 准前沿经济体的技术进步路径及动力转换：从"追赶导向"到"竞争导向"[J]. 中国社会科学，（6），60-79，206-207.

江小涓，孟丽君. 2021. 内循环为主、外循环赋能与更高水平双循环：国际经验与中国实践[J]. 管理世界，37（1）：1-19.

雷小苗，杨名，李良艳. 2023. 科技自立自强与开放创新有机协同：双循环格局下的理论、机制与路径研究[J]. 科学学研究，41（5）：916-924.

刘垠，操秀英. 2022. 我国科技事业发生历史性、整体性、格局性重大变化[N]. 科技日报，2022-06-07（01）.

刘志彪，孔令池. 2021. 双循环格局下的链长制：地方主导型产业政策的新形态和功能探索[J]. 山东大学学报（哲学社会科学版），（1）：110-118.

柳卸林，杨培培，常馨之. 2023. 问题导向的基础研究与产业突破性创新[J]. 科学学研究，41（11）：2062-2072.

罗德明，李晔，史晋川. 2012. 要素市场扭曲、资源错置与生产率[J]. 经济研究，47（3）：4-14，39.

彭绪庶. 2022. 高水平科技自立自强的发展逻辑、现实困境和政策路径[J]. 经济纵横，（7）：50-59，2.

邵婧婷，江鸿. 2023. 重大科技项目的组织实施机制与最优项目治理[J]. 学习与探索，（12）：129-136.

史丹. 2022. 数字经济条件下产业发展趋势的演变[J]. 中国工业经济，（11）：26-42.

唐伟，孙泽洲，刘思峰，等. 2022. 举国体制下中国航天复杂系统管理实践与启示[J]. 管理世界，38（9）：221-235.

王聪，周羽，房超. 2023. 科技创新举国体制的辩证研究[J]. 科学学研究，41（1）：3-10.

王俊生，秦升. 2019. 从"百年未有之大变局"中把握机遇[J]. 红旗文稿，（7）：14-17.

王琳，刘锡禄，陈志军. 2023. 基于组织印记触发的集团子公司价值共创决策逻辑：海信聚好看的纵向案例研究[J]. 管理世界，39（11）：173-190.

温军，张森. 2022. 科技自立自强：逻辑缘起、内涵解构与实现进路[J]. 上海经济研究，（8）：5-14.

巫强. 2021. 领军企业创新链：理论内蕴与政策体系[J]. 工信财经科技，（2）：26-33.

徐淼，孙佳怡. 2023. 中国领军企业创新链模式：一项质性元分析研究[J]. 现代经济探讨，（4）：113-124.

许庆瑞，等. 2019. 中国特色自主创新道路研究：从二次创新到全面创新[M]. 杭州：浙江大学出版社.

阳镇，贺俊. 2023. 科技自立自强：逻辑解构、关键议题与实现路径[J]. 改革，（3）：15-31.

杨思莹，李政. 2022. 中国特色创新发展道路：探索历程、实践经验与政策展望[J]. 学习与探索，（2），117-126.

杨忠. 2022. 中国式现代化需要什么样的科技创新[N]. 新华日报，2022-11-25（14）.

杨忠. 2023. 中国式现代化关键在科技现代化[N]. 人民日报，2023-11-21（09）.

杨忠，李嘉，巫强. 2019. 创新链研究：内涵、效应及方向[J]. 南京大学学报（哲学·人文科学·社会科学），56（5）：62-70, 159.

杨忠，巫强. 2021. 深入把握科技创新规律 加快构建创新联合体[N]. 人民日报，2021-08-16（10）.

叶初升，孙薇. 2023. 中国"科技创新困境"再审视：技术创新质量的新视角[J]. 世界经济，46（8）：80-107.

易靖韬，何金秋. 2023. 基于生态系统竞争优势的平台出海战略研究：基于猎豹移动轻游戏平台国际化的案例分析[J]. 中国软科学，（5）：118-133.

余义勇，杨忠. 2020. 如何有效发挥领军企业的创新链功能：基于新巴斯德象限的协同创新视角[J]. 南开管理评论，23（2）：4-15.

余泳泽，段胜岚，林彬彬. 2021. 新发展格局下中国产业高质量发展：现实困境与政策导向[J]. 宏观质量研究，9（4）：78-98.

张其仔，许明. 2020. 中国参与全球价值链与创新链、产业链的协同升级[J]. 改革，（6）：58-70.

张三保，陈晨，张志学. 2022. 举国体制演进如何推动关键技术升级？——中国3G到5G标准的案例研究[J]. 经济管理，44（9）：27-46.

周代数，郭滕达，苏牧. 2022. 迈向科技自立自强：改革开放以来中国创新赶超的范式嬗变[J]. 中国科技论坛，（12）：15-24.

庄芹芹，高洪玮. 2023. 强化国家战略科技力量的政策演变、理论进展与展望[J]. 当代经济管理，45（12）：15-21.

Edquist C. 2013. Systems of Innovation：Technologies，Institutions and Organizations[M]. London：Routledge.

Hakanen T，Jaakkola E. 2012. Co-creating customer-focused solutions within business networks: a service perspective[J]. Journal of Service Management，23（4）：593-611.

Porter M E. 2011. Competitive Advantage of Nations：Creating and Sustaining Superior Performance[M]. New York：Simon and Schuster.

第 3 章 我国科技创新新发展下的创新链理论

本章深入研究了创新链理论在我国科技创新新发展中的应用。通过审视现有创新理论框架，本章凸显了我国科技创新所面临的挑战，并特别关注了创新链理论在这一背景下的独特价值。创新链是跨越多个创新主体的复杂组织，创新主体间建立开放式协同创新关系，整合多主体各类创新要素和资源，以市场需求为导向，实现最终的价值创造及增值，本章对创新链的演进历程进行了深入剖析，明确了创新链的五个核心属性为主体、阶段、行动、本质和结果，并深入挖掘了其实践内涵。此外，本章还聚焦于创新链形成的动因以及企业创新模式等研究现状，为全面理解创新链提供有力支持。本章为后续研究创新链的结构和协同创新提供了坚实的理论基础。通过这些研究，能够更好地理解和应用创新链理论，推动我国科技创新的发展。

3.1 创新理论：回顾与挑战

3.1.1 创新理论的现有框架体系

现有研究以战略管理和创新管理为理论基础，从创新过程中企业与其他创新主体互动、企业自身的资源和能力、企业与环境互动这三个方面，探究企业如何连接其他主体，产生创新成果。其中，多数研究以社会资本理论、社会网络理论、创新网络理论、竞合理论及开放式创新理论为视角，探究企业与其他创新主体的互动关系与过程。还有部分研究从资源基础观、动态能力及吸收能力的理论视角出发，探究企业拥有的资源或能力如何助力企业创新。有关企业与其他创新主体互动、企业自身的资源和能力的研究的理论视角及主要研究问题如表 3-1 所示。当然，也有少部分研究从制度理论或创新生态系统理论的角度出发，探究创新环境对企业创新活动的影响。

表 3-1 创新战略理论及主要研究问题

研究视角	理论	理论假设	主要观点	研究问题
企业与其他创新主体互动	社会资本理论	关系网络为网络成员提供了进行社会活动的资本，这种资本大部分嵌入在相互认识和认可的网络联系中（Adler and Kwon, 2002; Nahapiet and Ghoshal, 1998）	社会资本作为根植于关系中的资源，有许多不同的属性，有结构、关系和认知三个维度	探究不同维度的社会资本对创新绩效的影响。结构维度中，探究企业连接外部主体的数量/网络位置/中心度/结构洞对创新绩效的影响；关系维度中，探究与其他主体的关系质量/关系强度对创新绩效的影响；认知维度中，探究企业与其他主体的共同目标与共识对创新绩效的影响

续表

研究视角	理论	理论假设	主要观点	研究问题
企业与其他创新主体互动	社会网络/创新网络理论	主体的行动嵌入在社会关系中，受到社会关系的限制；社会关系是信任的来源（Granovetter，1985，1992）；创新网络是应对系统创新的基本制度安排，研究企业及其他相关组织合作形成的外部主体间的链接网络（Freeman，1991）	主体在网络中的嵌入性、网络位置、网络的结构以及其所在的社会关系背景决定了主体的行为（Granovetter，1973；Burt，1992）	结构嵌入：探究企业网络位置中心度/结构洞/网络嵌入对创新绩效的影响。关系嵌入：探究关系强度/关系质量/惯例及信任对创新绩效的影响
	开放式创新理论	开放式创新认为创新的想法和市场化路径同样可以来自企业外部（Chesbrough，2003）	将内外部创新资源整合到一个结构中进行技术研发，是有目的地利用知识的流入与流出，以促进企业内部技术创新（Chesbrough，2003）	探究开放式创新范围及程度（如广度/深度）、开放式创新类型（如内向型/外向型）、搜寻方式（如前瞻型搜寻/反应型搜寻）及技术相似性/互补性对创新绩效的影响
	竞合理论	竞争与合作可以同时存在，是动态变化的过程（Bengtsson and Kock，2000；Bengtsson and Raza-Ullah，2016）	竞争与合作并不是完全互斥的，它们可能同时存在，且可相互影响（Gnyawali and Park，2009）	探究竞合关系对创新绩效的影响；竞合关系作为影响企业与外界互动和创新绩效关系的边界条件
企业自身的资源和能力	资源基础观	企业被概念化为资源束，这些资源均匀分布在公司之间，资源差异会随着时间的推移而持续存在，将战略研究焦点从外部环境转向公司的内部资源和使用其资源的方式（Amit and Schoemaker，1993；Barney，1991；Mahoney and Pandian，1992；Wernerfelt，1984）	当公司拥有有价值的、稀有的、独特的、不可替代的资源时，它们可以通过实现新的价值来实现可持续的竞争优势，创造出不易被竞争公司复制的策略（Barney，1991；Conner and Prahalad，1996）	探索企业的政治/商业资源、企业的资源整合能力对创新绩效的影响
	动态能力	传统的资源基础观不足以解释企业如何在变化的市场中获得持续竞争优势，企业需要不断实现新的竞争优势（Teece et al.，1997）	企业可以通过整合、建立和重构企业内外部能力来应对环境变化；企业整合、重新配置、获得和释放资源以匹配甚至改变市场的过程，是组织和战略惯例（Eisenhardt and Martin，2000）	探究企业内外部资源对动态能力的影响，以及企业重新配置资源的能力对创新绩效的影响
	吸收能力	Zahra和George（2002）将吸收能力看作一种关于知识创造和利用的动态能力，以促进企业获得和维持竞争优势	吸收能力就是组织通过对知识的获取、消化、转化和应用，从而发展组织动态能力的一系列组织惯例与过程，可分为潜在吸收能力和实际吸收能力	探究企业与外部主体的互动对吸收能力的影响及吸收能力对创新绩效的影响；吸收能力作为影响企业与外界互动和创新绩效关系的边界条件

不同创新理论对创新过程中的关注点不同。创新管理研究着重对创新来源、本质及结果的理解，以及对创新活动发生的经济、技术和社会情境的探究。社会资本、社会网络、创新网络理论认为企业可以通过吸收外部资源实现创新。资源基础观则认为根植于企业内部的能力是企业实现创新的不竭动力源泉；在此基础上发展的动态能力理论与吸收能力理论则关注创新能力形成的过程与创新结果。创新生态系统理论聚焦创新的来源与情境，探讨同一领域中不同组织的互动形式与共生关系。其中，社会资本理论与社会网络理论认为资源嵌入在主体间的联系中，将研究的重点放在外部结构对企业创新活动的影响上。

创新链理论认为资源嵌入在创新主体中，创新主体主动利用内外部资源，建立不同的结构，并产生创新结果。丁雪等（2020）明确了创新链的五个核心属性为主体、阶段、行动、本质和结果，以及参考资源和环境两个核心要素，同时对创新网络、创新生态系统以及创新链的异同点进行了区分，认为创新网络研究的重点是组织之间是否形成相对稳定的正式与非正式关系，创新生态系统理论关注不同主体之间的合作与竞争，强调组织间以及组织与环境之间的共生及演化关系，创新链理论则强调主体之间建立连接的过程。

3.1.2 我国科技创新新发展对创新理论的挑战

在当今快速发展的科技环境中，开放合作已经成为推动科技创新的关键要素。这一趋势可在多个领域体现出来，包括跨界创新与学科融合、创新链的构建、开源与共享创新，以及跨国合作与科技共同体等方面。

现有创新研究面临的第一个挑战是学科融合与跨界创新。在过去，不同学科之间存在较为明确的界限，但随着科技进步的加速，学科之间的融合变得越来越重要。各个学科之间的交叉和知识共享，为创新提供了更广阔的空间和更多的机会。例如，生物学与工程学的结合推动了生物医学工程的发展，人工智能与传统行业的融合带来了智能制造的突破。

创新链理论意识到学科融合与跨界创新的重要性，并提供了应对这一挑战的策略。创新链理论强调多个创新主体之间的协同合作和资源整合，可以促进不同学科之间的交叉和知识共享。通过构建开放式的创新链，各个学科可以共同参与创新活动，共享资源和知识，从而推动跨界创新的发展。创新链可以成为学科融合的平台，促进不同学科之间的合作与交流，为创新提供更广阔的空间和更多的机会。

现有创新研究面临的第二个挑战是创新要求构建开放式的协同创新关系。企业、研究机构、创业者和投资者之间的合作与协同，构建了一个相互依存、资源共享的创新链条。这种合作形式可以促进知识流动和技术转移，加快创新的速度和提高创新的效果。例如，科技孵化器和创新示范区提供了创业者和研究人员共同工作和交流的平台，激发了创新的火花。此外，开源与共享创新也成为开放合作的重要方式。通过开源软件、开放数据和开放资源的共享，各方可以共同参与创新活动，并取得更大的成果。这种开放的合作方式打破了信息壁垒，促进了知识的广泛传播和创新的加速。例如，开源软件项目如 Linux 和 Apache 等，得到了全球开发者的共同参与，推动了软件领域的快速进步。

创新链理论强调建立开放式的协同创新关系，以应对不同创新主体之间的合作挑战。通过建立开放、互信和共享的合作机制，创新链可以促进创新主体之间的合作与协同，共同解决问题和优化创新过程。创新链提供了一个协同创新的平台，各个创新主体可以共同参与创新链的建设和运作，实现合作共赢。

现有创新研究面临的第三个挑战是，全球化背景下，创新主体之间的合作模式发生了深刻变革，现有创新理论框架解释力下降。随着全球科技发展加速，国家与国家之间的边界逐渐模糊，不同的创新主体开始打破原有的创新网络和传统的生态系统限制，逐步形成更加开放和动态的合作模式。这种变化要求各个主体不要局限于现有的合作框架，而要延展创新合作的范围，寻求更多样化的跨国、跨领域合作，以更好地应对复杂的全球性挑战。

创新链理论为讨论新发展格局下跨国合作创新模式提供了新的研究视角。该理论强调创新主体之间的动态协作，通过建立开放、互信的平台，促进各方资源的整合与优势互补，打破传统的国界和组织壁垒。创新链不仅能够促进创新主体之间的有效协同，还能够推动全球科技合作与知识的广泛流通。这种跨区域、跨领域的合作模式有助于加快科技成果的应用与推广，并为各个国家和地区的创新活动注入新动力。

通过创新链理论的深入研究，可以有效应对学科融合与跨界创新、构建开放式的协同创新关系，以及整合多主体的创新要素和资源等挑战。创新链的理论框架为解决这些挑战提供了指导，并为促进创新的发展和推动科技进步提供了有力支持。

在我国科技创新不断迈向新高度的背景下，传统的创新网络理论在应对新发展时面临着一系列挑战。首先，传统的创新网络理论往往过于静态，更强调企业间的固定关系和信息流向。在当前科技创新日新月异的时代，强调网络的静态结构可能无法充分捕捉到创新网络的动态演化。企业创新活动常涉及瞬息万变的技术变革和合作伙伴关系的频繁调整，这需要更注重科技创新网络的动态性。其次，传统的创新网络理论往往将企业视为创新网络的核心，忽略了其他创新主体的作用。在我国科技创新的新发展中，不仅有大型企业，还有众多初创企业、研究机构、政府机构等多元主体共同参与创新活动。因此，理论需要更加注重多主体的互动与协同。最后，传统的创新网络理论较为强调地理区域内的合作，忽略了全球范围内的创新网络。当前科技创新已经突破地域的限制，跨国合作、国际交流在创新活动中占据重要地位。因此，理论需要更好地适应全球范围内的创新网络。

社会资本理论虽然在解释和指导创新活动方面发挥了一定作用，但也显露出了局限性，难以完全解释当前全球科技创新的复杂变化。首先，社会资本理论较为注重个体之间的关系和信任，忽略了组织层面的社会资本。在科技创新中，企业作为主体，其内部的组织结构、文化和制度对创新同样有着重要的影响。因此，创新理论需要更好地结合组织层面的社会资本。社会资本理论强调关系对资源的访问和获取的影响，但对于科技创新来说，知识、技术、资金等实质性资源同样至关重要。创新理论需要更好地融合资源理论，考虑资源和关系之间的平衡。其次，社会资本理论在考虑关系的建立和维持时，较少关注到这些关系可能随时间发生的变化。在科技创新的复杂环境下，关系的动态性对于理论的适应性至关重要。因此，创新理论需要更注重对动态变化的研究。

资源基础观也难以完全解释当前全球科技创新的新发展。第一，资源基础观通常倾向于静态的观念，将资源看作相对固定的。然而，在当前科技创新中，技术、知识等资源的变化速度迅猛，这要求创新理论更加注重资源的动态性和变化过程。第二，虽然资源基础观认可资源的异质性，但其在分析资源时，往往较为宏观，忽略了资源内部的微观差异。在当前科技创新中，不同类型、质量和结构的资源对创新活动有着不同的影响，理论需要更深入地探讨资源的内部异质性。第三，资源基础观在关注资源的同时，通常会集中在某一类型的资源，如技术资源或人力资源。在当前科技创新中，资源的组合和协同作用至关重要，因此理论需要更全面地考虑不同类型资源之间的互动。

面对全球科技创新的新发展，动态能力理论的解释力也略显薄弱。第一，动态能力理论较为强调企业内部的学习、适应和创新过程，忽视了外部环境对于动态能力的塑造。在当前科技创新中，外部环境的不确定性和变化同样对动态能力的发展产生深远影响，这对创新理论的发展提出了新要求。第二，动态能力理论主要关注企业内部单一层次的学习和创新，而在当前科技创新过程中，各种不同层次的组织、产业和社会也紧密相连，相互影响。因此，理论需要更好地考虑多层次互动对动态能力的影响。第三，动态能力理论更强调企业对环境变化的反应，但在当前科技创新中，创新主体不仅仅是变革的被动者，更是变革的发起者。创新理论需要更加强调企业作为创新主体的能动作用。

总之，随着我国科技创新新发展的不断涌现，企业的创新管理实践对创新理论提出了更高的要求。创新网络理论和社会资本理论的发展需要更好地适应科技创新的动态性、多主体性和全球性特点，以更好地指导实践并促进创新活动的蓬勃发展。在科技创新的复杂环境中，资源基础观和动态能力理论也都面临着上述局限性。对于资源基础观来说，需要更强调资源的动态性和异质性；对于动态能力理论来说，需要更加注重外部环境与多层次互动。通过打破这些局限性，这两个理论可以更好地适应科技创新的新发展，为实践提供更有力的指导。

3.1.3 创新链理论的提出

近年来，我国在科技创新领域取得了显著的成就，面对日新月异的科技变革，创新链理论应运而生。这为我国科技创新提出了一种更为系统和全面的思考方式。在新的科技创新发展趋势下，创新链理论的引入具有迫切的必要性。

科技创新是一个包含基础研究、应用研究、市场化等环节的复杂系统。以往，这些环节之间存在着明显的断裂，导致科技研究成果难以迅速转化为生产力。创新链理论的提出有助于弥合这些断裂，能指导科技创新成果更加顺畅地从实验室走向市场。传统的创新理论往往侧重于单个环节或单一组织的创新活动，而创新链理论更加关注创新过程中各个环节之间的相互关系和协同作用。我国科技创新的关键瓶颈是科技成果难以转化为实际的市场应用，创新链理论提出了一种将科技成果有机连接到市场需求的方式，通过强调科技创新链的最终目标是服务市场，推动科技成果更好地应用于实际生产和生活。

在我国科技创新的复杂生态中，涉及的主体众多，包括政府、企业、高校、研究机构等，每个参与者都在其领域发挥着重要作用。在这个多元而庞大的体系中，为了实现更有力的协同效应，需要一种能够整合各方资源和优势的全局视角。正是在这一背景下，创新链理论的提出显得尤为迫切和必要。创新链理论以全局、系统的方式来看待科技创新过程，强调科技创新不是孤立的活动，而是一个涉及多个环节、多个参与者的复杂网络。创新链理论突破了传统创新观念中局限于某个环节或某个主体的狭隘思维，强调了整个创新生态系统的相互依存性。只有通过全局视角，我们才能更好地理解不同环节之间的关联、不同参与者之间的合作，从而找到推动科技创新的关键点。

我国拥有庞大人口和多元产业，各方资源的整合是推动我国科技创新的关键。政府需要提供具有针对性的政策支持，企业需要真正投入研发力量，高校和研究机构则提供创新的智力支持。这些资源的高效整合和协同，正是创新链理论所倡导和强调的。创新链理论提出一套透明而系统的分析框架，各参与者可以更清晰地了解自己在创新过程中的角色和作用，进而形成更紧密的合作关系。

随着新兴科技的涌现，产业之间的相互联系变得更加紧密，需要更加强化的产业协同。创新链理论提出了在产业链上进行协同创新的思路，通过建立创新生态，不同领域的创新主体能够更好地协同合作，形成更具竞争力的产业链。在新发展下,科技与产业的深度融合愈发重要。创新链理论强调科技创新要有产业导向,着眼于推动科技与产业更为深度的结合。这有助于推动技术研究更好地服务于实际产业需求,实现科技创新与产业升级的良性循环。

科技创新已经进入跨界融合的时代,创新链理论为跨界创新提供了更为系统的指导。通过促进不同学科领域的融合,创新链理论提高了更多跨界创新的可能性,有助于激发前沿科技领域的创新活力。创新链理论认为,创新往往发生在不同领域的交叉和融合中。在我国科技创新中,跨界合作已经成为一种趋势,如技术与产业的融合、学术界与产业界的合作等。创新链理论强调概念开发环节和知识流动的重要性,有助于促进跨界合作,实现不同领域的资源整合和优势互补。创新链环节的有机连接和畅通有助于提升科技创新的整体效能,通过清晰界定不同环节的职责和合作关系,创新链理论为科技创新的进步提供了更为高效的路径,从而更好地满足全社会对科技创新的期待。

习近平指出,"发展科学技术必须具有全球视野,把握时代脉搏,紧扣人类生产生活提出的新要求"[①]。在这一指示的指导下,我国在科技创新方面逐渐走向全球开放,并正视着全球性的问题。我国积极推动国际科技合作,加入全球科技创新网络。通过开展联合研究、人才交流、共建实验室等方式,促进国际的科技资源共享。我国企业纷纷在全球范围内设立研发中心,通过全球化布局获取更多创新资源。这种开放模式有助于引入全球尖端科技,提升我国在全球创新体系中的地位。我国科技企业日益涌现为全球科技领域的重要参与者,积极参与国际标准的制定、全球产业链的构建,推动全球科技创新的发展。创新链理论强调整合创新资源,包括全球范围内的技术、人才、资金等,通过建立开放的创新链,可以更好地利用全球创新力量,提高创新效率。创新链理论强调产学研合作的重要性。在全球开放的大背景下,各创新主体的角色更为清晰,产业、学术界和研究机构之间的协同将更加紧密,推动科技创新的全球化。科技创新的全球开放是我国在科技发展上的必然选择,创新链理论为解决在全球开放中遇到的协同合作和资源整合问题提供了有力的理论支持。这一全新理念及其实践落实能推动我国在全球科技创新中扮演更加积极、开放的角色。

综上所述,在我国科技创新新发展下,创新链理论的提出不仅有助于解决过去的科技创新问题,更在新的时代条件下提供了更为系统和可操作的科技创新指导,为我国科技创新迈向更高水平、更广领域提供了有力的支持。这一理论的应用将有助于推动我国科技创新取得更为显著的成果,实现科技与经济的良性循环。

---

① 《习近平向 2021 中关村论坛视频致贺》,https://www.gov.cn/xinwen/2021-09/24/content_5639144.htm,2021 年 9 月 24 日。

3.2 创新链内涵阐释

3.2.1 创新链的理论演进阶段

创新链作为一个新生的理论概念，其学术研究经历了一个逐步深入的发展过程，分为如下四个阶段。

在最初阶段，学者主要从宏观的视角来定义创新链。例如，康健和胡祖光（2016）将创新链视为连接不同创新主体的结构体系，或笼统地将其看作知识在创新过程不同阶段间的流动（Bamfield，2003）。这些探讨确立了创新链基本的分析框架，但还未深入到细节层面。

在发展阶段，学界开始从更具体的角度解析创新链的内涵。有学者考察了构成创新链的各种要素，如参与主体、行动方式等，开始关注这些要素如何有机联系和协同作用（吴晓波和吴东，2008）。还有学者描绘了不同类型的创新链结构模式，初步探讨了这些结构模式的生成机理和演化路径（杨晔和朱晨，2019）。这标志着创新链研究开始由表及里，逐步深入。

在深化阶段，学界对创新链的认识出现整合趋势，形成了若干基本共识。其一，创新链同时应包含结构属性和过程属性，必须加以整合才能全面把握其本质。其二，不仅要考察创新链的组成要素，还要关注这些要素之间的内在联系。其三，不仅要描绘创新链的模式结构，还要解析其动态演化机制。其四，要在过程分析和结构分析上求得优化统一。可以说，这一阶段的创新链研究正在朝着纵深发展的方向积极推进，既注重静态的结构，又强调动态机制。

在成熟阶段，学界形成对创新链内涵的清晰认知和科学概括。创新链的核心框架、基本要素、结构模式、发展过程、运行机制等都将得到深入阐释。这不仅有利于进一步丰富和扩展创新链理论，还为运用这一理论指导实践提供了坚实的基础。可以预见，随着理论研究的持续推进和实践应用的不断深入，创新链所包含的科学价值和实际意义还将持续显现。

创新链理论的发展体现了学界对创新过程和创新系统的逐步深化理解。早期的理论侧重强调某一方面，如合作关系或资源整合，但后期的理论则努力实现多角度的融合，以更全面的方式揭示创新链的本质和运作机制。随着学术研究的深入，围绕创新链的学术讨论将日趋系统和精细。学者从不同的学科视角，如经济学、管理学、组织学、社会学等，对创新链进行深入研究，探讨其内在的关系和相互作用。他们关注创新链中各个环节、各个参与主体的作用和影响，研究创新链的动态演化和管理方法。这些学术讨论为我们更好地理解创新链的运作机制和效果提供了重要的理论支持。为清晰归纳不同时期的理论观点，本节将创新链理论的视角分为结构论、过程论和结构过程论三类，结构论侧重创新链的组成要素；过程论强调关系的动态演变；结构过程论则力图两者兼顾。这三类视角共同构成创新链理论形成和演进的脉络。现将其具体内容进行整理，如表 3-2 所示。

表 3-2 创新链理论视角

理论视角	代表学者	创新链划分
结构论	康健和胡祖光（2016）	根据多重网络特征，将创新链解构为政治网络、技术网络和商业网络
	康健和胡祖光（2017）	依据资源类别分为资产类创新链和知识类创新链
过程论	Bamfield（2003）	依照产品商业化流程，将创新链分为定义市场需求并评估风险、建立详细工作计划、提炼发展想法、细节推敲、发展产品、前期测试及商业化生产七个线性阶段
	Hansen 和 Birkinshaw（2007）	按照创意价值化过程，分为创意产生、创意汇聚及创意扩散三个阶段
	Roper 和 Arvanitis（2012）	从知识流动角度，将创新链分为知识收集阶段、知识转化阶段及创新增值阶段
	洪银兴（2017）	依照知识创新产业化全过程，将创新链分为三个环节：上游基础性科技创新、中游应用性科技创新、下游商业模式创新和市场创新
结构过程论	吴晓波和吴东（2008）	线性创新链依照产业结构布局，分为上游研发、中游示范和下游扩散三个阶段；非线性创新链描述多个创新主体通过多次互动和学习实现技术和市场匹配的过程；循环创新链强调创新主体突破组织边界重新整合创新的过程
	屠建飞和冯志敏（2009）	通过平台整合创新链各个节点上企业的创新资源和研发能力，提升创新链整体绩效
	杨晔和朱晨（2019）	将知识价值传递经历的产生、开发和应用三阶段分别对应"企业-研发结构"网络、"企业-供应商"网络和"企业-客户"网络

创新链的研究不仅对学术界具有重要意义，也为政策制定和企业实践提供了可靠的科学指导。基于对创新链的深入研究，学者能够提出相应的政策建议和管理方法，帮助政府制定支持创新链发展的政策和措施。对企业来说，了解创新链的运作机制和关键要素，可以更好地规划创新战略、寻找合作伙伴、开展技术转化，从而提升创新效果和市场竞争力。然而，创新链所蕴含的力量还远未完全释放出来。随着社会的不断变化和科技的不断进步，创新链的作用和价值将愈发凸显。创新链为创新活动提供了更广阔的平台和更多的机会，促进了创新要素的整合和价值的持续释放。它有助于推动科技进步、促进经济发展、解决社会问题，对人类社会的可持续发展具有重要意义。因此，我们有理由相信，创新链所蕴含的力量还有待进一步释放。未来的研究和实践将继续探索创新链的机制和效果，寻找更有效的管理和运营模式。通过不断推动创新链的发展和应用，我们可以激发创新活力，培育创新生态系统，为社会创造更大的价值和福祉。

3.2.2 创新链的概念界定

随着经济全球化和知识经济时代的到来，企业确立持续创新已经成为获得竞争优势的关键。传统的线性创新模式强调企业内部创新，而当今的创新环境则要求企业打破界限，广泛参与外部创新网络。但是，创新链作为一个新兴的管理概念，其内涵并不明确。现有文献对创新链定义不统一，主要从创新过程、创新主体和创新资源等不同角度进行界定。这为创新链的深入研究带来困难。

为了推进创新链研究，有必要厘清其概念，找到创新链不同定义之间的共性，提炼其核心属性。明确创新链的概念，可以为后续建立创新链管理框架和运作模式提供基础。否则，管理实践中将难以准确把握创新链的特征，无法有效构建外部创新网络。因此，本节系统梳理创新链的概念，为进一步深化创新链的理论研究奠定基础。

第一，创新链已经成为推动市场需求导向型创新的一种关键机制。它不仅强调市场需求导向和价值的产生与增加，还着眼于不同创新主体之间的关系联结，这些主体包括企业、政府、高校、科研机构等，通过合作、协同、整合等方式实现关系的互联互动。以吉利汽车为例，其通过构建创新链逐步实现自主创新。首先，吉利汽车通过市场研究和消费者洞察，深入了解市场需求和消费者喜好。它们与目标市场的消费者进行广泛的沟通和互动，收集反馈意见和建议，以此为基础进行产品创新和技术研发。其次，吉利汽车与供应商、合作伙伴建立紧密的合作关系。它们与零部件供应商、技术公司等进行合作，共同开发和引入最新的技术和创新解决方案。通过整合供应链资源和知识，吉利汽车能够更好地满足市场需求，提供具有竞争力的产品。此外，吉利汽车还与高校和科研机构展开合作，进行技术研发和创新。它们与研究机构建立合作关系，共同开展前沿技术研究，探索新的创新领域，并将研究成果应用于产品开发和市场推广。通过以上的合作与协同，吉利汽车能够实现创新链的有效运作，从市场需求出发，整合各方资源，实现技术创新和产品创新。这种市场需求导向型创新链的运作机制，使吉利汽车能够更好地满足消费者需求，提供创新的汽车产品和解决方案，增强市场竞争力。

第二，创新链的核心在于知识、技术和资源的流动与转移。这些关系联结使得知识能够在不同主体之间产生、传递和分享。这种动态的知识流动和转移有助于创新链中的主体更好地适应不断变化的市场和技术环境。一个具体的例子是特斯拉的电动汽车技术。特斯拉是一家领先的电动汽车制造商，其技术从实验室走向市场的过程展示了创新链的运作。在应用研究阶段，特斯拉的研发团队在实验室中进行了大量的研究和开发，探索电动汽车的关键技术，如电池技术、电动驱动系统、充电技术等。通过不断地实验和改进，它们开发出了高效、可靠的电动汽车技术。接下来，特斯拉将其技术转移到成果转化阶段。它们与供应链合作伙伴合作，确保电池、电动驱动系统和其他关键组件的供应。同时，特斯拉还与电力公司、充电设施提供商等建立合作关系，以推动电动汽车充电基础设施的建设。特斯拉通过广告、展示会等方式将其电动汽车技术引入市场。它们利用社交媒体和传统媒体渠道，积极宣传电动汽车的优势和创新特点，吸引消费者的关注。特斯拉还积极与政府部门合作，争取政策支持和补贴，以推动电动汽车市场的发展。它们与政府机构合作，共同制定充电基础设施建设标准，并参与政府的可持续交通规划。最终，特斯拉成功将其电动汽车技术应用于产品中，并推出了多个型号的电动汽车，如 Model S、Model 3 等。这些车型在市场上取得了成功，受到消费者的青睐，并对汽车行业产生了深远的影响。特斯拉的电动汽车技术从实验室走向市场的过程充分展示了创新链的运作。通过研发团队的努力、供应链的整合、市场推广和政府合作，特斯拉成功将先进的电动汽车技术转化为商业化的产品，并在市场上取得了成功。这个例子突出了创新链中知识、技术和资源的流动与转移，以及不同主体之间的合作与协同，推动了电动汽车技术的发展和市场应用。

第三，创新链的一个关键特征是价值的添加。通过主体之间的联结，创新链有助于提升创新绩效，不仅能够满足市场需求，还能够创造更多的价值，从而促进区域发展、产业升级和生产者绩效提升。创新链的形成和运作促进了知识和技术的流动与转移。不同主体之间的合作和交流使得知识和技术得以在创新链中传递和分享，从而促进了创新的发生和实施。这种知识和技术的流动有助于提升创新绩效，避免了重复研发和浪费资源，加快了创新的速度。

第四，创新链是一个动态和开放的网络，不断演化和适应市场的变化。在这个网络中，持续学习和能力改进至关重要。科技创新主体需要不断积累知识和经验，以适应新的挑战和机遇，这也有助于创新链的可持续发展。创新链的网络性质不仅有助于知识和资源的流动，还能够增进信任并降低交易费用。这使得创新链中的主体更容易建立合作关系，共同实现创新目标。在同一个区域内，创新企业之间的合作可以形成创新生态，促进技术交流和资源共享。例如，创新企业可以共享市场情报、技术专利和研发成果，互相借鉴和学习，加速技术创新和产品迭代。这种合作有助于提高整个区域的创新能力和竞争力。

总之，创新链是一个复杂而充满活力的系统，它强调多主体之间的关系联结、知识流动和价值共创。通过深入研究和实证研究，就可以更好地理解创新链的运作机制，为创新和发展提供更有效的支持和指导。

尽管创新链研究形成了一定数量的研究成果，但现有研究大多停留在对创新链的理论探讨。现有研究对创新链概念定义模糊，不同学者对于创新链的内涵尚未达成一致，因此并没有真正实现创新链概念构念化。通过表 3-3 中的创新链及其他构念比较,本节发现,之所以创新链的概念模糊问题存在,是因为学者聚焦于"链"隐含的连通含义,在定义时强调多个创新主体之间的连接性,但并未清晰界定"链"作为一种隐喻,其背后隐含连接性的内在属性,导致创新链与同样包含连接性内涵的创新生态系统、创新网络存在概念重叠,从而大大影响创新链概念的合法性、真实性和严谨性。

表 3-3 创新链及其他构念比较

比较维度	创新链	创新生态系统	创新网络	创新联合体
定义	从基础研究到产品开发等各个阶段的有机联结	多个创新主体及其创造的创新环境	创新主体间的关系网络	多个创新主体形成的无边界组织
关键要素	主体、结构、阶段、流程	主体、环境	主体、结构、关系	主体、关系、结构、流程
核心观点	不同主体在不同创新阶段系统创新	强调主体与环境协同	强调网络结构特征	强调组织形态无边界
分析目标	优化创新流程	适应和创造创新环境	创新绩效	实现创新协同

在现有文献中,有学者直接采用创新链的概念,还有学者采用与创新链相关的概念,如"技术创新链""产学研结合技术创新链""创新价值链""全球创新链"等多种概念。这些概念都意识到创新活动已经超出单个企业的边界,是由多方面参与主体来共同实现创新成果,而且都从创新成果的产生过程角度出发,界定创新活动的链式过程,但这些概念也存在着一定区别。

一是学科背景的差异导致分析视角的差异。经济学更多从宏观、产业或区域层面来界定创新链,创新链所涵盖的范围更广,牵涉的主体更多,更注重经济发展战略的转变和政府政策对创新链的影响分析(刘志彪,2012;张杰等,2017);而管理学更多是从微观企业层面来界定创新链,其涵盖范围相对较窄,牵涉主体相对少,但是对各参与主体之间的互动、竞争、反馈等关系描述更加充分(Sen,2003;康健和胡祖光,2016,2017)。

二是创新链的不同相关概念反映了不同学者关注重点的差异。这些差异可能体现在学者提出创新链相关概念的问题背景和学术观点上,也可能体现在学者对创新链不同细分环节的关注程度上。以下是一些可能存在的差异。

问题背景的差异:不同学者对创新链的研究可能出自不同的问题背景。例如,一些学者可能关注如何提高创新的效率和速度,以满足市场需求;另一些学者可能更关注如何在创新过程中实现价值共创和社会影响。因此,他们在提出创新链相关概念时,可能会突出不同的方面。

细分环节的差异:创新链可以被细分为多个环节,如创意生成、研发设计、生产制造、市场推广等。不同学者可能对这些细分环节的关注程度存在差异。例如，一些学者可能更关注创新链中的研发设计环节，强调技术创新和知识转化；而另一些学者可能更关注创新链中的市场推广环节，关注市场需求和商业化过程。

研究视角的差异：学者的学科背景和研究领域也会影响他们对创新链的关注重点。例如，经济学学者可能更关注创新链中的经济效益和产业升级；而管理学学者可能更关注创新链中的组织协调和资源整合；科技与创新政策研究者可能更关注政策支持和创新生态系统的建设。

地域的差异：创新链的研究也可能受到地域特定的影响。不同地区的产业结构、创新环境和政策支持等因素存在差异，这可能导致学者关注的问题和议题有所不同。例如，一些学者可能关注发展中国家的创新链建设和技术转移；而另一些学者可能更关注发达国家的创新链升级和产业转型。

总之，创新链的不同相关概念体现了学者关注重点的差异。这些差异可能源自问题背景、细分环节、研究视角和地域等因素的影响。通过不同的研究视角和关注重点，学者可以从多个角度探索创新链的运作机制和影响因素，为创新链的优化和发展提供多样化的思路和方法。

尽管如此，近期采用创新链范式的研究成果数量更多。这说明，国内大多数学者已经基本达成共识，创新链这一概念成为该问题研究对象的标准表述。然而，创新链理论研究的持续重要性仍然体现在以下几个方面。

首先，尽管创新链概念已经被广泛使用，但仍有许多细节和机制需要进一步深入研究和理解。比如，如何更好地衔接创新链中的各个环节，如何提高创新链的效率和创新能力，如何促进创新链中的知识共享和协同创新等问题。通过深化理论研究，可以进一步完善创新链理论，提供更具体和更具有操作性的指导。

其次，创新链理论的研究可以为实践提供有益的指导和参考。企业和政府在实施创新战略和政策时，需要了解创新链的运作机制和关键要素，以便更好地进行资源配置和组织协调。通过深入研究创新链理论，可以为实践提供更有效的方法和策略，促进创新链的实际应用。

最后，随着科技进步、全球化和数字化的发展，创新链所面临的挑战也在不断演变。例如，新兴技术的迅速发展和产业变革对创新链提出了新的要求；全球价值链的重构和供应链的变革也对创新链的运作方式和合作模式提出了新的挑战。因此，创新链理论研究需要不断与时俱进，适应新的形势和挑战，为应对新变化提供理论支持和指导。

3.2.3 创新链的实践内涵

创新链作为一个贯穿科技创新全过程的理念，其实践内涵在推动现实科技创新活动中显得尤为重要。

第一，推动科技成果高效转化。创新链实践要求科技成果从基础研究到应用研究再到市场，形成有机的串联。这种串联使得科研机构的成果不再局限于实验室，而能更迅速、更有针对性地服务于实际应用。实践中，创新链鼓励知识的跨越，即不同领域、不同层次的知识可以在创新链上交汇。这有助于跨学科合作，激发创新的潜力，推动科技前沿不断拓展。

第二，促进创新链与产业链协同。创新链的实践要求各个创新环节之间实现更为紧密的协同。科研机构、企业和市场之间的紧密合作，使得科技创新更具有产业导向性，推动了整个产业的升级和发展。创新链的末端是市场应用，实践中要求创新活动始终保持市场导向。这意味着创新不仅仅是为了科学而科学，更是为了解决实际问题，满足市场需求，推动经济社会的可持续发展。创新链与产业链之间的紧密关系日益凸显，相互之间的支撑作用加强，形成了一种相辅相成的关系。换言之，创新链与产业链之间形成了一条相互激发的动态循环。创新链为产业链提供创新动力，产业链的需求和应用反过来促进创新链的发展。这种相互依存的关系推动了整个科技创新生态系统的健康发展，为经济持续增长和社会可持续发展提供了有力支撑。

一方面，创新链为产业链提供源源不断的创新动力。创新链涉及各个创新主体的协同合作，通过共享信息、资源和经验，形成一个有机的创新网络。这种协同创新的模式为产业链提供持续的创新动能，推动产业链不断更新迭代。例如，科研机构通过与企业合作，将最新科研成果转化为实际应用，为产业链注入新的技术和产品。同时，创新链促进产业链升级与转型。通过创新链中的学习与适应机制，各个产业链的参与者能够更好地理解市场需求、技术趋势及竞争态势。这有助于推动产业链中的企业进行结构性调整，更好地适应市场变化，实现产业升级。例如，通过创新链的启示，企业可能会调整产品结构、优化生产流程，从而提高整体产业链的竞争力。

另一方面，产业链对创新链的成果转化与反哺能力也在不断增强。产业链作为实际应用的主体，能够将创新链中的理论成果、技术突破迅速转化为实际产品和服务。同时，产业链的需求和反馈也为创新链提供重要市场信息，指导后续创新活动的方向。这种双向的互动促使创新链更贴近市场，更加注重解决实际问题。

第三，实现技术与经济的双赢。创新链的实践追求技术创新和经济效益的双赢。科技创新不仅仅是提高科技水平，更要通过经济途径实现可持续发展，为社会创造更多的就业机会和财富。创新链实践逐步形成一个创新生态系统，其中包括科研机构、企业、政府和市场等多方参与者。这一生态系统的形成为各类创新主体提供了更多的合作机会，推动创新更好地融入社会发展。

在实际创新活动中，创新链的实践内涵还体现了科技创新全过程的有机链接，为科技创新提供了更加清晰的方向和更为高效的路径。创新链将科技创新过程视为一个连续的、有机的链条，涵盖了从创意生成、研发设计、生产制造到市场推广等环节。通过创新链的视角，科技创新活动中各个环节之间的关系和依赖得以明确。这有助于科技创新活动的统筹规划和整合，使得创新资源得以合理配置，避免信息断裂和资源浪费，提高创新效率。创新链的实践内涵要求对创新活动进行有效管理和监控。通过对创新链中各个环节的管理，可以实现创新活动的有效协调和资源优化。同时，创新链的实践也强调了对创新过程中的风险和不确定性的管理。通过建立灵活的管理机制，可以及时应对创新过程中的变化和挑战，提高创新的成功率。

3.3 创新链研究现状

3.3.1 创新链形成动因

在创新链的形成过程中，有四种关于其形成动因的主要理论解释。

1. 基于知识管理的创新链形成动因

知识管理领域的研究认为，创新链上各个创新主体聚集在一起并紧密合作的目的是获取知识，强调知识的分类和整合在创新过程中的重要性，并且指出创新主体之间的合作可以促进知识的流动和共享，从而推动创新的产生。

例如，在研发新型高速列车的过程中，我国中车青岛四方机车车辆股份有限公司（以下简称中车四方）与西南交通大学和中南大学展开了紧密合作。具体来说，西南交通大学在列车设计和牵引动力方面具有丰富的经验和技术积累，能够提供有关列车速度、稳定性、舒适度和节能等方面的技术支持。中南大学在空气动力学、碰撞动力学及新材料等方面具有较强的研究实力，能够帮助解决列车在高速运行中面临的气动性能和噪声问题，以及提高列车的安全性和可靠性。通过该合作，我国中车四方能够获取更多关于列车设计和牵引动力方面的隐性知识，提高自身的技术水平和创新能力。同时，该合作还能够促进人才和知识的流动，各方研发团队可以相互学习、交流和合作，共同推动高速列车技术的发展。中车四方与西南交通大学和中南大学在高速列车研发方面的深度合作，结合各方优势和隐性知识，促进了知识共享和流动，加速了创新的产生。通过不同组织和机构之间的合作，可以实现知识的整合和共享，推动创新的产生和发展。因此，我国中车四方与西南交通大学等高校院所在高速列车方面合作创新的案例，体现了基于知识理论视角的创新链形成的动因。

2. 基于交易费用理论的创新链形成动因

从交易费用理论的视角来看,创新链的形成动因是降低交易成本。通过构建合作创新链,企业能够促进沟通、协作和资源共享,降低机会主义倾向,并减少与创新相关的交易成本。该理论认为,创新主体之间能够通过创新链充分沟通、相互协作、共享资源,限制机会主义倾向,降低创新相关的交易费用。创新链的形成可以减少交易成本,提高创新效率,从而促进创新的产生。

以华为公司为例,其在智能手机制造业中与多个零部件供应商和制造商形成了合作紧密的创新链。通过共享资源、技术和生产流程,华为降低了交易成本,提高了生产效率,并降低了创新的风险。这种合作方式包括但不限于共同研发、数据共享、技术支持等。华为与芯片制造商英特尔、软件供应商谷歌等的合作是一个典型的例子。华为与这些合作伙伴共同研发了多款智能手机芯片,通过共享资源和技术,华为降低了研发成本,提高了产品性能,并且快速推向市场。此外,这种创新链还促进了合作伙伴之间的沟通和协调,减少了信息不对称和交易不确定性,从而进一步降低了交易成本,促进了创新的产生。

3. 基于社会资本理论的创新链形成动因

社会资本代表企业与其他组织或个体的关系资源。在研究资源获取与管理过程中,社会资本是一个重要概念与分析单位。企业在创新过程中,与外界的联系越多,则社会资本越多,获取资源的渠道就有可能越多。根据社会资本理论,企业可以通过构建创新链,与创新链条不同环节的主体建立紧密的合作关系和信任关系,从而获得更多的创新资源。

例如,恒瑞医药是一家专注于医药研发、生产和销售的综合性制药企业,在其发展过程中,逐渐意识到创新才是新出路,核心技术研发才是使企业实现可持续竞争的关键。于是,恒瑞医药与国内多家知名医院建立了合作关系,共同开展临床研究和药物试验。通过这些合作,恒瑞医药可以获得更多的临床数据和药物研发资源,加速新药的研发进程。此外,恒瑞医药还与国内外多家科研机构和大学建立了合作关系,共同开展医药研发项目。这些合作可以帮助恒瑞医药获取最新的医药技术和研究成果,加速技术进步和创新。在与合作伙伴建立紧密联系的同时,恒瑞医药还注重与政府建立良好的信任关系。这种社会资本可以帮助恒瑞医药更好地了解市场需求和趋势,获取更多的商业机会和资源。

总之,从社会资本理论的视角来看,创新链的形成动因是增加社会资本的积累。通过构建合作创新链,企业能够促进知识共享、合作和互信,增加社会联系,并扩大社会资本的积累。

4. 基于创新理论的创新链形成动因

创新理论强调企业要在把握技术发展趋势的基础上，通过与上下游企业建立创新链，整合各方创新资源，形成满足市场需求的新产品。这有助于促进企业合作，充分利用各方优势，持续进行技术创新。从创新理论视角判断，打破创新边界、实现资源整合、增强综合创新能力，是推动企业形成创新链合作的内在动因。这种开放式合作是企业实现持续创新的重要途径。

例如，国家电网在电力系统建设中，与设备制造企业、科研院所、软件企业等形成创新链，共同开发智能电网、新能源并网等技术。通过创新链合作，国家电网整合了各方的创新资源与能力，推动了电力技术的快速进步，形成了一批智能电网和新能源关键技术，满足了电力系统提质增效的市场需求。

从创新理论的视角分析，企业形成创新链合作有其内在动因。首先，创新链打破了企业创新边界的局限，实现了跨组织的开放式创新。通过与上下游企业建立创新伙伴关系，企业可以获得更丰富的外部创新资源，拓展创新领域。其次，创新链实现了不同企业优势的有效组合，产生了协同创新效应。集成各方专业化创新要素，可以形成整体上的组合能力大于各创新主体单独创新能力的局面。最后，创新链合作增强了企业的整体创新能力和综合竞争力。相较于封闭式创新，开放式创新能使企业在产品创新、技术创新、商业模式创新等方面的能力得以提升。

3.3.2 创新链核心属性

创新链作为一个重要的创新组织形式，其内涵和形式一直是学界关注的焦点。要深入理解创新链，掌握其基本特征和作用机理，必须先明确它的核心属性。核心属性构成创新链的基本要素，它们共同定义创新链的内在结构，支撑创新链的功能发挥。每个核心属性都体现了创新链的某一关键方面，相互之间又存在着内在的逻辑关联。正确认识和把握创新链的核心属性，对于厘清创新链的运作逻辑，指导创新链的有效构建，都具有重要意义。基于此，本节系统阐释创新链的五大核心属性，以及属性之间的内在关系，这对深入理解创新链的本质具有重要价值。

本节通过对以往文献进行文本分析，发现学界对于创新链的核心属性基本达成共识，创新链具有以下五个核心属性。

（1）主体属性。创新链由多个相关的创新主体通过某种方式联结在一起，这些创新主体是创新链的基本组成单元。创新主体可以是企业、大学、科研院所、政府部门、中介机构等，它们各自拥有一定的创新资源和能力。创新链赋予每个主体创新者身份，从而开展主体间协同创新。

进一步来看，创新主体可分为基础主体、市场主体和政府主体三大类。基础主体指产学研主体，是创新链的核心组成部分，其中企业是最重要的主体。市场主体指上下游企业，如供应商和客户。政府主体既是产业政策制定者，也可作为特定行业和领域的创新参与者、资助者乃至客户。这三类主体之间存在知识相关性，共同形成创新链的主体网络。

（2）阶段属性。创新是一个从产生创意到产品化的连续过程。创新链连接创新的各个阶段，如基础研究、应用研究和成果转化等。创新链的形成有助于打通创新过程的各个环节。创新链中的不同阶段彼此关联、相互促进。基础研究奠定创新链整体发展的知识基础；技术开发将基础研究成果转化为可应用的技术；产品设计、生产制造、市场营销则将技术应用到具体产品并推向市场。不同阶段之间知识和成果传递，共同推动创新链不断延伸。

（3）行动属性。创新链强调主体之间以及各创新阶段之间的联系和互动。这些联系和互动体现为各种创新行动，如交流、协作、融合、转化等。这些创新行动推动了知识和成果在创新链中的流动。创新行动具体表现为两个方面：一是连接方式，如交易和合作；二是结构方式，如点对点和网络。连接方式决定了主体之间的互动形式；结构方式则决定了创新链的网络模式。这两类创新行动共同推动创新链的构建。

（4）本质属性。创新链的本质在于实现开放式的网络化协同创新。在链条网络内部，各创新主体打破边界，实现资源开放共享，协同完成创新过程。开放式的网络化协同创新体现在创新链的结构和过程两个方面，其中包括点对点结构和网络结构。

创新链的点对点结构强调各个创新主体之间的直接联系和互动。每个创新主体在这一结构中都被视为一个节点，它们之间通过点对点的连接实现信息、资源和经验的直接交流。这种结构强调去中心化和平等性，使得每个节点都能够独立而又相互关联，形成一个相对扁平的组织架构。点对点结构的优势在于能够促进灵活性提高、快速响应和高效协同，使得创新活动更具有创造性和适应性。

创新链的网络结构则凸显了各个创新主体之间更为复杂、多层次的关系。在这一结构中，创新主体之间不仅与直接合作的节点连接，还可能通过其他节点进行间接联系，形成一个多层次、密集度较高的网络。这种网络结构有助于形成更为丰富的信息流动和知识传递，加强各个节点之间的战略合作和资源整合。网络结构的优势在于能够促进全局性创新共享和协同，推动创新链的全面升级和发展。

（5）结果属性。创新链的运行能够产生创新结果，如新产品、新技术、新知识等，同时还会带来提升创新能力、获取利润等积极效果，这是创新链存在的价值所在。创新链的结果可分为过程结果和终端结果。过程结果体现为参与主体的知识创新能力；终端结果则是各类创新成果。过程结果是后续创新成果的基础，二者相辅相成，共同体现创新链的产出。

这五个属性共同构成创新链的内涵和基本特征。正确认识创新链的属性，有助于准确把握其本质并指导实践。主体属性确定了创新链的参与者和范围。不同类型主体基于知识相关性联结在一起，形成创新网络。阶段属性体现创新链作为一个连续创新过程的内在结构。不同创新阶段相互衔接，共同推进创新链不断向前延伸。行动属性揭示维系创新链的具体方式。连接方式和结构方式共同决定了主体之间以及主体与环境之间的交互模式。本质属性强调开放协作网络是创新链的组织基础，在这个基础上进行资源共享和协同创新。结果属性则关乎创新链的产出。通过过程结果和终端结果，创新链创造价值并传递给每个参与方。

这五个属性既具有共性，也存在差异。共性在于它们都反映了创新链的某一基本特征；差异在于每个属性立足于创新链的不同要素并发挥不同作用。正是这些属性的有机统一，构成了创新链的完整内涵。进一步分析，这五个属性之间存在着内在联系。

其一，主体属性是创新链的基础。主体之间的联系构成创新链的形成条件。创新主体的选择直接影响创新链的范围和资源。其二，阶段属性和行动属性共同反映创新链的过程。前者作为框架，后者作为内容，二者相互作用推动创新链进程。其三，本质属性是各属性发挥作用的平台。开放协作网络提供了充分联系的空间和氛围。其四，结果属性是各属性发挥作用的目的。为了获得好的创新结果，创新链的其他属性才会被赋予意义。其五，每一个属性都直接或间接影响最终结果。主体决定资源基础，过程决定效率，本质决定环境，共同影响结果。

综上所述，这五个属性共同定义和支撑创新链的功能。它们既有差异性又有关联性，构成创新链有机运作的基本要件。正确把握创新链的五大核心属性，对于深入理解创新链的内涵与运作规律具有重要意义。

3.3.3 企业创新模式

企业创新是一个复杂的活动，包括内外部资源的整合，且在不同阶段侧重点不同。为了更精确地理解和讨论创新行为，模式通常用来描述在一定时间段内出现的一系列行为或事件，这些行为或事件之间存在某种内在联系，形成一种可识别的结构。本节中，"创新模式"被定义为一系列有序的具体创新行为，它们在特定的时间和情境下发生，并呈现出一种可辨识的结构或规律。创新模式可以包括企业选择不同类型的创新行为、行动的时序和顺序、行动之间的关联等。

本节旨在深入探讨不同类型的创新活动如何相互影响，以及它们如何共同推动组织的创新能力和绩效的提升。在接下来的讨论中，本节将详细总结以往研究中创新模式的构成要素，以及它们在不同组织和环境条件下的变化和演化。这将有助于更好地理解创新行为背后的动机和机制，以及它们如何与吸收能力理论相互关联。

许庆瑞等（2013）关注企业创新过程中行动的演变，通过对制造业企业海尔的研究，发现海尔通过早期的直接购买技术，过渡到中期的合资、合作，再到后期成立研究院实现自主研发，这一过程伴随其能力的变化，集成创新能力是从二次创新能力走向原始创新能力的过渡能力，这一演化过程不是随机完成的，而是一种有组织的中国式创新模式。相似地，汪秀婷和程斌武（2014）通过对上汽通用五菱汽车的单案例研究，发现其在早期被收购后制造能力、管理能力和市场能力得到提升，中期通过中外合资引进外资技术提升创新能力，后期逐渐实现自主研发，这一过程伴随着企业不同维度吸收能力的演化。韩少杰和苏敬勤（2023）发现中车大连机车车辆有限公司通过国外内燃机车先进技术的引进和国内联合消化吸收再创新实现内燃机车的研制和生产。郑刚等（2016）通过对中集罐箱的案例研究，发现基于技术的并购是企业实现技术追赶的重要路径，该企业通过其早期技术收购积累创新能力，在中后期通过与高校的联合研发实现技术创新。同时，企业吸收能力在后发企业新型技术追赶和较快积累创新能力中起到重要作用，而吸收能力本身也可以在运用中不断提升。

不同企业在创新模式上存在共同点和差异，企业在创新过程中常常经历不同阶段的发展，从技术的引进和采纳，到合资合作，再到自主研发。这一演化过程伴随着企业能力的变化。值得注意的是，这些创新模式的选择不是随机的，多个企业重复行为的集合是系统性创新模式，其内在机制是企业在市场变化时实现新的资源配置的组织惯例（Eisenhardt and Martin，2000），构成企业创新的组织惯例具有内生的动态性，可以促进新的创新模式产生（Feldman et al.，2016），从而实现持续的创新与变革。企业能力的不同会使其选择不同的创新模式，同时随着企业不断适应其创新的结果，企业能力也会得到进一步提升（苏敬勤等，2020；苏敬勤和刘静，2012，2014；张军和金露，2011）。

现有研究通常基于创新的来源、目的和程度将创新分为三种模式，每一类都在创新过程中具有独特的重要性和特征。第一种分类是基于创新的知识来源将创新分为开放式创新与封闭式创新。开放式创新强调企业与外部合作伙伴、其他组织或个体积极合作，以获取外部知识和资源来推动创新。这种开放性创新有助于企业吸收获取多样化的知识和创新资源，促进创新的多元化和跨界合作。相反，封闭式创新则是企业更加内部集中，依赖自身研发能力和内部资源进行创新。第二种分类是基于创新的目的分为探索式创新与利用式创新（March，1991；Yang et al.，2015）。探索式创新强调寻找全新的解决方案，通常具有更多的风险和不确定性；而利用式创新则是建立在已有知识和经验的基础上，通过改进、优化或整合来完善现有产品、服务或流程。这两种不同的创新在创新的方向和程度上存在明显的差异。第三种分类是基于创新的程度，通常分为渐进式创新和突破式创新。渐进式创新是指逐步改进和演化现有产品或服务，通常在已有知识和技术的基础上进行。与之相反，突破式创新则是指具有开创性、颠覆性的创新，通常需要更多的资源、具有更多的风险，但可以带来重大的市场变革和竞争优势。这些不同的创新属性为研究者提供了多种角度来理解和研究创新行为，有助于更全面地分析企业的创新策略和实践。

综合已有研究发现，在构建创新链的过程中，领军企业作为行业中的引领者，扮演着至关重要的角色。这些领军企业不仅具备雄厚的实力和资源，还在技术、管理和市场方面拥有丰富的经验。它们不仅引领行业的发展方向，更在构建创新链的全过程中发挥着重要的引领和推动作用。

参 考 文 献

丁雪，杨忠，徐森. 2020. 创新链概念的核心属性与边界：一项提升概念清晰度的文本分析[J]. 南京大学学报（哲学·人文科学·社会科学），57（3）：56-64.

韩少杰，苏敬勤. 2023. 企业中心型开放式创新生态系统的构建逻辑形成机理研究[J]. 管理评论，35（6）：335-352.

洪银兴. 2017. 科技创新阶段及其创新价值链分析[J]. 经济学家，（4）：5-12.

康健，胡祖立. 2016. 创新链资源获取、互联网嵌入与技术创业[J]. 科技进步与对策，33（21）：16-23.

康健，胡祖立. 2017. 创新链内多重网络、创业能力与创业绩效关系研究[J]. 科技管理研究，37（2）：7-16.

刘志彪. 2012. 战略性新兴产业的高端化：基于"链"的经济分析[J]. 产业经济研究，（3）：9-17.

苏敬勤，刘静. 2012. 组织变革、动态能力与创新绩效：基于多案例的研究[J]. 管理案例研究与评论，（55）：323-332.

苏敬勤，刘静. 2014. 复杂产品系统创新的动态能力构建：基于探索性案例研究[J]. 研究与发展管理，26（1）：128-135.

苏敬勤，马欢欢，张帅. 2020. 中小制造企业技术创新能力演化机理研究[J]. 科学学研究，38（10）：1888-1898.

屠建飞，冯志敏. 2009. 基于创新链的模具产业集群技术创新平台[J]. 中国软科学，（5）：179-183.

汪秀婷，程斌武. 2014. 资源整合、协同创新与企业动态能力的耦合机理[J]. 科研管理，35（4）：44-50.

吴晓波，吴东. 2008. 论创新链的系统演化及其政策含义[J]. 自然辩证法研究，24（12）：58-62.

许庆瑞，吴志岩，陈力田. 2013. 转型经济中企业自主创新能力演化路径及驱动因素分析：海尔集团1984~2013年的纵向案例研究[J]. 管理世界，29（4）：121-134，188.

杨晔，朱晨. 2019. 合作网络可以诱发企业创新吗？——基于网络多样性与创新链视角的再审视[J]. 管理工程学报，33（4）：28-37.

杨忠，李嘉，巫强. 2019. 创新链研究：内涵、效应及方向[J]. 南京大学学报（哲学·人文科学·社会科学），56（5）：62-70，159.

张杰，吉振霖，高德步. 2017. 中国创新链"国进民退"新格局的形成、障碍与突破路径[J]. 经济理论与经济管理，37（6）：5-18.

张军，金露. 2011. 企业动态能力形成路径研究：基于创新要素及创新层次迁移视角的案例研究[J]. 科学学研究，29（6）：939-948.

郑刚，郭艳婷，罗光雄，等. 2016. 新型技术追赶、动态能力与创新能力演化：中集罐箱案例研究[J]. 科研管理，37（3）：31-41.

Adler P S, Kwon S W. 2002. Social capital: prospects for a new concept[J]. Academy of Management Review, 27（1）: 17-40.

Amit R, Schoemaker P J H. 1993. Strategic assets and organizational rent[J]. Strategic Management Journal, 14（1）: 33-46.

Bamfield P. 2003. The Innovation Chain: Research and Development Management in the Chemical and Pharmaceutical Industry[M]. New York: John Wiley & Sons.

Barney J. 1991. Firm resources and sustained competitive advantage[J]. Journal of Management, 17（1）: 99-120.

Bengtsson M, Kock S. 2000. "Coopetition" in business networks: to cooperate and compete simultaneously[J]. Industrial Marketing Management, 29（5）: 411-426.

Bengtsson M, Raza-Ullah T. 2016. A systematic review of research on competition: toward a multilevel understanding[J]. Industrial Marketing Management, 57: 23-39.

Burt R S. 1992. Structural Holes: The Social Structure of Competition[M]. Cambridge: Harvard University Press.

Chesbrough H W. 2003. Open Innovation: The New Imperative for Creating and Profiting from Technology[M]. Brighton: Harvard Business Review Press.

Conner K R, Prahalad C K. 1996. A resource-based theory of the firm: knowledge versus opportunism[J]. Organization Science, 7（5）: 477-501.

Eisenhardt K M, Martin J A. 2000. Dynamic capabilities: what are they? [J]. Strategic Management Journal, 21（10/11）: 1105-1121.

Feldman M S, Pentland B T, D'Adderio L, et al. 2016. Beyond routines as things: introduction to the special issue on routine dynamics[J]. Organization Science, 27（3）: 505-513.

Freeman C. 1991. Networks of innovators: a synthesis of research issues[J]. Research Policy, 20（5）: 499-514.

Gnyawali D R, Park B J. 2009. Co-opetition and technological innovation in small and medium-sized enterprises: a multilevel conceptual model[J]. Journal of Small Business Management, 47（3）: 308-330.

Granovetter M S. 1973. The strength of weak ties[J]. American Journal of Sociology, 78（6）: 1360-1380.

Granovetter M S. 1985. Economic action and social structure: the problem of embeddedness[J]. American Journal of Sociology, 91（3）: 481-510.

Granovetter M S. 1992. Economic institutions as social constructions: a framework for analysis[J]. Acta Sociologica, 35（1）: 3-11.

Hansen M T, Birkinshaw J. 2007. The innovation value chain[J]. Harvard Business Review, 85（6）: 121-130, 140.

Mahoney J T, Pandian J R. 1992. The resource-based view within the conversation of strategic management[J]. Strategic Management Journal, 13（5）: 363-380.

March J G. 1991. Exploration and exploitation in organizational learning[J]. Organization Science, 2（1）: 71-87.

Nahapiet J, Ghoshal S. 1998. Social capital, intellectual capital, and the organizational advantage[J]. Academy of Management Review, 23（2）: 242-266.

Priem R L, Butler J E. 2001. Is the resource-based "view" a useful perspective for strategic management research? [J]. Academy of Management Review, 26（1）: 22-40.

Roper S, Arvanitis S. 2012. From knowledge to added value: a comparative, panel-data analysis of the innovation value chain in Irish and Swiss manufacturing firms[J]. Research Policy, 41 (6): 1093-1106.

Sen N. 2003. Innovation chain and CSIR[J]. Current Science, 85 (5): 570-574.

Teece D J, Pisano G, Shuen A. 1997. Dynamic capabilities and strategic management[J]. Strategic Management Journal, 18 (7): 509-533.

Wernerfelt B. 1984. A resource-based view of the firm[J]. Strategic Management Journal, 5 (2): 171-180.

Yang Z, Zhou X, Zhang P C. 2015. Discipline versus passion: collectivism, centralization, and ambidextrous innovation[J]. Asia Pacific Journal of Management, 32 (3): 745-769.

Zahra S A, George G. 2002. Absorptive capacity: a review, reconceptualization, and extension[J]. Academy of Management Review, 27 (2): 185-203.

第4章　领军企业创新链的内涵界定

领军企业在创新链中扮演着关键角色，既是创新链的构建者，也是引导创新链发挥效能的主导者。在创新链的体系中，领军企业不仅仅是单一环节的参与者，更是整个链条的动力源和协调者，其独特的地位使其具备牵引和引领创新链各环节协同运作的能力。领军企业通过自身的研发、技术积累和市场开拓，其投入和努力不仅促使创新链上下游的协同互动，也为整个创新链提供了强大的动能。因此，本章将在创新链概念的基础上，界定领军企业创新链概念，为本书领军企业创新链研究做理论铺垫。

4.1　领军企业概念界定

4.1.1　领军企业概念辨析

不同学者对领军企业概念有着不同的理解与阐释。在国外学者的研究中，领军企业往往从多个维度被定义，包括销售规模、经营范围、研发投入强度、市场声誉和知识储备等。Chandler（1990）从规模和范围两个维度对领军企业进行了详细阐述，认为在许多行业中，领军企业往往具有较大的规模和较广的业务范围。这一基本观点启发了许多学者对领军企业展开深入研究。Christensen 和 Bower（1996）指出，领军企业通常在市场上占据较大份额，并且其技术处于领先地位。Ofori 和 Hinson（2007）则指出，领军企业可以从规模、盈利能力、增长和净资产等四个维度进行综合评估。Buganza 和 Verganti（2009）将领军企业定义为销售规模在行业中排名前五的大型企业。Randelli 和 Lombardi（2014）认为，领军企业在长期发展过程中积累了知识和市场份额，能够将当地资源连接到全球网络。Giustiziero 等（2021）提出，在数字经济时代，领军企业更注重规模的同时保持经营范围的狭窄，表现出更高的专业化程度。

在国内学者的研究中，张丽芳等（2014）指出，领军企业是产业集群网络中的核心节点，扮演着产业链各环节分工的领导者和组织者角色，同时也是新技术的推动者，是促进企业间协调合作的纽带，对产业集群的形成和发展起着重要的推动作用。王钦（2011）则认为集群中的领军企业被称为"技术守门员"型企业，其不仅可以迅速识别外部知识，还能有效地吸收和传播知识；领军企业在已有知识积累的基础上，积极打破原有的学习行为模式，主动识别有效的外部知识来源并建立联系，实现知识吸纳、扩散和创造。李金华（2014）则认为领军企业是在某个行业中在经济总量、发展趋势、劳动生产率、技术水平和社会影响力等方面具有领先地位的企业，是该行业发展的标杆。魏浩和巫俊（2018）从研发投入的角度定义创新型领军企业为研发费用占销售收入比例的均值排名前10%的企业。辜胜阻等（2018）从研产一体的角度将领军企业界定为集成了研究开发、设计和制造，并拥有核心竞争力的"航母级"创新型企业。陈凤等（2023）也认同领军企业在突破关键核心技术和产业发展瓶颈方面的核心角色，并强调了它们在创新网络中的领导地位、对行业架构的掌控，以及在产业链上下游的整合力。

综合国内外相关研究，可以看出尽管学者对领军企业有着不同的理解，但普遍强调领军企业的三个特性：在行业中具有极大的重要性、具备一定的经济规模，以及在科技创新方面具有重要成就。因此，本章将领军企业定义为在行业内具有重大影响力、经济规模庞大，且在科技创新方面具有重要成就的企业。

4.1.2　相关概念比较分析

与领军企业相似的概念包括龙头企业和核心企业。龙头企业通常指的是在各行业产业链上处于领先地位的企业，拥有明显的规模和市场优势，以及较强的产业链主导控制力、较高的行业知名度和强大的外部影响力（Autor et al., 2020）。龙头企业被认为是所在行业中规模最大的企业，其拥有明显的规模优势，并且容易通过其供应商和市场客户建立起产业生态系统（叶振宇和庄宗武，2022）。龙头企业是区域创新的引擎和成功的典范，其发展壮大也有助于改善当地整体企业发展环境（贾生华和杨菊萍，2007）。

高映红（2010）将核心企业定义为在集群中具备关键技术和知识、处于产业链核心位置，并具备一定的集群根植性，能够对集群内其他企业以及整个集群产生重要影响的企业。核心企业之所以具有独特的影响力，根源在于其掌握着关键资源，通过对关键资源的占有和控制，核心企业能够创造对整个创新网络至关重要的新技术、新工艺或新制度，从而为那些知识储备相对匮乏、研发能力相对薄弱的中小企业提供支持。与此同时，由于这种依赖关系，所有与核心企业相联系的企业在制定决策和进行其他行动时都会承认其主导地位，并接受其指挥和调配，这种影响力被称为核心企业的知识权力（Ahituv and Carmi, 2007）。

从上述与领军企业相关的概念中可以看出，龙头企业更侧重企业的经济规模以及其在所属行业中的重要性。龙头企业在产业链中扮演着关键的角色，其规模庞大且对整个行业具有深远的影响力。相较之下，核心企业的焦点更多地集中在企业的行业影响力以及其在创新方面的成就上。核心企业在集群中扮演着引领创新、推动技术进步的关键角色,其影响力远远超越了经济规模的范畴。如表 4-1 所示,与领军企业相比,龙头企业的概念并未着重考量企业的科技创新成就,核心企业的概念未牵涉企业的经济规模,二者均蕴含领军企业的部分特征。因此,本章认为,领军企业既是龙头企业,也是核心企业,但反过来,龙头企业和核心企业并不一定是领军企业。

表 4-1 领军企业、龙头企业、核心企业概念辨析

涉及概念	领军企业	龙头企业	核心企业
行业影响力	√	√	√
经济规模	√	√	×
科技创新成就	√	×	√

4.2 领军企业创新链概念与内涵

4.2.1 从创新链到领军企业创新链

领军企业创新链,直观而言就是由领军企业主导的创新链,这一概念扎根于创新链的理论内涵。要全面准确理解这一概念,需要先深入了解创新链。创新链的提出源于全球创新模式的根本变革,企业在全球范围内的创新活动正逐渐从企业内部的独自创新转向企业间的协同创新。这主要源于新兴技术的复杂性增加、前沿发展速度的加快,以及技术系统演化的不确定性显著增强。传统的企业内部创新活动已经无法解决在这种新形势下的创新问题,同时单一企业也难以承担相应的高额研发成本。因此,迫切需要将创新活动从封闭式转变为开放式,与同行业及上下游企业建立联盟,吸纳不同的外部研发机构力量进行协同创新。这方面的典型案例包括 20 世纪 70 年代日本组织的超大规模集成电路计划,以及 20 世纪 80 年代美国组织的半导体制造技术研究联盟。在关键核心技术领域,多个研发创新主体通过分工合作,拆解研发任务,充分发挥各自在细分环节的技术优势,形成强大的研发攻关合力,共同完成产业发展关键环节的技术研发任务。这构成了创新活动中的链式结构,也被称为创新链。

创新链的概念最早源自管理学领域的研究,由 Marshall 和 Vredenburg(1992)首次提出。Rothwell(1992)也指出,当企业内部的技术研发活动受到用户需求的引导时,外部用户需求会参与到企业内部的研发活动中,这也可视为创新链的一种表现形式。Sen(2003)则从更宽泛的角度提出,将创新链定义为从创新思想

萌发到创新产品商业化运营实现的完整链条。这也引导后续的创新链研究更倾向从宏观视角对其进行定义。

创新链的研究成果较为全面地描绘了协同创新的形式结构和本质特征，同时强调了创新网络的自组织特质（翁君奕，2002）。然而，创新链这一概念会忽视一个更为实际的前提条件：协同创新的展开必须由相应的主体来承担组织协调功能，也就是创新链的治理。王钦（2011）在对浙江玉环水暖阀门产业集聚的研究中，已经强调了领军企业的关键作用。他指出集群中领军企业的技术吸收能力对集群整体创新能力的演变具有重要影响，要提升集群的创新能力，关键在于培育领军企业。在社会主义市场经济条件下，尽管各级政府可以积极参与创新活动，协助组织和协调多方参与的协同创新活动，但领军企业才是创新链最主要的治理者，为创新链提供不可或缺的治理功能。换句话说，若从创新链治理的角度来界定，更为精确的概念应当是领军企业创新链。

在这一概念框架下，余义勇和杨忠（2020）以中车四方为例，突出了领军企业在创新链中的核心地位，同时贯通创新链的前端和后端。前端包括基础研究主体，如各类研究机构，而后端则代表着产业需求的各类用户。政府、供应商、高校院所、企业和用户之间的紧密协作，形成了政产学研用一体的强大创新链。金丹和杨忠（2020）着重强调，领军企业技术能力的提升是其引领创新链的关键所在。在技术积累、引进消化吸收以及自主创新这三个阶段，领军企业应采取三种不同的技术能力提升策略。

4.2.2　领军企业的主导者角色

领军企业创新链中创新主体包括领军企业、其他企业、高校和科研院所、用户与政府。不同类型的创新主体在创新链各自的任务分工存在差异，在创新链中发挥不同的作用。

当讨论领军企业在创新链中的主导地位时，必须深入探讨领军企业在构建和运营创新链过程中所扮演的关键角色。这一过程中，领军企业不仅是推动创新链活动的主要动力，更是衔接前端基础研究与后端产业化环节的不可或缺的纽带，同时也是确保整个创新链最终成功的决定性因素。为了更深入地理解领军企业在创新链中的角色，本节以中车四方为例，详细探讨其在高铁领域的创新链主导地位。

当谈及高铁产品的研发过程时，中车四方的关键主导角色可谓是引人注目。其勇敢地投身于创新浪潮，特别是在我国引进国外整车产品技术的初期，中车四方是除中车长春轨道客车股份有限公司（以下简称中车长客）和中国北车唐山轨道客车有限责任公司之外的第三家整车技术引进的企业。这不仅显示了中车四方决策者的胆识，更表明了中车四方对于国内高铁产业发展的坚定信心。中车四方作为高铁项目的主要承接单位，在整个项目中的职责和作用是不可忽视的。中车四方聚焦于攻克系统集成、转向架以及车体等三大关键核心技术，这一决策体现了中车四方对于技术研发的精准定位。这三个关键技术领域的攻克，意味着中车四方在高铁项目中扮演了技术攻关者的角色。中车四方通过在这些关键技术上的突破，为整个高铁项目的顺利进行提供了坚实基础。

值得一提的是，在整个高铁项目中，从产品的集成到最终下线，中车四方带头完成了整个高铁项目。这显示了中车四方在项目实施和执行方面的主导作用，也反映了中车四方在高铁领域的全产业链实力，包括研发、设计、生产等方方面面。这一系列的行动和成就，凸显了中车四方在高铁产业创新链中的关键地位。中车四方不仅是技术的领军者，更是整个项目的组织者和推动者。在高铁领域，中车四方的成功实践也为其他企业树立了良好的榜样，鼓舞了整个产业的发展信心。

除了技术层面，领军企业在创新链中的主导作用还体现在诸多方面，如组织、资源调配以及市场拓展等，这些方面共同体现出领军企业在推动创新链活动中的综合能力。

首先，领军企业具备强大的研发实力和技术积累，这是其在创新链中发挥引领者作用的重要基石。这种研发实力表现在其拥有一支由行业内顶尖的科学家、工程师和技术专家组成的专业团队，领军企业在技术理论、实验验证、工程应用等领域拥有丰富的经验和卓越的专业知识。以中车四方为例，其在高铁技术领域攻克了关键技术难题，这些成就彰显了企业在技术方面的杰出实力。这种技术实力不仅使企业处于行业的技术领先地位，还为创新链高效运作提供了坚实的支持和保障。领军企业的研发团队通常拥有深厚的行业知识，能够对市场趋势和技术发展趋势进行精确的预测和分析。这使得中车四方能够更早地捕捉到机会，优化创新链中的各个环节，并及时调整战略以适应不断变化的市场需求。中车四方的成功案例展示了其在高铁领域的技术洞察和前瞻性规划，这有助于企业更好地引领行业发展方向。领军企业的强大研发实力和技术积累是其在创新链中发挥引领作用的重要因素。这种实力使其能够不断推动技术创新，提高产品质量，满足市场需求，为整个行业的可持续发展做出积极贡献。

其次，在组织领域，领军企业扮演着战略性引领和协调的核心角色。领军企业在项目管理方面展现出卓越的才能，具备高度有效的项目管理团队，能够精准地设计、安排和监督创新链条中各个环节的运作。这涵盖了项目计划的制订、资源的科学配置以及进度控制等方面的工作。以高铁领域为例，中车四方作为主要承接单位，成功实施了从系统集成到车体制造等多个关键环节的协同工作，为项目的高效推动奠定了坚实的基础。

同时，领军企业的组织能力还体现在对各项资源的智能调配和风险的全面管控上。领军企业能够有效地识别并利用内外部资源，确保各环节之间的紧密衔接，从而最大限度地提升整体创新链的效率与效益。在高铁领域，中车四方通过优化资源配置，灵活应对各种潜在风险，为项目的顺利推进提供了有力的保障。

领军企业还在组织创新团队和知识管理方面展现出卓越的领导力。领军企业致力于构建一个具有高度创造性和协作性质的团队，通过有效的知识共享与传承，不断积累经验教训，提升整体创新能力。中车四方在高铁领域以其卓越的团队领导和知识积累能力，为项目的成功实施提供了坚实的保障。领军企业在组织方面的卓越表现，为整个创新链的顺畅推进提供了有力保障，同时也为行业发展树立了良好的典范。领军企业的项目管理能力、资源调配智慧及团队领导力，持续推动着相关领域的创新与发展。

再次，领军企业在创新链中发挥其资源调配能力。领军企业通常拥有丰富的资金、技术和人才资源，能够为创新链的各个环节提供所需的支持和保障。这种能力使得领军企业能够有效地响应市场变化，灵活调配资源以应对不同阶段的需求。以中车四方为例，其在高铁项目中展现出了出色的资源调配能力。通过科学合理地配置资金、人力等资源，确保了关键技术攻关所需各项资源能及时供给到位，为项目的成功实施提供了坚实保障。这种有效的资源调配不仅体现了领军企业对于项目的全面把控，也为整个创新链的高效运转提供了有力支持。

领军企业还能够通过优化资源配置，实现资源的最大化利用，从而降低了项目运营的成本，提高了整体创新链的经济效益。领军企业能够精准地识别并利用内外部资源，确保各环节之间的紧密衔接，为整体创新链的高效运转奠定了坚实基础。领军企业在创新链中的资源调配能力不可忽视，其为企业在市场竞争中保持领先地位，实现可持续发展提供了有力支持。通过科学合理地配置资金、技术和人才等资源，领军企业能够有效地推动项目的顺利进行，为整个行业的发展贡献重要力量。

最后，领军企业在创新链中发挥不可或缺的市场拓展能力。领军企业凭借着强大的品牌影响力、市场渗透能力以及与合作伙伴的紧密合作，有效地将创新链的成果推向市场。中车四方在高铁领域的成功实践是一个典范。除了在技术突破方面取得显著成就，该企业在国际市场上的影响力和竞争力同样令人瞩目。其通过与全球合作伙伴密切合作，建立了广泛的国际合作网络，从而加速了高铁技术和产品在国际市场上的推广和应用。

领军企业的市场拓展能力也体现在其对市场需求的敏锐洞察和灵活应变能力上。领军企业能够及时捕捉到市场的变化和趋势，调整产品和服务以满足客户不断变化的需求。这种灵活性和适应性使得企业能够保持在市场竞争中的领先地位。领军企业还通过不断提升品牌形象和市场认可度，吸引了更多的客户和合作伙伴，进一步拓展了市场份额。因此，领军企业在市场拓展方面的能力不容忽视，为企业的可持续发展提供了强有力的支持。

总的来说，领军企业在创新链中的主导者角色是多维度的，涵盖了技术、组织、资源、市场等诸多方面。领军企业通过强大的研发实力、高效的组织能力、灵活的资源调配和有效的市场拓展，为整个创新链的成功运转提供了坚实保障。这种综合能力不仅使领军企业成为创新链的推动者，也使其成为整个产业发展的引领者。

4.2.3 领军企业创新链中的创新主体

1. 企业：上游供应商、下游企业与横向竞争企业

在领军企业创新链中，上下游企业以及横向竞争企业作为核心参与者，均发挥了独特的作用。上游企业承担着技术支持和原材料供应的重任，上游供应商的首要任务是为核心创新主体提供必要的零部件或原材料。以高铁行业为例，一列高铁列车涉及数以万计的零部件，这些零部件并不都是由核心制造商自行生产的。例如，中车四方是我国高速列车的总成中心，虽然其在高铁制造中担任重要角色，但绝大多数列车零部件或原材料都是由专业供应商提供，尤其是动车的牵引电机、绝缘栅双极晶体管等关键部件，也都是由上游专业供应商来供应。这种合作关系不仅在技术和产品供应上相辅相成，还有效分担了创新过程中的风险。通过长期的合作，中车四方与众多供应商建立了紧密的合作伙伴关系。这种合作不仅有助于降低企业的搜寻成本，还提高了供应链的稳定性和可靠性。在长期合作中，供应商也积累了丰富的经验和专业知识，使中车四方能够更好地适应市场需求，并不断改进其产品和服务。这种互利共赢的合作模式有助于构建一个更加强大的创新链，为整个产业的可持续发展提供了支持。

除了为核心创新主体提供零部件和原材料，上游供应商还在应用研究方面发挥了关键作用，其扮演着创新链中的积极推动者角色。通过深入了解市场需求和技术趋势，供应商积极参与产品的研发和创新过程，不断改进和升级自己的产品和解决方案，从而为整个创新链的成功运转提供了有力支持。

供应商的市场洞察力和技术专长使其成了创新链中的重要环节。首先，供应商与核心创新主体保持密切联系，深入了解客户的需求和市场趋势。这种密切的协作有助于供应商更好地理解客户的挑战和机会，从而为产品和服务的改进提供有力的指导。其次，供应商积极投入研究和开发，一方面供应商能够不断改进自身的产品，另一方面供应商会向核心创新主体提供有关产品性能的重要信息，这种信息交流有助于优化产品设计和制造过程，从而提高整个创新链的效率和创新能力。此外，供应商还在技术创新方面发挥积极作用。供应商通过研究新技术和制程，不断提高自己的生产效率和质量标准。这种技术升级不仅有助于满足客户

的需求，还可以推动整个产业的进步。在高铁行业，供应商能不断改进零部件的设计，以提高性能、降低能耗或减少维护成本。这种技术创新有助于高铁列车的性能提升，并提供更高效、可靠和环保的交通解决方案。

下游企业在创新链中也扮演着至关重要的角色，其承担着将产品推向市场的责任与使命。只有产品成功地走入市场并获得用户认可，才能真正实现商业的成功与盈利。首先，下游企业对市场的了解至关重要。通过深入研究市场需求，下游企业能够准确地把握消费者的喜好、需求和趋势。例如，在智能手机项目中，华为就需要全面了解消费者对于功能、设计、性能等方面的偏好。一些消费者可能更注重摄像头性能，而另一些可能更看重电池续航能力。这种市场洞察力使得下游企业能够根据实际需求来调整产品特性，提供更符合市场预期的产品。其次，下游企业需要制定相应的营销策略，这包括定位目标市场、确定目标消费群体、制定定价策略等。在智能手机行业中，不同的品牌会选择不同的市场定位，有的追求高端市场，注重产品性能和品质；有的侧重中低端市场，注重性价比和大众消费。这种差异化的市场定位是根据企业自身的定位和战略来决定的。此外，广告与宣传也是下游企业非常重要的推广手段。通过巧妙的广告策略和宣传活动，下游企业可以有效地传递产品的价值和优势，吸引潜在用户的关注。华为智能手机就开展各种类型的市场推广活动，从产品发布会到品牌代言人的运用，都是为了将产品推向更广泛的用户群体。最后，下游企业将核心创新主体的产品推向终端用户，使得用户能够直接接触、使用并受益于这些创新产品。下游企业构建产品与用户之间的桥梁，用户可以直接使用并体验。在华为智能手机项目中，用户可以通过华为实体店、线上购物平台等多种销售渠道，购买心仪的产品。这种线下线上多渠道安排直接提高用户对产品的认知和体验，也是用户决定是否购买的关键因素之一。

概括起来，下游企业在创新链中扮演着推动产品走向市场的关键角色。通过深入了解市场需求、制定精准的营销策略、巧妙的广告宣传以及直接将产品推向用户，下游企业成了创新链中不可或缺的一环。其在市场推广、用户体验等方面的努力，为整个创新链提供了有力的支持与推动力。

横向竞争企业也是领军企业创新链的重要组成部分。在激烈的市场竞争背景下，领军企业和其他横向竞争企业通过持续地提升产品性能、降低生产成本以及改善服务质量等方式，推动着整个产业的进步与发展。这一过程是领军企业创新链运行中不可或缺的一部分，也是产业保持竞争力的重要保证。横向竞争企业之间也存在激烈的市场竞争。横向竞争企业通过不断进行技术创新、控制成本等，争夺市场份额和用户资源。这种竞争压力迫使所有企业保持高度的市场敏感性和效率，鼓励企业在产品质量、创新能力、服务水平等方面持续提升，从而推动整个创新链不断迭代和进步。

同时，横向竞争企业之间并非只存在竞争关系，也包括合作的部分。在新能源汽车产业，横向竞争企业就可能会选择共同合作，共同解决行业共性问题，如联手加快充电技术研发和充电基础设施建设。这一举措有效地解决了新能源汽车充电不便的问题，也推动了新能源汽车的普及和发展。这种合作形式既有助于满足市场需求，又提升了整个产业的整体竞争力。

总体而言，横向竞争企业在领军企业创新链中发挥的作用是多维度的，既包括合作推动行业共同发展，也包括通过竞争推动产业的技术水平不断提升。在领军企业的主导下，这种合作与竞争共生的关系，形成了一个积极向上的领军企业创新链，为产业的可持续发展提供了强大的动力。因此，不能忽视横向竞争企业在创新链中的作用，应当在公共政策设计中加以重视，以保持产业的活力与竞争力。

2. 高校和科研院所

高校和科研院所是基础研究的主体力量，承载着推动整个创新链发展的使命，其不仅仅是知识的源泉，更是科技创新人才的培育摇篮。高校和科研院所以其深厚的学术底蕴和卓越的研究团队，为创新链的构建注入了源源不断的活力。同时，在解决各种实际问题时，高校和科研院所也能直接发挥关键作用。

首先，高校和科研院所具备丰富的研究资源，拥有先进的实验室设施和研究设备。这能为领军企业在基础研究和前沿技术领域取得突破性进展提供直接的硬件支持。领军企业可以借助高校和科研院所的研究资源和研究设备，联合进行技术攻关，从而实现技术突破。

其次，高校和科研院所拥有卓越的学术团队，集合众多在各自领域拥有丰富经验和卓越造诣的学者、科学家与工程师。高校和科研院所在理论研究、实验验证、工程应用等方面具备丰富的经验，能够在学术研究的同时，积极参与实际问题的解决。这种理论与实践相结合的研究模式，有助于高校和科研院所在其所处的领军企业创新链中成为科技创新的关键角色。例如，在中车四方与高校院所的紧密合作中，中车四方积极寻求与西南交通大学、清华大学、西安交通大学、北京交通大学、中国科学院、中国铁道科学研究院等十几家顶尖研究机构的长期合作关系。这种深度合作不仅为中车四方提供了前沿技术的持续输入，也为高校院所提供了科研实践的平台，促进了理论与实践的有机结合。

最后，高校和科研院所还深耕基础研究的未知领域，为未来产业科技创新奠定了理论基础。高校和科研院所通过对各个学科领域的深入研究，为新技术的发展提供了源源不断的智力支持。例如，中国科学院下属研究所在光电材料、生物技术等领域的研究成果，为相关产业直接提供新的发展空间，指出产业科技创新的方向。领军企业可以借助高校和科研院所的基础研究工作进行成果转化的前期准备，从而实现产业科技创新。通过产学研合作，高校和科研院所将理论研究与实践问题相结合，能为企业提供有力的技术支持。这种产学研合作的协同创新模式不仅推动了科研成果的有效转化和应用，也促进了产业的升级与发展。

总体上，高校和科研院所在领军企业创新链中扮演着不可或缺的重要角色。其丰富的研究资源、卓越的学术团队以及对基础研究的深入探索，为领军企业创新链的高效推进奠定了坚实基础。同时，高校和科研院所也为领军企业的发展提供了宝贵的智力支持，推动了产业的不断升级与壮大。高校和科研院所能发挥其在基础研究和前沿创新中的引领作用，为推动社会经济的可持续发展做出更大贡献。

3. 用户

用户是企业价值实现的终端角色，尤其在新创企业的创新过程中，其作用至关重要。在服务主导的逻辑下，用户所拥有的专业知识和技能成为企业竞争优势的重要来源，将用户融入创新链中，能够有效地帮助企业和科研机构准确把握创新需求。这不仅可以提高成果的转化率，还可以大幅缩短产品研发周期。

在我国高铁发展过程中，中国国家铁路集团有限公司作为产业内的用户单位，持续提出了设计要求，审核并下达设计任务书。中国国家铁路集团有限公司在高铁领域的快速发展中起到了举足轻重的作用，其提供了充足的试验条件，使得企业如中车四方得以在实际线路的试验中不断完善与改进。这种密切的用户参与，使得新产品在实际应用中能得到有效检验与充分完善，为我国高铁技术的不断提升奠定了坚实基础。此外，在高铁的研发过程中，中车四方也会邀请一些先验用户参与体验，充分倾听用户的反馈和体验，以此为依据进行产品的优化与改进。这种与用户的紧密互动，使得产品能够更加贴合市场需求，提高了产品的竞争力与用户满意度。

因此，用户在领军企业创新链的构建过程中处于下游产业化环节，并扮演着市场导向的重要角色。通过将用户纳入创新链中，领军企业能够更加精准地了解市场需求，提高产品的市场适应性。同时，通过用户的反馈和体验，产品能够不断完善与改进，为领军企业的持续创新和发展提供了有力支持。这种紧密的用户参与模式将成为领军企业在市场竞争中的有力武器，推动企业与市场的良性互动，实现持续增长与价值实现。

4. 政府

领军企业创新链的有效发挥需要健全的支持性创新平台，政府在这一方面扮演着不可或缺的引导角色。政府通过多种途径，如制定相关政策、建设协同创新平台、提供创新环境等，引导各个创新主体共同参与协同创新。

在我国高铁领域的发展过程中，政府的引导作用尤为显著。中国国家铁路集团有限公司不仅是用户，而且是政府在轨道交通行业的代理者。中国国家铁路集团有限公司不仅积极牵头推动领军企业组建战略联盟，而且与科学技术部合作实施联合行动计划，成功地将不同创新主体汇聚在一起，打破了合作障碍，营造了协同创新的良好氛围。这种政府引导下的协同创新模式为我国高铁的蓬勃发展提供了强有力的支持。此外，政府还为企业搭建便利的科研和发展平台，为中车四方等提供了广泛的资源支持。各领域的顶级专家、科研机构、试验设备以及试验条件都向企业开放，为企业的研发提供宝贵的支持。这种资源整合促进了领军企业创新链中各个环节的协同合作，提高了整体的科技创新能力。政府的引导作用不仅体现在政策制定和资源投入上，还表现在科技创新文化构建和科技创新生态培育上。政府鼓励科技创新主体勇于尝试、分享经验，降低科技创新风险，推动科技创新思维的普及。同时，政府还可以支持教育培训和知识产权保护，为科技创新提供更有利的环境。

综上所述，政府在领军企业创新链中扮演着不可或缺的引导者角色。通过制定政策、建设平台、提供资源和创造良好的创新环境，政府为各个科技创新主体间的协同创新提供了有力支持，推动了领军企业创新链的可持续发展。

4.2.4 领军企业创新链的连接方式

领军企业创新链上各主体之间有着多种连接方式，如联合研发、战略联盟和项目带动等。通过不同的连接方式，领军企业创新链上各主体相互协作，共同促进创新链的发展。

1. 联合研发

联合研发作为创新管理领域中一项重要的合作模式，指的是两个或多个独立主体共同参与研究与开发项目，以共同实现特定目标或利益（Khamseh and Jolly，2008）。这种模式下，参与者之间结合各自的资源、技术和专业领域知识，通过共同努力推动项目的成功实施。

联合研发之所以备受瞩目，其中一个显著优势在于资源共享与风险分担。首先，参与方能够充分利用各自的人才、技术、设备等资源，从而有效降低单一实体承担研发风险的压力。其次，联合研发也对创新能力的提升起到关键作用。不同实体的结合形成一种有机的融合，不仅能够迅速传递创新理念，更能够以全新的方式诞生前所未有的技术与产品。此外，联合研发有助于突破地域、行业的限制，从而扩大市场和影响力。合作伙伴之间可以共同开发新的市场，同时也能通过整合各自的优势在特定领域内占据领先地位，提升行业地位与影响力。在合作过程中，知识共享与技术交流也是联合研发的重要特点之一。各参与方通过合作，共享彼此独特的知识与技术，从而形成一种互相学习、共同成长的局面，提高整个行业的技术水平与发展速度。最后，联合研发不仅是一个短期合作项目，更是长期稳定合作关系的奠基石。通过共同努力实现项目目标，各方建立起了信任与默契，为未来的合作打下了坚实的基础。

联合研发作为一种高效的合作模式，通过充分整合各方的资源、专业知识和技术实力，共享风险与成果，推动产业科技创新发展的进程。这种模式在多个领域取得了显著的成就，为各方带来了共同的利益与发展机遇。

以我国高铁项目为例，为促进产业化需求驱动的创新研究，提高创新成果的转化率，2008年科学技术部和铁道部合作签署了《中国高速列车自主创新联合行动计划》。这一战略性计划的核心特征是开放式创新，旨在打破地区壁垒，以全国范围开展联合研发项目，最大限度地发挥全国科技和产业资源的协同效应，构建国家级研发团队，以满足高铁产业的技术研发需求。在这个思维框架下，以10家核心企业为主体，联合国内领先的机械、材料、力学、信息、自动控制、电力电子等领域的顶级专家，整合国内顶尖高校、研究机构以及国家级创新平台。这种全面协同的合作模式，最终形成了一个"政产学研用"的多元联合体。

这一多元联合体，以优势互补、密切合作、高效协同为特色，被誉为我国高铁列车技术创新的"联合舰队"。多元联合体的形成将各方资源汇聚到领军企业创新链中，为高铁技术的快速发展提供了强大支持。这一领军企业创新链的核心是国内顶尖专家和企业的联合研发，二者共同致力于攻克高铁领域的关键技术难题，推动高铁技术的不断突破和创新。这一联合行动计划的成功经验为我国的产业科技创新提供了宝贵的借鉴，强调政府的引导作用，以及政府在领军企业创新链中促进合作、整合资源、打破壁垒的重要性。政府加强与企业、高校、研究机构的合作，构建一个协同创新的成功范例，为我国高铁产业的崛起提供了坚实的基础。

2. 战略联盟

战略联盟也被称为战略合作伙伴关系，是指两个或多个组织之间在战略层面上达成的合作协议，旨在实现共同的目标与利益（Ahuja，2000）。这种合作通常包括资源共享、风险分担、信息互通以及共同创新等。战略联盟不仅仅是简单的合作关系，更是一种长期、紧密的合作模式，涵盖了多个层面的合作领域。

战略联盟作为一种重要的连接方式，具有诸多显著优势。首先，战略联盟能够实现资源整合与共享。合作伙伴通过共同汇聚各自的资源，包括资金、技术、人才等，形成一种强大的合作力量，大幅提升了双方在特定领域的实力与影响力。其次，战略联盟有助于降低成本与风险。共同承担风险与成本，使得企业能够在市场竞争中更为从容，特别是在面对高风险、高投资的新项目时，联盟成了分散风险的重要机制。再次，战略联盟可以加速创新与研发。合作伙伴共同参与研发项目，通过分享知识、技术和经验，推动新产品或新技术的研发与应用，大大提高了创新效率，也让企业在技术领先方面保持竞争优势。另外，拓展市场与客户资源也是战略联盟的一大优势。通过合作，企业能够进入新的市场或扩大现有市场份额，获得新的客户资源，从而实现业务规模的快速扩张，也是提升市场占有率的有效途径。最后，战略联盟使得企业能够共同应对市场变化。在市场环境不断变化的情况下，合作伙伴可以共同制定应对策略，保持灵活性与适应性，从而更好地把握市场机遇且应对挑战。

为了整合高铁行业及相关科研机构的丰富创新资源，2012年5月中国高速列车产业技术创新战略联盟成立。这一联盟的目标是构建以企业为主导、以产业发展需求为导向、实现产学研结合的技术创新机制，从而形成一个涵盖从研发到技术转化再到产业化的互动平台，促进我国高速列车技术的持续发展。随后，2014年10月中国创新设计产业战略联盟成立，这一联盟的使命是提升创新设计能力，以制造业、创新设计企业和区域支柱产业的创新设计需求为导向，旨在形成具有产业核心竞争力和影响力的创新设计平台。这些创新联盟构建了一个跨部门、行业、院校和企业的创新体系，为协同创新提供了坚实的基础。领军企业可以充分整合国内的创新资源，从而实现降低创新风险与成本、提高创新效率的目标。这种协同创新的模式，不仅有助于加速创新成果的推广和应用，还为我国的产业升级和科技创新提供了有力支持。

3. 项目带动

联合研发和战略联盟为产学研协同创新提供了重要的框架和支持，但真正将这些理念和计划转化为切实可行的成果，通常需要依托具体的创新项目来推动。项目是连接关系的具体实施手段，不仅有助于知识的传递，还是实现创新目标的关键策略和工具。

项目带动是指在一个具体项目的框架下，汇聚多个独立主体，包括不同企业、研究机构、政府部门等，共同参与合作，通过资源共享、风险分担等方式，实现项目的成功实施与共同目标的达成。项目带动具有以下显著优势。首先，项目带动整合各方的资源，包括技术、资金、人才等，形成了一种强大的合作力量，从而提升整体实力。其次，项目带动通过共同承担风险，降低单一主体面对不确定性的压力，保障项目的稳定推进。此外，不同主体的参与带来各自领域的专业知识与经验，推动项目的创新与提升。最后，通过项目合作，各参与方建立起了紧密的合作关系，为未来的合作奠定了良好基础，也为各方在项目完成后带来了共同的经济效益和社会价值，从而实现共赢的局面。

以中车四方为例，其项目的来源主要可以追溯到两个方面。首先是来自科学技术部的课题项目。中车四方扮演着关键角色，为其他创新主体提供了项目的申请渠道。科学技术部并不只是制定鼓励政策，而是以实实在在的项目支持创新活动。这些项目都是国家重大科研项目。这些项目的介入不仅解决了中车四方科研经费的问题，还通过项目的形式，将各方紧密连接在一起，致力于实现共同的创新目标。

其次，企业自筹配套经费设立项目，这也是中车四方项目的重要来源。中车四方每年都会拨出相当一部分自有资金作为科研经费，并以课题的形式提供给其他创新主体进行申请。这种方式不仅有助于解决科研经费的问题，还能够有效地带动各方参与，紧密合作，共同追求创新目标。

这种项目带动的合作模式在领军企业创新链中具有重要意义。项目带动不仅为各方提供了具体的工作框架和时间表，还为协同创新提供了明确的目标和任务。项目带动能够有效协调各方资源，使各方围绕着共同的目标而协同努力。此外，项目的实施过程中会促进知识的传递和交流，推动创新成果的产出和应用。

4.3 领军企业的划分与选择

4.3.1 领军企业的筛选

本书重点是中国制造到中国创造的转变，领军企业创新链的重点也在制造业行业。因此，本书聚焦于从新一代信息技术产业、先进轨道交通装备、新材料、电力装备、高档数控机床和机器人、节能与新能源汽车、农机装备、海洋工程装备及高技术船舶和生物医药及高性能医疗器械九个制造业行业中选取案例企业。新一代信息技术产业涵盖人工智能、物联网、云计算等领域，通过在这一领域的投入和发展，我国希望在数字化、智能化方面取得更大突破。先进轨道交通装备是交通运输领域的重中之重，包括高速铁路、城市轨道交通等，通过提升交通运输的效率和便利性，推动着城市化进程和经济发展。新材料的发展对于制造业的升级至关重要，包括先进结构材料、功能性材料等，将为各个行业的发展提供更为坚实的材料支撑。电力装备是能源产业的关键设备，对于保障国家能源安全和推动清洁能源利用都具有重要意义。高档数控机床和机器人的创新发展能提升制造业的智能化水平，提高生产效率和产品质量。节能与新能源汽车代表未来汽车工业的发展方向，通过推动绿色交通，为生态环境保护做出贡献。农机装备是农业现代化的关键支撑，将提升农业生产效率，促进农村经济的发展。海洋工程装备及高技术船舶是与海洋资源开发息息相关的领域，对于我国在海洋经济方面的发展至关重要。生物医药及高性能医疗器械代表医疗健康产业的未来方向，通过创新医疗技术和药品研发，提升我国在医疗领域的国际竞争力。

根据 4.1 节所述的领军企业的定义，领军企业具备三个显著特征。首先，领军企业在所属行业内具有显著的影响力，不仅在市场份额上占据重要地位，更在行业发展方向、技术标准等方面起到引领作用。其次，这些企业拥有相当规模的经济实力，不仅具备稳定的盈利能力，还能在资本市场上拥有一定的话语权。最后，领军企业在科技创新方面成就斐然，通过持续的研发投入和成果转化，为行业带来了一系列的重要科技创新成果。

鉴于此，本书在筛选领军企业时参考了以下标准。首先，企业必须是其所属行业内的领先者，具备一定的市场份额和行业地位，可能是中国企业 500 强之一，或者是业内公认的行业龙头企业。其次，企业的知识产权数量，尤其是发明专利的数量要体现领先地位。一个企业在发明专利申请和授权数量上的领先地位，不仅反映了其在技术创新方面的活跃度，也意味着其在行业中具备强大竞争力。此外，企业是否曾获得国家科学技术进步奖，是对其科技实力的一种重要考量。

根据上述标准，结合本书研究的可行性，本书以表 4-2 中所列企业为研究范围，认定这些企业符合上述领军企业的标准，是九大行业中部分具有代表性的领军企业。这些企业以其在产业链中的核心地位、持续的科技创新和稳健的经济实力，为我国制造业的崛起和升级做出积极贡献。

表 4-2 领军企业筛选名单

九大行业领域	代表性领军企业
新一代信息技术产业	华为投资控股有限公司
先进轨道交通装备	中国中车（中车四方、中车长客）
新材料	方大炭素、凯盛科技
电力装备	国家电网
高档数控机床和机器人	新松机器人、沈阳机床
节能与新能源汽车	浙江吉利控股集团、国机智骏
农机装备	新疆机械研究院股份有限公司
海洋工程装备及高技术船舶	中国船舶重工集团有限公司
生物医药及高性能医疗器械	恒瑞医药、上海医药

4.3.2 领军企业调研情况

从 2014 年开始，课题组对上述领军企业开展一系列长期跟踪调研。研究团队于 2014~2022 年先后对华为全球技术合作部、2012 实验室、技术规划部等部门进行了 8 次调研，现场调研时长超 46 小时，形成了 68.3 万字的访谈文字稿。2017 年 8 月，课题组前往中车四方进行调研，考察先进轨道交通装备行业领军企业，进行了时长为 14.5 小时的访谈，并形成了 21.1 万字的访谈文字稿。2018 年 8 月，前往中车长客进行调研，考察先进轨道交通装备行业领军企业，进行了时长为 10.5 小时的访谈，并形成了 14.7 万字的访谈文字稿；再次前往中车四方进行调研，并考察节能与新能源汽车行业领军企业，进行时长为 2 小时的访谈，并形成 2.7 万字的访谈文字稿。2019 年 7 月前往恒瑞医药进行调研，考察生物医药及高性能医疗器械行业领军企业，进行了时长为 2.5 小时的访谈，并形成 3.5 万字的访谈文字稿。2019 年 8 月前往国家电网进行调研，考察电力装备产业领军企业，进行了时长为 6 小时的访谈，并形成 6.3 万字的访谈文字稿。随后，在领军企业创新链研究过程中，课题组对创新链上其他参与主体进行调研，以完善领军企业创新链研究。2019 年 7 月，课题组前往连云港经济技术开发区管理委员会进行调研，考察政府机构在领军企业创新链中的作用，进行了时长为 2 小时的访谈，并形成了 3.2 万字的访谈文字稿。2020 年 10 月，前往南京大学创新创业与成果转化工作办公室进行调研，考察科技成果转化机构在创新链中的作用，进行了时长为 3 小时的访谈，并形成了 2.8 万字的访谈文字稿。2021 年 2 月和 2023 年 7 月，先后前往江苏省产业技术研究院和安徽创新馆进行调研，考察科研院所在创新链中的作用，进行了时长为 15 小时的访谈，并形成了 17.9 万字的访谈文字稿。2022 年 8 月，前往芯行纪科技有限公司、南京蓝洋智能科技有限公司、中科芯集成电路有限公司、南京元络芯科技有限公司、南京镭芯光电有限公司和南京芯驰半导体科技有限公司等多家半导体产业企业进行调研，考察企业在创新链中的作用，进行了时长为 15.5 小时的访谈，并形成了 6.4 万字的访谈文字稿。

通过对领军企业的深入调研，课题组对领军企业创新链开展全面研究，从相关领军企业访谈的过程中获取了丰富的实证资料。在调研的基础上，结合相关研究，本书对领军企业创新链构建与运行、领军企业创新链发展与优化进行了细致剖析。

参 考 文 献

陈凤, 戴博研, 余江. 2023. 从追赶到后追赶：中国领军企业关键核心技术突破的迁移与组织惯性应对研究[J]. 科学学与科学技术管理, 44（1）: 163-182.

高映红. 2010. 基于核心企业的集群网络式创新研究[D]. 武汉：武汉理工大学.

辜胜阻, 吴华君, 吴沁沁, 等. 2018. 创新驱动与核心技术突破是高质量发展的基石[J]. 中国软科学, (10): 9-18.

贾生华, 杨菊萍. 2007. 产业集群演进中龙头企业的带动作用研究综述[J]. 产业经济评论, (1): 129-136.

金丹, 杨忠. 2020. 创新驱动发展下的领军企业技术能力提升策略研究[J]. 现代经济探讨, (3): 80-84.

李金华. 2014. 中国战略性新兴产业空间布局雏形分析[J]. 中国地质大学学报（社会科学版）, 14（3）: 14-21, 138.

王钦. 2011. 技术范式、学习机制与集群创新能力：来自浙江玉环水暖阀门产业集群的证据[J]. 中国工业经济, (10): 141-150.

魏浩, 巫俊. 2018. 知识产权保护、进口贸易与创新型领军企业创新[J]. 金融研究, (9): 91-106.

翁君奕. 2002. 竞争、不确定性与企业间技术创新合作[J]. 经济研究, 37 (3): 53-60.

叶振宇, 庄宗武. 2022. 产业链龙头企业与本地制造业企业成长: 动力还是阻力[J]. 中国工业经济, (7): 141-158.

余义勇, 杨忠. 2020. 如何有效发挥领军企业的创新链功能: 基于新巴斯德象限的协同创新视角[J]. 南开管理评论, 23 (2): 4-15.

张丽芳, 张福进, 尚洁. 2014. 知识扩散、集群创新与集群网络的扩张: 基于物联网产业的研究[J]. 软科学, 28 (10): 11-17.

Ahituv N, Carmi N. 2007. Measuring the power of information in organizations[J]. Human Systems Management, 24 (4): 231-246.

Ahuja G. 2000. Collaboration networks, structural holes, and innovation: a longitudinal study[J]. Administrative Science Quarterly, 45 (3): 425-455.

Autor D, Dorn D, Katz L F, et al. 2020. The fall of the labor share and the rise of superstar firms[J]. Quarterly Journal of Economics, 135 (2): 645-709.

Buganza T, Verganti R. 2009. Open innovation process to inbound knowledge: collaion with universities in four leading firms[J]. European Journal of Innovation Management, 12 (3): 306-325.

Chandler A D. 1990. Scale and Scope: The Dynamics of Industrial Capitalism[M]. Cambridge: Belknap Press.

Christensen C M, Bower J L. 1996. Customer power, strategic investment, and the failure of leading firms[J]. Strategic Management Journal, 17 (3): 197-218.

Giustiziero G, Kretschmer T, Somaya D, et al. 2021. Hyperspecialization and hyperscaling: a resource-based theory of the digital firm[J]. Strategic Management Journal, 44 (6): 1391-1424.

Khamseh H M, Jolly D. 2008. Knowledge transfer in alliances: determinant factors[J]. Journal of Knowledge Management, 12 (1): 37-50.

Marshall J J, Vredenburg H. 1992. An empirical study of factors influencing innovation implementation in industrial sales organizations[J]. Journal of the Academy of Marketing Science, 20 (3): 205-215.

Ofori D F, Hinson R E. 2007. Corporate social responsibility (CSR) perspectives of leading firms in Ghana[J]. Corporate Governance, 7 (2): 178-193.

Randelli F, Lombardi M. 2014. The role of leading firms in the evolution of SME clusters: evidence from the leather products cluster in Florence[J]. European Planning Studies, 22 (6): 1199-1211.

Rothwell R. 1992. Successful industrial innovation: critical factors for the 1990s[J]. R&D Management, 22 (3): 221-240.

Sen N. 2003. Innovation chain and CSIR[J]. Current Science, 85 (5): 570-574.

第二篇　领军企业创新链构建与运行

第 5 章 领军企业创新链的组织模式

本章聚焦于领军企业在创新链中所发挥的主导性作用，从宏观视角探究领军企业创新链的组织模式及其与创新情境的匹配。本章选择我国四家分属不同行业的领军企业——华为、国家电网、中国中车和恒瑞医药作为案例研究企业，开展了比较性多案例研究。这一设定非常符合本章的研究目的，因为这四家企业均是相关行业头部的领军企业，均成功构建了高效运行的创新链，以及四家企业所在的行业具有显著的不同特征，能够按照研究选择的情境因素进行合理区分。通过对案例企业部署创新链的过程细节进行对比，本章先识别出影响领军企业创新链结构与运行特征的两种重要情境因素（产品类型和技术创新路径），然后基于这两种情境因素构建一个 2×2 分析框架，提炼了不同情境下领军企业创新链的四种组织模式，并采用模式匹配技术构建了情境因素与领军企业创新链组织模式之间的关联。本章试图为不同行业的领军企业根据所处情境有效部署创新链提供重要的理论指导，并为政府制定领军企业创新链相关政策提供有效参考。

5.1 创新链组织模式研究的两个视角

当前领军企业创新链领域的理论研究还处于起步阶段，相关研究多集中于领军企业创新链的概念界定（吴晓波和吴东，2008；杨忠等，2019；史璐璐和江旭，2020）、绩效评估（余泳泽和刘大勇，2013；余泳泽等，2017）以及效能提升（金丹，2022）等方面，对于领军企业创新链模式尚缺乏深入研究。在创新链的早期研究中，一部分研究者将创新链看作一系列创新活动形成的链条，将创新链定义为从实验室到产业应用之间的一系列前后衔接的技术创新活动所形成的多阶段过程（Lhuillery and Pfister，2009）；也有研究将创新链看作大量创新主体以创新为纽带连接在一起形成的链条，将创新链定义为多种不同类型创新主体之间通过相互协作在较大范围内实现协同创新的一种链式功能结构（蔡翔，2002）。学者分别沿着这两条路径对创新链进行解构，从而形成了创新链研究的两个视角，即创新链研究的结构视角与运行视角。其中，结构视角的相关研究主要关注创新主体之间的相互关系和连接方式；运行视角的相关研究主要关注创新活动的阶段划分和运行效率。

结构视角的创新链研究主要从创新主体之间的连接和互动出发对创新链进行解读。例如，王玉冬等（2019）将创新链看作基于共同创新导向的各创新主体依托价值关联而形成的一种合作结构。早期研究普遍将创新链上不同主体之间的连接形式总结为线性模式，随后 Turkenburg（2002）进一步将其分为正向线性和反向反馈两种。其中，正向线性强调创新主体之间的关联和互动从基础研究到技术产业化的单向传递，而反向反馈强调创新主体之间存在相反方向上的双向交流。随着研究的进一步深入，企业创新过程不再被看作简单的线性流程，而是呈现出更复杂的循环开放、互融互通的非线性特征。相应地，创新链体现为多种不同类型创新主体之间形成的复杂关联。余义勇和杨忠（2020）对创新链上不同创新主体所扮演的角色进行解读，认为创新链功能的有效发挥得益于作为主体角色的领军企业、智援角色的高校院所、市场导向角色的用户、辅助角色的供应商和引导角色的政府间的高效协同与合作。屠建飞和冯志敏（2009）通过对模具产业集群技术创新的分析提出，集群内各种不同类型的创新主体间通过相互协作关系形成的技术创新链具有一种复杂的"蛛网式"结构。学者对创新链结构特征的认识不再是简单的线性结构，而是由大量不同类型创新主体通过多种复杂关系形成的一种共生体（蔺雷等，2014）。

运行视角的创新链研究主要从创新活动之间的协同与配合出发对创新链进行解读。如何对创新链上不同类型的创新活动进行合理安排，从而提高整个创新链的运行效率，是这个研究视角的重要主题。余泳泽和刘大勇（2013）按照创新活动的不同类型和先后顺序，将创新链划分为知识创新、科研创新和产品创新等不同环节，并认为这些环节之间的有效连接和协同是创新链高效运行的关键。Lhuillery 和 Pfister（2009）提出了创新链的循环运行模式，强调创新链的不同环节之间存在复杂关系。江鸿和石云鸣（2019）识别共性技术创新在创新链中所面临的关键障碍问题，认为设计合理的产业政策能够促进创新链有效运行。Sen（2003）提出创新链的不同环节之间存在多向反馈，并着重强调资源流动（如信息资源）对创新链高效运行起到关键作用。梁丽娜等（2022）也从资源流动的角度出发，提出创新链运行的开放融通模式，并强调跨界创新资源互通互融的重要性，以及创新链上存在资源关系权力地位中心化的特征。创新链运行过程中，体现出的这种创新主体内外部资源相互融通的特点符合开放式创新范式（Chesbrough，2003），其中资源流动有由内而外和由外而内两种基本形式（Bereznoy et al.，2021），这两种不同的资源流动方式均能有效提高创新链的运行效率。

总体上，现有研究多从某一特定视角出发对领军企业创新链的属性和规律进行探索，一方面缺乏对领军企业创新链模式的系统性提炼；另一方面尚未在创新情境和创新链模式之间建立充分的联系。对于诸多情境因素如何影响领军企业创新链的结构与运行特征，现有研究所提供的证据仍然是模糊且缺乏一致性的；少数与创新链模式相关的研究也缺乏对情境因素的深入分析和企业如何行动的相关细节。而且，目前尚缺乏融合两个视角的综合性研究。由于创新主体和创新活动的内在统一性，深入探索领军企业创新链组织模式就有必要将结构和运行视角进行整合。

5.2 影响领军企业创新链组织模式的两种情境因素

近年来，随着我国产业升级，已经有许多不同行业的领军企业成功部署了创新链，实现价值链攀升，走在了世界前列，进而推动了对领军企业科技创新机制的大量研究（江鸿和吕铁，2019；赵晶等，2022；郭艳婷等，2023）。这些领军企业创新发展的成功经验无不表明，其内在机制与关键举措均有很强的情境化特征。其中，产品类型和技术创新路径是现有文献给出的两种重要情境因素，相关研究大多从这两个角度出发对领军企业创新情境进行界定。例如，江鸿和吕铁（2019）对我国高速列车产业、郭艳婷等（2023）对中集海洋工程有限公司创新发展的案例研究，均聚焦于产品类型为复杂产品系统和技术创新路径为后发追赶的情境；赵晶等（2022）对特高压输电工程的研究则聚焦于产品类型为复杂产品系统，技术创新路径为从规划设计、设备制造、施工安装、调试试验到运行维护全链条升级的创新情境。因此，本章在探究领军企业创新链组织模式时，也将这两种重要的情境因素纳入研究。

5.2.1 产品类型与领军企业创新链的结构视角

创新研究领域的相关文献通常按照产品结构的复杂程度，将产品类型划分为复杂产品系统和大规模制成品两种类型。Hobday 和 Brady（1998）提出，复杂产品系统是指成本高且技术密集的大型系统（如飞机、高速列车）、网络（如电信网络）、基础设施和工程构造（如机场、智能建筑）以及复杂软件服务（如大型企业资源计划、软件项目）等；大规模制成品是指面向大众消费市场的、基于标准组件的低成本、大规模生产的商品，如汽车、半导体设备、消费类电子产品等。

Hobday（1998）总结出复杂产品系统和大规模制成品在产品属性方面存在三个主要区别。一是从产品结构来看，复杂产品系统由大量定制化的组件构成，而大规模制成品的结构通常较为简单，或者由技术较为成熟的标准化组件构成；二是从产品生产方式来看，复杂产品系统通常是单件或者小批量生产，而大规模制成品则是大批量生产；三是从单件产品价值来看，复杂产品系统单件产品的成本高昂，价值较高，而大规模制成品的单件产品价值较低。

复杂产品系统和大规模制成品在产品属性上存在上述区别，导致其创新模式也体现出较大的差异。目前我国学者正在积极尝试依托中国情境构建复杂产品系统创新理论，其研究对象包括高速列车（江鸿和吕铁，2019；谭劲松等，2021）、国产大飞机（张亚豪和李晓华，2018；曾德麟和欧阳桃花，2021）、特高压输电工程（赵晶等，2022）、国产化核电技术（张文彬等，2014；汪涛和韩淑慧，2021）、北斗卫星导航系统（宋立丰等，2022）、风电产业（周江华等，2022），以及软件产品（李敏等，2021；彭新敏等，2022）等。同时，在大规模制成品创新模式方面的研究也在推进一般性创新追赶理论的构建，如半导体（吴晓波等，2021）、新型平板显示产品（马丽和邵云飞，2019）、医药（王艳等，2022）、汽车零部件（彭新敏等，2021）等。

大量的相关研究表明，复杂产品系统和大规模制成品在创新模式上存在以下明显差异。一是在产品的设计阶段，复杂产品系统的每个部分都有不同的多个设计路线，在设计过程中不同参与者之间的交互存在大量的反馈循环，其相互关系具有明显的非线性特征；而大规模制成品的设计路线相对明确，因此不同参与者之间的关系体现出较为明显的线性特征。二是复杂产品系统涉及的知识宽度较大，参与者之间具有很高的知识异质性，因此相互之间需要更多的协调配合，创新管理过程中的组织复杂性较高。三是复杂产品系统一般处于非市场或部分市场竞争机制中，往往受制于政府的高度调控，而大规模制成品则更多地受市场机制的调控。

由此可见，产品类型对领军企业的创新管理模式会产生重要影响，因此在探究领军企业创新链组织模式时有必要将其作为一个重要的情境因素。同时，通过上述分析可知，产品类型对创新模式的影响主要体现在创新主体的数量、性质和相互关系方面，因此主要与创新链研究的结构视角相呼应。

5.2.2 技术创新路径与领军企业创新链的运行视角

逆向工程和正向设计是创新研究文献中较多采用的对技术创新路径进行分类的方法（Razavi and Jamali，2010）。其中，逆向工程是指选定仿制对象，参照仿制对象表现出来的性状和功能特点，反推仿制对象的制造方法和工艺，使自身产品尽可能向其靠近的技术创新过程；正向设计是以用户需求为起点，按照从概念提出、规划设计，直到新产品生产制造的顺序展开的技术创新过程（吕铁和江鸿，2017）。西方发达国家通常将正向设计作为产品开发的一般理念和主流做法，我国作为后发工业化国家，对逆向工程给予了更多关注。逆向工程存在三种实现方法。一是技术引进消化吸收再创新的技术追赶路径（Hobday，1995）；二是从仿制能力到创造性模仿能力，再到自主创新能力的创新能力提升路径（吴晓波，1995；赵晓庆和许庆瑞，2002；Altenburg et al.，2008）；三是从产品的集成创新到基于关键核心技术的渐进式追赶，再到全面自主创新的产品创新赶超路径（张坚志等，2008；蒋兵等，2010）。

从技术创新活动所具备的特征来看，逆向工程和正向设计存在两个重要区别。一是逆向工程具有确定的仿制对象和技术搜索范围，其技术发展目标和路径较为明确，而正向设计的知识搜索范围和应用方式具有更高的不确定性；二是相比逆向工程，正向设计对技术创新过程中的设计能力和创新自主性都有更高的要求。

相应地，两种技术创新路径在创新模式上也存在较大差异。对于逆向工程而言，其重点在于获取外部的重要创新资源以提升创新活动的效能。企业通常采取的措施包括：嵌入全球价值链，融入跨国公司构建的全球网络，接触先进技术并学习其背后蕴含的隐性知识（盛世豪，2004）；通过并购或者建立海外研发机构以获取东道国的技术溢出（陈爱贞等，2008；杜江和宋跃刚，2015）；在扎实做好加工制造的基础上逐步面向设计和品牌升级（Kadarusman and Nadvi，2013）。对于正向设计而言，其重点在于利用自身的创新能力加强与外部的创新合作（Gulati et al.，2000）。企业通常采取的措施包括不断进行技术探索，以维持行业内的领先地位（March，1991）；积极与各类外部主体开展合作研发，共同实现技术突破与能力升级（Cassiman and Veugelers，2006）；主动适时调整产品性能，完善产品谱系，满足新的用户需求，掌握产品线扩展和供应商的主动权（吕铁和江鸿，2017）。

由此可见，不同技术创新路径会对领军企业的创新管理模式产生重要影响，因此在探究领军企业创新链组织模式时有必要将其作为一个重要的情境因素。同时，通过上述分析可知，技术创新路径对创新模式的影响主要体现在对不同类型创新活动的选择与部署方面，因此主要与创新链研究的运行视角相呼应。

综上所述，本章基于"结构与运行"的整合视角，选择产品类型（复杂产品系统和大规模制成品）和技术创新路径（逆向工程和正向设计）两种情境因素，构建一个 2×2 理论分析框架。针对分析框架的四个象限，本章分别选取四家已经构建起完整高效创新链的领军企业，并以其成功研发的代表性产品作为研究对象，开展比较性多案例研究。本章通过案例间的两两比较，对领军企业创新链的组织模式进行识别，并在创新情境和创新链组织模式之间建立关联。

5.3 不同创新情境下领军企业创新链组织模式的主要特征

5.3.1 领军企业创新链组织模式提炼的四个典型案例

1. 案例企业的选择

本章采用探索性多案例研究设计，理由如下。首先，本章旨在探究领军企业创新链组织模式及其与创新情境的匹配,属于"what"和"why"的问题类型。其次,案例研究非常适用于在现有理论很少的情况下从丰富的现象中进行归纳(Eisenhardt,1989; Siggelkow,2007)。现有理论尚未对领军企业创新链组织模式进行较好的提炼,也没有将其与重要情境因素进行充分联系。最后,由于研究过程中需要分析情境的差异,因此采用多案例的研究设计。多案例对比不仅有利于全面展示研究背景,深入了解理论主题的产生过程以及相关机理,更有利于拓展现有理论体系的解释范围,构建新的理论框架(Yin,2008)。同时,多案例研究存在复制逻辑,每个案例都可以用来验证或否证从其他案例中得出的推断,不同案例之间的比较更有助于提高结论的普适性和说服力,进而提炼出更加稳健的理论(陈晓萍等,2008)。

在案例选取方面,本章依据理论抽样原则,聚焦于制造业中,选择新一代信息技术领域的华为、医药领域的恒瑞医药、先进轨道交通领域的中国中车和电力装备领域的国家电网四家案例企业,分别以华为的 5G 通信设备、恒瑞医药的创新药、中国中车的高速列车,以及国家电网的特高压设备为案例分析对象(表 5-1)。

表 5-1 研究案例概况

项目	华为	恒瑞医药	中国中车	国家电网
所在行业	新一代信息技术	医药	先进轨道交通	电力装备
主营业务	通信网络、信息技术、智能终端和云服务	抗肿瘤药、手术麻醉类用药、特色输液、造影剂、心血管药等	铁路机车、客车、动车组、城轨地铁车辆及重要零部件	电网建设和运营
代表性创新产品	5G 通信设备	创新药	高速列车	特高压设备
代表性产品的"领军"表现	全球 5G 标准必要专利榜单排名世界第一,在市场份额和设备体验等方面均为全球领先	多款创新药为国内首发原研药并获批上市,连年位于国内医药行业诸多研发实力排行榜榜首	高速列车产品在技术水平、运营速度和营业里程等方面均为世界领先,且拥有完全自主知识产权	特高压技术核心设备全球领先,实现输送量、电压级别、输送距离和技术水平四个世界第一

案例对象的选择非常符合本章的研究目的。第一,四家案例企业均是相关行业头部的领军企业,所取得的成就和行业地位受到社会各界的高度关注和广泛认可,既符合领军企业的定位,又具有大量的前期研究和公开披露的二手资料,能够保证数据来源的多样性与丰富性。第二,四家案例企业都是创新型企业,被选为研究对象的代表性产品均体现出很高的技术含量和创新水平。在长期的创新发展过程中,四家案例企业围绕代表性产品的研发,均成功构建起完整高效的领军企业创新链。第三,四家案例企业在构建领军企业创新链的过程中所面临的情境各不相同,符合本章所构建的 2×2 理论分析框架。其中,华为的 5G 通信设备属于大规模制成品,其技术创新路径为正向设计;恒瑞医药的创新药属于大规模制

成品，其技术创新路径为逆向工程；中国中车的高速列车属于复杂产品系统，其技术创新路径为逆向工程；国家电网的特高压设备属于复杂产品系统，其技术创新路径为正向设计。这既符合案例选择的典型性，又确保了案例的多样性和对比性。

2. 案例数据的收集

课题组在 2017～2022 年组织研究团队分别对四家案例企业进行了深度调研。数据收集的主要方法如下。第一，半结构化访谈。研究团队选择工作时间长、工作职能与研究内容契合度高的中层管理人员或技术负责人，以及具有全局视野的企业高层管理人员作为访谈对象，以开放式问题为主，每次访谈时间为 1.5～2 小时。研究团队就企业"产品创新的过程是怎样的，由哪些阶段构成""如何构建创新体系""各创新主体分别发挥什么作用"等问题展开访谈。为确保对访谈资料的准确把握，访谈人员遵循完全转录原则对访谈笔记进行及时整理，访谈情况汇总见表 5-2。第二，收集二手资料。为确保所得数据的真实性与可靠性，本章通过多个信息渠道来获取多样化的数据类型，包括：①公司文件，主要是公司内部研究报告、年度报告、项目资料、领导文章与讲话等，这些公司文件使课题组对企业的发展历程、发展阶段、发展转折以及企业内部高层管理人员的战略决策和业务实施过程都有了清晰了解，帮助研究者还原企业创新链构建和运行的完整过程与重要细节；②公开资料，主要包括已经发表的学术研究、专家著述、研究报告、新闻报道和媒体访谈等。第三，现场观察。团队成员实地参观企业研发及制造现场，通过对研发和生产过程进行近距离观察，积累了大量的原始素材，帮助研究者对企业创新链构建机制以及管理实践产生感性认知，并且在实际情境、访谈资料与抽象理论之间建立逻辑关联。

表 5-2 访谈情况汇总

企业	访谈人数	字数	受访者
中国中车	12 人	13.9 万字	总经理、副总经理、CRH380A 总设计师、各部门部长（科技发展部、运营管理部、战略规划部和人力资源部）
	6 人	7.4 万字	副总经理，CRH380A 总设计师、战略规划部、科技发展部及海外研发部等各部门领导
华为	8 人	8.5 万字	战略 Marketing 总裁、车总、供应链主管、研发部负责人
恒瑞医药	12 人	7.9 万字	恒瑞医药董事长兼创始人、总经理、运营总监、研究院院长、研究院合成技术总监、创新药研究所所长
	8 人	5.2 万字	生物医药产业园办公室主任、经济技术开发区科技局局长、经济技术开发区新医药和生物技术产业招商局局长、医药办主任等
国家电网	11 人	6.3 万字	总经理助理、科研处长、副总经理等

数据分析包含三个阶段。第一，四位独立研究者分别对不同案例企业进行梳理与分析。根据所得数据梳理关键事件，按照相同准则划分创新链的主体、连接方式、创新活动、运行机制等内容，然后按照预先构建的分析框架（复杂产品系统和大规模制成品或逆向工程和正向设计）对创新链组织模式进行初步归纳。第二，四位独立研究者基于统一的编码方案进行背对背编码，数据编码规则见表 5-3。通过案例间对比分析，四位独立研究者通过讨论找出其中的相似性与差异性。第三，通过案例间比较，分别确定不同情境下的创新链组织模式，并对少数冲突观点进行深入讨论和资料补充。课题组将企业数据、构念关系和现有理论进行反复匹配和迭代，探索构念之间的关系并形成稳健的证据链，发掘潜在的理论规律，从而形成稳健且一致的理论框架；同时不断比较案例数据和涌现的理论，将提炼出的理论框架与现有文献对比，直至理论达到饱和。

表 5-3 数据编码规则

数据来源	数据分类	编号
访谈素材	访谈资料	I1
二手资料	企业内部档案、宣传册、领导文章讲话等	S1
	企业官网、媒体报道、行业信息披露、学术论文、行业专家著述等	S2
	企业年报、白皮书等公开出版文档	S3

在研究者认为理论框架足够清晰后，将理论框架和主要研究结论向案例企业的受访者进行反馈，并请求他们对研究结果进行思考，判断是否与其观察和经验相一致。受访者表示，从他们的角度来看，研究框架有效地总结了他们的观点，并提出了少量改进建议，研究者在随后的研究中予以采纳。

5.3.2 情境因素对领军企业创新链结构与运行特征的影响

依据预先构建的研究框架，本章在数据资料中分析情境因素与案例企业部署创新链具体过程之间的关联，分别从结构视角和运行视角对领军企业创新链的特征进行了归纳，提炼领军企业创新链的四种组织模式，并采用模式匹配技术（Ossenbrink et al., 2019），构建情境因素与领军企业创新链组织模式之间的关联。

1. 产品类型如何影响领军企业创新链的结构特征

案例数据的分析过程印证了产品类型对领军企业创新链的影响，与创新链研究的结构视角相呼应。对案例数据的深入分析显示，相同产品类型的领军企业在创新链结构特征上表现出明显的相似性,不同产品类型的领军企业在创新链结构特征上表现出明显的差异性。其中,作为复杂产品系统的国家电网特高压设备和中国中车高速列车在领军企业创新链结构上表现出"共生型"特征,其共生型主要体现在时序共生、设计共生和效益共生三个方面;作为大规模制成品的华为 5G 通信设备和恒瑞医药创新药在领军企业创新链结构特征上表现出"线性型"特征,其线性型特征主要体现在时序线性、设计线性和效益线性三个方面,典型示例见表 5-4。

表 5-4 不同产品类型下领军企业创新链结构特征的典型示例

产品类型	结构特征		解释性引用	企业
复杂产品系统	共生型	时序共生	国家电网同时和各个领域的合作企业合作开发特高压交流输电技术,如在基础原理突破阶段和国内高校进行合作,由于特高压包含多个模块,在各个零部件的研制上可同时与国内的企业进行合作(I1、S2)	国家电网
			我每一个项目的创新一定会带动跟我相配套的产品的创新,你自己创新没有用,还需要产品配套企业的创新,就是产品供应商的同步创新,这个必须要同步推进(I1、S2)	中国中车
		设计共生	国家电网作为集成企业,在一开始的产品设计中就实行模块化分工,先规划好每个模块要做什么、性能指标是什么等,然后大家进行相互配合(S2、I1)	国家电网
			整个设计要跟市场协同,设计跟供应商协同,设计跟工艺协同,模块化的东西整个都在做,要把你整个研发体制上的东西进行一定的更新(I1、S1)	中国中车
		效益共生	不是说谁的技术好,就要用谁的,而是要追求各个模块之间的匹配性,只有各个模块之间能够高效配合才能发挥最大的性能(I1)	国家电网
			当列车从时速 300 公里提升到 350 公里时,即便使用相同的材料,噪声也会增强,科研人员为此重新分析了噪声源头,对车体结构、端部空调、转向架的钢轮都进行了新一轮的降噪处理(I1、S1、S2)	中国中车
大规模制成品	线性型	时序线性	华为 5G 极化码技术的研发历程是基础研究阶段先发现极化码编码原理,帮助华为确定了应用技术研发的方向,应用研究阶段提出的概念模型、产品原型等又是试验研究阶段的先导设计(I1、S1)	华为
			医药行业是一个漏斗形行业,在药物研发后,进行细胞、老鼠、狗、猴子等临床,再进行一、二、三期临床试验,随后是药物批准和审批,这是一个很漫长的过程(I1)	恒瑞医药
		设计线性	5G 技术产品研发的过程中,只有把前沿的技术研发出来,并将这些技术转化为产业层面的标准,才能进行产品层面的架构设计和大规模生产(I1、S2)	华为
			恒瑞医药选定此药物领域,通过靶点确认、先导化合物确定及优化、药代和药效学评价、毒理安全性评价及剂型研究、细胞动物临床实验和一、二、三期临床试验等步骤,进行药物研发(S2)	恒瑞医药
		效益线性	对于产品研发而言,整个流程中任何一个环节的小失误或者小缺陷,都会导致最终产品性能的不完善,甚至不可用;先进技术只有和先进硬件设备结合在一起,才能产生更优的产品性能(I1)	华为
			创新药的研究需要极高的技术能力,我们在每一步的研发过程中都选择这个领域较强的合作者来进行共同研发,创新药只有每一步都做到最好,才能保证是最好的(I1、S2)	恒瑞医药

1）面向复杂产品系统的领军企业创新链结构特征

国家电网的特高压设备和中国中车的高速列车是本章中属于复杂产品系统类别的分析对象。国家电网的特高压设备在研发过程中以开放式创新为主导原则，通过广泛联合内外部各类不同创新主体共同研发，实现特高压工程的顺利实施。与之类似，中国中车高速列车的创新过程包含"九大关键技术"和"十项配套技术"，分别由企业、高校和科研院所等不同创新主体共同协作完成，中国中车则负责将所有创新成果进行最终集成。因此，面向复杂产品系统，领军企业创新链在结构上表现出明显的共生型特征。同时，通过对案例数据的分析和归纳，本章提炼出案例企业创新链体现出的共生型特征的三个重要方面，分别是时序共生、设计共生和效益共生。

时序共生是指由于创新链中的创新活动的开展形式具有并发性特征，并非按照序贯方式逐步开展，因此在同一时刻需要有大量不同类型的创新主体同步参与，如在国家电网特高压设备的研发过程中，国家电网打破常规模式，直接以工程需求为中心，既要突破科学技术上的难题，也要配套自主研究、开发全新的整套技术和设备，使产业部分的试验发展活动与科研部分的应用研究活动在紧密协同下同步开展（I1、S2）。在中国中车高速列车的研发过程中，按照整车研发的模块化需求，各不同领域创新主体分别在自身所处的产业链环节进行同步研发和生产，最后向中国中车交付功能成熟、性能稳定的高铁子系统、元器件及零部件（I1、S3）。也就是说，创新链各环节的创新活动要齐头并进，创新主体相互交叠，多个学科领域、多种关键技术的研发同步开展。

设计共生是指创新链上的诸多不同类型创新主体需要共同参与到产品的工程设计中，如在国家电网特高压设备的研发过程中，国家电网总公司在早期的产品设计中就实行模块化分工，创新链上各创新主体（高校院所、产业机构、供应商和用户）各自负责研发相应的模块任务，并围绕核心企业形成紧密的合作连接（I1）。在中国中车高速列车的研发过程中，整车企业作为集成单位，从全局角度进行产品设计和工程统筹，分工组织几百家配套企业和供应商同步进行子系统、元器件、零部件的模块创新，最后由核心企业实现架构创新。在高速列车的设计中，中国中车下属的株洲所联合浙江大学、中车株洲电机有限公司等单位负责牵引系统核心技术突破；戚墅堰所、中车四方的研究所、南京中车浦镇海泰制动设备有限公司及中国铁道科学研究院负责关键部件钩缓装置、基础制动单元及齿轮传动技术的突破等。也就是说，复杂产品系统的工程设计具有明显的模块化特征，需要创新链上的领军企业进行集成，其他主体共同参与。

效益共生是指创新链中的创新主体在相互匹配的前提下追求性能最优，进而实现整体效益最大化，如国家电网在合作伙伴的选择中尽力追求能力的耦合与匹配，而不是一味追求合作伙伴的技术在全世界绝对先进，通过与国内学府清华大学、西安交通大学建立长期紧密的合作关系，实现整体效益最大化（I1、S1）。在高速列车从时速 300 公里变成 350 公里时，构架的承载能力、车辆运行的安全舒适性、悬挂系统的防震减噪、轮轨和制动装置的关系都必须重新设计，且其关键是解决相关装置和系统之间的匹配问题，只有各个系统相互匹配，才能实现整车性能的提升（I1、S1）。也就是说，由于复杂产品系统是众多复杂技术的集成，只有创新链各环节相互匹配，功能实现相互耦合，才能达到产品整体效益最大化；反之，即便单个关键部件的技术水平达到顶尖，若无法与其他组件或子系统适配，仍然会导致产品研发最终失败。

2）面向大规模制成品的领军企业创新链结构特征

华为 5G 通信设备和恒瑞医药的创新药是本章中属于大规模制成品的分析对象。华为 5G 通信设备的研发并非 4G 技术的迭代升级，其技术轨道是全新的，因为内嵌于 5G 技术产品中的底层技术，如信道编码技术等之前并不存在，其研发过程需要先在基础研究领域突破 Polar 码，然后才是应用研究领域的各类标准和专利的研发，最后是面向各类不同具体场景的商业应用开发。与此类似，恒瑞医药的创新药研发也必须遵循相应的序贯性，即研发过程必须从基础研究的疾病机理与靶点确定，到应用研究的药物分子设计与合成，再到后续的细胞实验与动物实验，最终实现产业化阶段的新药上市。因此，面向大规模制成品的领军企业创新链在结构上表现出线性型特征，创新过程按照创新活动的序贯性进行组织。同时，通过对案例数据的分析和归纳，本章提炼出案例企业创新链体现出的线性型特征的三个重要方面，分别是时序线性、设计线性和效益线性。

时序线性是指由于创新链中的创新活动需要按照时间上的序贯性进行组织，主要环节需要按照先后顺序分步骤实施与反馈，大多数情况下难以同步开展，因此承担不同创新活动的创新主体需要按顺序依次参与其中，如在华为 5G 通信设备的研发过程中，如果在基础研究阶段未能发现土耳其 Arikan（阿里坎）教授发明的 Polar 码及其潜在的巨大价值，就无法确定后续的技术研发方向，自然也就无法开展应用研究和试验发展阶段的工作（I1、S1）。在恒瑞医药创新药研发过程中，其创新活动同样依次经历了基础研究、应用研究和试验发展三个阶段。正如恒瑞医药高管所说，"医药行业是一个漏斗形行业，在药物研发后，进行细胞、老鼠、狗、猴子等临床，再进行一、二、三期临床试验，随后是药物批准和审批，这是一个很漫长的过程"（I1）。也就是说，创新链上游环节的产出是下游环节的输入，这意味着如果上游环节没有有效完成，下游环节也就无法启动。

设计线性是指创新链中产品设计的主要环节在逻辑上具有明确的先后顺序，并不只是结构上的模块化关系，如华为在 5G 技术研发的早期，需要先明确产品的主导设计。在主导设计明确后，其他后续工作才可以相应开展。但由于 5G 技术产品属于全新技术轨道，华为只有研发出 5G 相关的底层技术，如信道编码技术、空口技术后，才能设计产品架构（I1、S1）。恒瑞医药创新药的产品设计也表现为逐步探索的过程，而非整体层面的产品设计，其整个创新药研发过程依次表现为靶点确认，先导化合物确定及优化，药代和药效学评价，毒理安全性评价及剂型研究，细胞动物临床实验和一、二、三期临床试验等步骤（S1、S2）。也就是说，创新链上的领军企业在产品设计过程中需要遵循底层技术研发先行、产品架构设计跟进的原则。

效益线性是指创新链的最终效益来源于各阶段效益的逐步叠加，如对于华为 5G 的研发而言，从基础研究到最终的产业化的每个阶段，后一个阶段效益的实现都依赖于前一个阶段的高效完成。正如华为技术专家所说，"对于产品研发而言，整个流程中任何一个环节的小失误或者小缺陷，都会导致最终产品性能的不完善，甚至不可用"（I1）。恒瑞医药在每一个创新阶段均会选择合适类型的创新主体进行连接，以达到每一阶段创新效益的最优，从而充分发挥创新链整体效能，如"在每个创新阶段，恒瑞医药均会选择不同类型的创新主体，并结合自身研发特征，选择合适的伙伴，从而提高创新效率"（I1、S2）。也就是说，创新链前一环节的效益是后续环节效益的基础，每一个环节的效益是将本环节效益叠加到前一环节效益之上而形成的。

2. 技术创新路径对领军企业创新链运行特征的影响

案例数据的分析过程印证了技术创新路径对领军企业创新链的影响，这与创新链研究的运行视角相呼应。对案例数据的深入分析显示，相同技术创新路径的领军企业创新链在运行特征上表现出明显的相似性，不同技术创新路径的领军企业创新链在运行特征上表现出明显的差异性。其中，作为正向设计的国家电网特高压设备和华为 5G 通信设备在创新链运行上表现出"开放型"特征，其开放型主要体现在路径开放、资源开放、治理开放三个方面；作为逆向工程的中国中车高速列车和恒瑞医药创新药在创新链运行上表现出"聚合型"特征，其聚合型主要体现在路径聚合、资源聚合和治理聚合三个方面，见表 5-5。

表 5-5 不同技术创新路径下领军企业创新链运行特征的典型示例

技术创新路径	运行特征		解释性引用	企业
正向设计	开放型	路径开放	由于特高压没有可借鉴的经验，它的技术发展路线不清楚，存在多种可能性，我们需要广泛地合作与试错，从而找到有效的技术研发方向（I1）	国家电网
			5G 技术的研发方向事实上有 3 个——Turbo 码、LDPC 码和 Polar 码，在每个研发方向上华为都有投入资源，并拥有自己的专利储备（I1）	华为
		资源开放	我们是应用的主体，需求是我们出的，资金是我们出的，国家电网 2019 年 5 月 28 日宣布，面向全社会开放 100 个实验室，其中包括 19 个国家级实验室（I1、S2）	国家电网

第 5 章 领军企业创新链的组织模式

续表

技术创新路径	运行特征		解释性引用	企业
正向设计	开放型	资源开放	华为在研发过程中，将众多研究成果以论文形式公开发表，每年向国际标准化组织、开源社区贡献大量技术提案、代码，以推动产业加速发展（I1、S2）	华为
		治理开放	高校、其他科研机构、专家团队和工程设计院负责国家电网创新链结构上的基础研究工作，直属科研机构主要负责创新链的研发活动，直属产业机构主要负责创新链的试验发展活动（I1、S2）	国家电网
			在基础研究阶段，我们不干预专家的研究工作，支持他们进行独立探索；针对技术应用的研究，和老师签订创新研究计划项目，项目会明确要求老师最后递交概念模型、报告等；我们利用信息与通信技术优势，他们利用他们在行业中的资源优势，大家共同合作来建设繁荣的生态（I1）	华为
逆向工程	聚合型	路径聚合	通过两次招标采购，中国中车成功实现对国外先进成熟动车技术的引进，多种产品平台的引进有利于消化吸收不同产品的技术特点，在消化吸收的基础上建立模仿创新能力，从而进一步进行技术创新（I1、S2、S3）	中国中车
			恒瑞医药的项目有相当一部分是仿创，在仿创过程中研究出来一些很有价值的药物。他们（发达国家）的基础研究完了，有东西出来了，有文章出来了，或者已经做过一个概念验证，这时候我们赶快去跟他们（I1）	恒瑞医药
		资源聚合	实际上您也很清楚，在原铁道部的十几所高校中，基础理论都有，也有人的储备，再加上我们当时有四个主机厂，主机厂也有相应的技术研发能力，增强了工业化实现的可能（I1、S1）	中国中车
			公司开展了众多临床项目，与国内外知名专家教授建立了良好、持续的合作关系，如与北京天广实生物技术股份有限公司达成独家授权协议，以进一步提升公司临床研发的层次与内涵（S2）	恒瑞医药
		治理聚合	大概我们每半年有一次这个对接会，然后会把整个这样的一个研究中心下一步的发展或者方向定出来，把我们企业的诉求和他们目前高校的技术前沿有机地结合，然后定下一年的规划（I1、S1）	中国中车
			恒瑞医药与大量医院、企业、高校和科研院所展开合作，各主体相互连接，以恒瑞医药为主导者，这些主体协助恒瑞医药，共同验证恒瑞医药研发药物的有效性（S2）	恒瑞医药

1) 面向正向设计的领军企业创新链运行特征

国家电网的特高压设备和华为的 5G 通信设备是本章研究中属于正向设计的分析对象。国家电网与高校、科研院所以及大型供应商开展广泛合作来研发特高压设备，将自身的技术优势与我国电网系统内外部不同领域的优势资源相结合，进而推动特高压设备的顺利研发。与之类似，华为 5G 通信设备的研发则是在全球范围内选择世界领先的学者、高校、科研机构和相关企业开展广泛的创新合作，将自身先进的技术与全球优势资源相结合，进而实现了 5G 技术的突破。因此，面向正向设计的领军企业创新链在运行中表现出明显的开放型特征。同时，通过对案例数据的分析和归纳，本章提炼出案例企业创新链体现出的开放型特征的三个重要方面，分别是路径开放、资源开放、治理开放。

路径开放是指创新链的主导者在确定研发方向时，需要长期保持对多条不同路径的探索，如国家电网的高层管理者提出，"由于特高压没有可借鉴的经验，它的技术发展路线不清楚，存在多种可能性，我们需要广泛地合作与试错，从而找到有效的技术研发方向"（I1）。华为在 5G 技术研发初期提出的研发方向有三个，分别是 Turbo 码、LDPC 码和 Polar 码。在研发过程中，华为在每个方向上都有投入资源，并拥有自己的专利储备。只是相比较而言，华为在 Polar 码方向投入的资源更多，所积累的专利也更多（S2）。正如被访谈者所说，"（包括华为在内的）很多大厂在技术研发的过程中从来都不会押宝到一个方向上，因为这样被颠覆的风险很高，梯度研发策略在华为内部极为普遍"（I1）。也就是说，领军企业在确定研发路径时，并非沿着固定方向或特定路径进行开发，而是采用多条路径并行的方式。

资源开放是指创新链的主导者将自身的创新资源主动开放给产业伙伴，以吸引更多伙伴协同解决创新过程中遇到的难题，如国家电网会在构建创新链的过程中，大规模地开放各类科技合作项目，筛选、披露、释放自身的知识资源。2019 年，国家电网宣布开放 100 个实验室，将实验室 30 万元及以上的重大仪器设备全部对外开放，助推全社会创新（S2）。华为在研发过程中，将众多研究成果以论文形式公开发表，每年向国际标准化组织、开源社区贡献大量技术提案、代码，以推动产业加速发展（I1、S2）。也就是说，作为创新链的主导者，领军企业需要将自身拥有的各类创新资源通过不同方式向外界释放，促使创新链的其他参与者共同探究多条研发路径的可能性，同时帮助其他参与者更好地实现成长，共同提升创新链的整体效能。

治理开放是指创新链的主导者并不完全主导创新链的所有环节，而是采用"轮换主导"的方式与创新链上的其他参与者开展创新合作，如国家电网在特高压设备的研发过程中，产品研发的不同阶段分别由相应领域的优势单位来主导。高校、科研院所负责攻克基础理论问题，直属产业单位牵头开发具有核心竞争力的配套产品部件，下游厂商负责科技成果转化和市场推广，配网设备、电网建设及战略咨询公司负责支持维护。在华为 5G 研发过程中，基础研究阶段的工作任务主要由不同领域的学者主导完成；在应用研究阶段，华为主导各项应用技术的开发，同时会与特定领域研究者签订权责明确的正式合同，进行协助开发（I1）；在试验发展阶段，华为与客户、供应商、竞争者等商业主体基于资源互补性原则分工协作，采取联合主导的形式将新技术转化为新一代产品的主导设计（I1）。也就是说，在创新链的不同环节，多方参与的合作创新应该在领军企业的总体把控下，由各阶段具有特殊优势的主体轮换主导。

2）面向逆向工程的领军企业创新链运行特征

中国中车的高速列车和恒瑞医药的创新药是本章中属于逆向工程的分析对象。中国中车的高速列车研发是基于既有技术轨道开展的。在早期技术积累的基础上，中国中车将自身走过的创新之路总结为"引进消化吸收再创新"，并在实现代表性产品的成功研发后，最终发展出能够开展正向设计的自主创新能力。恒瑞医药的创新药研发同样属于逆向工程，其特点是在明确的药物研发方向指引下，从外部引入重要创新资源，并将其与企业自身能力相结合，成功实现产品研发。因此，面向逆向工程的领军企业创新链在运行中表现出明显的聚合型特征。同时，通过对案例数据的分析和归纳，本章提炼出案例企业创新链体现出的聚合型特征的三个方面，分别是路径聚合、资源聚合、治理聚合。

路径聚合是指产品研发沿着已有技术路径进行，其研发的总体方向是较为明确的，如在中国中车的高速列车研发早期，由于当时我国基础薄弱，研发主体分散，技术起点低，核心技术掌握在若干家外国企业手中。为此，2004年在铁道部主导下，中国中车先后从加拿大庞巴迪、日本川崎重工、法国阿尔斯通和德国西门子引进技术，在探索自身技术发展路径前，先沿着引进技术的既有方向进行开发（S1、S2）。在恒瑞医药创新药的研发过程中，先根据世界先进产品明确自身的研发方向，后续的研发过程也就相对高效。正如恒瑞医药一位高管所言，"对于研发效率最重要的是方向，方向错了，就无效率；只有方向走得正确，通过人的认知能力进行决策判断，才能提高效率"（I1）。也就是说，逆向工程使得领军企业能够在产品研发早期明确技术创新路径，无须对研发方向做过多探索，其重点在于集中力量对特定技术路线进行攻关。

资源聚合是指在产品研发过程中充分吸收和整合外部存在的创新资源，进而实现技术能力的突破与升级，如在中国中车的高速列车研发早期，虽然技术能力较为薄弱，但国内具有一定的较为完整的技术体系。因此，充分聚合各领域的已有创新资源，能够为技术追赶提供极大助力。我国高铁技术的成功追赶正是得益于我国在传统铁路装备上有着深厚的技术积累和人才队伍，在原有铁路系统的基础上，形成了产业生态系统，存在紧密相连、持久合作、长期延续的资源池。正如"复兴号"的总工程师所言，高速列车成功的一个关键原因在于"经过几十年的积累，有一支能够适应企业发展需求的队伍"（I1）。恒瑞医药的创新药研发过程也非常重视外部资源的利用，特别是国际医药领域的基础性先进成果对其药物研发过程提供了非常重要的参考。正如恒瑞医药高管所言，"恒瑞医药的项目有相当一部分是仿创，在仿创过程中研究出来一些很有价值的药物""他们（发达国家）的基础研究完了，有东西出来了，有文章出来了，或者已经做过一个概念验证，这时候我们赶快去跟他们"（I1）。也就是说，领军企业在逆向破解的过程中，需要吸收关键性外部创新资源为我所用，为自身的产品研发提供必要的助力。

治理聚合是指领军企业对整个研发过程中的设计、开发和试验进行全面管控与集中治理，如对于高铁领域的九大关键技术和十大配套技术，虽然中国中车作为主机厂不自行生产相应的模块，而是交由相应的配套企业完成，但在试验验证阶段，中车四方则组织各创新主体以及客户一起跟车测试，通过列车运行状况决定部件是否合格，从而全面把控整个创新过程（I1、S2）。恒瑞医药在创新药研发过程中同样非常重视主导权的把控，大量研发活动都在恒瑞医药内部完成。在临床试验阶段，恒瑞医药与大量医院、企业、高校和科研院所展开合作，各主体相互连接，以恒瑞医药为主导者，这些主体协助恒瑞医药，共同验证恒瑞医药研发药物的有效性（S2）。也就是说，领军企业创新链各环节均由领军企业主导。

5.4 领军企业创新链组织模式与创新情境的匹配

5.4.1 领军企业创新链特征与创新情境的模式匹配

依据当前创新链研究的两个视角，即结构视角与运行视角，本节选择产品类型和技术创新路径两个情境因素，对领军企业在部署创新链时面临的不同情境进行划分。在此基础上，本节采用模式匹配技术，将四个案例企业的案例数据与不同创新情境进行对照，建立情境因素与领军企业创新链结构和运行特征之间的匹配关系，结果如图 5-1 所示。

企业	产品/项目	产品类型（复杂产品系统和大规模制成品）		技术创新路径（正向设计和逆向工程）	
		共生型	线性型	开放型	聚合型
国家电网	特高压设备	√		√	
华为	5G通信设备		√	√	
中国中车	高速列车	√			√
恒瑞医药	创新药		√		√

图 5-1 领军企业创新链特征与情境因素的模式匹配

结果显示，两类情境因素对四个案例企业的创新链模式产生了不同的重要影响。其中，国家电网的特高压设备在产品类型方面属于复杂产品系统，在技术创新路径方面属于正向设计。与之相应，国家电网特高压设备在创新链结构维度体现出共生型特征，具体表现为时序共生、设计共生和效益共生；在创新链运行维度体现出开放型特征，具体表现为路径开放、资源开放和治理开放。华为的 5G

通信设备在产品类型方面属于大规模制成品,在技术创新路径方面属于正向设计。与之相应,华为 5G 通信设备在创新链结构维度体现出线性型特征,具体表现为时序线性、设计线性和效益线性;在创新链的运行维度体现出开放型特征,具体表现为路径开放、资源开放和治理开放。中国中车的高速列车在产品类型方面属于复杂产品系统,在技术创新路径方面属于逆向工程。与之相应,中国中车高速列车在创新链结构维度体现出共生型特征,具体表现为时序共生、设计共生和效益共生;在创新链运行维度体现出聚合型特征,具体表现为路径聚合、资源聚合和治理聚合。恒瑞医药的创新药在产品类型方面属于大规模制成品,在技术创新路径方面属于逆向工程。与之相应,恒瑞医药创新药在创新链结构维度体现出线性型特征,具体表现为时序线性、设计线性和效益线性;其创新链运行维度体现出聚合型特征,具体表现为路径聚合、资源聚合和治理聚合。

5.4.2 领军企业创新链的四种组织模式及其启示

1. 领军企业创新链的四种组织模式

图 5-2 所示的理论框架对领军企业创新链模式进行了提炼,并给出了不同组织模式与创新情境之间的关联。本章发现,领军企业创新链组织模式受到两个情境因素的重要影响,即产品类型和技术创新路径。根据两个情境因素的不同组合,本章共得到四种情境,每种情境下领军企业创新链的结构与运行特征各不相同,从而得出领军企业创新链的四种组织模式。

	复杂产品系统	大规模制成品
正向设计	共生开放型创新链 国家电网	线性开放型创新链 华为
逆向工程	中国中车 共生聚合型创新链	恒瑞医药 线性聚合型创新链

（技术创新路径 / 产品类型）

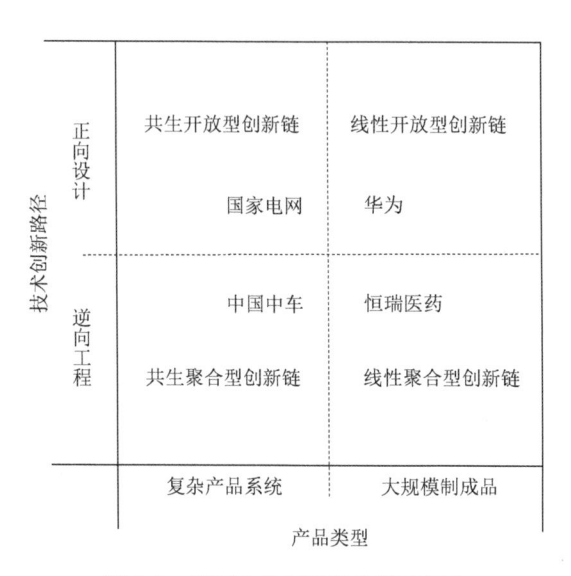

图 5-2 领军企业创新链的模式划分

具体而言，第一象限是以华为 5G 通信设备创新链为代表，在产品类型为大规模制成品且技术创新路径为正向设计的情境下，领军企业创新链具有线性型和开放型特征，因此本节将其命名为线性开放型创新链。第二象限是以国家电网特高压设备创新链为代表，在产品类型为复杂产品系统且技术创新路径为正向设计的情境下，领军企业创新链具有共生型和开放型特征，因此本节将其命名为共生开放型创新链。第三象限是以中国中车高速列车创新链为代表，在产品类型为复杂产品系统且技术创新路径为逆向工程的情境下，领军企业创新链具有共生型和聚合型特征，因此本节将其命名为共生聚合型创新链。第四象限是以恒瑞医药创新药的创新链为代表，在产品类型为大规模制成品且技术创新路径为逆向工程的情境下，领军企业创新链具有线性型和聚合型特征，因此本节将其命名为线性聚合型创新链。

领军企业创新链的不同模式拥有不同的结构特征与运行规律。从图 5-2 中的产品类型维度来看，复杂产品系统的主要特点是产品结构复杂，集成度高。因此，其创新链上的创新活动具有并发性特征，需要大量不同类型创新主体的同步参与。工程设计具有模块化特征，需要各类创新主体共同参与工程设计，整体效益最大化在各类创新主体相互匹配的前提下取得。对大规模制成品而言，其主要特点是产品研发环节多，技术水平要求高。因此，其创新链上的创新活动需要按照时间维度上的序贯性进行组织，主要环节需按照先后顺序分步实施和反馈，多数情况下难以同步展开。产品设计具有严格的流程性和非模块化特征，按照底层技术研发先行、产品架构设计跟进的顺序进行，创新链的最终效益来源于各阶段效益的线性叠加。

从图 5-2 中的技术创新路径来看，对正向设计而言，其特点是探索性强，不确定性大。因此领军企业创新链的主导者在确定研发方向和研发路径时，长期保持对多条不同路径的探索；主导者需要将自身的知识及技术资源主动开放给产业伙伴，共同解决技术难题；在创新链的不同环节由不同类型的创新主体轮换主导创新合作。对逆向工程而言，其特点是路线较为明确，对创新资源较为依赖。因此，这类领军企业创新链上的产品研发方向较为明确，重点在于集中力量，对特定技术路线进行攻关；需要充分吸收和整合外部存在的创新资源为我所用；领军企业全面主导整个研发过程中的设计、开发和试验。

2. 领军企业创新链组织模式分类的理论启示

对事物进行分类是将因果关系组织成连贯叙述的重要方法，是战略和组织领域对理论进行构建的基石（Fiss，2011）。然而，目前尚缺少对领军企业创新链的深入类型研究。已有研究主要从结构与运行两个不同视角出发对创新链的结构特征与运行规律进行探索，对创新链的模式提炼和类型划分尚缺乏统一框架（吴晓波和吴东，2008；史璐璐和江旭，2020）。本章基于领军企业创新组织模式受产品类型和技术创新路径两大情境因素的显著影响这一重要现实（江鸿和吕铁，2019；赵晶等，2022；郭艳婷等，2023），构建了基于产品类型（复杂产品系统和大规模制成品）和技术创新路径（逆向工程和正向设计）两个维度的2×2理论分析框架，面向四种创新情境对领军企业创新链的不同模式进行系统性识别，并采用模式匹配技术构建创新情境与领军企业创新链组织模式之间的关联。

  首先，本章面向四种不同创新情境构建了一个2×2理论分析框架，对领军企业创新链组织模式进行了系统性识别，并提炼了不同领军企业创新链组织模式的主要特征。现有研究多从某一特定视角或因素出发对创新链模式与特征进行提炼。例如，结构视角的创新链研究提出"线性模式"（蔺雷等，2014）和"蛛网模式"（屠建飞和冯志敏，2009）；运行视角的创新链研究依据创新活动的先后顺序提出"循环运行模式"（江鸿和石云鸣，2019），以及依据资源流动方向提出"开放融通模式"（Sen，2003）。这些研究更多的是提出创新链具有的某种属性或规律，其模式提炼尚未采用某种完整的逻辑框架对创新链进行系统性分类，其现实证据也是较为模糊和缺乏一致性的。本章构建逻辑严谨的分析框架，采用案例研究方法，分别选取四家符合相应情境特征并已经成功部署完整高效创新链的领军企业，以其代表性创新产品为研究对象，通过多案例比较分析提炼了"共生开放型"、"线性开放型"、"共生聚合型"和"线性聚合型"四种领军企业创新链模式，并分别从"时序"、"设计"和"效益"维度，以及"路径"、"资源"和"治理"维度对不同创新链模式的结构和运行特征进行归纳。这些结论深化了现有文献对领军企业创新链本质特征的认识，同时为现有理论提供了更加坚实的实证证据。

  其次，本章分析了情境因素与领军企业创新链组织模式匹配的机理。当前已有学者对某些特定行业领军企业的科技创新机制展开较为深入的案例研究。江鸿和吕铁（2019）研究我国高速列车产业通过不同创新主体关系和能力的共同演化，成功实现技术追赶的内在机制；郭艳婷等（2023）研究中集海洋工程有限公司的技术追赶过程，探讨了海洋工程装备产业特有的技术创新模式；赵晶等（2022）通过对我国特高压输电工程的案例研究，探讨了大型国有企业实现创新突破的机制和路径。这些研究虽然关注到创新情境的重要性，但大都聚焦于其中某一特定情境，尚缺乏跨情境综合比较的相关研究，也未在创新情境与创新模式之间建立充分的联系。本章充分探讨了领军企业创新链的结构和运行特征与两大情境因素（产品类型和技术创新路径）之间的关系，采用模式匹配技术建立了领军企业所面临的四种创新情境与创新链模式之间的关联。从产品类型来看，复杂产品系统对应于领军企业创新链结构维度的"共生型"特征，大规模制成品对应于领军企业创新链结构维度的"线性型"特征；从技术创新路径来看，正向设计对应于领军企业创新链运行维度的"开放型"特征，逆向工程对应于领军企业创新链运行维度的"聚合型"特征。这些结论为领军企业创新链研究带来了新的理论洞见，能够更好地指导领军企业根据不同创新情境部署创新链，而且为企业科技创新领域的已有研究建立起更加清晰的理论边界。

3. 领军企业创新链组织模式分类的实践启示

本章可以为不同行业的领军企业根据自身所处情境有效构建创新链提供重要的理论指导，并为政府制定创新链相关政策提供有效参考。

第一，研究结论为不同行业的领军企业根据自身情境成功部署高效能创新链提供了重要参考。为了成功部署高效能领军企业创新链，在关键产品的研发过程中实现大范围有效协同，领军企业的管理层需要先建立对重要情境因素的相关认知。具体而言，需要明确当前企业正在开发的关键产品所属的产品类型以及拟采用的技术创新路径特征，从而有针对性地采取合适的创新链构建策略。产品类型为复杂产品系统且技术创新路径为正向设计的领军企业应部署共生开放型创新链；产品类型为复杂产品系统且技术创新路径为逆向工程的领军企业应部署共生聚合型创新链；产品类型为大规模制成品且技术创新路径为正向设计的领军企业应部署线性开放型创新链；产品类型为大规模制成品且技术创新路径为逆向工程的领军企业应部署线性聚合型创新链。相应地，本章提炼了不同创新链组织模式的结构与运行特征，也能对领军企业创新链的具体部署过程提供重要指导。

第二，研究结论可以帮助政府有针对性地制定相应科技创新政策，引导不同行业的领军企业根据所处情境采取相应的创新链部署策略，在整体上促进我国各行业、各领域的创新发展。对于具有共生型特征的创新链，政府一方面需协助领军企业打通上下游的合作难点和堵点，引导领军企业广泛吸纳优秀的合作伙伴；另一方面可牵头开展具有战略科技意义的重大研发项目，汇聚各类不同创新主体，发挥集中力量办大事的制度优势。对于具有线性型特征的创新链，由于其创新动力来源于强大的基础研究力量，政府一方面需加大对基础研究的投入，从源头增加创新动能；另一方面需做好科技成果转化工作，畅通转化通道。具有开放型特征的创新链通常侧重对前沿技术的探索，因此政府一方面要大力培养科技创新氛围，增加探索式创新机会；另一方面需加大知识产权保护力度，为企业解决开放合作的后顾之忧。具有聚合型特征的创新链通常侧重对多方资源的整合利用，政府一方面要在宏观层面进行顶层设计并推动总体目标的制定与创新活动的规划；另一方面需给予企业更多的自主空间，创造良好有序的市场环境和营商环境，通过政策优惠和资金扶持等手段激活并发挥好市场强大的资源配置能力。

参 考 文 献

蔡翔. 2002. 创新、创新族群、创新链及其启示[J]. 研究与发展管理，14（6）：35-39.

陈爱贞，刘志彪，吴福象. 2008. 下游动态技术引进对装备制造业升级的市场约束：基于我国纺织缝制装备制造业的实证研究[J]. 管理世界，24（2）：72-81.

陈晓萍，徐淑英，樊景立. 2008. 组织与管理研究的实证方法[M]. 北京：北京大学出版社.

杜江，宋跃刚. 2015. 知识资本、OFDI 逆向技术溢出与企业技术创新：基于全球价值链视角[J]. 科技管理研究，35（21）：25-30.

郭艳婷，郑刚，刘雪锋，等. 2023. 复杂产品系统后发企业如何实现快速追赶？——中集海工纵向案例研究（2008～2021）[J]. 管理世界，39（2）：170-185.

江鸿，吕铁. 2019. 政企能力共演化与复杂产品系统集成能力提升：中国高速列车产业技术追赶的纵向案例研究[J]. 管理世界，35（5）：106-125，199.

江鸿，石云鸣. 2019. 共性技术创新的关键障碍及其应对：基于创新链的分析框架[J]. 经济与管理研究，40（5）：74-84.

蒋兵，朱方伟，张坚志. 2010. 后发国家消费电子企业核心关键件技术发展路径研究[J]. 预测，29（1）：1-7.

金丹. 2022. 领军企业创新链整体效能提升机制研究[D]. 南京：南京大学.

李敏，周洁，曾昊，等. 2021. 后发企业如何获取竞争优势：金蝶董事长徐少春的生态思维探索[J]. 管理学报，18（10）：1423-1434.

梁丽娜，于渤，吴伟伟. 2022. 企业创新链从构建到跃升的过程机理分析：资源编排视角下的典型案例分析[J]. 研究与发展管理，34（5）：32-47.

蔺雷，吴家喜，王萍. 2014. 科技中介服务链与创新链的共生耦合：理论内涵与政策启示[J]. 技术经济，33（6）：7-12，25.

吕铁，江鸿. 2017. 从逆向工程到正向设计：中国高铁对装备制造业技术追赶与自主创新的启示[J]. 经济管理，43（10）：6-19.

马丽，邵云飞. 2019. 二次创新中组织学习平衡与联盟组合网络匹配对技术能力的影响：京东方 1993～2018 年纵向案例研究[J]. 管理学报，16（6）：810-820.

彭新敏，刘电光，徐泽琨，等. 2021. 基于技术追赶过程的后发企业能力重构演化机制研究[J]. 管理评论，33（12）：128-136.

彭新敏，张祺瑞，刘电光. 2022. 后发企业超越追赶的动态过程机制：基于最优区分理论视角的纵向案例研究[J]. 管理世界，38（3）：145-161.

盛世豪. 2004. 经济全球化背景下传统产业集群核心竞争力分析：兼论温州区域产业结构的"代际锁定"[J]. 中国软科学，（9）：114-120.

史璐璐，江旭. 2020. 创新链：基于过程性视角的整合性分析框架[J]. 科研管理，41（6）：56-64.

宋立丰，区钰贤，王静，等. 2022. 基于重大科技工程的"卡脖子"技术突破机制研究[J]. 科学学研究，40（11）：1991-2000.

谭劲松，宋娟，陈晓红. 2021. 产业创新生态系统的形成与演进："架构者"变迁及其战略行为演变[J]. 管理世界，37（9）：167-191，235.

屠建飞，冯志敏. 2009. 基于创新链的模具产业集群技术创新平台[J]. 中国软科学，（5）：179-183.

汪涛，韩淑慧. 2021. 重大工程中国有企业主导整合实现产业技术追赶机制[J]. 技术经济，40（9）：56-64.

王艳，沈伶钰，周小豪，等. 2022. "创新-资本"互动共演与后发企业追赶：以药明康德为例[J]. 管理评论，34（6）：325-340.

王玉冬，张博，武川，等. 2019. 高新技术产业创新链与资金链协同度测度研究：基于复合系统协同度模型[J]. 科技进步与对策，36（23）：63-68.

吴晓波. 1995. 二次创新的进化过程[J]. 科研管理，16（2）：27-35.

吴晓波，吴东. 2008. 论创新链的系统演化及其政策含义[J]. 自然辩证法研究，24（12）：58-62.

吴晓波，张馨月，沈华杰. 2021. 商业模式创新视角下我国半导体产业"突围"之路[J]. 管理世界，37（3）：9，123-136.

杨忠，李嘉，巫强. 2019. 创新链研究：内涵、效应及方向[J]. 南京大学学报（哲学·人文科学·社会科学），56（5）：62-70，159.

余义勇，杨忠. 2020. 如何有效发挥领军企业的创新链功能：基于新巴斯德象限的协同创新视角[J]. 南开管理评论，23（2）：4-15.

余泳泽，刘大勇. 2013. 我国区域创新效率的空间外溢效应与价值链外溢效应：创新价值链视角下的多维空间面板模型研究[J]. 管理世界，29（7）：6-20，70.

余泳泽，张莹莹，杨晓章. 2017. 创新价值链视角的创新投入结构与全要素生产率分析[J]. 产经评论，8（3）：31-46.

曾德麟，欧阳桃花. 2021. 复杂产品后发技术追赶的主供模式案例研究[J]. 科研管理，42（11）：25-33.

张坚志，朱方伟，蒋兵. 2008. 消费电子企业技术发展路径的案例研究[J]. 中国软科学，（10）：23-30.

张文彬，蔺雷，廖蓉国. 2014. 架构能力引领的复杂产品系统产业链协同创新模式研究：以中广核工程有限公司为例[J]. 科技进步与对策，31（6）：57-62.

张亚豪，李晓华. 2018. 复杂产品系统产业全球价值链的升级路径：以大飞机产业为例[J]. 改革，（5）：76-86.

赵晶，刘玉洁，付珂语，等. 2022. 大型国企发挥产业链链长职能的路径与机制：基于特高压输电工程的案例研究[J]. 管理世界，38（5）：221-239.

赵晓庆，许庆瑞. 2002. 企业技术能力演化的轨迹[J]. 科研管理，23（1）：70-76.

周江华，李纪珍，刘子譞. 2022. 双重机会窗口下管理认知模式与创新追赶路径选择：以中国风电产业的后发企业为例[J]. 中国工业经济，（3）：171-188.

Altenburg T，Schmitz H，Stamm A. 2008. Breakthrough？China's and India's transition from production to innovation[J]. World Development，36（2）：325-344.

Bereznoy A，Meissner D，Scuotto V. 2021. The intertwining of knowledge sharing and creation in the digital platform based ecosystem. A conceptual study on the lens of the open innovation approach[J]. Journal of Knowledge Management，25（8）：2022-2042.

Cassiman B，Veugelers R. 2006. In search of complementarity in innovation strategy：internal R&D and external knowledge acquisition[J]. Management Science，52（1）：68-82.

Chesbrough H W. 2003. Open Innovation：The New Imperative for Creating and Profiting from Technology[M]. Cambrige：Harvard Business School Press.

Eisenhardt K M. 1989. Building theories from case study research[J]. Academy of Management Review，14（4）：532-550.

Fiss P C. 2011. Building better causal theories：a fuzzy set approach to typologies in organization research[J]. Academy of Management Journal，54（2）：393-420.

Gulati R，Nohria N，Zaheer A. 2000. Strategic networks[J]. Strategic Management Journal，21（3）：203-215.

Hobday M. 1995. East Asian latecomer firms：learning the technology of electronics[J]. World Development，23（7）：1171-1193.

Hobday M. 1998. Product complexity，innovation and industrial organisation[J]. Research Policy，26（6）：689-710.

Hobday M，Brady T. 1998. Rational versus soft management in complex software：lessons from flight simulation[J]. International Journal of Innovation Management，2（1）：1-43.

Kadarusman Y，Nadvi K. 2013. Competitiveness and technological upgrading in global value chains：evidence from the indonesian electronics and garment sectors[J]. European Planning Studies，21（7）：1007-1028.

Lhuillery S，Pfister E. 2009. R&D cooperation and failures in innovation projects：empirical evidence from French CIS data[J]. Research Policy，38（1）：45-57.

March J G. 1991. Exploration and exploitation in organizational learning[J]. Organization Science, 2 (1): 71-87.

Milk H, Howard R. 1999. Technology management in complex product systems (CoPS): ten questions answered[J]. International Journal of Technology Management, 17 (6): 618-638.

Ossenbrink J, Hoppmann J, Hoffmann V H. 2019. Hybrid ambidexterity: how the environment shapes incumbents' use of structural and contextual approaches[J]. Organization Science, 30 (6): 1319-1348.

Razavi H, Jamali N. 2010. Comparison of final costs and undervalues between reverse and forward engineering products[R]. 2010 Second International Conference on Engineering System Management and Applications.

Sen N. 2003. Innovation chain and CSIR[J]. Current Science, 85 (5): 570-574.

Siggelkow N. 2007. Persuasion with case studies[J]. Academy of Management Journal, 50 (1): 20-24.

Turkenburg W C. 2002. The innovation chain: policies to promote energy innovations[C]//Johansson T B, Goldemberg J. Energy for Sustainable Development. Amsterdam: Elsevier: 137-172.

Yin R K. 2008. Case Study Research: Design and Methods[M]. London: SAGE Publications.

第6章　领军企业创新链的组织形态与效率提升

本章基于组织理论和创新链研究的现有成果，对领军企业创新链的组织形态和效率提升进行探索，并采用多主体仿真方法，对领军企业创新链的创新过程进行建模。本章重点研究三方面的问题：①领军企业创新链的组织架构具备何种特征？②何种结构的领军企业创新链具有更高的创新效率？③如何通过对组织结构的优化来促进领军企业创新链的创新？

6.1　领军企业创新链的组织形态

组织理论认为，组织是企业活动的载体，也是企业战略实施的保障（陈传明，1999）。任何有组织的活动都需要将劳动分解为可执行的任务并协调这些任务完成预定的活动，组织的本质就在于为这种分解和协调提供一个社会载体（斯科特和戴维斯，2011）。组织形态是对组织内部各种关系的集中体现，其结构的合理设计是组织高效运转的重要前提（周三多等，2018）。领军企业创新链作为一种广义的组织，探究其组织形态的属性特征以及对创新过程的影响是提炼创新链运行规律和指导创新链构建实践的重要议题。

无论是当前对领军企业创新链概念的研究（杨忠等，2019；吴晓波和吴东，2008；史璐璐和江旭，2020）、创新链绩效评估的研究（余泳泽和刘大勇，2013；余泳泽等，2017）、创新链模式的研究（吴晓波和吴东，2008），还是对领军企业创新链典型案例的研究（江鸿和吕铁，2019；郭艳婷等，2023；赵晶等，2022），无不表明创新链的组织形态及其结构特征会对创新链的运行过程及其结果产生重要影响。

6.1.1　领军企业创新链的链式多层网络结构

现有研究指出了创新链的基本结构，即由多个创新主体形成的链式结构（杨忠等，2019）。但在不同视角下，创新链呈现不一样的结构，比如已有研究提出的横向和纵向（付丙海等，2015）、网络（康健和胡祖光，2016）、平台（屠建飞和冯志敏，2009）、空间（江曼琦和刘晨诗 2017；林学军等，2018）等结构特征。由此可见，创新链的结构较为复杂，但其具体结构形态目前仍缺乏研究。

为对领军企业创新链的组织形态进行提炼，本章选择华为作为考察领军企业创新链组织形态的典型案例。其原因主要有以下四点。第一，华为是通信行业领军企业；第二，华为成功地部署了创新链（洪银兴，2017）；第三，华为秉承内外协同的创新理念，依托创新链构建了完整的创新体系（杨忠等，2019）；第四，课题组与华为保持长期、良好的合作关系，具有案例企业的进入权，获得了大量真实有效的一手资料。

按照案例研究数据收集的标准（Glaser and Strauss，1999），本章采用实地访谈、行业数据收集、企业数据收集三种来源的数据。然后，本章按照规范的案例研究数据分析方法对收集到的大量一、二手数据进行深入分析，在此基础上对华为的创新链的组织形态进行深入刻画。本章通过对华为的案例研究，得出华为的领军企业创新链具备以下三个方面的形态特征。

首先，华为的领军企业创新链体现出明显的分层特征，按照研发活动的不同类型分成不同层次。根据经济合作与发展组织对研发活动的分类，人类的研究与开发活动可以分为基础研究、应用研究和试验发展三个类型。其中，基础研究主要是指为了获得关于现象和可观察事实的基本原理性新知识而进行的实验性或理论性研究；应用研究主要是指为确定基础理论可能的商业成果而开展的创造性研究，这些研究往往有较为实际的目的或目标；试验发展主要是指为生产可以大规模商用的新产品而开展的系统性开发工作。在华为内部，分别由不同的部门主导承担上述三类创新活动。基础研究主要由华为 2012 实验室来承担，开展的具体创新活动包括新一代通信原理、热实验、结构材料与力学实验、先进力学研究等；应用研究主要由华为各产品线的产品研发部门来承担，所从事的创新活动包括产品的原型设计和工程试验；试验发展主要由产品解决方案部和制造部联合开展，所从事的创新活动主要有生产工艺改进和集成安装测试等。这样，由不同部门负责开展不同类型的创新活动，从而形成了华为领军企业创新链的三个不同层次。

其次，创新链的每个层次都以特定形式与外部不同类型的创新主体进行连接，形成以领军企业（华为）为中心的创新网络。在开放式创新理念的指导下，华为通过平台化和数字化变革，企业内部各级组织单元的主导权得到放大。企业内部各级组织单元在主导开展不同类型的创新活动时，可以相对独立自主地与外部高校、科研院所、客户、供应商甚至竞争者等各类主体进行点对点协同创新。对于基础研究而言，华为主要与高校和科学家群体进行双边或多边合作，共同突破理论和技术难关。华为与这些机构和专家的连接，由华为的"科技外交家"团队进行构建。"科技外交家"团队由分散在华为各个业务领域的技术专家构成，专门负责与外部科研主体的对接。对于应用研究而言，华为主要与通信领域的各大公司和技术研发机构进行合作，共同研究开发技术专利、标准和产品。与这些外部主体的连接主要由华为的"技术导入团队"进行构建。技术导入团队主要来自华为内部的技术规划部、标准和专利部，负责搜寻全球技术资源并主导将这些技术导入企业内部。对于试验发展而言，华为主要与供应商和大量来自不同行业的商业合作伙伴进行合作，共同开发大规模商业应用。与这些主体的连接主要由华为的"技术开发团队"来构建。技术开发团队来自华为的技术开发部，负责手机整理产品线技术需求，并进行技术拆解匹配，然后按照拆解匹配情况分发技术资源。所以，在华为领军企业创新链的基础研究、应用研究和试验发展三个层次，分别形成了三个由大量不同创新主体通过不同形式的链接形成的创新网络。

最后，领军企业将创新链不同层次的网络连接在一起。华为作为一个整体，将不同层次的三个创新网络连接在一起，形成完整的领军企业创新链链条。这种贯穿式连接又分为两个层面，一是公司层面的整体性支持，二是部门层面存在一系列支持性部门，为这些活动提供共同支撑。在公司层面，华为对外作为一个具有主体地位的市场实体与外部机构进行各类交往，在科技合作中与高校、科研院所、友商等进行谈判和签订契约；华为对内为创新链各环节的不同内部组织单元提供计划、组织、领导、控制等方面的管理支撑。在部门层面，华为还有很多支撑团队同时为不同类型的创新活动提供各类服务，如信息安全部、法务部、质量与运营部等。通过这两个层面的贯穿式连接，将华为领军企业创新链三个层次的创新网络连接在一起，形成了完整的创新链条。

综上，可以将华为领军企业创新链的总体形态描述为一种链式多层网络结构，如图 6-1 所示。

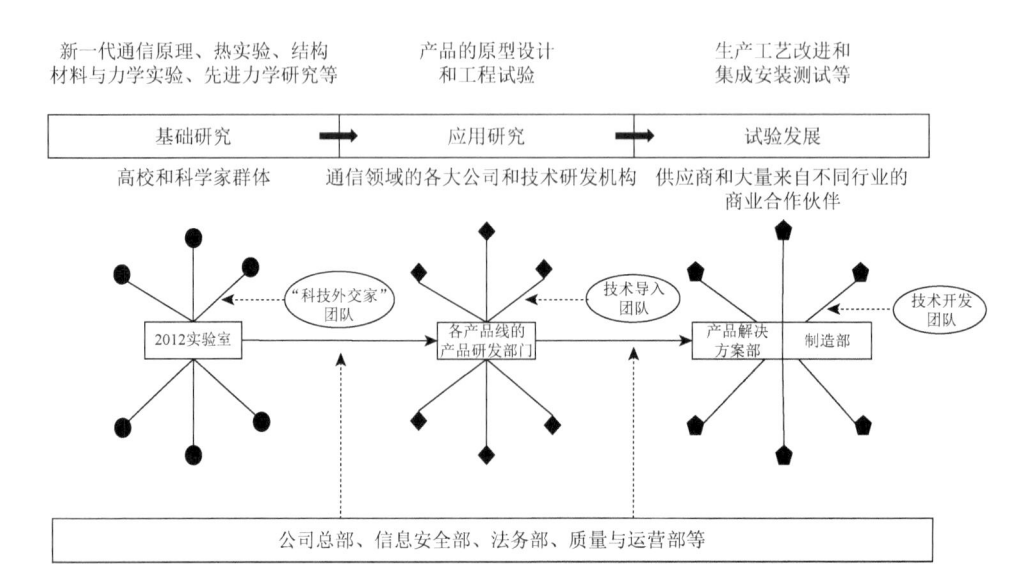

图 6-1 华为领军企业创新链的总体形态

根据对华为的案例分析，结合创新链已有理论，本章认为华为创新链的这一总体形态可以推广到领军企业创新链的普遍情形。领军企业创新链是以特定行业的领军企业为主导，由高校、科研院所、供应商、客户、竞争者等学术界和产业界的大量主体共同参与，按照创新活动的不同类型分层组织的链式多层网络结构。

6.1.2 领军企业创新链不同阶段的知识特征与创新过程

1. 领军企业创新链不同阶段的创新活动特征

本部分仍然基于华为的案例素材，对领军企业创新链不同阶段的知识特征与创新过程进行分析与建模。以华为的 5G 研发过程为例，对华为 5G 创新链上主要创新活动的具体内容、成果形式、参与者数量、参与者类型和涉及的知识领域进行了概括总结，如图 6-2 所示。

```
基础研究  →  应用研究  →  试验发展
```

科学家发明极化码

成果形式：科研论文和核心专利
参与者数量：少量相关领域专家
参与者类型：通信领域的科学家与工程师
涉及的知识领域：通信编码领域的专业知识

工程界对极化码的进一步研究

成果形式：通信行业的技术标准
参与者数量：3GPP的550多个成员公司
参与者类型：电信运营商、终端制造商、芯片制造商、基础制造商、学术界、研究机构、政府机关等
涉及的知识领域：电信运营、终端制造、芯片制造、基础制造

5G产品和服务的开发与商用部署

成果形式：不同场景下的商业应用方案
参与者数量：大量的行业领先企业
参与者类型：电信运营商与各行业的领先企业
涉及的知识领域：电信运营和电力、制造、交通、渔业等众多行业领域

图 6-2　华为 5G 创新链三个阶段的创新活动特征

华为 5G 创新链在基础研究阶段的主要创新活动是科学家发明极化码。在 2008 年的国际信息论大会上，土耳其的 Arikan 教授第一次提出了信道极化概念；第二年他又在 *IEEE Transactions on Information Theory*（《IEEE 信息论汇刊》）期刊上发表了一篇研究论文，提出了基于信道极化的一种新的编码方法，即极化码。华为在探测到这一技术机会后，积极组织研发力量参与到极化码的研究中，并对相关领域科学家的研究活动进行了资助。该阶段的创新活动特征为：成果形式是科研论文和核心专利；参与者数量与类型为少量的通信领域的科学家与工程师；涉及的知识领域为通信编码领域的专业知识。

应用研究阶段的主要创新活动是工程界对极化码的进一步研究。负责制定通信标准的是通信行业的国际标准组织 3GPP（3rd generation partnership project，第三代合作伙伴计划)。在 3GPP 的主导下,工程界针对极化码,开展了两个方面的应用研究,分别是代码构造研讨与序列设计研讨。在这一过程中共召开了 6 次会议,并输出了《5G-NR 复用与信道编码》技术协议手册。华为在这一阶段积极参与了行业技术标准的制定,产生的技术标准以大量专利构成的专利包的形式体现。华为开发的技术标准以其自行研发的大量专利为主体,同时集成了其他公司研发的部分相关专利。该阶段的创新活动特征为:成果形式是通信行业的技术标准;参与者数量为 3GPP 的 550 多个成员公司;参与者类型包括电信运营商、终端制造商、芯片制造商、基础制造商、学术界、研究机构、政府机关等;涉及的知识领域主要包括四个——电信运营、终端制造、芯片制造、基础制造。

在试验发展阶段,其主要创新活动是 5G 产品和服务的开发与商用部署。华为与全球的 180 多家供应商和 280 多个行业的领先合作伙伴合作,共同开发基于实际作业场景的 5G 创新方案。5G 工业应用的主要案例有:高清直播、车联网、智慧警务、智慧水务、智慧校园、智慧医疗、智能机器人、智慧工厂等。创新活动特征为:成果形式是不同场景下的商业应用方案;参与者数量和类型为大量电信运营商与各行业的领先企业;涉及的知识领域包括电信运营和电力、制造、交通、渔业等众多行业领域。

2. 领军企业创新链不同阶段的知识特征

本章从知识宽度与知识深度两个方面对不同创新活动的知识特征进行归纳。知识权变观点(Pisano,1996)指出,企业所拥有的知识基础在很大程度上决定了研发活动的成败。早期研究将知识基础当作单维变量来处理(Bao et al.,2012),而近年来的大量研究则一致认为应从知识的宽度和深度这两个维度对知识基础进行衡量(曾德明等,2015;陈培祯和曾德明,2019;陈祖胜等,2015;唐青青等,2015)。其中,知识宽度是指企业技术和科学领域所涉及的范围,是企业横向知识多样性水平的体现(陈培祯和曾德明,2019)。知识深度指企业对自身技术领域知识的熟悉程度,反映垂直维度的知识复杂性及先进水平(陈培祯和曾德明,2019)。在实证研究中,知识宽度通常采用专利号分类数量(陈祖胜等,2015)或者论文发表的期刊对应的学科领域数量(唐青青等,2015)等指标来衡量;知识深度通常采用专利申请集中度(陈祖胜等,2015)或者论文发表期刊评级(唐青青等,2015)等指标来衡量。也有一些学者指出,知识宽度和知识深度不但可以用来衡量创新主体的知识基础,还可以用来衡量创新活动的知识特征,而创新过程本身就是创新主体的知识基础与创新活动的知识特征相匹配的过程(Lovejoy and Sinha,2010;Hua and Wang,2015)。在此基础上,本章通过进一步归纳华为 5G 创新链的三个阶段可以印证:在基础研究阶段,创新活动所需要的知识宽度比较小,知识深度比较大;在试验发展阶段,创新活动所需要的知识宽度比较大,知识深度比较小；而应用研究阶段的知识宽度和知识深度则位于两者之间，与两者相比均处于中等水平。正是由于创新链的不同阶段具有不同的知识特征，在讨论组织结构对创新效率的影响时需要对其给予充分关注。本章对创新链不同阶段的知识特征的总结见表6-1。

表6-1 创新链不同阶段的知识特征

创新链不同阶段的知识特征	基础研究	应用研究	试验发展
知识宽度	小	中	大
知识深度	大	中	小

3. 领军企业创新链的创新过程模型

熊彼特（Schumpeter，1934）认为创新就是建立一种新的生产函数，把生产要素和生产条件的"新组合"引入生产体系。Henderson和Clark（1990）进一步从知识的角度将熊彼特所提出的"新组合"描述为企业对相应知识的重组。Aldrich（1999）、Fleming（2001）进一步指出，并非所有可能的"新组合"都是创新，当某个新组合比原有组合更加符合组织目标或更好地适应外部环境时，才可以看作创新的产生。这种将创新的产生过程看作对知识进行搜寻、重组和选择的思想目前已经得到了学者的普遍认同（Lovejoy and Sinha，2010）。基于对创新产生过程的认识，创新产生的机制包括知识的扩散机制、知识的重组机制和创新的选择机制。

第一，知识的扩散机制。假定创新所需要的知识分布于组织内的不同创新主体中；创新主体之间在组织结构的约束下开展交流与互动，从而导致创新所需要的知识在不同创新主体之间进行传播；组织结构决定了成员之间开展交流与互动的可能性、便利性与具体方式，从而对知识扩散过程产生重要影响。

第二，知识的重组机制。创新主体在与其他组织成员相互交流的过程中，会不断接受对方扩散出来的知识。当某个创新主体在交流过程中接收到的知识是自身已有知识时，其自身拥有的知识基础不会发生改变。当接收到的知识是自身不具备的知识时，其知识基础会得到更新，包括知识宽度和知识深度的增加两种情况。当获得的新知识属于全新的知识领域时，创新主体的知识宽度增加；当获得的新知识属于已有的知识领域时，创新主体的知识深度增加。在这一过程中，组织成员的知识不断相互融合，从而推动不同的知识组合不断涌现。

第三，创新的选择机制。不同知识组合的涌现代表了不断产生的新思想，此时需要一种选择机制，将这些新思想中真正可行的选出来。本章借鉴Lovejoy和

Sinha（2010）的表述方式，在知识扩散重组过程开始前，可预先设定一个"可行的"知识组合，将这一特定知识组合的出现作为某项创新产生的标志。起初与这一特定知识组合相对应的所有知识都分布在不同的创新主体中，随着创新主体不断更新自己的知识基础，当某一创新主体所拥有的知识与这个预先设定好的特定知识组合相一致时，创新就会在这一时刻产生。

为了模型化上述讨论，本章构建包含以下四个部分的创新仿真模型。

第一，仿真模型的基本设定和初始化。

令标志某项创新产生的知识组合为向量 $L=\{k_1,k_2,\cdots,k_l\}$，其维度 l 代表实现该项创新所需要的知识种类，k_1 到 k_l 代表相应维度所需要知识的量。本章将这一特定知识向量称为创新向量，且在不失一般性的前提下，令 $k_1=k_2=\cdots=k_l$。假设组织由 N 个创新主体构成，每个创新主体 i 拥有一个与 L 对应的 l 维知识向量 $v_i=\{v_{i1},v_{i2},\cdots,v_{il}\}$。

在初始状态下，在 N 个创新主体中随机选取 l 个，将创新向量的 l 个维度对应的知识随机指派给所选中的其中一个创新主体知识向量的对应维度。未受指派的其他维度，以及未被选中的 $N-l$ 个创新主体的知识向量均设为零。这一设置的含义为：在初始状态下，创新所需的知识随机散布在不同的创新主体中。

第二，创新产生过程中的知识流动与重组。

在每一个仿真时刻 t，每个创新主体在组织结构的约束下，从可接触到的其他空闲主体中随机选择一个并与之交流，从而实现知识的扩散和重组。令每个主体在每个时刻只能进行一次交流，当组织中不存在空闲主体时，时刻 t 结束。

交流过程的知识动态为：当创新主体 i 和 j 进行交流时，双方共同从知识向量的 l 个维度中随机选择一个维度 c 进行讨论。当主体 i 在维度 c 所拥有的知识量 v_{ic} 小于主体 j，则 v_{ic} 获得一个增量 dv；反之，主体 j 相应维度的知识量 v_{jc} 获得一个增量 dv。

第三，创新的产生。

当组织中的某个创新主体 i 所拥有的知识向量变为 $k_1,k_2,\cdots,k_l$，即 $v_i=L$ 时，创新就产生了。这一设定实现了创新过程对大量新知识组合的选择，即只有符合创新要求的知识组合才能够产生创新。

第四，创新效率的衡量。

本章借鉴 Lovejoy 和 Sinha（2010）提出的衡量创新效率的方法：令 TTF 为产生创新所需要的仿真步数，用以衡量创新速度；令 NCTF 为产生创新所进行的总交流次数，用以衡量创新的总成本；令 CPP 为每个仿真时刻 t 所产生的交流次数，用以衡量创新的单期成本。对于那些现金流比较紧张或者融资成本高昂的企业而言，不但需要控制创新的总成本，而且需要对创新过程每一时期的单期成本给予充分的关注。创新速度越快，创新成本越低，则创新效率越高。

该模型通过对创新向量 L 的设定，实现对创新链不同阶段创新活动的区分。创新向量 L 的维度 l 和 k 分别体现了创新活动的知识宽度和知识深度。较小的 l 和较大的 k 对应于基础研究，因为此时创新主体主要通过对少数特定种类的知识进行深度积累和深入挖掘来实现创新。较大的 l 和较小的 k 对应于试验发展，因为此时创新主体主要通过拓展知识宽度来实现创新。当 l 和 k 的取值都处于中等水平时对应于应用研究，此时创新对知识宽度和知识深度都有一定程度的要求。领军企业创新链不同阶段所对应的创新向量结构如图 6-3 所示。

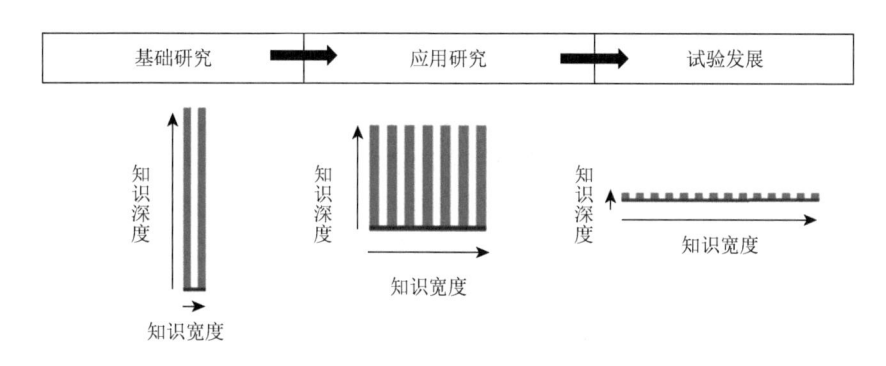

图 6-3 领军企业创新链不同阶段所对应的创新向量结构

由此可见，由于领军企业创新链的不同阶段所从事的创新活动具有不同的知识特征，因此对于不同阶段的创新组织方式必然存在较大差异。又由于领军企业创新链的总体形态为由三个不同层次的创新网络相互叠加而形成的链式多层网络结构，从"结构-功能"视角来看，对于高效运行的领军企业创新链而言，不同阶段的创新网络应该具备不同的网络结构。那么自然就会产生如下问题：在领军企业创新链的不同阶段，何种结构的创新网络能够更有效地促进创新的产生？6.2 节、6.3 节将从创新主体结网偏好和网络密度两个视角对这一问题进行探讨。

6.2 创新主体结网偏好与领军企业创新链不同阶段的创新效率

根据 6.1 节对领军企业创新链总体形态的研究，领军企业创新链是以特定行业的领军企业为主导，由高校、科研院所、供应商、客户、竞争者等学术界和产业界的大量主体共同参与，按照创新活动的不同类型分层组织的链式多层网络结构。创新链的不同参与者相互连接，以自组织的形式进行结网，最终形成了具有特定结构特征的网络状创新链条。诸多创新网络领域的前期研究显示，个体层面的主体结网偏好会对总体层面的网络结构特征和整体功能产生重要的影响。本节以创新链的网状结构为背景,采用多主体仿真方法,通过构建一个可变结网偏好的创新网络生成模型,对不同结网偏好下的创新网络结构特征及其对创新效率的影响进行研究;在此基础上,进一步探讨创新链不同阶段中创新主体的何种结网偏好能够更好地促进创新的产生。

6.2.1 创新主体结网偏好与创新网络的结构和功能

1. 结网偏好与网络结构和功能

Barabási 和 Albert(1999)对结网偏好在社会网络形成过程中的重要作用进行了开创性研究,提出了著名的无标度网络模型。其中定义了复杂网络形成的两个重要机制,分别是网络生长和选择性连接。在他们的仿真模型中,先在开始状态下生成 m_0 个相互连接的节点;然后在每个仿真步将一个新的节点加入网络,并选择 m 个已有节点与之相连($m<m_0$),实现网络的不断生长。已有节点被选为新节点的连接对象的概率与其节点度的大小成正比,从而使得度数越高的企业越容易被选中,这就体现出了网络生成过程中的结网偏好。这种网络最主要的特征就是度数越高的节点连接对象增加得越快,在度分布上体现出"幂律"分布,即网络的度分布服从 $P(k) \sim k^{-\gamma}$,其中 k 表示节点度,而 γ 则是一个接近于 3 的仿真常数。这一分布即著名的无标度分布,具有这种度分布特性的网络被称为无标度网络。

随后涌现出大量研究证实了无标度网络在现实中的普遍存在性。Huberman(1999)的研究指出,万维网是一个 $\gamma=2.1$ 的无标度网络。Newman 等(2002)的研究表明,美国西部电力网络近似为一个 $\gamma=4$ 的无标度网络。Redner(1998)研究的科研引文网络服从 $\gamma=3$ 的无标度分布。相似的例子同样广泛存在于其他众多领域,如生物网络(Weng et al., 1999)、信息网络(Baldassare et al., 2009)、在线大型社交网络、职业人士交往网络(胡海波等,2008)等。

Barabási 和 Albert(1999)提出的无标度网络虽然产生了持久而巨大的影响,但他们的经典模型在结网偏好的设定上令已有节点被新节点选择为连接对象的概率与其节点度成正比,这一点尚存在进一步讨论的空间。事实上,虽然结网偏好的存在性是一个无可争议的事实,但是在不同情境下结网偏好应存在一定程度上的区别,经典模型中设成正比形式只是一种比较有代表性的取值,但并不能反映更加普遍的情形。例如,Currarini 等(2009)研究了美国学生的友谊网络,指出其形成过程具有与经典无标度网络方向相反的结网偏好。这一点正如 Barabási(2009)在建立无标度网络模型 10 年后的一次总结中提到的,将结网偏好设置成正比关系并没有具体依据,只是出于建模和计算上的方便,而现实中的情况会更加复杂。Chen 和 Shao（2012）在文献总结中也提出，现有网络模型中常见的结网偏好主要有两种，分别是无标度网络中的偏好性连接和小世界网络中的随机性连接，现实中的网络在形成连接时通常不是严格的正比偏好或随机偏好，而是处于两者之间。然而现有文献对不同结网偏好下社会网络会体现出何种结构特征，从而进一步对网络功能产生何种影响尚缺乏深入研究。

2. 可变结网偏好的网络生成模型

借鉴经典的无标度网络模型，本章可变结网偏好的网络生成模型同样包含网络生长和选择性连接两个生成机制。具体实现步骤如下。

1）网络生长机制

在初始时刻，生成少量节点（m_0 个），令这 m_0 个节点中的任意两个节点之间均有一条边相连。在之后的每一个时刻 t，网络中加入一个新的节点，并令这一新节点与已有节点中的 m 个相连（$m < m_0$）。这样，在经历了 t 步后，模型会演化出一个节点总数为 $N = m_0 + t$、边数为 $C_{m_0}^2 + tm$ 的网络。

2）选择性连接机制

每个时刻 t 加入的新节点在选择 m 个连接对象时，并不是随机选择，而是在选择时表现出一定的偏好，即新节点与已有节点建立连接的概率与已有节点的度数有关。经典的无标度网络模型中，这一偏好的程度是固定的，即在选择新节点的连接对象时，每个已有节点被选到的概率与已有节点的度成正比。设已有节点 i 的度为 k_i，则在每次新节点选择连接对象时，节点 i 选中的概率为

$$p(k_i) = \frac{k_i}{\sum_j k_j} \tag{6-1}$$

然而，本章对这一设定进行改进，引入偏好强度参数 θ，通过 θ 的变化来对偏好的方向和程度进行调节。将上述概率调整为

$$\pi_i^\theta(k_i) = \frac{k_j^\theta}{\sum_j k_j^\theta} \tag{6-2}$$

参数 θ 的引入使得已有节点与新节点建立联系的概率不仅和已有节点的度数有关，而且与节点的偏好强度 θ 有关。理论上，θ 的取值范围为 $\theta \in (-\infty, +\infty)$。当 $\theta > 0$ 时，新节点更倾向于选择度数较高的节点建立联系，且这种倾向随 θ 的增加而增加；当 $\theta < 0$ 时，新节点则更倾向于选择度数较低的节点建立联系，且这种倾向随 θ 的降低而增加。当 $\theta = 0$ 时，新节点与任何一个已有节点建立连接的概率相同，即现有文献中所提到的随机性连接。当 $\theta = 1$ 时，式（6-2）与式（6-1）等价，从而使得式（6-1）成为式（6-2）的一个特例。

3. 不同结网偏好下的创新网络结构特征

本章通过仿真软件 NetLogo 对上述模型进行编程。对模型中需要进行预设的所有参数，遵循"理论分析定性，反复实验定值"的原则，即先通过理论分析明确其可能的取值范围，然后通过反复实验，找出最能凸显其变化规律的数值范围作为实验值代入最终的模型进行运算。例如，偏好强度 θ 在理论上的取值范围是 $(-\infty,+\infty)$，但在其他参数固定的情况下，当 $-7<\theta<2$ 时，模型的输出结果随 θ 的变化比较明显；而超出这个范围之后，虽然在理论上 θ 的作用依然存在，但是其变化不再明显。因此，在仿真过程中，当结网偏好强度 θ 的取值为负时，令 $\theta=-1,-3,-5,-7$；当结网偏好强度 θ 为非正时，令 $\theta=0,0.5,1,1.5,2$。按照同样原理对其他参数取值进行设置，令网络初始节点个数 $m_0=1$，每个新节点形成的边数 $m=1$。在上述不同 θ 下分别运行模型 500 个仿真步，得到不同结网偏好下的网络结构图和相应的度分布，如图 6-4 和图 6-5 所示。

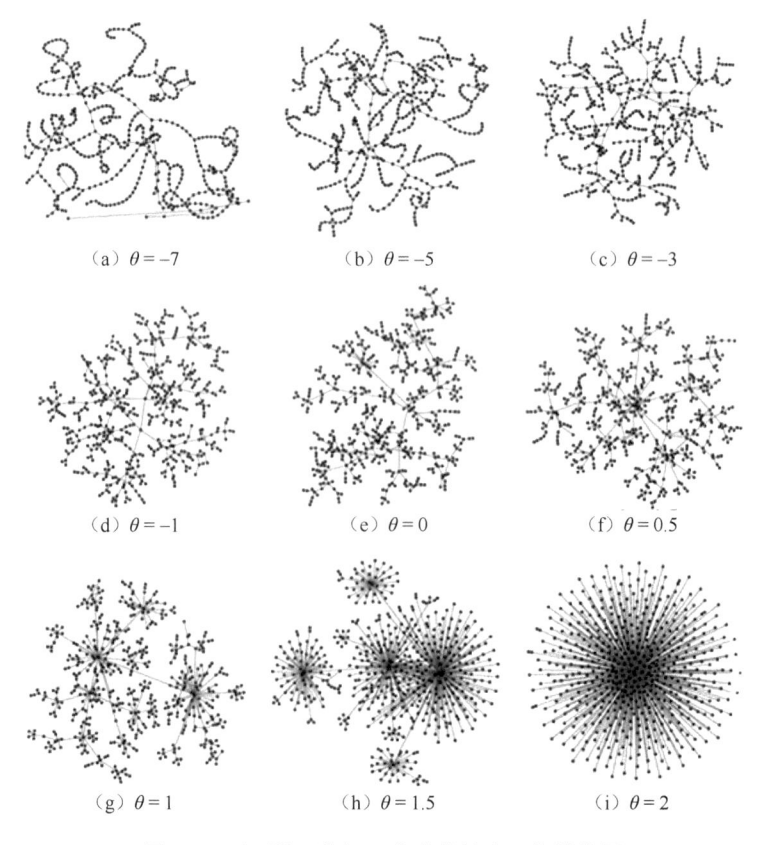

图 6-4 不同结网偏好下生成的社会网络结构图

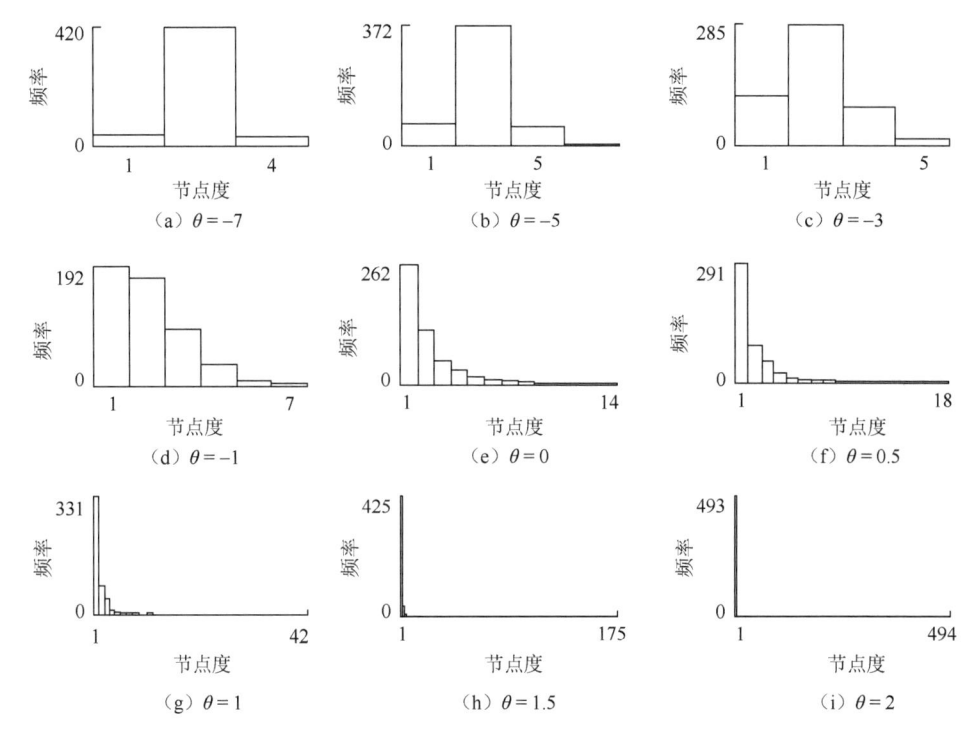

图 6-5 不同结网偏好下社会网络的度分布

从上述仿真结果可以看出,主体的结网偏好程度会对网络结构产生重要影响。

首先,从网络图形来看(图 6-4),当偏好强度为负且取值很小时,网络结构呈现出明显的链形特征;当偏好强度为正且取值很大时,网络结构呈现出明显的星形特征;随着偏好强度由小变大,网络结构的链形特征逐渐减弱,星形特征逐渐增强。

其次,从网络的度分布来看(图 6-5),当偏好强度为负且取值很小时,度分布在 2 处达到峰值,即大部分节点为 2 度,小部分节点为 1 度和 3 度,超过 3 度的节点很少,高度节点基本不存在;当偏好强度为正且取值很大时,分布在 1 处达到峰值,分布偏度非常大,绝大部分节点都是 1 度节点,同时出现度数非常高的节点;随着偏好强度由小变大,度分布的峰值由 2 逐渐左偏,最终峰值变为 1,更高度的节点逐渐出现。

虽然实验中偏好强度 θ 的取值范围是[-7, 2],但不难推断,如果偏好强度 $\theta \to -\infty$ 时,新节点在选择连接对象时极度倾向于低度节点,最终导致网络结构成为一条链;当 $\theta \to +\infty$ 时,新节点在选择连接对象时极度倾向于高度节点,则最终会导致网络结构形成一个星。此时如果仿真步长 $t \to +\infty$(即网络节点总数 $N \to +\infty$),不难得到偏好强度 $\theta \to -\infty$ 时,网络的度分布为

$$\lim_{\theta \to \infty} p(k) = \begin{cases} 1, k = 2 \\ 0, k \neq 2 \end{cases}$$

偏好强度 $\theta \to +\infty$ 时，网络的度分布为

$$\lim_{\theta \to \infty} p(k) = \begin{cases} 1, k = 1 \\ 0, k \neq 1 \end{cases}$$

另外值得一提的是，根据上文分析，当 $\theta = 1$ 时，新节点与已有节点建立联系的概率与已有节点的度成正比，此时该模型等同于经典的无标度网络模型。对比图 6-4 和图 6-5 中相应的部分可知，当 $\theta = 1$ 时模型输出结果与 Barabási 和 Albert（1999）中的经典无标度网络相同，从而为该模型提供了更多印证。

6.2.2 结网偏好对领军企业创新链创新效率的影响

1. 创新模型的参数设置

上述研究通过调节参与者的结网偏好，生成了一个网络族。在创新链的不同阶段，面对不同类型的创新活动，这一网络族中的哪种结构最有利于创新的产生？为了回答这一问题，本部分将上文构建的创新仿真模型在不同的网络结构上运行，即可观察到不同网络结构对创新效率的影响。

模型中创新所需的知识向量 L 的设定，使得该模型能够对创新链不同阶段的知识特征进行区分。通过对 6.1 节创新模型的基本原理与仿真实验的结果进行对比，本章决定在下述的理论呈现过程中将创新链划分为前后两段，并着重考虑创新链的前后两个端点。具体而言，在本章中将创新链的基础研究阶段和应用研究阶段中的偏基础的部分划分为前段；将创新链中试验发展阶段和应用研究阶段中偏向于试验发展的部分划分为后段。为了后续理论探索的需要，本章着重考虑创新链前后两个端点的属性，两个端点之间的其他部分的属性依据两个端点的属性逐渐变化。本章分别将创新链的前端和后端称为创新链的基础端和应用端，其中创新链的基础端为前端，即偏向基础研究的一端，应用端为后端，即偏向试验发展的一端。根据 6.1 节对创新链各阶段知识特征的论述，创新链基础端的知识特征是创新所需的知识宽度较窄，而知识深度较深；创新链应用端的知识特征是创新所需要的知识宽度较宽，而知识深度较浅。因此，在模型中，通过对创新向量 L 包含的两个重要参数 l 和 k 的调整，可以实现对创新链前后两端的不同创新活动特征的表述。当 l 的取值相对较大，而 k 的取值相对较小时，表明产生创新所需的知识种类较多，而对每种知识的知识含量要求不高，此时创新主体主要通过搜寻和获取新的知识来实现创新，因此这种设定代表创新链应用端的创新活动。当 l 的取值相对较小，而 k 的取值相对较大时，产生创新所需的知识种类较少，而对

加；当偏好强度 $\theta>0$ 时，创新链基础端的 TTF 先是随 θ 的增加而迅速增加，进而在较高的水平上继续缓慢增加。这说明，对于创新链基础端而言，负向结网偏好比正向结网偏好更有利于加快创新速度；当结网偏好为负时，偏好强度越大，创新速度越快。

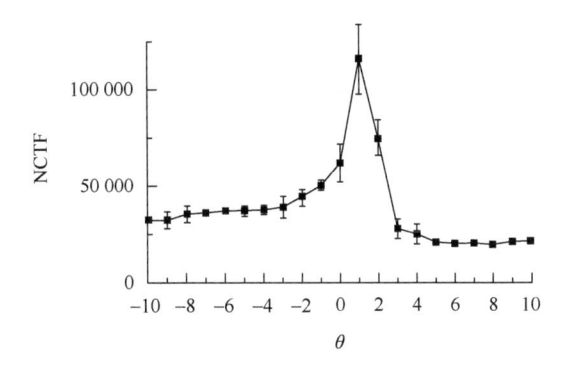

图 6-9 创新链基础端的 NCTF 随 θ 的变化

由图 6-9 可知，当偏好强度 $\theta<1$ 时，创新链基础端的 NCTF 随 θ 的增加而增加；当偏好强度 $\theta>1$ 时，创新链基础端的 NCTF 随 θ 的增加而降低。不论结网偏好是正向的还是负向的，只要偏好的强度较大，创新成本都会较低，但二者相比而言，较大的正向偏好略优于较大的负向偏好。

3. 模型结果的进一步讨论

本章通过对仿真模型的进一步深入分析，从偏好强度对网络结构的影响和网络结构对创新过程中的知识动态的影响两个角度，解释仿真结果。

首先，从偏好强度对网络结构的影响来看，偏好强度 θ 主要对网络结构的三个方面产生影响，即网络上任意两点间的最短路径长度、网络瓶颈和交流扰动。θ 的取值越小，网络的链式结构越明显，因此网络上任意两点之间的最短路径长度越长；θ 的取值越大，网络的星形结构越明显，因此网络上中心节点对知识流动的瓶颈作用越大。同时，中心节点与更多的外围节点相连，这使得中心节点能够频繁地更换交流对象，因此交流扰动程度增加。

其次，从网络结构对创新过程中的知识动态的影响来看，存在三方面的作用。第一，网络上的特征路径长度越短，越有利于提高创新速度、降低创新成本，这是因为此时网络上的节点能够越容易地从其他节点处获取知识。第二，网络瓶颈会阻碍网络上知识的流动，正如 Gibson（2005）指出的，高的节点中心度会导致扩散瓶颈，因为外围节点由于交流对象较少，只能等待高度节点的关注。这样就会使得中心节点成为信息传播的瓶颈，从而降低知识流动的速度。因此网络瓶颈会降低创新速度。但网络瓶颈也有积极的一面，瓶颈减少了外围节点之间的交流机会，使得大部分交流都发生在外围节点和中心节点之间，这也就大大减少了网络上的冗余交流，从而节省了创新成本。第三，交流扰动对创新过程的影响则根据创新类型的不同而不同。对于创新链应用端，需要节点尽可能多地扩展知识领域，而对特定领域的知识要求不是很高，因此交流扰动是有益的；对于创新链基础端，则需要尽量减少交流扰动，因为此时需要创新者对特定领域的知识进行积累和深入挖掘，从而需要与较少量的固定对象进行频繁的交流。

另外，从 θ 和网络结构关系可以看出，当偏好强度 $\theta<0$ 时，网络的特征路径长度和交流扰动变化明显，而网络瓶颈增加不明显；当偏好强度 $\theta>0$ 时，网络瓶颈和交流扰动变化明显，而最短路径长度已经很短，变化不再明显。

4. 仿真模型分析的理论与实践启示

本章在理论上的主要贡献在于将可变结网偏好引入网络生成模型，从而对不同结网偏好下的创新网络结构和功能进行了初步探索。可变结网偏好的网络模型是对无标度网络模型的一个重要扩展，使经典的无标度网络成为该模型的一个特例，从而在一定程度上发展了社会网络理论。同时，本章的结论对创新理论也有一定贡献。已有研究表明，现实中有大量的社会网络都具有无标度特征。然而这一结构是否有利于创新，现有文献对此问题的研究尚不充分。本章研究表明，无标度网络虽然在现实中具有普遍的存在性，但其并不是一种有利于创新的网络结构。

本章结论对创新主体的创新策略选择具有一定的现实意义。创新链应用端的创新主体需要在创新速度和创新成本之间做出选择，无偏好结网策略能够产生最快的创新速度，强正向偏好的结网策略能够产生最低的创新成本。对创新链基础端的创新主体而言，负向偏好的结网策略是较好的选择，然而当其对创新成本特别敏感，同时对创新速度要求不高时，较高的正向偏好策略是更好的选择。该结论也对创新政策的制定有较高程度的启发意义。

6.3　网络密度与领军企业创新链不同阶段的创新效率

网络密度反映了个体之间相互连接的疏密程度，在创新研究中是影响创新效率的一个重要指标。虽然学术界一直关注网络密度对创新结果的影响，然而对于这一问题的结论，目前学术界尚未形成统一认识。本章采用多主体仿真方法研究这一问题。先采用一个经典的随机网络模型，生成一组由密度不同的随机网络构成的网络测试集，然后将创新仿真模型在网络测试集上运行，从而得出创新链不同阶段下与不同网络密度相对应的创新效率变化规律，最终本章得出在创新链的不同阶段，何种密度的结构特征能够更有效地产生创新。

6.3.1 网络密度与创新网络的结构和功能

在测度网络结构的众多指标中,网络密度是一个既非常基础又非常重要的指标。网络密度是指网络内部节点之间相互连接的疏密程度,网络上的边的数量越多,网络密度越大。Gnyawali 和 Madhavan(2001)认为,网络连接的数量会在很大程度上影响个体之间的交流与合作,因此网络密度是影响个体行为及效果的重要因素。Jackson 和 Watts(2002)也指出,通常位于较大网络密度中的企业行为和位于较小网络密度中的企业行为之间存在明显差异。

那么,网络密度如何影响创新网络的创新效率?一种观点认为,创新网络密度越大,越有利于创新的产生。Rost(2011)认为,高密度的企业网络有利于企业间的学习和集群创新,这是因为较高的网络密度有利于企业获取有用信息。谢洪明等(2009)认为,较高的网络密度有利于知识和信息的充分交流,从而提高企业的创新效率。Saxenian(1996)通过对硅谷的创新活动进行深入研究,认为密集网络是硅谷企业不断产生创新的重要土壤。Ahuja 等(2005)也认为,网络密度在成熟稳定的环境中可以促进创新。另一种观点则认为,较低的网络密度更有利于创新的产生。Granovetter(1973)指出,高效的创新网络往往具有小世界特征,而小世界网络本身也是一种网络密度较低的结构。Leavitt(1951)、Nerkar 和 Paruchuri(2005)认为,高效的创新网络是在稀疏网络中加入少数用于汇集知识的中心节点。Burt(1992)指出,之所以较低的网络密度有利于创新的产生,是因为过高的网络密度容易造成网络内部信息与知识的冗余,从而造成知识流动效率的低下。吴汗贤和邝国良(2010)认为,低密度网络更有利于企业创新,因为高密度网络容易形成"过度嵌入",产生网络的封闭性而在某种程度上削弱企业的学习能力。

由此可见,这些观点对理解网络密度在创新过程中的影响具有重要意义,但是学者对这一问题的认识尚未统一。产生上述分歧的原因主要有以下三个方面。其一,创新效率受到多方面因素的影响,学者从不同的理论视角出发,采用不同的研究方法,所得到的结论往往基于特定的研究背景,在一定程度上缺乏普遍性。其二,创新也分为不同的类型,如双元创新视角将创新分为探索式创新与利用式创新两种类型(Guan and Liu,2016),在不同创新类型下创新网络表现出不同的知识动态。研究设计中未能体现不同创新类型的区别是部分文献结论产生矛盾的一个重要原因。其三,创新网络的各种结构特征往往相互关联,许多研究方法(如实证研究)在一定程度上难以将网络密度对创新的影响从其他影响因素中剥离出来。Sah 和 Stiglitz(1985)、Will 等(2019)指出数值实验是解决这一类问题的有效方法,Lovejoy 和 Sinha(2010)则采用网络仿真的方法开展此类研究。因此，本章借鉴上述研究范式来探究网络密度对创新链不同阶段的创新效率的影响。

6.3.2 网络密度对领军企业创新链创新效率的影响

1. 不同网络密度的网络测试集构建

本章采用 Erdős-Rényi 随机网络模型来生成用于测试的网络集合。Erdős 和 Rényi（1964）对随机网络做出了开创性研究，本章采用他们提出的关键模型中的一种。该模型的网络生成规则是：对于一个由 N 个节点构成的网络，每个节点之间以概率 p 形成一条边，而且任意两条边的生成是相互独立的。

当网络上的节点总数确定时，概率 p 的大小直接决定了网络上边的数量的多少，因此也决定了网络密度的大小。网络密度通常被定义为网络中实际存在的边数与最大可能存在的边数的比例（Wasserman and Faust，1994）。N 个节点构成的网络中最大可能存在的边数为 $C_N^2 = N(N-1)/2$。假设该模型在概率 p 的控制下生成的网络中实际存在的边数为 m，则其网络密度为 $2m/N(N-1)$。由于 m 是一个由 p 和 N 决定的随机变量，不难证明网络密度的期望值为 $E(2m/N(N-1)) = p$。因此在多次重复实验的过程中，可以将概率 p 作为整体网络密度的代理变量。特别地，当 $p=0$ 时，网络上的任意两个节点之间都没有边相连，此时网络上实际存在的边数为 0，因此网络的密度也为 0；当 $p=1$ 时，网络上任意两个节点之间都有边相连，此时网络上实际存在的边数就是最大可能存在的边数，因此网络的密度为 1。令概率 p 从 0 到 1 之间变化，就可以得到一组网络密度不同的随机网络，即本章研究所采用的网络测试集。

本章选取这一网络集合作为测试集的主要原因如下。首先，该模型实现了对网络密度的直接操控。其次，该模型剥离了其他网络结构特征的影响。通常网络不同结构属性之间具有较高的相关性，而在该模型中任意两条边的存在都是相互独立的，因此通过充分的随机化消除了其他网络结构特征的影响，从而将网络密度的作用从其他众多因素中剥离出来。

在该模型中，网络结构仅由 p 和 N 两个参数决定。关于这一模型，目前已经有许多已知的性质，现将与本章后续研究关系紧密的三个重要性质总结如下。

第一，在 $1/N^2$ 的阈值上最初连接出现（Jackson，2010）。该网络对于小于 $1/N^2$ 的 p 极限上很可能没有连接，而对大于 $1/N^2$ 的 p 而言，有至少一条连接的概率趋于 1。

第二，在 $1/N$ 的阈值上出现环，同时出现一个巨大分支（Bollobás，2003）。在定义网络上分支的大小时，惯例是如果一个分支至少有 $N^{2/3}$ 个节点则称为大分支，而巨大分支是指网络上唯一的大分支。当 p 大于 $1/N$ 时，随机网络会以趋于 1 的概率出现一个巨大分支（Jackson，2010）。

第三，在 $\log(N)/N$ 的阈值上网络变为连通的。随机网络存在从连通到不连通的阶段转移是 Erdős 和 Rényi（1964）的诸多重要发现之一。他们证明，当 p 大于 $\log(N)/N$ 时，该网络以趋于 1 的概率连通，当 p 小于 $\log(N)/N$ 时，该网络以趋于 1 的概率不连通。

这些不同阈值的示例见图 6-10~图 6-13。对于一个节点数量 $N=50$ 的 Erdős-Rényi 随机网络，当 $p=1/N^2=0.0004$ 时，最初的连接开始出现。有不少于两个节点的分支出现在 $p=N^{-2/3}=0.003$ 上。例如，图 6-10 显示了当 $p=0.01$ 时生成的一个网络，此时已经出现了 12 个连接和 1 个含有 3 个节点的分支，但是该网络仍然是非常稀疏的。

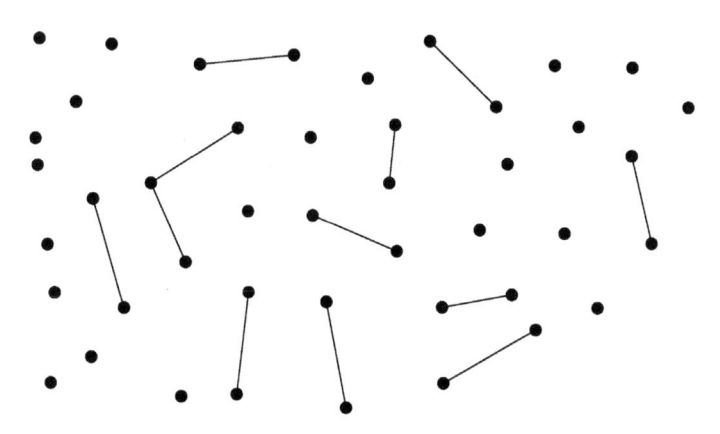

图 6-10 最初出现的小分支：50 个节点上 $p=0.01$ 的随机网络

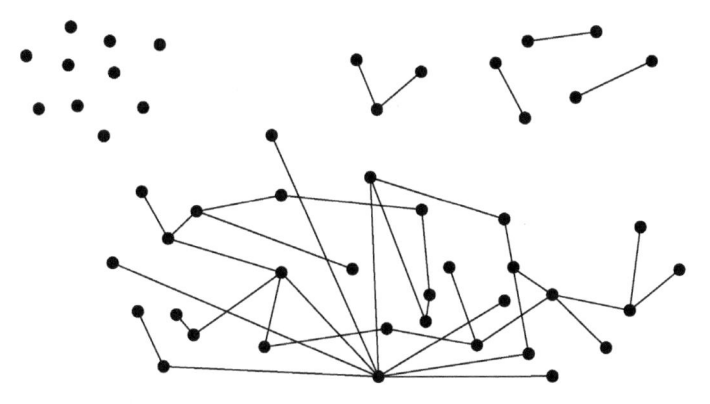

图 6-11 环和巨大分支的出现：50 个节点上 $p=0.03$ 的随机网络

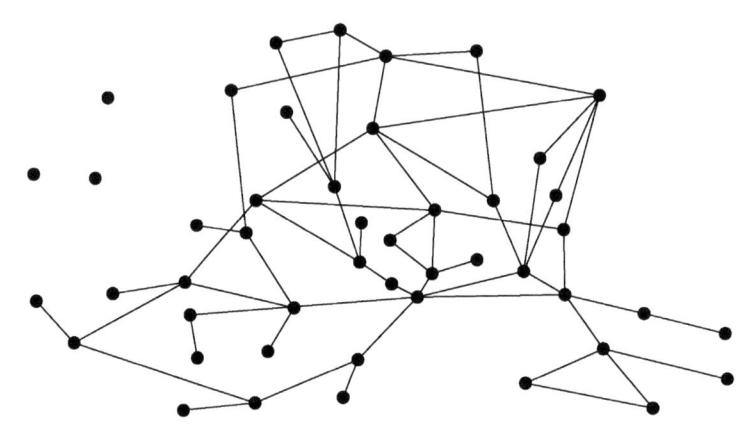

图 6-12　巨大分支的生长：50 个节点上 $p=0.05$ 的随机网络

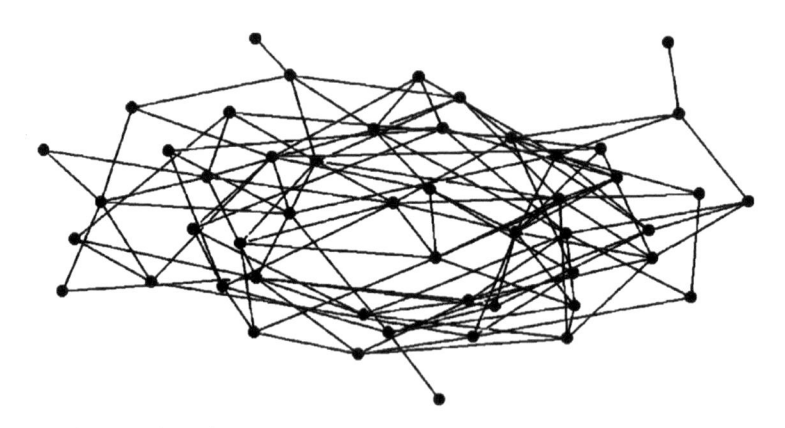

图 6-13　全局连通性的出现：50 个节点上 $p=0.1$ 的随机网络

在 $p=1/N=0.02$ 的阈值之上环开始出现，同时出现一个唯一的巨大分支。例如，图 6-11 显示了一个 $p=0.03$ 时生成的网络。注意，在图 6-10 中尚未出现环和巨大分支，而在图 6-11 中已经出现多个环，并有一个唯一的巨大分支。

当 p 继续增加，巨大分支会吞噬越来越多的节点。图 6-12 显示了 $p=0.05$ 时生成的一个网络，巨大分支已经吞噬了大部分节点。

最终，在 $p=\log(N)/N=0.08$ 的阈值之上，网络的全局连通性开始出现。图 6-13 显示了 $p=0.1$ 时生成的一个网络，已经成为一个连通图。

2. 创新链不同阶段的最优创新网络密度

本部分仍然采用 6.1 节构建的创新链视角下的创新产生过程的仿真模型，并将其在密度不同的网络测试集上运行，从而可以得出创新链不同阶段中创新效率最高的网络密度以及相应的创新网络结构。模型中创新所需知识向量 L 的设定同样遵循 6.1 节给出的建模原则和 6.2 节的具体设定方法，使得该模型能够对创新链不同阶段的知识特征进行区分。在网络模型中，只有网络规模需要进行预设。此处设网络规模 $N=100$。在创新模型中，需要对创新向量 L 所涉及的两个参数 l 和 k、创新过程中节点知识增量 dv，以及初始状态下的知识分布进行预设。对创新向量 L 的设置决定了具体考察的不同创新类型。按照前述分析，在创新链应用端的情形下，令 $l=20$ 和 $k=1$；在创新链基础端的情形下，令 $l=2$ 和 $k=20$。另外，设每次节点之间交流时可能产生的知识增量为 dv=1。运用仿真软件 NetLogo 编写程序，运用科学作图软件 Origin 进行数据处理和图形编辑。重复运行每个实验 10 000 次，以产生统计上的显著性。

图 6-14 和图 6-15 分别显示了创新链应用端的 NCTF、TTF 和 PF（失败风险）随着网络密度操控变量 p 的变化。图中的曲线为对应指标的平均值，垂直方向上的线段代表该点处的标准差。为便于分析，图中还标出了对应网络规模下 p 值的两个关键位置，分别为 $p=1/N=0.01$ 和 $p=\log(N)/N=0.02$。根据上文关于随机网络结构特征的描述，当 $p=0.01$ 时，网络上开始出现环和巨大分支；当 $p=0.02$ 时，网络的全局连通性开始出现。

首先，在创新的效率方面，由图 6-14 和图 6-15 可知，创新链应用端的 NCTF 和 TTF 都随 p 的增加而减小，即对创新链应用端而言，网络密度的增加既有利于提高创新速度，又有利于降低创新成本。

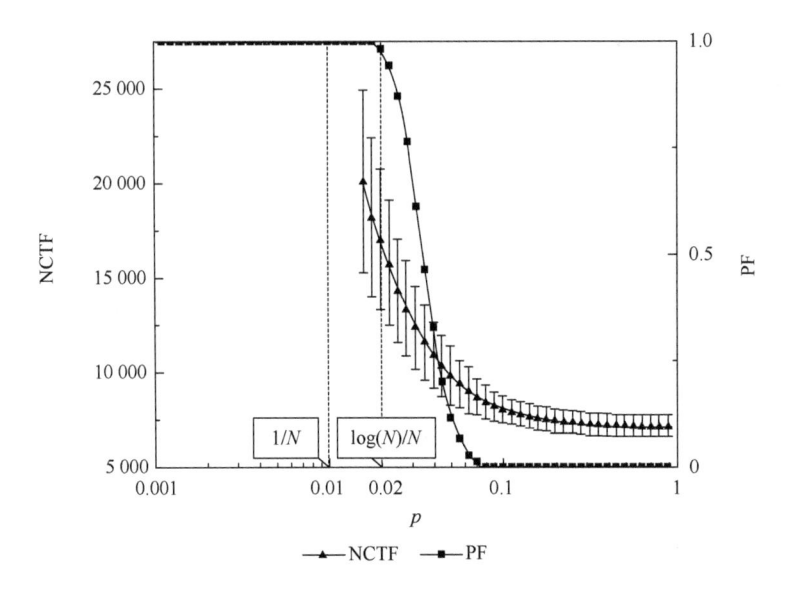

图 6-14　创新链应用端的 NCTF 和 PF 随 p 的变化

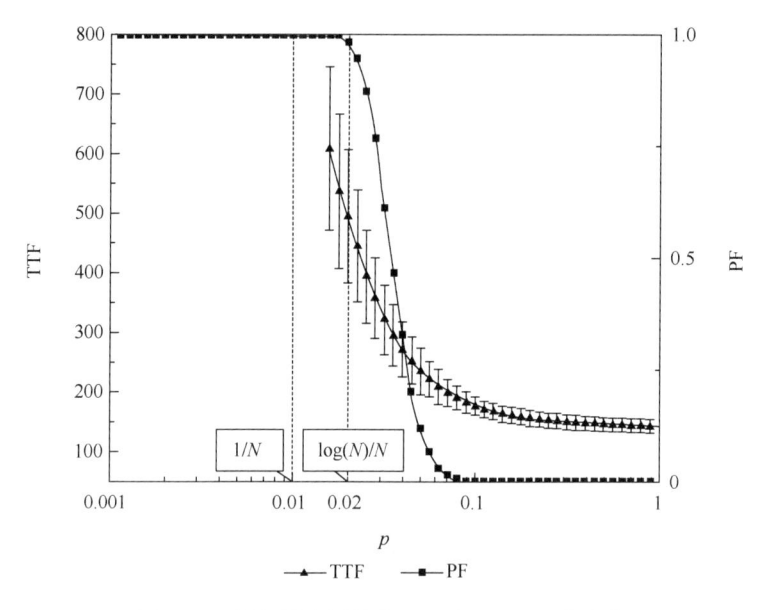

图 6-15 创新链应用端的 TTF 和 PF 随 p 的变化

其次，在创新失败的风险方面，图 6-14 和图 6-15 显示，当网络密度很低时，创新链应用端无法产生。这是由于网络的连通分支都很小，创新所需的不同类型的知识都分布在不同的网络分支，因此创新所需的知识无法进行充分的流动和重组。当网络密度较大时，创新失败的概率为 0，因为此时整个网络的连通程度很高，只要给予足够的时间，创新所需的知识就能进行充分的融合。同时，创新失败的风险随着网络密度的增加，存在一个状态的跃迁，这一状态跃迁背后的原因即网络结构随着网络密度的增加而产生的由连通到不连通的阶段转移（Erdős and Rényi，1964）。

总体而言，网络密度的增加对创新链应用端而言是有利的。较高的网络密度不但有利于提高创新速度、降低创新成本，而且有利于规避创新失败的风险。

图 6-16 和图 6-17 分别显示创新链基础端的 NCTF、TTF 和 PF 随着网络密度操控变量 p 的变化。图中同样标出了 p 值的两个关键位置 $p=1/N=0.01$ 和 $p=\log(N)/N=0.02$。另外，图中还标出了 $p=0.05$，创新链基础端的 PF 和 TTF 曲线在这里都产生了一个重要拐点，特别是 TTF 曲线的这一拐点是一个局部的极值点。与 $p=1/N=0.01$ 和 $p=\log(N)/N=0.02$ 点不同的是，该点位置不仅取决于网络结构参数（N 和 p），还取决于创新模型的参数（l 和 k），因此无法表示成网络规模的函数形式。然而这一点位置的识别是容易实现的，因为在模型中，该点必然出现在 $\log(N)/N$ 右侧不远处，且接近于 0 的位置，该点对应于创新网络密度降低到刚刚开始对网络连通性产生影响的水平。在管理实践中，无论是对

创新网络参与者还是对管控者而言，主体之间在网络上是否有通路相连通常也是容易判断的。

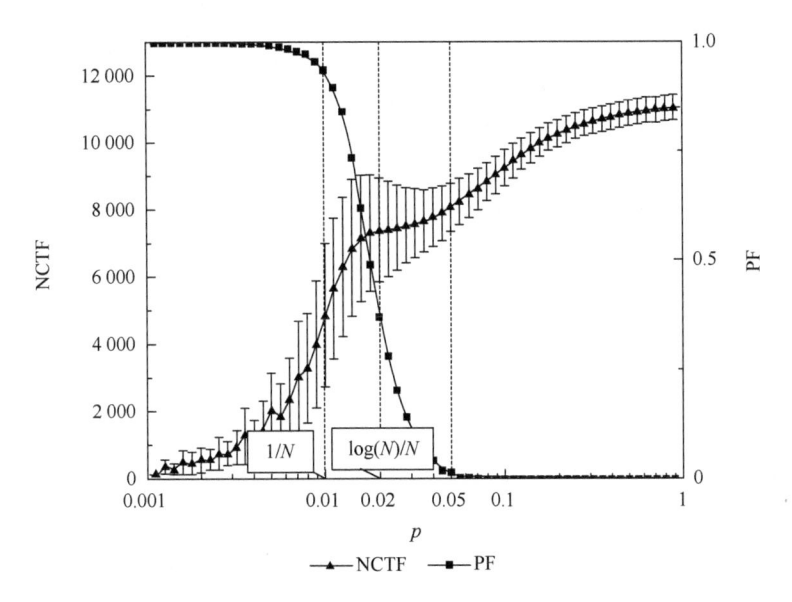

图 6-16　创新链基础端的 NCTF 和 PF 随 p 的变化

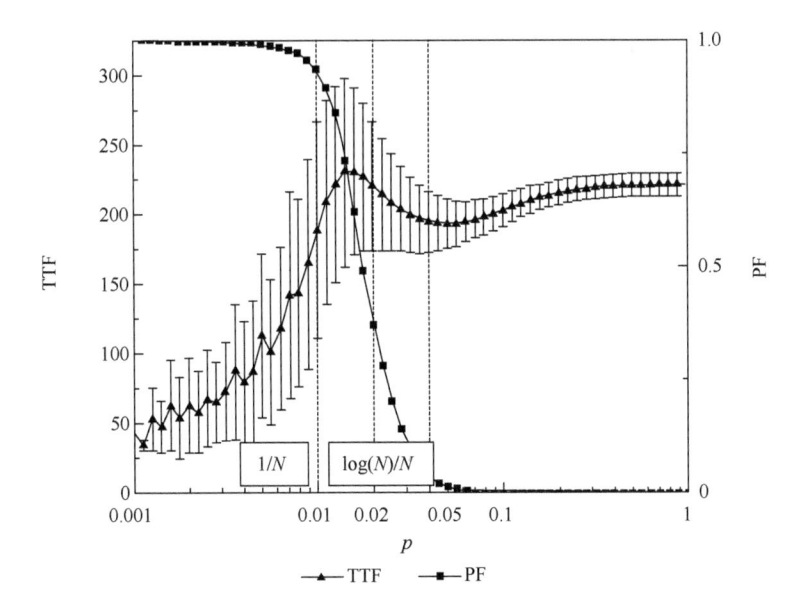

图 6-17　创新链基础端的 TTF 和 PF 随 p 的变化

首先，由图 6-16 和图 6-17 可以看出，在创新链基础端下，创新失败的风险与创新链应用端虽然有着类似的规律，但也有两点不同。一是当 p 非常小时，创新链基础端也是能够产生的；二是在创新链基础端下，创新失败的概率由极大到极小的阶段转换过程在更小的 p 处实现。这说明创新链基础端对网络连通性的依赖程度更小。其原因是创新链基础端需要的知识种类较少，从而可以从较少的交流对象处获取创新所需的全部知识。

其次，从创新的效率来看，创新链基础端的 NCTF 随着网络密度的增加而增加（图 6-16），因此较低的网络密度有利于降低创新成本。然而，创新链基础端的 TTF 变化较为复杂。TTF 随 p 的变化趋势虽然与 NCTF 相似，但是不再单调，而是在图 6-17 的中间 1/3 部分存在一个向上的脉冲。$p<0.01$ 和 $p>0.05$ 的情况下，创新链基础端的 TTF 是随着网络密度的增加而增加的，因此网络密度越低，创新产生的速度越快。但在网络密度处于 $p = \log(N) / N = 0.02$ 附近时，存在一个导致创新效率较低的特殊区域。这一特殊区域产生的原因和具体位置也是由网络结构随着网络密度的增加而产生的由连通到不连通的阶段转移决定的。

总体而言，高密度的网络对创新链基础端的创新效率会起到抑制作用。较高的网络密度不但会导致较高的创新成本，而且会导致较慢的创新速度。较低的网络密度通常对应于较低的创新成本和较快的创新速度，但是当网络密度低到影响了网络的全局连通性时，创新失败的风险就会急剧增加。

3. 模型结果的进一步讨论

为了进一步分析上述仿真结果出现的原因，本部分根据 p 值的三个关键点进行分段讨论。为使得叙述过程清晰，本部分基于仿真模型参数的具体取值进行讨论，所有结论的普适性均在鲁棒性分析的部分予以验证。为使得论述逻辑清晰，本部分先讨论 $p<0.01$ 和 $p>0.05$ 的情形，再讨论 $0.01<p<0.05$ 的情形。

首先，讨论 $p<0.01$ 的情形。由 Bollobás（2003）的证明可知，$p = 1/N = 0.01$ 是网络出现环和巨大分支的阈值点。当 p 小于此值时，由于网络密度非常低，网络由若干小分支构成，且每个小分支都是树形结构（图 6-10）。随着 p 值的增加，分支的数量会逐渐减少，同时分支规模逐渐增加。

对创新链应用端而言，创新的产生需要整合多种不同类型的知识，因此创新者需要与数量众多的其他主体进行直接或间接的交流，从而创新链应用端只能发生于规模较大的分支。在这种不存在大分支的结构下，创新链应用端通常无法产生。

对创新链基础端而言，创新所需要的知识种类较少，主要通过大量积累和深入开发少数特定种类的知识来实现。此时创新者需要的不是与数量众多的其他主体进行交流，而是与少数具有特定知识的个体进行反复交流。因此创新链基础端可以发生在很小的分支。但由于创新所具备的新颖性，在其产生前通常无法明确创新所需的知识是否存在于同一个小分支中，这又导致了非常高的创新失败风险。一旦创新所需的知识存在于同一个小分支中，由于每一个小分支都是树形结构，因此任意两点之间只有一条路径相通。此时分支越小，节点之间的交流所经历的路径越短、中介越少，因此创新产生的速度就越快、成本就越低。

其次，讨论 $p > 0.05$ 的情形。此时网络上的巨大分支已经吞噬了绝大部分节点，网络结构基本上具备了全局连通性（图 6-13）。随着 p 的增加，分支规模已经基本不变，因此创新失败的风险非常低，在较高的 p 值下创新几乎总会产生。网络密度的变化成为模型中本阶段影响创新效率的唯一变量。

网络密度越高，意味着每个节点的网络邻居数量越多，从而不同节点之间进行相互的交流也就越方便。按照直观上的理解，此时创新网络的效率应该越高。然而实验结果显示，网络密度的提高对创新链应用端和创新链基础端产生的影响截然不同。Lovejoy 和 Sinha（2010）提出的交流扰动概念为理解其背后的原因提供了重要启示。交流扰动是指创新主体能否频繁地改变交流对象。网络密度越大，交流扰动的程度越大，即每个节点更倾向与更多的节点相连，从而会有越多的交流选择。

对创新链应用端而言，高的交流扰动可以使创新主体能够拥有大量的交流对象，从而会在很大程度上促进不同类型的知识的融合，提高创新链应用端产生的速度。同时也可以避免在与同一个对象的交流中浪费过多的时间，从而降低了创新链应用端的成本。因此，在本阶段，网络密度越高，越有利于创新链应用端的创新产生。

对创新链基础端而言，这恰恰相反，创新主体需要的是对特定领域的知识进行深入积累和开发。频繁变换交流对象会使创新主体无法就特定话题进行反复讨论和深入学习，从而会降低创新速度并增加创新成本。因此，在本阶段，网络密度越低，越有利于创新链基础端的创新产生。

最后，讨论 $0.01 < p < 0.05$ 的情形。当 $0.01 < p$ 时，网络上开始出现环和一个唯一的巨大分支，且随着 p 值的增加，环的数量和巨大分支的规模也在逐渐增加（图 6-11 和图 6-12）。同时，网络整体连通性的阈值 $p = \log(N)/N$ 位于这一区间内。这一区间体现了整体网络从不连通到连通的阶段转移（Erdős and Rényi，1964）。

对创新链应用端而言，由于创新只能在巨大分支中产生，因此只有当巨大分支存在时，创新才开始出现。由于巨大分支的唯一性，网络密度对创新链应用端的影响较为单一。随着巨大分支规模的增加，创新失败的可能性（PF）迅速降低。随着巨大分支密度的增加，创新的 TTF 和 NCTF 逐渐降低，即创新效率逐渐提高。

对创新链基础端而言，由于创新在大分支和小分支都可能产生，因此创新失败的可能性比创新链应用端略低，并表现出 PF 曲线阶段转移更早出现。而对于创新效率，则需要同时从分支规模和网络密度两个方面进行分析。

根据对 $p<0.01$ 的情形的讨论，当模型中的创新分支为树形结构时，创新分支的规模大小决定了创新链基础端的创新效率，创新分支的规模越大，创新效率越低。根据对 $p>0.05$ 的情形的讨论，当模型中的创新分支规模基本固定时，网络密度决定了创新链基础端的创新效率，网络密度越大，创新效率越低。$p>0.01$ 时，网络上环的出现表明网络上各分支（特别是巨大分支）的树形特征开始淡化。此时随着 p 的增加，虽然分支规模仍在增加，但是树形特征的逐渐消失使得分支规模对创新效率的影响越来越弱，网络密度对创新效率的影响逐渐显现。

令 S 表示创新分支的节点数量，L 表示创新分支中边的数量。由于树形结构是最为稀疏的连通图，且任意树形结构的边数等于节点数减 1，因此可知 $L \geqslant S-1$。令 $T=(S-1)/L$，则有 $0<T \leqslant 1$。T 可以作为创新分支树形特征的度量指标。T 值越大，创新分支的树形特征越明显；当 $T=1$ 时，该创新分支为树。为了捕捉 $0.01<p<0.05$ 的情形下创新分支的规模对创新效率的影响程度，我们将 S 与 T 相乘，构造指标 $ST=S(S-1)/L$，从而将创新分支规模与树形特征进行结合，以便考察两者对创新效率的产生的综合作用。其中，分支规模 S 越大，ST 越大；分支树形特征越明显，ST 越大。

为印证上述分析，本章在实验中对产生创新链基础端的创新分支进行了追踪。图 6-18 显示了产生创新链基础端网络分支的规模 S、连接数 L 以及上述构造的指标 ST 随 p 的变化。

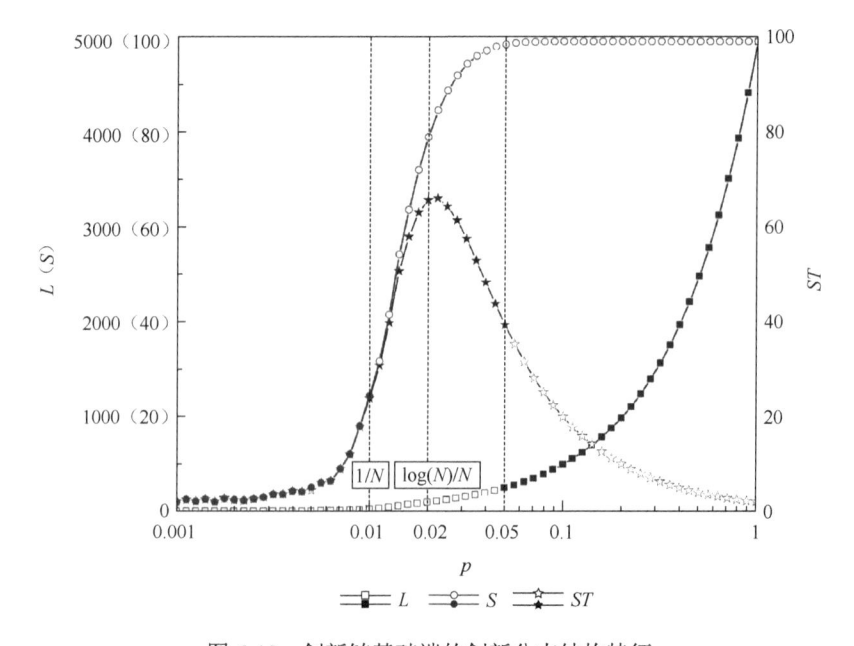

图 6-18 创新链基础端的创新分支结构特征

图 6-18 的结果较好地支持了仿真结果的相关讨论。将图 6-18 与图 6-16、图 6-17 进行对比分析可见：当 $p<0.01$ 时，创新分支的连接数 L 变化很小，创新效率主要受到树形结构的分支的规模 S 的影响；当 $p>0.05$ 时，恰好相反；当 $0.01<p<0.05$ 时，本章构造的分析指标 ST 曲线的峰值解释了图 6-16 和图 6-17 中的 NCTF 和 TTF 曲线出现相应拐点的原因。同时可以看到，指标 ST 在这一范围内对 NCTF 的影响（图 6-16）比对 TTF 的影响（图 6-17）弱一些，这是因为树形结构的稀疏性很大程度上抑制了节点之间进行多余的交流，这给减少创新成本带来了额外的好处，从而削弱了 NCTF 在分支规模增加过程中的上升趋势。

4. 仿真模型分析的理论与实践启示

在理论层面，本章明确了创新网络的网络密度在创新产生过程中的作用。具体而言：一是本章采用的多主体仿真研究方法抽象程度较高，与实证研究相比得到的结论具有更高的普遍性。二是本章采用随机网络模型构造测试集，从而在实现对网络密度的直接操控的同时，通过随机化很好地消除了网络的其他结构特征的影响，从而将网络密度对创新效率的影响从其他结构因素中剥离出来，使得研究结论具有更高的效度。三是本章构建的创新仿真模型区分了不同创新类型，从而能够识别网络密度对不同创新类型所产生的不同影响。总之，本章结论较现有文献而言更加丰富，并且能够对现有文献中相互矛盾的观点进行较好的解释和整合。

在实践层面，本章的相关结论对创新主体的创新策略选择和管理者制定创新政策均具有一定的借鉴意义。对追求创新链应用端的组织而言，应该尽量增加创新网络的网络密度，这样不但有利于创新效率的提高，而且能够降低创新失败的风险。对追求创新链基础端的组织而言，较低的网络密度会带来很高的失败风险，较高的网络密度又会导致较低的创新效率。因此，一个中等程度的网络密度将会是较好的选择。在这一网络密度下，整个网络刚好实现全局连通。而这个最佳的取值点并不难识别，当某个全局连通的网络通过删掉少量的边就无法维持全局连通性，或者某个不连通的稀疏网络通过加入少量的边就可以达到全局连通时，网络密度就有利于创新链基础端。对每个创新网络中的创新主体而言，识别网络中是否有无法达到的节点通常是不难的，因此这一结论在现实中是具有一定的可操作性的。另外，如果创新网络的参与者或管理者能够识别具有创新所需知识的关键节点，将对提高创新效率、降低创新风险起到极大的促进作用。特别是对创新链基础端而言，由于所需的知识种类比较少，且需要对特定知识进行大量积累和深度开发，识别在相应领域具有专长的主体就更加容易且重要。

参考文献

陈传明. 1999. 知识经济与企业重构[J]. 南开管理评论, 2 (4): 40-44.

陈培祯, 曾德明. 2019. 网络位置、知识基础对企业新产品开发绩效的影响[J]. 管理评论, 31 (11): 128-138.

陈祖胜, 任浩, 林明. 2015. 网络内企业位势跃迁速度对创新绩效的作用机理研究[J]. 科技管理研究, 35 (16): 1-6.

付丙海, 谢富纪, 韩雨卿. 2015. 创新链资源整合、双元性创新与创新绩效: 基于长三角新创企业的实证研究[J]. 中国软科学, (12): 176-186.

郭艳婷, 郑刚, 刘雪锋, 等. 2023. 复杂产品系统后发企业如何实现快速追赶?——中集海工纵向案例研究(2008~2021)[J]. 管理世界, 39 (2): 170-185.

洪银兴. 2017. 科技创新阶段及其创新价值链分析[J]. 经济学家, (4): 5-12.

胡海波, 王科, 徐玲, 等. 2008. 基于复杂网络理论的在线社会网络分析[J]. 复杂系统与复杂性科学, 5 (2): 1-14.

江鸿, 吕铁. 2019. 政企能力共演化与复杂产品系统集成能力提升: 中国高速列车产业技术追赶的纵向案例研究[J]. 管理世界, 35 (5): 106-125, 199.

江曼琦, 刘晨诗. 2017. 基于提升产业链竞争力的京津冀创新链建设构想[J]. 河北学刊, 37 (5): 151-157.

康健, 胡祖光. 2016. 创新链资源获取、互联网嵌入与技术创业[J]. 科技进步与对策, 33 (21): 16-23.

林学军, 梁媛, 韩佳旭, 等. 2018. 基于全球创新链与全球价值链双重螺旋模型的产业升级研究: 以华为公司为例[J]. 国际商务研究, 39 (5): 39-48.

史璐璐, 江旭. 2020. 创新链: 基于过程性视角的整合性分析框架[J]. 科研管理, 41 (6): 56-64.

斯科特 W L, 戴维斯 J F. 2011. 组织理论: 理性、自然与开放系统的视角[M]. 高俊山, 译. 北京: 中国人民大学出版社.

唐青青, 谢恩, 梁杰. 2015. 知识库与突破性创新: 关系嵌入强度的调节[J]. 科学学与科学技术管理, 36 (7): 21-29.

屠建飞, 冯志敏. 2009. 基于创新链的模具产业集群技术创新平台[J]. 中国软科学, (5): 179-183.

吴汗贤, 邝国良. 2010. 企业网络结构对产业集群竞争力的影响分析: 基于网络密度[J]. 科技管理研究, 30 (14): 154-157.

吴晓波, 吴东. 2008. 论创新链的系统演化及其政策含义[J]. 自然辩证法研究, 24 (12): 58-62.

谢洪明, 王现彪, 吴溯. 2009. 激励对 IJVs 知识管理和管理创新的影响: 华南地区企业的实证研究[J]. 科学学研究, 27 (1): 147-153.

杨忠, 李嘉, 巫强. 2019. 创新链研究: 内涵、效应及方向[J]. 南京大学学报 (哲学·人文科学·社会科学), 56 (5): 62-70, 159.

余泳泽, 刘大勇. 2013. 我国区域创新效率的空间外溢效应与价值链外溢效应: 创新价值链视角下的多维空间面板模型研究[J]. 管理世界, 29 (7): 6-20, 70.

余泳泽, 张莹莹, 杨晓章. 2017. 创新价值链视角的创新投入结构与全要素生产率分析[J]. 产经评论, 8 (3): 31-46.

曾德明, 曾雅兰, 邹思明. 2015. 知识获取策略对企业绩效的影响: 知识基础的调节作用[J]. 科学学与科学技术管理, 36 (9): 33-39.

赵晶, 刘玉洁, 付珂语, 等. 2022. 大型国企发挥产业链链长职能的路径与机制: 基于特高压输电工程的案例研究[J]. 管理世界, 38 (5): 221-239.

周三多, 陈传明, 刘子馨, 等. 2018. 管理学: 原理与方法[M]. 上海: 复旦大学出版社.

Ahuja G, Coff R W, Lee P M. 2005. Managerial foresight and attempted rent appropriation: insider trading on knowledge of imminent breakthroughs[J]. Strategic Management Journal, 26 (9): 791-808.

Aldrich H. 1999. Organizations Evolving[M]. London: SAGE Publications.

Baldassare G, Mirolli M, Mannella F, et al. 2009. The IM-CLeVeR project: intrinsically motivated cumulative learning versatile robots[R]. 9th International Conference on Epigenetic Robotics: Modeling Cognitive Development in Robotic Systems.

Bao Y C, Sheng S B, Kevin Z Z. 2012. Network-based market knowledge and product innovativeness[J]. Marketing Letters, 23 (1): 309-324.

Barabási A L. 2009. Scale-free networks: a decade and beyond[J]. Science, 325 (5939): 412-413.

Barabási A L, Albert R. 1999. Emergence of scaling in random networks[J]. Science, 286 (5439): 509-512.

Bollobás B. 2003. Modern Graph Theory[M]. New York: Springer.

Burt R S. 1992. Structural Holes: The Social Structure of Competition[M]. Cambirdge: Harvard University Press.

Chen T, Shao Z. 2012. Power-law accelerating growth complex networks with mixed attachment mechanisms[J]. Physica A-Statistical Mechanics and Its Applications, 391 (8): 2778-2787.

Currarini S, Jackson M O, Pin P. 2009. An economic model of friendship: homophily, minorities, and segregation[J]. Econometrica, 77 (4): 1003-1045.

Erdős P, Rényi A. 1964. On the strength of connectedness of a random graph[J]. Acta Mathematica Academiae Scientiarum Hungarica, 12 (1): 261-267.

Fleming L. 2001. Recombinant uncertainty in technological search[J]. Management Science, 47 (1): 117-132.

Gibson D R. 2005. Concurrency and commitment: network scheduling and its consequences for diffusion[J]. Journal of Mathematical Sociology, 29 (4): 295-323.

Glaser B G, Strauss A L. 1999. The Discovery of Grounded Theory: Strategies for Qualitative Research[M]. New York: Routledge.

Gnyawali D R, Madhavan R. 2001. Cooperative networks and competitive dynamics: a structural embeddedness perspective[J]. Academy of Management Review, 26 (3): 431-445.

Granovetter M S. 1973. The strength of weak ties[J]. American Journal of Sociology, 78 (6): 1360-1380.

Guan J, Liu N. 2016. Exploitative and exploratory innovations in knowledge network and collaboration network: a patent analysis in the technological field of nano-energy[J]. Research Policy, 45 (1): 97-112.

Henderson R M, Clark K B. 1990. Architectural innovation: the reconfiguration of existing product technologies and the failure of established firms[J]. Administrative Science Quarterly, 35 (1): 9-30.

Hua L, Wang W. 2015. The impact of network structure on innovation efficiency: an agent-based study in the context of innovation networks[J]. Complexity, 21 (2): 111-122.

Huberman B A. 1999. Growth dynamics of the World-Wide web[J]. Nature, 401 (6749): 131.

Jackson M O. 2010. Social and Economic Networks[M]. Princeton: Princeton University Press.

Jackson M O, Watts A. 2002. The evolution of social and economic networks[J]. Journal of Economic Theory, 106 (2): 265-295.

Leavitt H. 1951. Some effects of communication patterns on group performance[J]. The Journal of Abnormal Psychology, 46 (1): 38-50.

Lovejoy W S, Sinha A. 2010. Efficient structures for innovative social networks[J]. Management Science, 56 (7): 1127-1145.

Nerkar A, Paruchuri S. 2005. Evolution of R&D capabilities: the role of knowledge networks within a firm[J]. Management Science, 51 (5): 711-785.

Newman M E J, Watts D J, Strogatz S H. 2002. Random graph models of social networks[J]. Proceedings of the National Academy of Sciences of the United States of America, 99 (3): 2566-2572.

Pisano G P. 1996. Learning-before-doing in the development of new process technology[J]. Research Policy, 25 (7): 1097-1119.

Redner S. 1998. How popular is your paper? An empirical study of the citation distribution[J]. The European Physical Journal B: Condensed Matter and Complex Systems, 4 (2): 131-134.

Rost K. 2011. The strength of strong ties in the creation of innovation[J]. Research Policy, 40 (4): 588-604.

Sah R K, Stiglitz J E. 1985. Human fallibility and economic organization[J]. The American Economic Review, 75 (2): 292-297.

Saxenian A L. 1996. Regional Advantage[M]. Cambirdge: Harvard University Press.

Schumpeter J. 1934. The Theory of Economic Development: An Inquiry into Profits, Capital, Credit, Interest, and The Business Cycle[M]. Cambridge: Harvard University Press.

Wasserman S, Faust K. 1994. Social Network Analysis: Methods and Applications[M]. Cambridge: Cambridge University Press.

Weng G, Bhalla U S, Iyengar R. 1999. Complexity in biological signaling systems[J]. Science, 284 (5411): 92-96.

Will M G, Al-Kfairy M, Mellor R B. 2019. How organizational structure transforms risky innovations into performance: a computer simulation[J]. Simulation Modelling Practice and Theory, 94: 264-285.

第 7 章　领军企业创新链的协同创新管理

由于领军企业创新链具有参与主体多元化、创新活动多样化的特征，所以领军企业创新链功能的有效发挥有赖于各创新主体间的积极互动，而各创新主体间能否实现高效互动正是创新链是否会断裂的关键症结。事实上，创新链协同创新是异质性资源的整合过程，即不同类型的创新主体通过异质性资源的互补来实现优势共享、合作共赢的一种新型创新模式。前文在厘清领军企业创新链概念的基础上探究了领军企业创新链的组织模式、组织形态和效率提升机制。本章在已有研究的基础上，进一步探究领军企业创新链各创新主体间的协同创新管理，主要对领军企业创新链协同创新相关研究现状、协同创新机制以及协同创新绩效等方面进行详细阐释。本章不仅厘清了领军企业创新链协同互动的内在机理，而且为本书后续对领军企业创新链上各关键创新主体的解析以及创新链的演化与效能提升提供了理论指导。

7.1　协同创新相关研究现状

7.1.1　协同创新起源和内涵

协同创新将复杂科学理论（协同学理论）应用于创新管理中，是复杂科学思想在创新顶层设计中的必然体现。协同创新的理论渊源可以追溯到 20 世纪 70 年代的协同学理论，德国功勋科学家哈肯在对激光的自然科学研究中认识到协同效应，即平时光的反射与折射都是无序的，而当控制阈值达到一定程度后，有秩序、有方向的激光就产生了。基于此，哈肯提出协同学理论，该理论研究一个由大量子系统以复杂方式相互作用所构成的复杂系统在一定条件下，其子系统之间通过非线性的相互作用会产生协同现象和协同效应，形成有一定功能的空间、时间的自组织结构（哈肯，1984）。

协同学理论提出后，被广泛应用于自然科学及社会人文科学领域。著名战略学家 Ansoff（1965）是最早将协同学理论引入管理学的学者，在其著作中，其将协同定义为"企业内各单元的相互协作，使整体利益大于各部分利益的简单加总"的过程。随着创新在经济管理领域中的重要作用不断凸显，以及创新复杂程度的不断提升，将协同学理论应用于创新管理研究成为近年来的一个重要突破方向。麻省理工学院斯隆管理学院的研究员Gloor（2006）是最早创造性提出"协同创新"概念的学者，他认为协同创新是"由自我激励的人员和组织所组成的网络形成共同愿景，借助网络交流思路、信息及工作状况，合作实现共同目标"。在此之后，协同创新的研究得到了迅猛发展，并取得了丰富的研究成果。

协同创新是协同学理论与创新理论的结合，因此学者对协同创新的确切定义还没有达成一致。Abend（1979）认为创新观念、过程、人群及组织是协同创新管理的重要内容，协同创新的主体不仅包括企业，还包括其他各种组织。Ankimasahi（2002）认为协同创新是企业和高校院所两类不同领域的行为主体通过相互影响产生协同作用，进而提升各自发展潜能的合作过程。Serrano和Fischer（2007）指出协同创新涉及知识、资源、行为、绩效的全面整合。在国内相关研究中，胡恩华和刘洪（2007）认为协同创新是指集群创新企业与群外环境之间既相互竞争、制约，又相互协作、受益，通过复杂的非线性相互作用产生企业自身无法实现的整体协同效应的过程。陈劲和阳银娟（2012）认为协同创新是以知识增值为核心，企业、政府、知识生产机构、中介机构和用户等为实现重大科技创新而开展大跨度整合的创新组织模式。协同创新是通过国家意志引导和机制安排，促进企业、大学、研究机构发挥各自的能力优势，整合互补性资源，实现各方的优势互补，加快技术推广应用和产业化。解学梅和方良秀（2015）认为协同创新指的是企业与政府、科研机构、大学、中介机构和用户等不同的合作伙伴，为实现创新增值而开展的一种跨界整合，其目的是期望在创新过程中追求更高的经济和社会效益。总体来看，协同创新具有以下特点：多层次、开放性、系统性、价值性。

尽管学者对协同创新的内涵及外延都做了不同的解释，但从研究视角来看，主要分为以下三类。①基于国家宏观创新体系视角，探索国家创新体系中各个创新主体间的相互关系及作用，并引申演化至区域创新体系及产业创新体系（Freeman，1987；Nelson，1993；陈劲，2000）。②基于高校视角，主要关注产学研的协同发展及管理机制，使得科技产品更好转化及产业化（Etzkowitz and Leydesdorff，1995；Slaughter and Rhoades，2004；王成军，2006）。③基于企业视角，主要关注企业如何与各创新主体（大学、研究机构、金融机构等）协同运作，提升协同效率，促进创新绩效（Chesbrough，2003；陈钰芬和陈劲，2008）。

7.1.2 协同创新动因

企业参与协同创新的目的在于通过与其他企业建立联盟获取并保持具有可持续竞争优势的创新能力。面对复杂的外部竞争环境，企业的创新活动依赖于跨部门以及跨边界的多主体之间的协同创新，该创新模式不仅可有效弥补单个企业创新资源与创新能力的不足，促使企业获得创新所需的异质性创新资源；还可有效降低合作创新中的风险并缩短研发周期。通过文献梳理可知，协同创新的动因主要包括内部动因和外部动因两个方面。其中，内部动因的根本来源是协同创新带来的整体价值大于各个创新主体单独创新的价值之和，且大于价值创造的成本；而外部动因来源于技术进步、市场竞争以及政府政策支持等。

具体来说，内部动因包括：①获取外部资源，共享合作剩余。资源基础观认为，协同创新过程中获取外部相关资源对于企业创新绩效有着至关重要的作用。当前创新环境下，单个企业很难具备创新所需的全部资源，通过协同创新，企业可有效整合内外部资源并提高对市场的响应程度，从而提升创新绩效。Schwartz等（2012）指出，企业可以通过依赖各合作伙伴的外部关系获得技术、设备、专业知识、资本、商业网络和知识产权等创新资源。此外，创新链中的各主体拥有不同的资源禀赋及利益诉求，其开展协同的原因在于对合作剩余的追求。合作剩余是创新链协同的直接动力，是互补性创新资源高度共享，是优化配置与非线性作用的结果。总之，协同创新的有效开展关键在于获得异质性资源并最终产生合作剩余。因此，获取多样且异质性创新资源并通过有效的协同合作产生合作剩余是各创新主体聚集在一起进行协同创新的动力来源，它将直接影响协同创新的形成与效应的发挥（姚艳虹和夏敦，2013）。②共担风险，共摊成本。众所周知，创新活动不仅面临着高投入，还面临着高风险性与高失败率，这往往是单个企业所不能承受的。正是基于此，协同创新成为企业共同分担成本及风险的一种重要战略选择，而这也是各创新主体应对复杂创新环境进而参与协同创新的重要推力。研究表明，由于存在交易成本，当参与合作的成本低于内部研发时，企业会主动参与协同合作（Dyer，1997）。Okamuro等（2011）指出各创新主体进行协同创新，一方面是为了获得外部异质性创新资源，另一方面是为了共摊创新成本和共担创新风险。

此外，协同创新还受诸多外部动因的推动，主要包括以下三个方面。①技术推动力。由于当前技术复杂程度不断提升以及技术发展方向呈多样性，单个企业自身的研发能力很难一直处于技术领先地位。协同创新不仅可以有效整合多个创新主体的技术实力，而且更贴近消费者需求，从而更利于开发出适合用户需求的前沿技术。②市场竞争压力。市场竞争是促进企业不断进步的主要动力，参与创新链协同创新的各创新主体可借助创新链的规模经济来降低创新成本、缩短产品研发及上市周期，进而大大提升产品市场竞争力（杨忠等，2019）。③政府推动力。政府作为市场失灵的政策干预者，在国家层面和战略层面积极推动各创新主体开展高度协同的技术创新合作，可以有效避免技术风险、金融风险和市场风险等。

7.1.3 创新链的协同创新困境

由于协同创新涉及不同领域的各个创新主体以及多样化的创新活动，而创新链的协同高效运转取决于促进各创新主体间的协同合作，因此在创新链协同创新过程中往往存在如下问题。

首先，领军企业如何寻找到合适的创新合作伙伴。调研发现，缺乏合适的合作伙伴是创新链断裂的原因之一，缺乏合适的合作伙伴限制了创新型企业在技术、资源和市场方面的发展。造成该困境的原因主要来自两个方面：一方面，我国基础研究还较为薄弱，这将使企业难以找到能够提供所需技术支持和资源的合作伙伴，进而导致拓宽市场渠道、推动产品创新和提高竞争力的机会有限。创新型企业找不到合适的合作伙伴共同解决创新中所遇到的关键核心问题，进而无法实现彼此间的合作创新。另一方面，创新环境的高复杂性与不确定性使企业必须通过广泛合作来获取外界创新资源。在该环境下，竞争对手众多、能力各异，企业很难寻找到合适的合作伙伴或寻找合适合作伙伴的成本较高，这进一步限制了彼此间合作创新活动的开展。

其次，各创新主体间无法有效协同，缺乏协同创新机制。由于创新链涉及多主体（领军企业、高校、院所、供应商、客户、政府、中介机构等）、多阶段（基础研究、应用研究和试验发展）间的合作创新，因此创新链的有效运行有赖于各创新主体间的高效协同。这不仅是由不同领域不同创新主体间的创新目标存在差异所致，而且也跟目前我国缺乏较为有效的协同创新机制有关。比如，基础研究领域的高校院所可能主要以发论文为目标导向，应用研究领域的企业则以技术应用为目标导向，两者的目标存在明显分歧，导致协同创新效率低下。此外，协同创新涉及不同企业或组织之间的知识共享，因此知识的保护和分享成为一个难题。在协同创新过程中，企业往往担心分享自己的核心知识和技术会被滥用或者被竞争对手获取，这种担忧可能限制了知识和技术的开放性共享，进而影响了创新链的协同效果。

最后，各创新主体面临利益分配难题，缺乏合理的利益分配机制。在协同创新中，各个环节的创新参与者都做出了自己的独特贡献，并希望从价值共创中获得相应的利益，但多主体间的利益的分配往往是一个较为敏感和复杂的问题。不同环节的创新参与者可能对自己的贡献有不同的评估，或者因为资源、技术或市场影响力的差异而产生利益不均衡的感觉。利益的分配可能涉及谈判和协商，各方之间可能存在合作模式和分配机制的不一致，这可能导致协同创新困境。在这种情况下，如何公平地分配利益，平衡各方的权益，成为一个挑战。

7.2 领军企业创新链的协同创新机制

7.2.1 领军企业创新链伙伴筛选机制

2021年我国《政府工作报告》提出"强化企业创新主体地位，鼓励领军企业组建创新联合体"[①]。希望通过领军企业在横向和纵向维度上，积极牵头联合同行业、上下游的众多中小企业，组建创新联合体，整体解决共性和系统性技术难题。领军企业凭借其强大的产业链规模优势，可汇集产业链上的庞大隐藏创新需求，产生对基础创新活动的强大拉动效应，打通并形成政产学研商之间完整的创新要素循环体系（巫强，2021）。

研究指出，伙伴选择对产学研协同创新项目绩效有显著正向影响（徐雷等，2018）。对不同领域的创新企业而言，其合作伙伴的选择也不尽相同。研究发现，在我国装备制造业企业中客户和供应商是最重要的合作创新伙伴，占被调查企业的50%，排第一；第二为大学和研究机构，占被调查企业的25%；第三为同行业企业，占被调查企业的10%；另有15%的企业没有合作创新伙伴，排第四（叶琴等，2015）。此外，在创新型企业的不同发展阶段，其合作伙伴的选择也不尽相同。由于存在行业差异和企业成长周期，领军企业在构建创新链时应该按阶段依序重点连接不同类型的创新主体（徐森和孙佳怡，2023）。关于领军企业筛选合作伙伴的诸多研究可以概括为以下几个方面。

第一，合作伙伴筛选的影响因素。企业规模是影响企业合作创新伙伴选择的首要因素，其后依次为内部R&D活动、政府扶持力度和知识吸收转化能力（叶琴等，2015）。邵奕翔（2021）以鲜切花产业为例，指出在新零售模式下选择供应链合作伙伴时应着重从市场环境、目标选择、评价体系、信息技术四个方面进行分析。黄哲和刘玉颖（2018）在全面评估企业基本的硬性和软性条件、企业的运营状态以及企业文化等基础上，认为应选择拥有互补性资源、具有良好契约精神、信任度高以及实力相当的企业作为其合作伙伴。Li等（2008）基于1159个研发联盟的数据，将潜在的合作伙伴划分为朋友、熟人和陌生人，研究了信任因素对企业合作伙伴评价的影响。朱雪春等（2014）构建了包含个体创新指标和协同创新指标的企业协同创新伙伴选择指标体系，个体创新指标包括企业敏捷程度、财务健康、技术能力、信誉状况与知识拥有和管理经验，协同创新指标包括企业目标一致、资源互补、团队协作良好、动机一致和知识相通。

---

① 《政府工作报告——2021年3月5日在第十三届全国人民代表大会第四次会议上》，https://www.gov.cn/guowuyuan/2021zfgzbg.htm，2021年3月5日。

第二，基于供应链视角的合作伙伴筛选方法。供应链能否有效运行在很大程度上取决于企业能否快速准确地选择出具有竞争力、相容性高且合适的潜在合作伙伴。在伙伴选择方面，方法的选取和设计可大致归为两类。一类是通过单一方法解决伙伴选择问题，如近年来应用较多的一些智能算法（如遗传算法、人工神经网络算法、粒子群算法、蚁群算法等）；另一类是基于伙伴选择过程的不同阶段，采用不同方法相互组合的策略解决伙伴选择问题（如模糊层次分析法和逼近理想解排序法结合法、基于网络分析和多目标混合整数的规划法、基于遗传粒子群的混合算法等）（卢志刚和申康，2016）。事实上，在一个充满合作与竞争的动态市场环境中，供应链的组建是一个具有动态性和柔性的合作伙伴选择过程。针对供应链伙伴动态选择问题，已有研究在引入基于时间度和前景理论的直觉模糊妥协评价模型基础上，进一步考虑合作创新资源互补性，运用场理论构建了伙伴动态选择的合作创新能力场模型，设计伙伴进入、退出联盟的阈值，形成集成供应链伙伴动态选择，进一步对伙伴进行动态选择和淘汰（李柏洲等，2018）。此外，随着战略性新兴产业的兴起，战略性新兴产业如何与科研机构协同创新（尤其是合作伙伴的选择问题）得到广大学者的关注。基于此，有学者构建了基于"投入能力-协同度-产出能力"框架的协同创新合作伙伴选择评价体系，并提出网络层次分析-数据包络分析-灰色关联度分析三阶段评价模型（李红艳等，2017），该模型既能够帮助企业择优合作伙伴，从源头上降低协同创新的风险，又能对协同创新合作伙伴进行效率评估，为其发现自身不足创造了条件，并为其提供了发展标杆。

第三，基于产学研视角的合作伙伴筛选方法。选择合适、胜任的合作伙伴是确保协同创新工作取得成功的重要前提，同时构建以企业为主导的"稳定"产学研合作创新体系也是提升国家创新能力的关键途径。关于产学研合作伙伴的筛选问题，一方面，虽然现有研究对合作伙伴的个体能力和协作能力进行了广泛的研究（如基于层次分析法、数据包络分析法以及改进逼近理想解排序法等），但忽视了知识匹配度和期望收益属性。为此，赛洁等（2019）基于伙伴个体属性和协同属性的视角，提出一种考虑知识匹配度和协同创新整体收益的伙伴选择决策方法，该筛选方法集成了伙伴个体的知识匹配度、伙伴间的知识协作能力和联盟整体期望收益三大属性的综合指标体系。另一方面，目前关于伙伴选择的研究大多集中于同质类节点间（企业选择企业）技术联盟、战略联盟的构建，异质类主体合作背景下的产学研伙伴选择研究相对较少。为此，针对具有优先级和需求特性的产学研合作伙伴选择问题，有学者在企业各合作创新阶段"需求"的基础上，构建了"多阶段-多需求"的合作伙伴选择指标体系，并利用改进多准则妥协解排序法计算各选择方案的群体效应和个体遗憾，从而实现企业视阈下的产学研合作伙伴选择排序（曹霞和宋琪，2016）。此外，产学研合作伙伴选择是一个典型的多属性决策问题，其决策信息具有时序和模糊特性。因此，有学者构建了基于时间度和正交投影的动态直觉模糊多属性决策方法,从而对产学研协同创新合作伙伴进行动态的淘汰和优选(陈伟等,2020)。

总的来说,领军企业创新链合作伙伴的筛选是一个复杂的决策问题。首先,合作伙伴需要具有积极的合作意愿和共同的创新理念,只有具备共同的战略目标和愿景,才能促进彼此间合作创新的顺利开展。其次,需要选择与领军企业在技术和能力方面相匹配的合作伙伴。领军企业创新链协同创新的顺利开展离不开各创新主体发挥各自的创新优势,合作伙伴应该能够提供领军企业所需的特定资源、供应链支持、市场推广能力等,以实现资源互补、互利共赢。此外,合作伙伴需具备持续创新能力和知网进化能力,能够不断推动创新链的发展并适应市场变化。领军企业创新链协同创新的开展除关注创新链整体效能的提升外,还需关注各创新主体能力的提升,因为各创新主体创新能力的提升与进化是领军企业创新链整体效能提升的前提与保障。因此,合作伙伴需要具备不断学习与成长的能力,从而实现创新链的持续发展。最后,需要注意的是,伙伴筛选是一个综合考量的过程,需要具备一定的灵活性,如在具体的筛选过程中,可以采用多种手段(如面谈、调研、实地考察等)充分了解潜在伙伴的实力和潜力。同时,每个领军企业根据自身战略和需求的不同,合作伙伴的选择机制和标准也可能有所差异,但最终目的是建立起稳定、互信、共赢的伙伴关系,共同推动创新链的发展和创新能力的提升。

7.2.2 领军企业创新链协同创新模式

协同创新模式是各创新主体开展合作创新活动以实现协同效应的具体表现形式。现有企业协同创新模式可以归纳为:战略联盟、研发合作、研发外包、专利许可、技术转让、技术/知识/信息/研究人员等要素转移和交换等(Zeng et al., 2010; Nieto and Santamaría, 2010)。事实上,企业协同创新并没有固定模式,每种协同创新模式都有其适用范围和适用条件,企业应该根据具体情境、具体问题来采用合适的创新模式。虽然协同创新的模式会因不同行业、不同需求以及不同创新要素而有所不同,但其本质还是通过各创新要素的协同产生协同效应以获得价值增值的过程。

纵观已有研究,协同创新模式可大致分为以下四大类。

(1)基于系统论视角的研发合作。研发合作是在研发阶段,企业通过与外部知识提供者进行协同合作,以获取互补性资源、降低技术风险、分担研发成本及提升企业技术竞争力的过程。此外,研发合作这种方式常用于企业与高校等科研机构的协作中。系统论视角的研究重点关注创新链的多元主体构成以及主体之间的互动关系,且研究者普遍认为创新链中主体具有多元性特征,包括高校、科研院所、企业、政府等（史璐璐和江旭，2020）。Belderbos 等（2004）研究指出，竞争企业之间的研发合作（如签署合同、共建研发中心以及互派研发人员等）有利于创造增量效率收益，且在此过程中，领军企业创新链上各创新主体间通过正式和非正式的交流沟通来促进知识的有效流动与应用，进而有利于领军企业创新链的顺利构建与协同高效运转。

（2）基于资源基础观视角的战略联盟。战略联盟是指两个或两个以上的企业为了彼此的共同目标，通过协议的形式在资源共享的前提下实现优势互补和要素多向流动的合作关系（殷俊杰和邵云飞，2017）。随着经济全球化进程不断加快，企业创新所面临的市场环境愈发复杂，其不确定性也在不断提升。企业仅凭单一竞争策略已无法满足生存需要（Ritala and Hurmelinna-Laukkanen，2013）；通过建立战略联盟关系，企业无须进军新市场就可获得新知识资源，进而实现成本优势或差异化优势（满青珊等，2011）。因此，战略联盟逐渐成为多数企业汇集互补知识、分担研发成本、承担技术创新高度不确定性的有效路径（尹航等，2021）。

（3）基于交易成本视角的研发外包。研发外包指研发需求方通过提供资金，将研发需求以契约方式委托给研发供给方，从而获得研发成果的一种方式（王安宇等，2006；伍蓓等，2008）。究其原因，一方面，如今研发活动的细化与分工使得单个研究机构已无法独立完成技术复杂性高的研发任务，这促进了研发外包的兴起（Grimpe and Kaiser，2010；Berchicci，2013）；另一方面，全球化背景下，企业越来越致力于保持自己的核心竞争力，为了专注核心业务，企业会将另外的创新研发任务外包给其他企业和供应链上的合作伙伴（Chiesa and Manzini，1998）。例如，Chiesa 等（2004）指出，创新外包模式可推动企业获得多元化的异质性知识，加速产品的开发流程，进而保持企业核心竞争力。

（4）基于知识基础观视角的专利许可或技术转让。构建自主可靠的创新链体系，首要任务是激发企业的创新主体作用，集聚整合创新资源，提升产业链现代化水平（孙佳怡等，2023）。专利是当前技术创新的重要体现，持有各种专利的企业形成的专利联盟既可以充分利用各参与方的专利，又可以最大化发挥专利价值；专利联盟外的企业也可以直接通过和专利联盟达成合约，从而降低和各个参与方单独谈判的成本。专利许可是专利所有人将自身专利许可给他人使用以获取相应收益的一种技术转移方式（漆苏和杨为国，2008）。其中，专利许可既是技术许可双方供需匹配的过程，也是实现技术转移的有效手段（高锡荣和罗琳，2014）。Santoro 和 Bierly（2006）指出，专利许可不仅能够整合互补性专利、促进技术转移，其合作成果的技术转让更是企业知识转移的重要渠道。

领军企业在创新链中的结构位置具有动态及多阶段参与性，既可以与链条上游环节的高校院所协作研发以提高科学研究质量效益，又可以引导链条中下游环节的产业企业在耦合关系中提升资源利用效率（杨忠和巫强，2021；刘庆龄和曾立，2023）。虽然已有研究已对创新链协同创新模式展开了广泛探索，但领军企业创新链的协同创新活动具有多阶段性（如基础研究、应用研究和试验发展阶段），且不同阶段的创新活动的性质存在极大差异，这就要求领军企业创新链中的创新主体根据不同创新情境采取适宜的耦合方式进行协同创新（邵记友和盛志云，2022）。对领军企业创新链而言，更强调领军企业发挥主导者作用以促使多元主体协同创新，目前尚缺乏研究解读领军企业促使多元主体协同创新的机制（余义勇和杨忠，2020；史璐璐和江旭，2020）。那么，领军企业在主导实施创新链中不同类型的创新活动时，应该如何与其他创新主体进行有效耦合以取得更好的协同创新绩效？

基于此，课题组基于耦合理论，以华为 5G 技术研发为研究对象，采用纵向案例研究方法，探讨了领军企业与高校、科研院所、产业企业、客户等不同创新主体以适宜耦合方式协同创新的过程，进而提炼了领军企业创新链的协同创新模式。研究发现，领军企业创新链中存在三种协同创新模式，分别为解耦型、松散耦合型和紧密耦合型，且不同类型的协同创新模式适用于开展不同的创新活动。

（1）基础研究情境下的解耦型协同创新模式。在基础研究情境下，一方面，领军企业与高校、科研院所不同领域的专家之间是一种非正式研发合作关系。华为会组织学术研讨，邀请各个领域的专家进行学术汇报和专题讨论，从而对华为的研究方向和难题给予指导和建议，并通过思想和信息的碰撞增加合作机会。可见，此阶段领军企业与专家是基于公共知识的直接相关性建立联结关系，这种关系是一种缺乏契约约束的非正式研发合作关系，关系的紧密程度比较低。另一方面，在领军企业与专家合作过程中，双方只是在有限频次的学术研讨会期间进行知识交流和信息碰撞，具体理论研究工作仍然是各自独立开展。领军企业不干预专家的研究工作，支持他们在无人区探索研究。因此，该阶段领军企业与高校、科研院所不同领域的专家表现出解耦型协同创新模式。

（2）应用研究情境下的松散耦合型协同创新模式。在应用研究情境下，一方面，华为与高校、科研院所特定领域学者之间建立了正式研发合作关系，合作以正式合同签订为前提，合同条款涉及双方的责权利等明细，如要求高校、科研院所的学者递交概念模型、报告等，华为也会积极响应学者的需求，配合学者进行验收等。正式合同的签订，意味着华为与学者之间的合作增加了法律契约约束，增强了二者之间关系的紧密程度，但由于项目金额小、项目周期短，所以华为与学者之间的关系强度适中。另一方面，华为在与学者合作研究时，会配备专门的项目经理负责管理研究资助项目。项目经理在合作中起到了两种作用：一种是作为连接学者与企业的信息通道，协调解决合作中遇到的各种问题；另一种是作为学者的研究助手，支撑学者解决部分研究问题。项目经理的存在，使得华为与学者之间的互动频率得到了提升。但是，由于项目研究工作仍主要由学者自行完成，加之华为与学者之间长期积累的合作经验和相对明晰的合作流程，项目经理只需要组织适度频率的联络会，就可协调解决合作中遇到的问题。可见，华为与学者协同开展应用研究活动时，二者之间加强了互动，互动的频次适中。因此，该阶段领军企业与高校、科研院所特定领域的学者表现出松散耦合型协同创新模式。

（3）试验发展情境下的紧密耦合型协同创新模式。在试验发展情境下，在5G技术向商业应用转化过程中，华为与产业链上下游的客户、供应商等合作伙伴进行了大量的商业合作，如共建专利池、共同开发新产品、进行大量技术采购等，各方建立紧密的商业合作关系。5G技术的规模商用，能够给所有参与5G技术商业化的上下游合作伙伴带来巨大的经济回报。对客户而言，5G技术产品的部署能够为其终端用户带来消费体验的升级，进而巩固客户市场地位；对各类供应商而言，5G技术产品的商用意味着它们能够获得相应的商业利益分配，不仅能为供应商的不断创新提供财力，还能够确保其在5G新技术范式的竞争中保持"不掉队"，甚至超越竞争对手。可见，华为与产业链上下游合作伙伴之间具有极为紧密的商业合作关系，关系强度很高。此外，5G试验发展阶段是由华为组织并协调客户、供应商共同参与完成，试验过程中大家实时监控，一旦出现丢包、信号干扰、设备不兼容等技术问题，现场负责人员立即通过即时通信软件，组织大家进行线上会议一起分析评估问题，并立即定位问题责任人。会后问题责任人负责联合研发、制造生产等多个相关部门及合作单位，针对问题逐一解决完善，并进行再次验证。整个实地测试过程中，所有单位紧密配合协同解决问题，保持着频繁的互动交流。华为在联合客户进行实地测试时，采用远程联合办公，有问题随时组织电话会议。在识别了问题及落实了解决方案和责任人后，会议组织者当场形成会议纪要，多方人员通过紧密合作解决相关问题。这说明华为与产业链上下游合作伙伴之间的互动也较为频繁。因此，该阶段领军企业与产业链上下游的客户、供应商等产业伙伴表现出紧密耦合型协同创新模式。

7.2.3　领军企业创新链的风险管控机制

风险管控是指为降低风险发生的概率、降低风险造成的影响所采取的一系列措施。风险来自多个方面，从宏观层面而言，企业存在战略风险、财务风险、运营风险、市场风险、法律风险（汤淑泱，2016）；从中观层面而言，企业存在不完全确定的内部交易、复杂的外部经营环境、不完善的契约以及缺乏足够经验和知识的管理者等风险（陆跃祥和游五洋，2000）；从微观层面而言，企业存在员工风险、财物风险、责任风险、经营风险（廖秋林，2000）。对企业技术创新风险而言，主要存在管理、生产、资金、技术、企业文化、政策、市场以及外部环境等八个方面的风险（周寄中和薛刚，2002；王攀和薛艳，2013）。面对风险，企业一般可通过承担、规避、接受、减轻风险和转移五个策略来加以应对（卢新瑞，2018）。

领军企业创新链协同创新需要遵守风险管控的过程，风险管控过程一般包括对风险的识别、分析和评估、控制管理、管理绩效评估和反馈等环节（石玉英等，2005）。领军企业创新链的风险管控也应该涉及四个方面。在风险识别方面，对领军企业创新链而言，也是建立相应的机制对创新链的整个活动流程进行监控，以识别可能出现的风险因素。在风险评估方面，一般存在四种方法。一是模糊综合评价法。李俊林等（2012）基于对企业技术创新项目风险因素的分析，构建了企业技术创新风险的模糊综合评价法。二是BP（back propagation，反向传播）神经网络法。肖玲诺等（2011）先对产学研知识创新联盟的风险成因及风险类型做了系统描述，分为内向型风险和外向型风险两大类，并用BP神经网络法对联盟所可能遇到的风险进行了评价，并将模型用于实证研究，该方法十分适用于解决非线性风险评价问题，减少了人为因素对评价结果的影响。三是灰色理论法。梁威（2009）通过设置技术创新风险评价指标体系建立层次灰色综合评价模型，对企业技术创新项目风险进行了定量分析。这种方法克服了其他风险测算方法存在的系统不确定性和评价风险单一的局限性，得到的判定结果更加客观、合理，且所需的数据量不是很大。四是物元可拓分析法。佟林杰（2017）在技术协同创新关键风险指标体系的基础上，构建了企业技术协同创新风险测评的物元可拓模型，以各项关键风险因素的专家打分原始数据为依据，对各项风险因素指标的专家打分的平均值进行归一化处理，并将归一化结果作为企业技术协同创新关键风险因素的权重系数。

在风险控制方面，创新活动中的人才流、物资流、资金流和信息流是风险控制的四个途径。更具体地，可以在全面深入分析合作创新中可能出现的道德风险、产权风险等一系列风险的基础上，更加关注以下合作创新中的风险管控机制，如实施协同创新项目市场价值跟随计划、建立完善的知识产权内部管理制度、建立实时动态的信息沟通与过程协调机制、设立独立于参与企业的协同创新基金、建立多元化的协同创新技术风险投资主体以及完善政府和社会对协同创新的风险补偿机制等六个主要环节（杜勇等，2014）。此外，领军企业还可以利用成就分享手段满足高校院所的成就动机，如利用知识披露手段满足行业竞争者获取最前沿技术知识的动机，利用投资锁定手段降低供应商面临的退出威胁机会主义行为风险，利用合作经营手段降低客户面临的隐瞒信息和退出威胁两类机会主义行为风险（邵记友等，2023）。在风险反馈方面，领军企业创新链风险管控应建立一套有效的监督与反馈机制。领军企业可以设立专门的风险管理部门或团队，负责监测、报告和评估创新链中的风险状况。同时，还需要建立风险反馈机制，收集和分析各方的反馈和建议，及时改进风险控制策略。

总之，领军企业在创新链中进行风险管控需要综合考虑多个方面，包括风险识别与评估、合作伙伴管理、信息安全保护、灵活应对等。通过科学有效的风险管控机制，领军企业能够更好地预防、应对和控制创新链中的风险，保障创新活动的顺利进行和创新能力的持续提升。

7.3 领军企业创新链的协同创新绩效

7.3.1 领军企业创新链协同创新目标

如今的创新活动已不是企业单打独斗所能完成的，而是由多个参与主体围绕着共同创新目标而展开的协同与合作，进而实现创新成果的过程。领军企业创新链的存在是为了提高科技成果转化效率或增加新的价值创造方式，其目的是解决现有问题或提供新的产品或服务。因此，领军企业创新链的构建需以市场需求为导向，以市场需求来指导或驱动科技创新，进而促使科技更好地为产业发展服务。具体来讲，领军企业在协同创新中的目标主要有以下方面。

（1）突破"卡脖子"技术。近年来，虽然我国在基础研究和关键核心技术攻关方面涌现了一批重大创新成果，但目前我国创新型国家建设仍面临两方面的挑战。一方面，2018年以来，全球贸易保护主义的抬头以及中美贸易摩擦暴露出我国在关键产业技术领域的技术短板，"卡脖子"技术成为影响我国产业国际竞争力甚至国家安全的重要因素。另一方面，目前我国科技成果转化能力较为薄弱且转化体制机制仍然不畅。解决关键核心技术"卡脖子"，就要围绕产业链部署创新链，具体策略是要充分发挥领军企业的引领与带动作用，构建领军企业创新链（杨忠和巫强，2021）。领军企业代表着产业发展的方向，除了具有较强实力与影响力，还拥有改变网络成员心理和行为的能力，其角色不仅有利于创新链协同创新的构建，而且也承担着构建创新链的责任。

（2）提升产品创新能力。2017年《中国企业创新能力评价报告》指出，我国高新技术企业专利数量分布不均衡，只集中于少数企业中，大部分高新技术企业创新能力较弱；同时，我国高新技术企业专利质量不高，其中有效发明专利占全部有效专利的41.3%。由于创新过程的复杂性、动态性和高风险性，依靠单一企业知识资源和能力很难实现突破性创新。因此，企业需要获取大学、科研机构和供应商等外部创新主体的异质性知识资源，通过协同创新取得成功。

（3）优化资源配置。协同创新能力在很大程度上依赖于系统资源配置的能力。在自组织协同配置模式下，系统内部各主体间的相互作用推动信息资源配置的协同演化，能使系统发挥出新的特性、结构和功能，更具活力和创造性（韩蓉和谢宗晓，2016）。领军企业创新链协同创新可以有效实现不同领域各创新主体间的资源共享和优化配置，从而降低创新的成本，提高成本效益。合作伙伴之间可以共同分担研发和生产成本，通过规模效应和资源优化实现成本效益的提升。这有助于提高产品或服务的市场竞争力，并为企业创造更大的商业价值。

（4）避免价值共毁。由于创新往往面临着较大的失败风险，且由战略资源需求驱动实施协同创新的各类主体利益诉求和出发点往往存在较大差异（陈怀超等，2020），整合多创新主体资源达到价值共创的目标并非易事，协同创新过程的失败更有可能导致价值共创的初衷坠落为"价值共毁"（关新华和谢礼珊，2019）。领军企业创新链协同创新一方面可有效保障创新所需的各类创新资源的获取；另一方面，还有利于集思广益，形成多学科间的交叉碰撞，而且进一步强化协同创新参与者间的资源交换和信息流动，从而保障合作创新活动的顺利开展，有效避免了价值共毁情况的出现。

7.3.2　领军企业创新链价值共创来源与影响因素

（1）价值共创的起源与内涵。传统价值观认为企业和顾客在价值创造中独立扮演着各自角色，企业的本质是创造价值并通过价值链将其传递给顾客，而顾客只是价值的使用者（Normann and Ramírez，1993）。随着网络经济与信息技术的快速发展，顾客的角色发生了重大转变，变得更加活跃和知情（Agrawal and Rahman，2017）。现有技术不仅使顾客多样化需求更易感知与传递，而且使其主动并积极参与价值创造成为可能，互联网环境下的企业营销正逐渐由以产品为核心转向以顾客为核心（吴瑶等，2017）。因此，为满足日益多样化的顾客需求，企业除不断推出新服务外，还需积极与顾客进行线上线下互动，通过寻求协同合作共同创造价值。研究表明，价值创造不再仅仅依靠企业自身，而是由顾客创造或与企业互动共同完成（简兆权等，2016）。顾客参与价值共创为顾客和企业带来了价值增值，提升了企业的动态能力（Cabanelas et al.，2013），关注顾客多样化的个性需求还使企业获得强大的市场竞争优势（Luu，2019）。由此可知，价值共创突破了传统企业价值创造范式，增加了新的内涵，其重点开始从商品主导逻辑转移到服务或顾客主导逻辑。

价值共创是当今价值创造研究领域的前沿之一，现有关于价值共创理论的研究主要分为两个分支。第一，基于消费者体验的价值共创理论。Prahalad 和 Ramaswamy（2004）从企业竞争视角揭示了新环境下由企业与消费者角色转变导致的企业经营理念与经营模式转变，并且认为企业与消费者共同创造价值是企业构建新战略资本和塑造新核心能力的全新战略取向。Prahalad 和 Ramaswamy（2004）关于价值共创的基本观点主要包括两点，一是共同创造消费体验是消费者与企业共创价值的核心，二是价值网络成员间的互动是价值共创的基本实现方式。

第二，基于服务主导逻辑的价值共创理论。Vargo 和 Lusch（2004）提出著名的"服务主导逻辑"，在服务主导逻辑下共同创造的价值并不是"交换价值"，而是消费者在消费过程中实现的"使用价值"。其中，使用价值是消费者在使用产品和消费服务的过程中通过与生产者的互动共同创造的价值。因此，在价值共创系统中，消费者作为资源整合者，通过整合利用各方资源来共创价值，价值随着消费者的消费和互动活动而持续动态形成。

（2）领军企业创新链价值共创的来源。领军企业创新链的有效构建离不开在创新链构建过程中各创新主体自身价值增值的实现。也就是说，价值共创不仅体现在追求创新链整体价值，更体现在追求各创新主体的自身价值，且各创新主体自身价值的实现是最终实现整体价值的有效保障，其中任何一个环节都不能掉队，只有共同成长才能实现整体创新效益的最大化。事实上，领军企业创新链上各创新主体间的价值共创具体可细分为四个活动：一是明确从生产到销售整个链条所涉及的利益相关者；二是了解创新链上各利益群体间的接触与互动情况；三是创新链上各利益相关者在组织学习讨论中相互分享知识与体验，并进一步寻找增强体验的方法；四是组织与利益相关者持续对话，创新链上各创新主体共同寻找解决问题的办法（Prahalad and Ramaswamy，2004）。在领军企业构建的平台型创新链中，领军企业与参与企业之间、大学等科研机构与企业之间、企业与顾客之间、政府与企业之间都存在着多向互动，甚至在创新链平台上有着多个主体同时参与的多边模式。在这些互动过程中，知识、信息、技术等无形资源以及资金、设备等有形资源被有效整合，价值被不断创造，并随着价值的流动而不断增值。具体来讲，领军企业创新链价值共创可借鉴以下方式来实现。

基于不同研发阶段视角的价值共创方式。现有研究指出，企业基于创新研发阶段将研发服务的价值共创分为研发定位、研发系统运行以及研发成果转化三个阶段，并进一步提出了相应的价值共创模式（简兆权等，2016）。在研发定位阶段，研发成果提供者（研发企业、高校、科研院所）以开放式资源共享为基础组建战略联盟，将资源价值最大化；而科研中介机构则在政策允许的范围内，通过与研发成果需求者充分沟通，为研发成果提供者提供方向参考；风险投资为研发成果提供者提供了资金保障。在研发系统运行阶段，主要是以前期确定的研发需求为核心，使研发成果从开发、设计到运行各个阶段紧密衔接。研发成果的提供者与需求者以联盟的形式形成相应的网络，两个网络之间不断地进行技术交流。在此过程中，科研中介网络的角色主要是在与研发成果提供者进行进展及融资交流的基础上，为其引入合适的风险投资。在研发成果转化阶段，主要是通过增加研发支撑服务的复杂性来实现价值共创。经过研发成果提供者与科研中介网络的互动合作，研发成果在研发支撑服务的推进下，最终实现了价值最大化。基于强网络关系支配，这些主体在价值驱动下形成紧密关系，最终形成迭代式合作。

基于开放式创新联盟视角的价值共创方式。现有研究认为，企业可以通过成立并加入开放式创新联盟实现价值共创（Han et al.，2012）。一方面，开放式创新联盟降低了企业之间的交易成本，通过组织学习的强化以及外部技术的内部化来共创价值；另一方面，开放式创新联盟中的领军企业可以通过给其他成员提供互补性资源创造价值，异质性成员企业之间能力的互补有利于价值共创。开放式创新联盟的一个典型案例是谷歌、T-Mobile、高通、三星等 IT 领军企业于 2007 年成立的开放手机联盟，这些 IT 领军企业在这个开放手机联盟中通过人才、技术等资源的共享，成功开发了 Android（安卓）操作系统，最终替代了诺基亚公司的 Symbian 系统，一跃成为目前手机操作系统的主流，为联盟中的成员以及其他手机制造商、用户创造了价值。

基于平台型组织视角的价值共创方式。在平台型经济背景下，越来越多的学者认为平台是实现价值共创的一种模式。现有研究表明，通过平台模式实现价值共创的方式有两类。第一，通过主动参与平台实现价值共创。参与平台来实现价值共创是一种积极的行为，可以帮助个人或组织获得更多机会和好处。参与行为具体包括以下方式。①提供有价值的内容或服务：通过分享知识、技能或经验，可以为平台上的其他用户提供有价值的内容或服务。②参与讨论和合作：积极参与平台上的讨论和合作项目，与其他用户共同解决问题、分享见解和提供建议。这不仅可以提高自己的专业水平，还可以促进交流和合作，共同创造更多价值。③提供反馈和建议：平台用户可以提供反馈和建议，帮助平台改进和优化用户体验，从而实现彼此间的价值共创，如 Ceccagnoli 等（2012）以小型独立软件供应商（independent software vendoors，ISV）企业为案例分析对象，指出加入平台生态系统有利于 ISV 企业寻求到互补型资源，最终通过互补式创新实现与平台生态系统其他主体之间的价值共创。

第二，通过主动搭建平台实现价值共创。搭建平台是一种企业主动实现价值共创的方法，它可以为不同的参与者提供一个共同的空间来交流、合作和创造价值。具体包括以下方式。①创建社交媒体或在线社区平台：一方面通过搭建一个社交平台可以为用户提供一个互相交流、分享知识和经验的空间；另一方面通过管理和促进平台上的交流，可以帮助用户互相学习、合作和共同创造价值。②设计创新的协作工具或平台：开发新的协作工具或平台，可以为用户提供一个共同协作和创新的空间。已有研究指出，平台模式这种开放式创新的商业模式能够创造并获取价值（Chesbrough，2003）。例如，苹果公司运用独特的 App Store 商店应用平台，为 iPhone 和 iPad 开放式服务价值共创提供了保障。在这个平台上，任何人都可以成为开发者，同时也可以成为免费或付费下载应用程序的用户。开发者可以通过平台获得应用程序开发的技术支持，并且在平台上进行交易，苹果公司则通过帮助开发者进行产品营销推广以及提供支付功能的方式收取分成。

（3）领军企业创新链价值共创的影响因素。创新链中的共创价值来源于创新主体间的互动与协作，并在对话和学习中不断增值。因此，创新主体的特征及互动模式都会对共创价值有着显著影响。首先，创新链的价值共创来源和影响因素可能因行业、企业特点等因素而有所不同。不同行业和企业可能面临不同的挑战和机遇，因此在实践中需根据具体情况进行分析和实施，如一些行业可能更注重技术创新（如科技和制造业），而其他行业则更注重服务创新（如零售和旅游业）。因此，行业特点会对创新链的价值共创产生影响，需要根据行业特点调整实施策略。其次，在以企业为主体的产学研协同创新体系中，支配企业行为的商业逻辑和支配高校行为的学术逻辑存在显著差异（Sauermann and Stephan，2013），这导致企业与高校的行为不同，而且还会引发深刻的冲突（Murray，2010），进而为协同创新活动的顺利实施带来障碍，如基础研究领域的高校院所（如发表论文）与应用研究领域的企业（如技术应用）在协同目标上往往存在分歧，导致协同创新效率低下。然后，领军企业创新链上伙伴组织剩余分配与价值投资的矛盾是伙伴合作中较为突出的问题，而剩余分配又对伙伴组织开展研发合作具有直接影响。尤其是领军企业创新链上各创新主体相互之间的利益分配和剩余分配等都会对其创新链协同创新效率和科研成果有较为重要的影响，甚至关乎到整个创新链协同创新活动的成败。因此，积极的剩余分配策略可有效降低组织成员的机会主义行为风险，已经成为政产学研界的共识（唐子然，2022）。最后，创新主体的互动模式以及与外部环境的互动也会对共创价值产生重要影响。创新主体需要对外部环境的变化和需求敏感，及时调整创新链的策略和定位。创新主体还可以通过与外部合作伙伴、产业生态系统等进行互动，获得更多的资源、知识和机会，从而实现更好的价值共创效果。因此，领军企业应该注重构建创新链的良好合作生态和伙伴关系，通过共享资源、协同创新和满足用户需求，实现持续创新和共同价值创造。

7.3.3　领军企业创新链协同创新的利益分配

（1）合作剩余的来源。合作剩余指的是企业、高校、科研机构、政府、金融机构及中介机构等创新主体，通过合作协同实现的创新总收益与各个创新主体各自创新产生的收益之和之间的差值（姚艳虹和夏敦，2013）。在创新链协同管理中，合作剩余满足序变量的基本属性（李忱和王春和，2004）。首先，合作剩余是创新链整体创新效益之和与各个主体单独创新效益之和的差值，反映了整个创新链的宏观属性。其次，合作剩余是创新链整体协同的结果，是微观子系统集体运动的产物。最后，合作剩余的提高会提升创新链整体的协同效应，而当合作剩余减少时，创新链整体会受到抑制，由此可见，合作剩余支配了整个领军企业创新链的演化过程。基于以上论述，合作剩余是协同管理中的序变量，是整个领军企业创新链演化的根本动力。

合作剩余问题的研究，最早可以追溯到古典经济学家亚当·斯密的经济学研究传统。劳动分工导致的效率提升以及机器的发明与使用带来了合作剩余，不同要素间的多重共线性作用使得共同产出大于单个要素的产出之和（Alchian and Demsetz，1972）。随后，合作剩余的研究逐步扩大到企业之间以及集群之间。合作剩余被认为是合作主体通过合作得到的纯收益与不合作或竞争所得纯收益之间的差额，主体只有在有此差额存在的情况下才会有合作意愿。创新的本质是要素作用方式和实现方式的自组织性，创新链的协同管理取决于能否产生合作剩余。

资源基础观认为，优势资源互补是合作的基础和关键（金芙蓉和罗守贵，2009）。创新资源指的是创新链上所包含的资金、信息、知识、人才、设备与技术等要素。从微观来看，创新是创新资源的优化组合。动态选择创新资源的最佳结构方式，直接影响着合作剩余的产生（刘颖和陈继祥，2009）。创新资源的互补为实现合作剩余提供了潜在的可能性，要实现合作剩余还依赖于创新链中各主体的紧密有序结合与互动。创新协同度反映了创新主体间的协作及互动程度，创新协同度越高，协同效应越大，合作剩余也越多。除此之外，创新链处于一个开放系统中，与外部环境进行着物质、能量的交换。例如，税收政策、法律法规、经济环境等都时刻影响着创新链的协同，对合作剩余有着重要的影响。

（2）合作剩余的分配。合理的企业剩余索取权安排不仅能够产生有效的激励作用，还更有助于企业业绩的提升。正如已有研究表明，合理的企业剩余索取权安排可以促进企业整体价值的提升（Francis and Bali，2000）。领军企业创新链协同创新追求的是合作剩余的最大化。在相互协作的过程中，创新主体既要考虑创新资源的有效整合，又要考虑自身资源的效用最大化。如果不能达到此目标，创新主体间的协同就会丧失基础。合作剩余的分配是指：创新链中各创新主体从总的合作剩余中分得各自应得的份额。从理性角度出发，没有收益的合作在市场中不可能存在。对合作剩余的合理分配主要有两方面的作用：其一，合作剩余的合理分配可以避免创新链中主体的机会主义行为，保证协同的有效进行；其二，合作剩余的合理分配可以激励创新主体积极参与到协同中，共同提升创新链整体的创新绩效。

领军企业创新链协同创新的利益分配是一个复杂而重要的问题，涉及多方的合作与利益关系。政府、高校、科研院所、供应商、客户等都是创新链中的利益相关者，他们对于创新链的发展和创新成果都有不同的期望和需求。收益分配是否合理、公平、有效，也是合作者密切关注的问题。因此，利益分配应该考虑到不同利益相关者的权益和利益平衡，确保整体利益最大化。在这个过程中，确保公平、合理的利益分配是促进创新链协同创新可持续发展的关键。在实践中，可以通过合同、股权结构、技术转让等方式来实现创新链协同创新的利益分配，制定明确的合作协议和契约可以明确各方的权益和责任，确保利益的合理分配。同时，建立公平、透明的利益分配机制以及知识产权保护制度也是重要手段，以鼓励创新链中的各方积极参与和共享创新成果。

（1）领军企业创新链协同创新利益分配的方法。①Shapley 值法。Shapley 值法具有计算方便、所得解唯一的特点，现广泛应用于供应链利益分配等相关问题的研究。Shapley 值法由经济学家 Lloyd Shapley（罗伊德·沙普利）提出，认为整体收益应当根据各成员的贡献率来分配，是一种按劳分配模式。Shapley 值法既对企业间的竞合有所反映，又能避开平均主义陷阱，是一个较为科学、公平合理的分配方式，易于被各方利益主体接受。在随后的发展过程中，学者通过修正 Shapley 值法对企业间制造产能共享的收益分配方法进行设计与改进，从共享合作过程中投入情况及合作努力程度出发，基于修正 Shapley 值法构建了制造产能共享收益在各个企业间的分配模型。此外，饶卫振等（2022）研究了订单合并决策下云制造联盟收益分配问题，从合作博弈的视角量化联盟净收益，以制造商成本最小化为目标优化协作方案，采用 Shapley 值法实现联盟收益的均衡分配。②核心解集法。核心解集法是一种用于网络分析和社交网络分析的算法，它主要用于识别网络中的核心子图，而核心子图是指具有较高密度和连接性的节点集合。核心解集法的基本思想是通过逐渐移除网络中度数最低的节点，直到网络中所有节点的度数都大于或等于指定的阈值，最后剩下的节点就组成了核心子图。核心解集法要求从联盟中获取的利益不少于成员单干的利益。对此已有学者展开了大量研究，如 Mohebbi 和 Li（2015）基于合作博弈论构建具有稳定性、交叉单调性、满足预算平衡的成本分配机制。此外，Lozano 等（2013）开发出一种线性模型来对协同效应进行量化，该模型认为惩罚金系数和运输成本保持不变，通过 Shapley 值法等多种合作博弈方法，得到成本节约收益的最优分配形式。

（2）领军企业创新链协同创新利益分配模式及类型。对创新链协同创新而言，各创新主体之间的利益分配被认为是最为关键也让人最感棘手的问题之一。由于创新链中各创新主体实力存在一定程度的差异，在缺乏合理的利益分配机制情况下，各创新主体预期收益的偏差将不可避免地引发冲突，对创新主体的合作意愿和博弈行为产生不可忽视的负面影响，从而威胁到各创新主体的合作意愿以及创新链的合作绩效（鲍新中和王道平，2010）。因此，建立公平的利益分配机制是领军企业创新链必须解决的重要问题。基于此，有学者把企业之间的收益分配分为股权式和契约式，把企业间的合作分为事前考察、合作治理及事后执行三个阶段（吴波，2008）。其中，股权式收益分配是指企业通过参股、合资等方式实现共同利益的分配；契约式收益分配是指企业通过合同、协议等方式来实现共同利益的分配。

对于股权式分配，一些学者指出可以根据参与者的贡献度和持股比例来确定其收益份额。根据这种方式，参与者所获得的收益比例将相当于他们持有的股份比例，这将使他们的收益与贡献度相匹配（Zhao et al.，2014）。另外，股权合作通过激励、信息共享和谈判促进企业间进行协同的作用机制，具体体现在股权激励不仅包括了对员工的激励，也包含了对合作企业的激励（蔡继荣，2015）。在以上研究的基础上，李明敏等（2020）还进一步考虑股权合作企业的异质性，发现在非财务控制权制衡度有效的情况下，协同得到有效的促进，从而实现了异质企业之间相互制约且互惠共生的局面。

对于契约式分配，现有学者运用收益共享契约研究随机需求下煤炭供应链利益分配问题（黎枫和李广霞，2018）。他们分析了独立决策与集中决策下煤炭供应链利益问题，提出运用成本分担契约，解决多个供应商之间的利益分配问题，确定了收益共享参数的取值范围，建立了多级煤炭供应链利益分配模型；通过调节收益共享参数，实现煤炭供应链合理利益分配。此外，陶丹和朱德全（2017）提出纵向合作、一体化合作与政府补贴三种利益分配优化路径，并通过博弈均衡模型得出政府补贴的产学研利益分配优化路径。再者，李巍和花冰倩（2016）基于合作博弈建立了利益分配模型，得出学研方应根据付出获得相应的收益，企业要配合政府监管，政府要对产学研的分配比例系数进行调整。

（3）领军企业创新链协同创新利益分配冲突及策略。任何合作都可能存在利益冲突，尤其是对领军企业创新链这种多主体协同创新参与、多领域创新活动同时开展的复杂协同创新而言，彼此间的利益分配存在冲突极为常见。如何采取合适的创新利益分配机制应对这类冲突就显得十分重要。van Dierdonck 和 Debackere（1988）将协同创新的利益机制冲突分为运作冲突、制度冲突及文化冲突。张志华等（2016）认为利益机制的冲突主要表现在契约的可操作性欠缺、利益分配与市场风险承担难以平衡和监督保障机制不完善三个方面。面对领军企业创新链利益分配冲突问题，有研究指出合理的制度安排是企业合作剩余能被均衡分配的基础。为此，针对协同创新中存在的利益冲突问题，应该采取的策略包括如下两类。

一是构建复杂产品协同创新的利益分配模型。由于复杂产品协同创新中各类企业有着不同的利益诉求，在协同创新过程中必然进行着趋利避害的动态博弈，由创新活动产生的利益分配问题将直接影响各创新主体的合作行为（孟卫东和代建生，2013）。基于此，有学者引入投入比例、风险分担率以及谈判力强度等影响因素，对高技术产业技术联盟的利益分配进行了研究（曾德明等，2015）。此外，有研究表明复杂产品系统协同创新的合作需求对网络的合作密度影响较大，且当合作需求的取值范围不同时，对网络合作密度的影响规律不同（周国华等，2020）。因此，在利益分配结构中选择适当的度权重与调节系数，不仅可以避免一般企业的收益受损，还可以使核心企业与骨干企业的收益处于一个较高的水平。相比于复杂产品协同创新合作需求较低的情况，合作需求较高时的最佳度权重较大，最佳调节系数较小。当采用度主导的利益分配结构时，骨干企业初始策略的改变将对网络的合作密度产生显著的影响。

二是构建基于协同创新的科技金融生态系统二次利益分配机制。领军企业创新链是一个不同创新主体间通过资源互补和互利合作实现协同创新的价值创造过程，而协同创新的利益如何在各创新主体间合理分配是领军企业创新链保持创新动机的重要因素。已有研究在一次利益分配的基础上，进一步构建了二次利益分配机制（张忠寿和高鹏，2019）。其中，以委托代理理论为基础，金融机构种群和企业种群之间的创新收益分配为一次分配；而企业种群内部科技型企业之间的利益分配为二次分配，以优化的 Shapley 值理论为基础。总体而言，一次分配体现高收益给予高分配、低收益给予低分配的公平原则，即对于为生态系统产生高创新收益的因素（如创新绩效转化率、绩效收益转化率），要给予正向激励，反之亦反。这种分配方式有效降低了两大种群在合作博弈中由逆向选择产生的道德风险，提高了生态系统的创新能力和创新绩效。二次分配则遵循兼顾公平和效率的原则，以价值创造的 Shapley 值为基础，再根据各企业创新行为因素逆向推断其创新努力程度，并以此为据进行权重调整（张忠寿和高鹏，2019）。总之，在利益分配过程中不仅考虑各企业对企业种群创新绩效的实际贡献，更兼顾每个主体付出的创新努力，体现了结果和过程并重的思想。

（4）领军企业创新链协同创新利益分配的惩罚机制。协同创新是一种促进领军企业创新链整体效能提升的有效途径，为避免协同创新失灵，有必要在创新链上的企业之间建立一定的约束惩罚机制，以增加背叛的成本并提高协同效应。因此，在企业的利益机制构建中，为了有效地约束各方的行为，从而避免一方违约或退出后其他合作方损失过大，建立起完备的惩罚机制是必要的（罗剑锋，2012）。例如，在领军企业创新链上的多企业合作过程中，为防止机会主义与单方违约情况的出现，各创新主体间可以形成商会或特定组织机构，该机构不仅可披露或传播各参与主体的诚信信息，还可对违约企业进行集体惩罚。此外，有学者构造了合作创新的进化博弈模型，发现是否能够持续合作取决于合作开发项目所取得的超额利润与违约收益之间的关系（张洪潮和何任，2010）。如果合作带来的超额利润大于违约收益，各方就有动力继续合作，反之则不会继续合作。因此，设置合适的惩罚力度将更有利于促进领军企业创新链企业间的协同与合作。

总之，领军企业创新链协同创新的利益分配需要考虑到各方的投入、贡献和风险，确保公平、合理的分配机制。同时，建立稳定的合作关系和良好的利益平衡是实现创新链协同创新可持续发展的重要保障。只有各方共同努力，才能实现利益共享、合作共赢的目标。此外，领军企业创新链协同创新的利益分配还需要根据具体情境不断进行优化和完善。随着合作关系的发展和合作实践的积累，各方之间的权益会发生变化，因此利益分配机制也应该及时调整，以保证利益分配的公正和合理。只有建立公平、稳定且协调的关系，才能实现创新链协同创新的可持续发展。

参 考 文 献

鲍新中，王道平. 2010. 产学研合作创新成本分摊和收益分配的博弈分析[J]. 研究与发展管理，22（5）：75-81.
蔡继荣. 2015. 联盟关系协同的股权规制机制研究[J]. 中国管理科学，23（1）：163-169.
曹霞，宋琪. 2016. 基于企业 QFD 和改进 VIKOR 法的产学研合作伙伴选择研究[J]. 科技管理研究，36（8）：91-97.
陈怀超，张晶，费玉婷. 2020. 制度支持是否促进了产学研协同创新？——企业吸收能力的调节作用和产学研合作紧密度的中介作用[J]. 科研管理，41（3）：1-11.
陈劲. 2000. 完善面向可持续发展的国家创新系统[J]. 中国科技论坛，(2)：23-25.
陈劲，阳银娟. 2012. 协同创新的理论基础与内涵[J]. 科学学研究，30（2）：161-164.
陈伟，王秀锋，李金秋，等. 2020. 产学研协同创新合作伙伴动态选择模型[J]. 哈尔滨工程大学学报，41（11）：1727-1734.
陈钰芬，陈劲. 2008. 开放度对企业技术创新绩效的影响[J]. 科学学研究，26（2）：419-426.
杜勇，黄庆华，张卫国. 2014. 战略性新兴产业微观主体协同创新风险控制机制研究[J]. 科技进步与对策，31（12）：54-59.
高锡荣，罗琳. 2014. 中国创新转型的启动证据：基于专利实施许可的分析[J]. 科学学研究，32（7）：996-1002.
关新华，谢礼珊. 2019. 价值共毁：内涵、研究议题与展望[J]. 南开管理评论，22（6）：88-98.
哈肯 H. 1984. 协同学引论[M]. 徐锡申，陈式刚，陈雅深，等译. 北京：原子能出版社.
韩蓉，谢宗晓. 2016. 协同创新体系的信息资源配置与信息安全问题[J]. 中国标准导报，(12)：24-27.
胡恩华，刘洪. 2007. 基于协同创新的集群创新企业与群外环境关系研究[J]. 科学管理研究，25（3）：23-26.
黄哲，刘玉颖. 2018. 产业联盟实现创新的伙伴选择策略[J]. 学术交流，(8)：86-92.
蹇洁，王咪琳，安世全，等. 2019. 协同产品创新联盟伙伴选择决策[J]. 计算机集成制造系统，25（3）：752-763.
简兆权，令狐克睿，李雷. 2016. 价值共创研究的演进与展望：从"顾客体验"到"服务生态系统"视角[J]. 外国经济与管理，38（9）：3-20.
金芙蓉，罗守贵. 2009. 产学研合作绩效评价指标体系研究[J]. 科学管理研究，27（3）：43-46，68.
李柏洲，尹士，罗小芳. 2018. 集成供应链企业合作创新伙伴动态选择研究[J]. 工业工程与管理，23（3）：123-131.
李忱，王春和. 2004. 可持续发展的协同机制研究[J]. 中国软科学，(3)：152-156.
李红艳，吴忠，王静. 2017. 基于 ANP-DEA-GRA 的协同创新合作伙伴选择[J]. 计算机工程与应用，53（24）：238-244，251.
李俊林，孟祥生，薛桂英. 2012. 企业技术创新项目风险分析及综合评价的研究[J]. 河北工业大学学报，41（5）：114-117.
李明敏，李秉祥，惠祥. 2020. 异质股东控制权配置对企业混改绩效的影响：基于股东资源与治理结构双视角[J]. 预测，39（1）：26-34.
李巍，花冰倩. 2016. 合作博弈框架下产学研协同创新的利益分配策略研究：社会网络分析视角[J]. 商业研究，(9)：39-45.
黎枫，李广霞. 2018. 基于收益共享契约的多级煤炭供应链利益分配研究[J]. 煤炭经济研究，38（12）：28-38.
梁威. 2009. 企业技术创新项目风险的层次灰色综合评价方法[J]. 科技管理研究，29（12）：116-118.
廖秋林. 2000. 寿险价格的确定及其对利率变动的反应[J]. 价格月刊，(1)：19-20.
刘庆龄，曾立. 2023. 科技创新助力乡村振兴的机理与策略解析[J]. 江南论坛，(2)：33-38.

刘颖，陈继祥. 2009. 基于与制造业协同的生产型服务企业竞争优势构建研究[J]. 科技管理研究, 29 (10): 334-335, 330.

陆跃祥, 游五洋. 2000. 中国企业风险管理研究[J]. 山东经济, 16 (4): 61-64.

卢__瑞. 2018. 2018版ISO31000《风险管理指南》综述与解析[J]. 中国商论, (20): 165-166.

卢志刚, 申康. 2016. 基于粒子群蚁群算法的供应链合作伙伴选择研究[J]. 计算机工程与科学, 38 (5): 946-953.

罗剑锋. 2012. 基于演化博弈理论的企业间合作违约惩罚机制[J]. 系统工程, 30 (1): 27-31.

满青珊, 张金隆, 聂磊, 等. 2011. 冲突影响下的移动商务联盟自组织动力建模[J]. 管理科学, 24 (3): 34-42.

孟卫东, 代建生. 2013. 合作研发中的双边道德风险和利益分配[J]. 系统工程学报, 28 (4): 464-471.

漆苏, 杨为国. 2008. 专利许可实施权转让研究[J]. 科研管理, 29 (6): 89-94.

饶卫振, 苗晓河, 朱庆华, 等. 2022. 考虑企业服务质量差异的协作配送问题及成本分摊方法研究[J]. 系统工程理论与实践, 42 (10): 2721-2739.

邵记友, 盛志云. 2022. 领军企业创新链的嵌套式结构与协同机制：基于华为的案例研究[J]. 科技进步与对策, 39 (18): 67-76.

邵记友, 杨忠, 汪涛, 等. 2023. 以领军企业为核心主体的创新链：结构特征与协同机制[J]. 中国科技论坛, (11): 97-107.

邵奕翔. 2021. 新零售模式下鲜切花产业供应链合作伙伴选择策略：以河南省郑州市鲜切花产业为例[J]. 岳阳职业技术学院学报, 36 (1): 81-86.

石玉英, 乔林, 刘亮, 等. 2005. 现代企业风险管理方法简述[J]. 科技与管理, 7 (4): 88-90.

史璐璐, 江旭. 2020. 创新链：基于过程性视角的整合性分析框架[J]. 科研管理, 41 (6): 56-64.

孙佳怡, 杨忠, 徐淼. 2023. 创新主体、创新行动对企业创新绩效的影响：基于创新链理论的元分析[J]. 系统管理学报, 32 (4): 761-773.

汤淑泱. 2016. 基于内部控制的企业风险管理研究[J]. 财会学习, (3): 128-129.

唐子然. 2022. 协同创新模式下伙伴组织合作剩余分配研究[D]. 长沙：湖南大学.

陶丹, 朱德全. 2017. 产学研协同创新中产出分享利益分配方式的优化路径[J]. 统计与决策, 33 (7): 36-40.

佟林杰. 2017. 基于可拓物元模型的技术协同创新风险评价研究：基于企业主体的视角[J]. 数学的实践与认识, 47 (9): 35-42.

王安宇, 司春林, 骆品亮. 2006. 研发外包中的关系契约[J]. 科研管理, 27 (6): 103-108.

王成军. 2006. 官产学三重螺旋创新系统模型研究[J]. 科学学研究, 24 (2): 315-320.

王攀, 薛艳. 2013. 中小制造企业技术创新风险因素分析[J]. 商业经济, (12): 38-40.

巫强. 2021. 领军企业创新链：理论内蕴与政策体系[J]. 工信财经科技, (2): 26-33.

吴波. 2008. 企业间合作治理模式选择的实证研究[J]. 技术经济, 27 (9): 105-110.

吴瑶, 肖静华, 谢康, 等. 2017. 从价值提供到价值共创的营销转型：企业与消费者协同演化视角的双案例研究[J]. 管理世界, 33 (4): 138-157.

伍蓓, 陈劲, 吴增源. 2008. 研发外包的内涵、动因及模式研究[J]. 中国科技论坛, (4): 30-34, 47.

肖玲诺, 史建锋, 孙玉忠. 2011. 基于BP神经网络的产学研知识创新联盟风险评价研究[J]. 中国软科学, (12): 173-179.

解学梅, 方良秀. 2015. 国外协同创新研究述评与展望[J]. 研究与发展管理, 27 (4): 16-24.

徐雷, 李晓红, 杨卫华. 2018. 产学研协同创新项目绩效影响机制研究：基于伙伴选择视角[J]. 科技管理研究, 38 (6): 202-208.

徐淼, 孙佳怡. 2023. 中国领军企业创新链模式：一项质性元分析研究[J]. 现代经济探讨, (4): 113-124.

姚艳虹, 夏敦. 2013. 协同创新动因：协同剩余：形成机理与促进策略[J]. 科技进步与对策, 30 (20): 1-5.

杨忠，李嘉，巫强. 2019. 创新链研究：内涵、效应及方向[J]. 南京大学学报（哲学·人文科学·社会科学），56（5）：62-70，159.

杨忠，巫强. 2021. 深入把握科技创新规律 加快构建创新联合体[N]. 人民日报，2021-08-16（10）.

叶琴，曾刚，陈弘挺. 2015. 中国装备制造企业合作创新伙伴选择：基于2013年中国工博会249家参展企业的问卷调查分析[J]. 地理科学进展，34（5）：648-656.

殷俊杰，邵云飞. 2017. 创新搜索和惯例的调节作用下联盟组合伙伴多样性对创新绩效的影响研究[J]. 管理学报，14（4）：545-553.

尹航，侯霁珊，南金伶. 2021. 战略联盟伙伴选择、知识搜索与联盟创新绩效关系[J]. 科技进步与对策，38（14）：108-115.

余义勇，杨忠. 2020. 如何有效发挥领军企业的创新链功能：基于新巴斯德象限的协同创新视角[J]. 南开管理评论，23（2）：4-15.

曾德明，张丹丹，张磊生. 2015. 高技术产业技术创新战略联盟利益分配研究[J]. 经济与管理研究，36（7）：119-126.

张洪潮，何任. 2010. 非对称企业合作创新的进化博弈模型分析[J]. 中国管理科学，18（6）：163-170.

张志华，李瑞芝，赵波. 2016. 多主体参与的协同创新体利益分配机制研究：高校主导的协同创新中心视角[J]. 科技进步与对策，33（20）：25-29.

张志寿，高鹏. 2019. 科技金融生态系统协同创新及利益分配机制研究[J]. 宏观经济研究，（9）：47-57，66.

周国华，李施瑶，夏小雨. 2020. 基于利益分配的复杂产品协同创新网络合作行为演化研究[J]. 技术经济，39（3）：10-19，29.

周寄中，薛刚. 2002. 技术创新风险管理的分类与识别[J]. 科学学研究，20（2）：221-224.

朱雪春，陈万明，殷红幸. 2014. 企业协同创新伙伴选择研究[J]. 中国科技论坛，（11）：97-102.

Abend C J. 1979. Innovation management: the missing link in productivity[J]. Management Review, 68（6）: 25-30.

Agrawal A K, Rahman Z. 2017. CCV scale: development and validation of customer co-created value scale in e-services[J]. Current Psychology, 38（1）: 720-736.

Alchian A A, Demsetz H. 1972. Production, information costs, and economic organization[J]. The American Economic Review, 62（5）: 777-795.

Ankimasahi H Y. 2002. Industry-university cooperation to take on here from research institute of economy[J]. Trade and Industry, 4: 42-49.

Ansoff H I. 1965. Corporate Strategy: An Analytic Approach to Business Policy for Growth and Expansion[M]. New York: McGraw-Hill.

Belderbos R, Carree M, Lokshin B. 2004. Cooperative R&D and firm performance[J]. Research Policy, 33（10）: 1477-1492.

Berchicci L. 2013. Towards an open R&D system: internal R&D investment, external knowledge acquisition and innovative performance[J]. Research Policy, 42（1）: 117-127.

Cabanelas P, Omil J C, Vázquez X H. 2013. A methodology for the construction of dynamic capabilities in industrial networks: the role of border agents[J]. Industrial Marketing Management, 42（6）: 992-1003.

Ceccagnoli M, Forman C, Huang P, et al. 2012. Cocreation of value in a platform ecosystem: the case of enterprise software[J]. Mis Quarterly, 36（1）: 263-290.

Chesbrough H. 2003. The logic of open innovation: managing intellectual property[J]. California Management Review, 45（3）: 33-58.

Chiesa V, Manzini R. 1998. Organizing for technological collaborations: a managerial perspective[J]. R&D Management,

28（3）：199-212.

Chiesa V，Manzini R，Pizzurno E. 2004. The externalisation of R&D activities and the growing market of product development services[J]. R&D Management，34（1）：65-75.

Dyer J H. 1997. Effective interim collaboration：how firms minimize transaction costs and maximise transaction value[J]. Strategic Management Journal，18（7）：535-556.

Etzkowitz H，Leydesdorff L. 1995. The triple helix：university-industry-government relations：a laboratory for knowledge based economic development[J]. Glycoconjugate Journal，14（1）：9-14.

Francis J C，Bali R. 2000. Innovations in partitioning a share of stock[J]. Journal of Applied Corporate Finance，13（1）：128-136.

Freeman C. 1987. Technology Policy and Economic Performance：Lessons from Japan[M]. London：Pinter Publishers.

Gloor P A. 2006. Swarm Creativity：Competitive Advantage Through Collaborative Innovation Networks[M]. Cambridge：Oxford University Press.

Grimpe C，Kaiser U. 2010. Balancing internal and external knowledge acquisition：the gains and pains from R&D outsourcing[J]. Journal of Management Studies，47（8）：1483-1509.

Han K，Oh W，Im K S，et al. 2012. Value cocreation and wealth spillover in open innovation alliances[J]. Mis Quarterly，36（1）：291-316.

Li D，Eden L，Hitt M A，et al. 2008. Friends，acquaintances，or strangers？Partner selection in R&D alliances[J]. Academy of Management Journal，51（2）：315-334.

Lozano S，Moreno P，Adenso-Díaz B，et al. 2013. Cooperative game theory approach to allocating benefits of horizontal cooperation[J]. European Journal of Operational Research，229（2）：444-452.

Luu T T. 2019. CSR and customer value co-creation behavior：the moderation mechanisms of servant leadership and relationship marketing orientation[J]. Journal of Business Ethics，155（2）：379-398.

Mohebbi S，Li X. 2015. Coalitional game theory approach to modeling suppliers' collaboration in supply networks[J]. International Journal of Production Economics，169：333-342.

Murray F. 2010. The oncomouse that roared：hybrid exchange strategies as a source of distinction at the boundary of overlapping institutions[J]. American Journal of Sociology，116（2）：341-388.

Nelson R R. 1993. National Innovation Systems：A Comparative Analysis[M]. Cambridge：Oxford University Press.

Nieto M J，Santamaría L. 2010. Technological collaboration：bridging the innovation gap between small and large firms[J]. Journal of Small Business Management，48（1）：44-69.

Normann R，Ramírez R. 1993. From value chain to value constellation：designing interactive strategy [J]. Harvard Business Review，71（4）：65-77.

Okamuro H，Kato M，Honjo Y. 2011. Determinants of R&D cooperation in Japanese start-ups[J]. Research Policy，40（5）：728-738.

Prahalad C K，Ramaswamy V. 2004. Co-creating unique value with customers[J]. Strategy & Leadership，32（3）：4-9.

Ritala P，Hurmelinna-Laukkanen P. 2013. Incremental and radical innovation in coopetition：the role of absorptive capacity and appropriability[J]. Journal of Product Innovation Management，30（1）：154-169.

Santoro M D，Bierly P E. 2006. Facilitators of knowledge transfer in university-industry collaborations：a knowledge-based perspective[J]. IEEE Transactions on Engineering Management，53（4）：495-507.

Sauermann H，Stephan P. 2013. Conflicting logics？A multidimensional view of industrial and academic science[J]. Organization Science，24（3）：889-909.

Schwartz M，Peglow F，Fritsch M，et al. 2012. What drives innovation output from subsidized R&D cooperation？

Project-level evidence from Germany[J]. Technovation, 32 (6): 358-369.

Serrano V, Fischer T. 2007. Collaborative innovation in ubiquitous systems[J]. Journal of Intelligent Manufacturing, 18 (5): 599-615.

Slaughter S, Rhoades G. 2004. Academic Capitalism and The New Economy: Markets, State, and Higher Education[M]. Maryland: JHU Press.

van Dierdonck V R, Debackere K. 1988. Academic entrepreneurship at Belgian universities[J]. R&D Management, 18 (4): 341-353.

Vargo S L, Lusch R F. 2004. Evolving to a new dominant logic for marketing[J]. Journal of Marketing, 68 (1): 1-17.

Zeng S X, Xie X M, Tam C M. 2010. Relationship between cooperation networks and innovation performance of SMEs[J]. Technovation, 30 (3): 181-194.

Zhao S, Yu H, Xu Y, et al. 2014. Relationship-specific investment, value creation, and value appropriation in cooperative innovation[J]. Information Technology and Management, 15 (2): 119-130.

第 8 章 领军企业创新链关键主体的分工与协作机制

领军企业创新链中的创新主体众多,包括领军企业、高校和科研院所、供应商、客户、政府等,不同创新主体聚焦的创新领域不同,各自的角色定位不同,第 7 章重点阐述了多个创新主体之间的协同创新。在中国情境下,领军企业创新链的多个创新主体可以归为三类关键主体,即领军企业、政府和市场;这三者共同嵌入多重制度逻辑并行的制度环境中,彼此之间持续交互,发挥不同的功能作用。这三者的合理分工与协作对领军企业创新链的稳定高效运行极为重要。本章就在第 7 章分析的基础上,重点研究这三类关键主体在领军企业创新链中的分工与协作机制。

8.1 基于多重制度逻辑的关键主体特征差异

创新链上的关键主体共同合作,以达成协同创新目标。不同类型的创新主体往往秉持不同的制度逻辑,具有多样性和差异性[①]。只有认识到每个逻辑独特的价值和贡献,各类主体才可能跨越不同逻辑冲突和错位的障碍,鼓励制度逻辑的互补互通关系,创建灵活适应不同制度逻辑的创新分工和协作方式。

8.1.1 不同角色分工的创新主体交互机制:制度逻辑视角

1. 制度逻辑的基本界定与类型划分

Friedland 和 Alford(1991)最早提出制度逻辑理论视角。他们指出,宏观社会层面上的西方资本主义存在五种制度秩序(institutional orders),分别为市场、国家、民主、家庭和宗教。这五种制度秩序各自隐含着特定的制度逻辑,即"一套物质实践与符号性建构,构建了制度秩序运行原则"。在此基础上,Thornton 等(2012)提出将制度逻辑概念正式界定为"由社会构建的、历史性的文化象征符号、物质实践、假定、价值观、信念等模式,支配着人们的日常生活并赋予其意义",并基于上述五种制度秩序,更新为七种制度秩序——家庭、组织社群、宗教、国

---

① 本章界定的"关键主体"是对"创新主体"进行抽象概括后得到的,是更加宏观的领军企业创新链主体概念,是区别于第 7 章研究的更为具体的"创新主体"。

家、市场、职业、公司，将其统称为制度逻辑的"理想类型"(ideal type)。逻辑是社会共享、深深印在人们脑海中的假设和价值观，会形成固定的认知框架，也是衡量行为主体合法性的标准。组织层面上，制度逻辑能使重要的决策制定者将注意力集中于特定集合的问题和解决方式上（Ocasio, 1997; Thornton and Ocasio, 1999），从而做出符合制度逻辑的决策（Thornton, 2002）。

在具体组织情境中，组织内部受到多种制度逻辑的影响，面临多种身份与使命。例如，企业经济活动不仅显著受到市场逻辑的影响，还会受到国家逻辑、社会逻辑和家庭逻辑等其他非市场逻辑的影响。不可否认，组织所处环境中具有不同的制度逻辑，虽然有主导逻辑，但并非意味着该制度逻辑有绝对压倒性优势。事实上，不同制度逻辑会产生冲突、矛盾或不兼容情况，也会呈现兼容、共生的情况。制度逻辑的种类和数量构成了企业管理中客观存在的制度复杂性，而制度逻辑之间的矛盾、竞争、共存和变化关系也是制度复杂性的微观体现（杜运周和尤树洋，2013）。制度逻辑理论的观点认为，结构与行为相互影响。当组织面对多重竞争性制度要求和压力，特别是这些要求彼此不相容时，就要求行动者对这些制度逻辑压力进行响应。Oliver（1991）识别出组织如何响应制度压力，提出五种战略，包括默许、折中、逃避、反抗和操纵，强调组织是否会选择这些战略取决于组织的、情境的和与特定制度压力相关联的因素。

2. 领军企业创新链中关键主体的多重制度逻辑关系

由领军企业主导并构建的创新链，本身构成了一种"场域"，存在着很高的制度复杂性（Greenwood et al., 2010）。嵌入其中的制度逻辑包括高校和科研院所秉持的学术逻辑、产业企业秉持的市场逻辑、国有领军企业的政府组织身份所具有的国家逻辑等。领军企业创新链中，多重制度逻辑之间存在着冲突、错位、一致和互补四种交互关系（杨忠等，2021）。

第一，冲突关系。关键主体之间的冲突关系是创新链中最为普遍的关系。各创新主体在特定逻辑下有不同的行为和社会关系，导致组织内部面对的多个制度逻辑在角色、做法、技能及标准等方面存在矛盾或不兼容，比如在国有企业内部，同时面对社会使命逻辑、公众社会逻辑、市场逻辑和技术逻辑，这些制度逻辑之间存在矛盾。国有企业要履行社会使命，以满足国家在民生福祉方面的需求，但国有企业秉持的认知原则及行为方式，与其他企业在社会使命逻辑下的做法（如象征性社会责任行为）存在强烈冲突。同时，市场逻辑要求其尽快获得收益和成本最优，而在技术逻辑压力下，很多从事研发的企业需要持续通过数额巨大的投资，攻克技术难题并实现技术突破。由于创新活动的经济收益实现缓慢，技术目标与市场逻辑秉持的原则存在一定的相悖之处。除了国有企业的案例，民营企业如华为与高校在共建联合研究中心的过程中，也存在与高校之间的制度逻辑冲突。

比如，学术研究往往更基础，而商业研究更注重实际，学术研究更强调科学家的自主性，而商业研究往往是更大规模协调活动的一部分，强调局部与整体的协调一致。就研究者的价值观和动机而言，学术逻辑所支持的价值和动机与商业逻辑所支持的不同，学术研究者的价值观通常是由自主参与智力挑战的愿望决定，他们通常会接受较低的薪水作为有能力这么做的回报。在企业内部，为新技术和产品而创造和开发知识会得到奖励，不会过于强调新知识的原创性（邵记友和盛志云，2022；邵记友等，2023a）。这种制度逻辑之间的冲突为企业创新带来了内部矛盾，增加了技术创新难度。

第二，错位关系。制度逻辑之间的错位包含两种表现，一是适合专业分工的创新主体偏离本应遵循的制度逻辑。比如，领军企业在与我国高校建立合作关系时，可能采用联合研发、共建实验室和研发机构等方式，此时就容易出现错位关系。为了实现"产-学"协同，高校本应遵循学术逻辑，从事深入的基础研究，为企业研发提供基础理论支持，但现实情况是，各高校有其自身的科研绩效考核制度，出于科研绩效压力或为了提高经济收益，高校研究人员会从事横向课题和专利申请，偏离基础研究的定位要求。领军企业研发部门本应按照技术逻辑，专注于应用研究和技术转化落地，但缺乏高校研究人员的基础研究支撑，反而要承担并不擅长的基础研究，攻克基础理论难题。可见，创新链运作过程中，企业本应遵循的技术逻辑与高校本应遵循的学术逻辑在部分场景下，会偏离原有逻辑，存在制度逻辑错位。

二是创新主体对制度逻辑的履行程度低，导致未实现其在创新链结构中承担的应有功能。由于领军企业资源财力雄厚、主导性强、创新投入比例大，后期得到的奖励远高于其他主体；相比之下，高校、科研院所等科研机构缺乏主动申报并承担企业创新项目的动力和积极性，更愿意作为领军企业的跟随者而非资源提供者。这就与创新链的结构要求相背离：高校本应遵循学术逻辑的指导，善于利用学术能力，减少在创新链结构里与企业主体的地位落差。因此，这种逻辑错位大大增加了创新研究的成本，造成创新资源协调的难度加大，时间浪费增多，甚至可能导致创新链结构出现不稳定。

值得注意的是，"错位"并不意味着一定产生冲突，而是组织机构及创新主体由于某些暂时的原因，忽视并误解了自身的身份认知，向其他逻辑偏移，或在制度目标上存在滞后，从而在决策行为选择上产生失误。这类错位关系会导致已有结构体系发生变化，使原本地位波动或丧失，增大与其他机构和主体的地位落差，最终使创新链缺乏强大的凝聚力。

第三，一致关系。这是指制度逻辑之间目标方向的对齐和管辖范围的部分重叠，各制度逻辑齐头并进、互不干扰，并不会彼此伤害或替代。一方面，国家逻辑发挥了不可忽视的引领作用。我国规划并实施一系列国家重点科技计划任务，指明并支持全社会各创新主体的创新进程和项目推动。同时，大型国有企业也受到中央政府的直接指导，开展各类产业科技创新活动。中央政府作为国家逻辑的倡导者，主动命名国家和地方重点实验室，设置重大科研项目，制定科技奖励并引导社会投资；国有企业作为社会使命逻辑和技术逻辑的执行者，需要积极参与国家级重点领域的科技项目攻关。可见，我国政府和企业共同努力解决国家的科技创新实际问题。在这一过程中，国家逻辑指导并牵引组织层面的市场逻辑、社会使命逻辑和技术逻辑，使这些逻辑在创新目标上与国家最终目标对齐。

另一方面，随着社会进步，技术逻辑和市场逻辑的管辖权也呈现日益重叠的趋势。随着物联网、人工智能、数字化等科学技术不断发展，传统行业也产生一系列变化。诸多领军企业遵循市场逻辑，推进新技术和新业务以迎合社会进步和产业变迁，不断跨界融合，从而保证自身领军地位和明显竞争优势。领军企业有希望始终领先的市场期望，也在技术逻辑下希望达到技术领先。市场逻辑和技术逻辑在整体目标上相契合，领军企业并不需要"非此即彼"地选择某一逻辑。

第四，互补关系。互补关系是指制度逻辑之间可以彼此加强优势，扬长避短。在领军企业创新链结构中，高校的学术逻辑、科研机构的专业逻辑、地方政府的行政逻辑和领军企业的技术逻辑形成互补。领军企业通过与政府、高校和其他研究机构合作建立外部研究网络，在我国力求实现"产-学-研-用"相结合的创新目标下，不同的制度逻辑为相应创新主体带来了独特优势。高校具有更专业的创新和学术环境，拥有更为纯粹的理论研究环境，具备强大的基础研究能力。国内多家技术研究院所和科研机构能够联合研发短板技术，协助引进海外先进技术，使得国外基础研究落地，向国内转移和转化科技成果，填补应用研究的空缺。

互补关系不仅体现在领军企业能获得其他逻辑的支持，也体现在领军企业帮助其他主体获得业务机会和经济收益，同时巩固自身的主导地位。领军企业具有技术和应用型人才，甚至部分领军企业拥有院士级别的科技领军人才，能为高校或科研机构提供科技创新资金和资源的扶持。在具体科技创新项目执行过程中，一些非领军企业也可能拥有独占性技术，或具备庞大的用户体量，能发挥更大的科技创新潜力。制度逻辑的配合和加强，加速了创新资源、要素以及专业知识的转移及协同。术业有专攻，互补性是维持连接活动的关键，使创新链体系更稳定，加强互动行为的有效性。

8.1.2 创新链发展中关键主体分工的行动指南

创新链上不同创新主体带来多重制度逻辑互动关系，显著影响着创新链的运转过程。为了使领军企业创新链的结构和功能得以有效发挥，减少创新链断裂的可能性，就必须在遵循创新活动本身的分类模式和发展规律的基础上，制定合理分工行动指南。

1. 传统科技创新与巴斯德象限创新

1945 年，Bush（布什）依据基础与应用科学两分法，提出科技创新的路径遵循"基础研究→应用研究→技术开发→生产经营"的线性特征。在线性模式下，科技创新以探索未知世界规律为根本目的，认为基础研究无须考虑后续应用环节，其自由创造是科技创新的源泉；将基础研究作为科技进步的先驱，后续环节将直接依赖于前一环节的研究。可见，传统科技创新将基础研究与应用研究进行明确区分，不仅在某种程度上弱化了国家发展战略目标与科学目标的一致性，而且由于基础研究不受实践应用目标的束缚，创新成果的转化率大大降低。同时，线性创新以基础研究为源头，不仅方向较为单一，而且创新动力不足现象明显（余义勇和杨忠，2020）。

随后，Stokes（1997）基于微生物学案例分析，在梳理科学与技术、基础研究与应用研究的基础上提出了巴斯德象限理论（图 8-1），相对准确地反映了科学研究的实际情况，弥补了基础研究与应用研究间的鸿沟，认为基础研究与应用研究之间并非矛盾的对立关系，而是存在动态关联性及交错融合性，知识发现和知识应用可以并存于同一科研活动过程中。

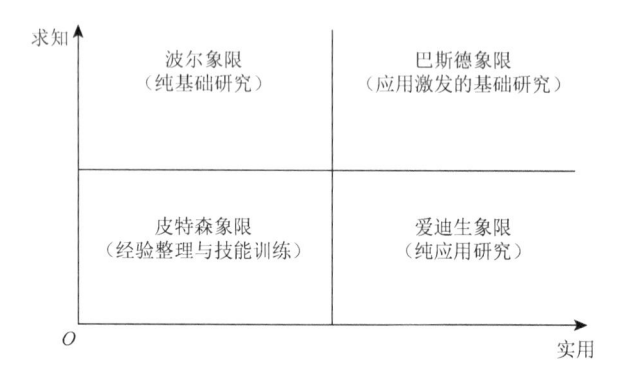

求知	波尔象限（纯基础研究）	巴斯德象限（应用激发的基础研究）
	皮特森象限（经验整理与技能训练）	爱迪生象限（纯应用研究）
O		实用

图 8-1 巴斯德象限理论

近年我国涌现出一批新型研发机构，直面产业一线，大多采用基础研究、应用研究与产业化相融合的科技创新模式，试图打通从基础研究到应用研究，再到产业孵化和市场销售的全创新链和产业链过程，从根本上解决了科技与经济"两张皮"的问题。这类新型研发机构的成功，证明创新链的有效构建离不开我国产业发展需求或用户需求的引导,将用户这类主体纳入创新过程中,不仅可将用户资源整合到创新网络中帮助企业识别需求来源,而且用户的参与能够加快创新进程。

巴斯德象限的基础研究需以市场应用目标为导向,结合学研机构与企业等多方组织之间的合作互动来开展科研创新活动,从而构成了由应用引发的基础研究新模式与新路径。然而,如今科技创新更加注重科技与经济的深度融合,在新时代面向产业发展需求的背景下,相应的创新链构建也更加体现出以政府为引导,面向科技前沿,面向我国产业发展重大需求,且注重科技成果能否转化落地、能否引领产业发展与服务国家经济的导向,远远超出实际应用和知识探索的范畴。因此,创新链关键主体分工有待进一步探索新形势下的科技创新活动新模式与新分类。

2. 新巴斯德象限理论：新型科技创新活动特征

正如本书第 7 章所讲的,领军企业创新链的创新活动体现为协同创新,更多涉及的是产业层面,创新链最终要以产业化为目标。近年来,我国产业层面的创新体系逐渐呈现出以政府为主导、以企业为主体、产学研相结合的产业科技创新新趋势。其中,高校与科研院所具有庞大的创新人才队伍和先进的科研仪器设备,掌握着前沿的知识和技术,为创新提供智力援助。企业在研发资金、生产试验设备和场所、市场信息和营销经验等方面具有优势,为创新提供市场导向。政府则通过制定相关政策法规、搭建协同创新平台等方式,降低各创新主体间的信息搜寻成本,为创新活动提供便利。领军企业创新链的有效构建及功能的有效发挥,关键在于设计一套合理的协作方式,促进各创新主体间的合作互动,以产生协作效应。对此,有研究开始围绕领军企业创新链协作方式展开讨论。

在巴斯德象限理论的基础上,余义勇和杨忠（2020）提出,以产业化为导向的、基础研究与应用研究相融合的新型科技创新特征被称为"新巴斯德象限理论"。我国很多大型装备及"大国重器"的创新链结构的技术创新过程都涉及多个主体、多个领域,创新链的有效构建更是多主体协作互动的体现。比如,在华为的 5G 创新链技术创新中,不仅在内部囊括了基础研究、应用研究和试验发展三类活动,同时还涉及明显的多元主体之间的嵌套关系,"产-学-研-用"共同合作：外部的市场主体（如客户）是核心需求提出者,华为通过分散在全球各区域代表处的"铁三角团队",收集市场需求；高校和科研院所是关键知识和前沿技术的"主力军",能够在创新链中传递知识资源和创意想法；华为作为领军企业,在全球各地建造实验室和研究所,获取外部资源,打造供需匹配系统,将其他创新主体的需求落地。由此,内部参与者自主与外部主体点对点进行协同创新。

在我国高铁行业创新链的建设中，各阶段的产业发展需求为高校院所、企业等创新主体提供了创新分工及技术标准要求，高校、科研院所和企业都紧紧围绕时速200～250公里的动车组、时速300公里的动车组、CRH380和复兴号动车组所提出的创新目标，进行任务分工、协同合作。该过程中，作为用户的中国国家铁路集团有限公司不仅代表用户对每一项重大的新产品研发提出设计要求，而且审查并下达设计任务书，为高校、科研院所等机构及企业开展前沿研究提供重要的"试验场"。这有利于其从产业界获取各种有用的信息与资源，为基础研究及应用研究活动的开展提供丰富的研究素材与资源。各阶段产业化目标的完成，不仅使我国高铁企业技术能力实现了由技术引进消化吸收—技术改进优化—技术自主创新的飞跃，也促进了高校院所科研能力的不断提升，由最初的对高铁科学原理的学习解析，过渡到对高铁技术的前沿科学原理和理论的二次创新，再到实现了高铁技术前沿科学原理和理论的突破。反之，高校院所和企业能力的提升、基础研究与应用研究领域的技术突破也为产业化的最终实现提供了有力保障（余义勇和杨忠，2020）。

综合起来，以产业化为导向的基础研究与应用研究相结合的"新巴斯德象限理论"，是指导创新链各创新主体进行高效协作的全新分工指南工具。在科技创新中，不断借"智"发展，通过政府、产业、高校院所、供应商及用户的优势互补、各取所长，形成强大的研究、开发、生产一体化系统。

首先，政府发挥桥梁和纽带的双向"引导"作用，通过产业政策、资金和项目等形式为创新活动搭建起一个良好的创新平台，增加了其他创新主体连接与互动的机会。其次，企业应以应用研究为本，将创新链前端的技术创新与后端的产业需求很好地连接在一起，实现创新链上各创新要素的有机结合与高效流动，进而促使创新链功能的有效发挥。作为创新主体的企业，既要一手抓创新，又要一手抓市场，使产品研发在产业需求和技术创新的双驱动下，通过反馈环不断实现研发和应用的耦合，真正实现产业导向下的基础研究与应用研究的融合。其中，前端的产学研作为"智援"为创新活动提供所需的技术与智力资源，能够很好地解决创新难题，是产业科技创新得以实现的保障；后端的"企业＋用户"的价值共创模式不仅能使研发方向准确把握市场导向，而且通过关注顾客体验，直接将用户需求纳入研发创新中，使创新成果得以顺利落地，提高创新成果的转化率。最后，供应商作为创新产品得以呈现的基础与保障，主要为创新主体提供所需原材料和零部件，在创新链中起辅助作用。

因此，在领军企业创新链的构建过程中，不仅要打通基础研究与应用研究间的壁垒，更应将后端的产业化环节纳入其中，即将实际应用目标最终延伸至技术成果的产业转化领域，使其为前沿研究提供重要的"试验场"。该创新理念不仅解决了科技创新转化率偏低的问题，而且其创新成果可直接应用于产业发展，对我国经济高质量发展起到了切实的推动作用。

8.2 领军企业创新链关键主体的分工机制

在我国转型发展情境下,领军企业以及其他创新主体都共同嵌入多重逻辑并行的制度环境中,其中,政府和市场的影响最为明显。领军企业带领各创新主体开展协同合作,政府、市场和领军企业是三大关键主体,三者之间持续交互,发挥不同的功能作用。

8.2.1 领军企业引领创新链活动的主导作用

创新链的价值创造主要依赖领军企业的治理,要想取得领军企业治理的效果,关键是确立领军企业主体地位,本质是要求领军企业主导构建创新链。

领军企业在创新链中一直处于主体地位,与其他提供辅助作用的供应商一样,以应用研究为主。但领军企业有更强的资源获取能力、协调能力、转化能力,在技术水平、行业地位、资源禀赋等多方面均存在优势(史璐璐和江旭,2020),肩负着更重要的任务,要推动创新链前端进行基础研究,将提供"智力援助"的学研机构与后端提供"产业需求"的用户相结合、相连接,使各创新主体在产业需求的指导下开展基础与应用相结合的创新研究。因此,在创新链构建过程中,领军企业作为最活跃的创新主体,与创新链上下游各环节主体间均存在直接或间接联系(邵记友等,2023b),不仅是连接创新链前端基础研究与后端产业化的重要一环,也是整个创新链价值得以完成的关键主体。

首先,领军企业是高校、科研院所研究内容的"出题者"和研究成果的"阅卷人"。以领军企业为核心主体的创新链,具有多阶段关联交互和多主体共生竞合的结构特征。创新链中的异质主体类型并不限于中小企业,还包括高校、科研院所等从事基础研究活动的创新主体。领军企业作为行业技术领先者,掌握着最前沿技术难题,能敏锐捕获市场信息,是科技创新骨干力量(尹西明等,2021)。领军企业向高校、科研院所发布技术难题清单,有助于高校、科研院所明确研究内容。高校、科研院所根据领军企业发布的技术难题清单开展研究,创造的研究成果能够直接被领军企业采用。

其次,领军企业是产业链上下游企业创新的"带动者"。领军企业在其所处的产业链内,深度参与并带动上下游中小企业创新活动,既要规定其研发目标和产品性能指标,还要为其提供直接的技术指导和检测分析,乃至对接外部科研机构,引入优质研发资源。与一般企业主导的产学研协同创新实践不同,领军企业能够把握产业界面临的真实前沿挑战(宋艳等,2022),其主导的产学研协同创新实践具有更广泛意义上的价值共创情境(王海军等,2020),领军企业一般会采用集中控制和定向激励两类机制促进创新链中多元主体协同创新，如通过成果分享、知识披露、投资锁定和合作经营等方式，或通过正式合同和技术标准制定，促进合作过程中的协同（邵记友等，2023b）。

最后，领军企业是创新链中分散创新资源的"整合者"。一方面，领军企业拥有较为完备的研发体系，具有较强的研发领导能力与抗风险能力，有能力解析技术问题并判断问题解决方向（罗小芳和李小平，2021），从而定位出需要寻找哪些资源定向解决技术问题。另一方面，领军企业拥有较大的市场规模和较为充裕的资源储备，能够支撑其将分散的创新资源整合为一个整体。

因此，在创新链上的产学研合作中，科技领军企业要发挥市场份额、集成创新、组织平台的优势，打通科技强、企业强、产业强、经济强的通道，整合集聚创新资源，形成跨领域、大协作、高强度的创新基地，开展产业共性关键技术研发、科技成果转化及产业化、科技资源共享服务，推动重点领域项目、基地、人才、资金一体化配置，提升我国产业基础能力和产业链现代化水平。

8.2.2 政府引领创新链产学研合作的导向作用

创新链功能的有效发挥得益于良好的创新环境与创新平台，而政府正好可以发挥其角色优势，通过出台相关政策引导创新主体进行创新合作。通过制定相关政策法规、搭建协同创新平台等方式降低各创新主体间的信息搜寻成本，为创新活动提供便利。

1. 政府引导组建创新联合体

政府支持领军企业组建创新联合体。政府促进产学研融通创新，畅通创新要素向企业集聚的通道，鼓励企业组建创新联合体和知识产权联盟，建设共性技术平台；加强知识产权全链条保护，着力打造市场化、法治化、国际化营商环境，维护公平竞争的市场秩序，更大激发市场主体活力和社会创造力；完善科技成果转移转化机制，支持有条件地区创建国家科技成果转移转化示范区，探索可复制、可推广的经验与模式。政府还要帮助创新联合体中各创新主体之间进行有效沟通，消除创新要素在创新链上跨部门、跨领域流动的体制障碍，打通高校和科研院所的科技创新人才融入企业创新链的机制堵点。政府在弥补市场失灵方面起到了不可替代的作用，政府以关键参与者身份创造的制度型市场驱动并引领了企业创新，规避了技术引进陷阱，加快了科技进步动力转换，为企业自主创新能力提升提供了不断学习与优化的机会窗口（黄先海和宋学印，2017；叶祥松和刘敬，2020；李维维等，2021；范旭和刘伟，2022）。

对于央企主导的领军企业创新链，中央政府要起到引导作用。在国家逻辑指导下，中央政府通过监管激励措施，引入利好性政策法规并给予创新活动合法性，淡化逻辑间可能发生的固有矛盾，使存在差异的逻辑在目标和方向上尽可能与国家战略对齐。中央政府可以给予国有领军企业更大自主权和规则制定权，加大对科技项目的投资和帮扶，支持配合领军企业的创新决策，助力制度创新。对于地方国企主导的领军企业创新链，地方政府也起着类似的引导作用。

2. 政府角色作用变化

政府可通过直接的行政手段或间接的市场手段来影响甚至改变企业行为，但政府角色也并非一成不变的，会随着企业发展阶段的改变从主导作用向引导作用转变。政府可以制定相应的政策和制度引导和激励企业自主创新，保障基础科学的供给、降低技术研发风险和鼓励自主创新（谭劲松等，2021）。例如，在领军企业成长过程中，政府要先组织后发企业进行技术追赶，然后政府角色应适时逐渐减弱，并最终退出市场干预，充当起服务者的角色。政府所扮演的试验性用户和初期市场角色，为关键核心技术的自主创新能力积累与突破提供了不断试错迭代的机会和支持（余义勇和杨忠，2023）。

无论是主导作用、引导作用，还是服务作用，都体现出政府在多主体创新合作中的治理能力。政府作为创新系统的一部分，其自身能力提升也是产业创新能力提升的重要内容。政府除使用行政手段外，还可通过市场手段来间接影响企业行为，相比于前者，市场手段能够提供持久的创新动力。具体来讲，在不同产业不同发展阶段，政府要分清楚自身是否为该领域的关键市场主体，从而选择合适的政府治理机制，是政府直接管理，还是政府为主、市场为辅，或者是政府和市场动态平衡的新型治理机制，需要具体问题具体对待。另外，政府要抓大放小、积极转变政府角色，其职能逐步向宏观管理、重要决策、顶层协调和制度建设等方面转变，在事关国家的重大计划和工程上要充分发挥集中力量办大事的制度优势作用。

8.2.3 市场在创新链产学研合作中的推动作用

除领军企业外，市场包括供应商、制造商、销售、用户等多方面的细分主体。市场作为领军企业创新链的关键主体，不仅是资源配置的基础主体，还是创新链的驱动力主体和评判标准制定者。市场担任领军企业创新链关键主体，就是要通过激励创新、引导资源流动以及反馈创新成果，推动领军企业创新链的形成和发展。

1. 市场决定创新资源配置

领军企业创新链功能的实现，需要充分发挥市场在资源配置中的决定性作用，通过市场需求引导创新资源有效配置，形成推进科技创新的强大合力。企业技术创新难题不仅仅出现在供给侧，市场需求侧同样也会影响企业创新（孙薇和叶初升，2023）。从创新目标来看，需求端市场规模的扩大会激励企业创新。市场需求规模的扩大会促进企业增加生产要素投入，进而激励并促进企业积极创新（胡增玺和马述忠，2023）。市场机制通过价格信号、需求供给的反馈，引导资源向创新链的各个环节流动。创新链上的企业、研究机构、初创公司等市场主体，都会根据用户需求来动态调整研发方向、技术投入和创新策略。在服务主导逻辑下，顾客的专用性知识和技能成为企业竞争优势的关键来源，将用户纳入创新链中可帮助企业及科研机构准确把握创新需求，不仅能够提高成果转化率，而且可以大大缩短产品研发周期。供应商在创新链中主要是为企业提供零部件或原材料，供应商的参与不仅能够提升其创新能力，而且能够分担创新风险。对这些创新链上的企业而言，其科技创新的本质就是逐利。如果没有市场利益的激励，政府行政手段也不可能充分且持续激发企业的创新活力。当然，市场需求不仅来自生活中客观存在的显性需求，也来源于政府构建的潜在需求，比如我国高铁的建设就是政府构建需求的显著体现。

2. 市场反馈促进创新成果提升

市场激励作用之所以不可或缺，一方面，市场需求能够诱导企业自发进行自主创新；另一方面，市场需求可提供检验完善产品的应用机会。这两者对于创新产品的持续改进及企业科技创新能力的提升与突破具有重要意义，市场能进一步促使创新成果的转化和商业化，市场为创新链中的新技术、新产品提供了检验和验证的平台。从创新动力来看，市场需求的扩大会吸引新企业进入并提高竞争强度，进而激励企业主动进行技术创新，市场需求所引致的市场竞争是推动创新和技术进步的引擎，是企业持续技术追赶的核心动力，可优化资源配置、提高经济效率。只有满足市场需求，具有有实际应用价值的创新成果，才能在市场中获得成功，进而推动产业链的发展。市场的反馈帮助创新链中的企业调整策略，改进产品，实现技术的商业化转化。在我国技术创新推进过程中，市场需求在很大程度上也为后发企业迭代"试错"和技术学习提供了支持（范旭和刘伟，2022）。

3. 市场辅助并依靠政府发挥引导作用

市场还是政府引导企业行为的有力"抓手"，政府通过市场手段可间接调控企业行为。虽然完全竞争市场能够实现帕累托最优，但市场选择也会表现出强者为大、赢者通吃的特征，而且完全市场需求驱动下的创新仅是边际创新，并不能促使企业能力实现根本性突破。当市场不能高效配置资源时，就需要政府的有形之手参与资源配置，使其向着更好的发展方向前进。在目前以国内大循环为主体、国内国际双循环相互促进的新发展格局下,关注市场尤其是全国统一大市场在企业技术追赶过程中的角色及作用具有重要现实意义。

市场配置资源是最有效率的形式,但完全依赖市场自发力量、完全依靠领军企业完成领军企业创新链的构建并不现实。其原因主要在于,科技创新具有高风险,即使付出大量研发投入也可能失败。与此同时,科技创新成果的溢出效应使得很多科技创新成果容易被竞争对手模仿,这会降低科技创新主体的创新积极性。此外,无论是领军企业还是其他主体,在构建领军企业创新链时,都会面临科技创新启动资金和后续投入的分担问题、研发过程中如何打破条块壁垒的问题、研发过程中的信息沟通问题、创新成果的合理分享问题等。这些问题单纯依靠市场机制并不能完全得到有效解决,需要通过政府的力量弥补市场不足,帮助领军企业协调领军企业创新链的创新活动,整合创新资源。

8.3 基于"政府+市场"有效结合的领军企业创新链协作机制构建

有效市场就是要充分发挥市场在资源配置中的决定性作用,有为政府就是要努力提升政府的治理能力并构建政府治理体系。只有处理好政府和市场的关系,才能更好发挥我国制度优势。现实中,很多国有领军企业创新链的构建就很好地协调了多重制度逻辑关系,有效结合了政府和市场的制度力量,展现了合理分工下的多主体协作作用。本节以国家电网和中国中车为例,探讨在多重制度逻辑并行的制度环境中,领军企业创新链的分工与协作机制如何成功构建起来。

8.3.1 领军企业主导协调多重制度逻辑关系:国家电网的案例

国家电网领军企业创新链的运作,涉及上下游环节中的各创新主体间相互合作、知识转移和资源整合。制度逻辑的冲突和错位会导致创新链结构不稳定,而一致和互补关系在一定程度上协助了创新链连接活动。国家电网设计相应的协作及响应机制,有效结合了政府和市场,构建起顺畅运转的领军企业创新链(杨忠等,2021)。

1. 区隔机制

国家电网在地理、任务和职责方面区分、分离有冲突的创新主体。国家电网重视组织设计上的架构调整。在组织结构冗余且混乱的时期,国家电网领导层先将科研力量独立出来,明确区分内部各部门的权责,剥离掉赘余的组织结构,并为相关部门提供经费补贴和保障措施,使各单位能致力于专业专职,形成以省属科研单位、直属产业单位和直属科研单位为核心的创新体系，从属关系清晰分明。这样相互独立的结构设置，保障了"特高压"项目在攻克过程中技术链条的延续性。国家电网加强基础前瞻布局，总部设置长线攻关项目，比如在"特高压"项目建设中，需要研究某个芯片，并非1~2年就能结束，而是长期投入，用长达5年甚至10年的时间攻克技术难点。

另外，国家电网注重识别各地区的优势定位，匹配各地区的经济结构特征，使各省（自治区、直辖市）和各地区的分属机构各司其职，发挥省属公司地区产业优势。除此之外，国家电网在如"特高压""三型两网"建设等具体的大型创新项目上，会将现阶段最主要的任务与其他任务分开，各自推进，利用差异化资源及专业化优势减少制度冲突和资源浪费，控制冲突带来的沟通成本，降低创新主体间的对抗性。区隔机制有效回避了制度逻辑之间的消极作用，使相互冲突的制度逻辑保持相对独立，有利于领军企业创新链结构稳定。

2. 妥协机制

国家电网的妥协机制针对制度逻辑错位中合作方意愿降低问题，旨在提高其他创新主体的参与度。在国家电网创新链结构上，有许多科研方面的合作创新主体，如与清华大学成立新一代电力系统联合研究院，其直属科研机构中国电力科学研究院也与清华大学合作，共同负责国家重点研发计划项目"高比例可再生能源并网的电力系统规划与运行基础理论"。国家电网、中国电力科学研究院还分别与西安交通大学先进电力能源科学技术研究院合作，开展国家重点研发计划项目"能源互联网的规划、运行与交易基础理论"。此外，国家电网还与华中科技大学、华北电力大学成立未来电网研究院、能源互联网学院、新能源电网研究所等机构，共同致力于基础研究开发。那么，针对高校和企业之间的合作，究竟如何协调各方利益？

对此，在与其他高校和科研机构共同承担科技项目的问题上，国家电网积极平衡了与各合作者之间的利益分配，并展现出让利动机。围绕着实现国家宏大科技进步的主要目标，国家电网使各合作单位在项目评奖中轮流担任第一完成人，成果专利分配遵循合同制，而非始终由自己独占鳌头。这种贡献利益行为满足了合作方的学术逻辑和专业逻辑要求，大大提高了高校和科研机构的期望值和合作意愿，激发了其他主体参与创新、攻克难关的积极性，解决了协同创新中转化效率低下等问题。同时，国家电网及时与各利益相关方商议，降低地位落差感，公开透明地明确各个项目信息，这有利于创新知识在各创新主体之间转移，彼此信任，打开了信息不对称的"黑箱"。这种妥协机制淡化了制度逻辑交互过程中制度逻辑之间的错位对领军企业创新链结构的不利影响，降低了由各主体距离过大导致领军企业创新链节点断裂的可能性。

3. 强调机制

国家电网通过强调机制，应对错位关系中的制度逻辑偏离问题。国家电网始终专注于主要创新任务以及重视对自身主导地位的保护。外部技术市场不断迭代，国家电网从未偏离电力行业的本质，始终以服务于人民衣食住行为主，围绕国家有重大需要的业务布局自身发展。国家电网虽然在此基础上适当拓宽边界，但对于与其产业链、价值链无关的领域或行为从未随意涉足。正如在调研时一位受访人所说："我们创新的核心就是看中背后的价值，透过现象看本质，本质是什么？有没有偏离自己？"为了保持主责主业，更好推动技术创新，国家电网领导班子甚至会剥离部分下属公司，全力关注电力领域，让科研人员专心搞科研。

国家电网强调身为国有领军企业的带领作用，在课题组走访调研国家电网时，公司领导人就表示，国家电网是创新的核心主体，既是技术需求方，又是技术提出方，也是设备应用方。因此，很多时候都是国家电网亲自牵头各类项目。领导层具备战略性眼光，愿意投入巨大研发经费以实现技术领先，成为国际上的行业标准制定者，并对自身的业务和产品采取专利保护措施，如通过"打包""配套"售卖知识产权的方式，拉开与上下游的其他组织和机构的技术距离，以夯实企业自身在领军企业创新链结构中的主导地位。

4. 获取机制

获取机制更好地发挥了一致关系中制度逻辑的对齐作用。国家电网有针对性地与能力强大的合作者进行合作创新，主动地分享内部技术成果或管理实践。一方面，国家电网注重专门、精准、细致地选取合作关系，联合全社会最优秀、顶级的团队开展合作研究和申报课题，打通各种资源获取渠道和制度障碍，塑造创新要求和执行方案。该机制的应用不但优化并获得了优质资源，还使行业和产业链上的其他企业更依托于国家电网，实现了自身体量规模的跨越。另一方面，国家电网运用制度优势，有意识地参与政府与国家战略计划制定，为创新链的运作积蓄初始力量，抢占市场话语权和主导地位，增加了领军企业创新链构建中关键环节的控制能力。国家电网已承担了"特高压""三型两网"等大型项目工程建设，体现了国家政策的要求与期待。

截至 2023 年底，国家电网已建成 19 项交流、16 项直流，共 35 项特高压工程，抢占了国内外特高压市场；投资运营菲律宾、巴西、葡萄牙、澳大利亚等 9 个国家地区的骨干能源网，增加了国际影响力，成为我国企业在世界范围内的一张名片。可见，获取机制加大了领军企业创新链的连接紧密度，使领军企业创新链上创新主体间合作关系的效率更高。

5. 变革机制

变革机制主要为适应制度逻辑一致关系中的重叠特征，并发掘多重身份。国家电网主动跨越身份边界，利用相对便利的行业进入权和大体量拉动市场需求，有时甚至不以符合大众认知"经济最优化"为出发点，通过独占性资源，全力争夺技术上规则标准的制定权。国家电网在信息化进程中积极跨界，承担服务者身份，带领建设电动汽车充电网络，推广光伏云网，建立光伏电站等；依托电网生态，涉足高端制造、"互联网+"、节能环保、金融、电子商务和电动汽车领域等，将业务从输电延伸到电力系统以及新能源领域，并朝更智能化、数字化等物联网领域迈进。

此外，国家电网近年来进行服务化转型，具有强烈的忧患意识。在调研过程中，国家电网一位领导人表示，作为行业领军者，还是要常常思考："国家电网日子过得不错，但今后怎么办，是不是永远有好日子？"国家电网身份的转变既满足了消费者的需要，又扩大了合作范围，吸引了新的知识和技术，推动了市场供给。变革机制也有助于我国电力及以外的行业进步和有效协同，拓宽了领军企业创新链上下游之间连接活动的范围与广度。

6. 开放机制

开放机制旨在更好地发挥制度逻辑之间的互补作用。国家电网将具有不同制度逻辑的合作者纳入创新链中，吸纳全社会的科技及创新力量，将各种制度逻辑的优势聚集起来。例如，国家电网与国家自然科学基金委员会联合设立并申请了多个基金项目，既结合了国家逻辑中我国对高端装备制造业升级的需求、技术逻辑中解决关键技术"卡脖子"的需求，还满足了社会使命逻辑中人民希望生活安稳、享受福利的期望，同时积极回应了市场逻辑的要求，身体力行，迎接创新风险，接纳创新文化。

在2019年，国家电网发扬作为领军企业的贡献精神，开放了自有资金建设的多个国家级实验室，发挥国有资产的能动作用，助力全国的科技创新合作；作为输电侧企业，其主动实施示范工程对发电侧行业企业进行展示，最大限度地利用了互补资源，发挥了各组织机构和不同企业的制度优势。在一些短期内不能获利的科技项目上，甘于做先行者和"坐冷板凳"，长期坚持攻克难关。这一策略并不以市场逻辑的获利为最终目的，但大大增加了领军企业创新链相互连接的合作方数量。

总的来看，国家电网处于创新链结构中的顶点位置，发挥引领作用。国家电网运用妥协、强调、区隔机制应对制度逻辑的错位和冲突关系，运用变革、获取、开放机制促进制度逻辑的一致和互补关系，对应制度逻辑间不同关系对创新链的影响。由此，国家电网一方面避免了创新链结构的不稳定，另一方面使连接活动更为紧密，连接数量增多，连接范围增大；各创新主体围绕国家电网共同转动，形成了高效、顺畅的创新链运作机制。

综合以上过程，本章提出，国家电网作为领军企业，带领其他创新主体实施科学研究，帮助不同创新主体形成共同愿景和使命目标，弥补基础研究与应用研究鸿沟。政府高屋建瓴地提出项目要求，并在各个阶段给予创新链资源和政策的支持。高校与科研院所具有庞大的创新人才队伍和先进的科研仪器设备，掌握着前沿的知识和技术，为创新提供智力援助。产业链上下游的其他企业在研发资金、生产试验设备和场所、市场信息和营销经验等方面具有优势，为创新提供市场导向。

8.3.2 多创新主体基于产学研合作各司其职：中国中车的案例

中车四方领军企业创新链的构建是以产业化为导向的基础研究与应用研究相互融合、共同驱动的过程。我国高铁企业与学研机构始终以产业化为创新导向，并在基础研究与应用研究领域展开合作，不仅解决了科技创新转化率偏低的问题，而且其创新成果可直接应用于产业发展，能够对我国经济发展起到推动作用。在中车四方领军企业创新链构建时，"协作"理念就扎根在各个创新主体的目标中，一直贯穿于中车四方创新链分工和协调的过程中（余义勇和杨忠，2020）。

1. 政府主导顶层规划机制

高铁行业的成功得益于一个清晰的国家宏观战略顶层设计。政府虽然不亲自参与研发，但对创新链上每个阶段的创新活动都有效落实了高效的管理体制和政策，为领军企业创新链构建和运行创造低成本、高效率的制度环境。

在市场化应用的导向上，以铁道部为代表的政府部门对高铁产业有着十分明确的产业政策，出台的一系列战略规划和顶层设计为整个行业的发展指明了方向。比如，2004年，国务院提出"引进先进技术、联合设计生产、打造中国品牌"的总体要求，鼓励引进国外技术。事实上，由铁道部牵头搭建的战略联盟，以及科学技术部和铁道部实施的两部联合行动计划，在国家层面上形成了空前的创新合作氛围，促使大家一起进行研发并贡献各自的力量，极大地推动了我国高铁事业的发展。2008年，国家提出建设"四纵四横"高速铁路网需求，大力发展高铁行业，加快关键技术的自主创新。同年，科学技术部和铁道部签署了《中国高速列车自主创新联合行动计划》，该行动计划的所有项目面向全国开放，打破门户之见，表明了国家对充分发挥全国科技和产业资源优势的期望，希望构建国家层面的最高水平研发团队。2016年，国家提出要建设我国"八纵八横"高速铁路网的宏伟目标，打造自主品牌、全面创新。在产业需求引导下，我国政府对高铁行业的大力扶持及宏大愿景的勾勒对各创新主体而言就像一个潜在的大市场、大蛋糕，巨大的市场潜力吸引着各创新主体积极加入其中。

在技术攻坚方面，我国政府分别在中国中车攻克关键核心技术的基础研究、技术研发、工艺制造阶段，为其提供学习外国先进技术的机会，投入资金支持国产化自主研发。为了助力中国中车作为领军企业的跨行业产学研合作，政府主导发布国家科技创新课题及项目，消除产学研合作的制度障碍，增加中车四方与其他创新主体连接与互动的机会，推动合作创新。试验验证阶段，政府为加快产品投入市场运营，便提供线路试验条件，帮助企业通过仿真测试提高技术可靠性。在创新链合作整个过程中，政府都以国家任务形式对中车四方及其合作伙伴提出要求、设立目标，共同确定技术创新的最终应用方向。

值得一提的是，在高铁研制成功后，我国政府直接实行大规模采购，明晰并承担起创新链的终端，避免创新链上前期技术研发与后续市场应用之间"脱节"，护航创新链核心技术转应用的"最后一公里"。这种以政府主导牵头的市场拉动，成了创新链上各创新主体参与创新活动的原动力。

2. 领军企业资源集成机制

中车四方在整个高铁产品研发过程中一直处于创新链核心主体地位。作为主机企业，中车四方负责车体、转向架和系统集成等方面的设计、试验和生产，创新行动集中于技术研发、工艺制造、试验验证三个阶段，重点攻克系统集成、转向架和车体三大关键核心技术，需要在关键核心技术上形成自主创新能力，任务涉及整个技术的产品研发、设计和生产流程，从产品集成到最终下线都要在中车四方完成。

对此，中车四方分别向内、向外发力，将各种创新资源和重要力量聚集在一起，打通技术、合作、市场、管理、供应链等各个层面的障碍。例如，在组织内部，为了更好实现创新资源流动，中车四方优化组织架构，变革工作流程，同时完善供方管理体系。中车四方改变了传统的单一、线性、静态的组织架构，打造了一个全新的"平台化、敏捷化"的可拓展组织架构，这在很大程度上消除了跨部门对接障碍，原有流程中需要层层审批、沟通不畅、经常面临时间滞后和信息错位的问题极大地减弱。在中车四方内部，部门与部门之间、部门和外部合作伙伴之间的连接与互动效率直接提高，减少了试错成本和资源浪费，大大促进了需要多主体协同的技术创新工作的开展。可见，作为"链长"，中车四方自身的灵活、敏捷与动态性为领军企业创新链的高效运作提供了重要保证。

在知识管理方面，中车四方建立了统一的知识积累和共享平台，以促进内外部知识资源的凝聚和转化。由研究部门专门组织对设计图纸、文件、标准、程序的学习和转化；由工艺部门专门组织对与工艺制造相关文件的消化吸收，将设文件、工艺手段、操作规程等固化为具有基础性、长期性、标准性的资料，随着流程的优化和技术的逐步改进，"量变引发质变"，实现创新能力的积累。

在人才管理方面，中车四方投入研究经费、培育人才队伍、设立创新机构，不断扩展内部知识存量，进行知识管理以获得新能力，将其融入企业原有的能力体系中，这不仅提高了领军企业自身技术能力，有利于掌握核心竞争力，也帮助自身在外部合作中能保障创新链有序、高效运行的基础条件。"打铁还需自身硬"，中车四方如此大力施行内部创新管理，就是为了巩固领军企业"链长"的核心地位，发挥"头雁"作用，保证其在与其他主体的合作中，以实力和领导力的双重融合实现"战略协同"。

在外部创新合作关系的建立与协同管理方面，中车四方的实践也鲜明体现出协同分工与融合的目标。早在2009年，中车四方就联合清华大学、北京大学、中国科学院等21家高校院所和41家配套供应商企业建立产学研创新联盟。2012年，中车四方作为理事长单位，联合清华大学、北京大学、中国科学院力学研究所等16家单位，成立中国高速列车产业技术创新战略联盟。之后，中车四方又发起成立了中国创新设计产业战略联盟。对于优化供方管理，中车四方采用分级管理的研发整合机制，向供应链合作伙伴及时传递技术标准要求和精益生产理念，分设三个部门协同配合，与供应商进行业务对接。

和国家电网相似，中车四方同样不断更新技术创新储备，设立国家高速动车组总成工程技术研究中心、高速列车系统集成国家工程实验室、国家企业技术中心、国家级工业设计中心、博士后科研工作站和国家高速列车产业计量测试中心六个国家级技术创新平台，在德国、英国和泰国成立海外研发中心，集成外部科研力量，深化整个产业链条的技术基础。

3. 学研机构智慧支援机制

一辆高铁由4万多个零部件构成，技术创新涉及电气、机械、材料、信息技术等多个领域。对这项大型系统工程在我国标准下进行全面正向设计，意味着要实现理论原理、应用技术、工艺制造和试验验证等多个阶段的"链式创新"。以"复兴号"为例，比起上一代产品"和谐号"，创新链的目标不仅仅是表面上的速度提升，更是需要攻克大量底层基础理论和应用技术难题。中车四方作为领军企业，在传统铁路装备上有深厚的技术积累和强大的人才队伍，但仍无法凭借一己之力攻克所有问题。比如，转向架的设计，首先需要理解动力学、结构强度和刚度等一系列物理原理，其次要使用新材料，设计完成后，还涉及对制造工艺的要求，中车四方自身资源和铁路系统内部资源远远不够，正如在访谈时企业相关负责人所说："新技术、新工艺、新材料源源不断地出现，但我们还局限在原来的认知里。"

高校院所和科研机构所扮演的"智援"角色，帮助创新链解决了技术断点问题。仍以"复兴号"高铁为例,从启动研发到产品下线,创新链条足足涵盖了 120 多个国家级和省部级实验机构,以及十几家与中车四方建立了长期合作关系的高校、科研院所,包括西南交通大学、清华大学、西安交通大学、北京交通大学、中国科学院、中国铁道科学研究院等。它们深度参与了全过程,为中车四方的大量关键技术攻关做出了宝贵的贡献。比如,中南大学有一个风洞实验室,长期研究航空条件下气动力学行为,为高铁的高速运行状态提供了气动力学理论基础,负责高铁外形结构设计和空气动力学试验;西南交通大学有动力学实验室,专攻动力学计算及参数选择、模拟动力学试验,以及仿真分析和跟踪试验检测等领域。海外高校和实验室同样拥有互补技术。例如,原先的高铁车头由 80 多块铝板拼接而成,这些拼接板块小,所以焊缝很多,这便导致变形可能性较大。英国帝国理工学院拥有大尺寸复杂曲面外板成型技术,与中车四方达成了技术合作关系,借助它们的技术,高铁车头的拼接板块数量减少了一半,生产效率和质量大大提升。再比如,美国斯坦福大学擅长高铁的健康安全管理技术,也已与中车四方达成了深度合作。这些学研机构的帮助,让领军企业和各个创新主体对创新链上的技术原理"知其然,也知其所以然"。中车四方借助高校贡献的知识解决了实际工程问题,而高校和科研院所则可以用项目的整体成果做自身专业学科上的提升,将理论成果拓展到实际应用上,深化整个产业链条的技术基础。

高校院所不仅为中车四方解决了技术研发上的难题,也通过成立联合研发中心为中车四方培养并输送了大量人才,进一步为中车四方的科技研发提供保障。在这样的合作与交流中,中车四方提升了自身的创新能力,吸纳高端人才,并拓展行业内的智库资源,从"复兴号"研发计划启动开始,高校和科研院所及科研团队的影响至今。2020 年 12 月 11 日,中国中车"十四五"科技发展战略规划及轨道交通技术发展院士专家咨询会在中车四方召开。在会议和参观中,由 31 位院士以及知名高校的教授、专家共同组成的"顶级智囊团"结合自己的研究领域,为中车四方的创新发展提出了很多建设性意见和建议。

4. 供应链与用户融通反馈机制

高铁是我国最庞大、最复杂的现代化系统工程之一,涉及各个工业门类,是由无数设备和零件组成的庞大系统,是国家工业化水平的重要体现。如果高铁缺乏完备的产业配套体系,哪怕是一颗螺丝钉有问题,创新链都无从谈起。所以,供应商也在领军企业创新链构建过程中发挥市场作用。

一列高铁列车上 10 万多个零部件并不都是出自中车四方,而是来自与之相配套的供应商协同创新体系,包含轨道车辆电气、减振、钩缓、制动、智能装备、绿色节能系统、信号系统等核心系统和零部件。绝大多数的列车零部件或原材料都是由这些供应商提供。例如,中车株洲所生产的牵引系统和网络与控制系统,威墅堰所、中车四方的研究所、南京中车浦镇海泰制动设备有限公司及中国铁道科学研究院等，提供了关键部件钩缓装置、基础制动单元及齿轮传动技术，以及动车的牵引电机和其他一些关键部件等。这个体系是中车四方创新链在产业链上布局的一支队伍，与企业内部的队伍并行前进，这支由配套企业和供应商组成的外部队伍同样厥功至伟。

具体来说，这些配套企业与供应商基于其在创新链上所处的产业链环节进行研发和生产，经历技术研发、工艺制造、试验验证三个阶段。在技术研发和工艺制造阶段，按照主机企业中车四方的需求提供关键系统及零部件，在试验验证阶段参与试验评估，优化产品整体性能，最后向中车四方交付功能成熟、性能稳定的高铁子系统、元器件、零部件，由此构成了完整的工业配套体系。正因如此，中车四方不仅能够向客户交付稳定及可靠的成熟产品，也能提供轨道交通核心系统集成解决方案。与此同时，供应商与中车四方在交流合作中，也能促进自身知识、资源的更新迭代，双向提升创新能力，实现价值共创。

中国国家铁路集团有限公司是高铁创新链上的用户单位，通常由其代表用户提出设计要求，审查并下达设计任务书，使中车四方更好地开展以产业化为导向的创新研究、提高创新成果转化率。不容忽视的是，乘客也扮演了重要客户群体角色，中车四方在对实际应用的追踪与监测中，通过客户需求探索和经验反馈、普通乘客的声音和意见，有利于发现创新链上的隐性缺陷，然后反馈至前期研发的各阶段，积累数据和经验，不断优化、升级产品，提升高铁的可靠性、稳定性、安全性和舒适性。

综合以上分析，本章提出，以中国中车为核心创新主体，在政府主导的顶层规划设计下，联合我国相关领域优势高校、研究机构和国家级创新平台，借助海外技术资源互补优势，辅以供应链融通机制，最终形成了多创新主体基于合作各司其职的"政产学研用"联合体、优势互补、紧密合作、高效协同，造就了世界上规模最大的中国高铁列车技术创新"联合舰队"，为我国高铁的快速发展提供了有力保障。

概括起来，领军企业创新链上关键主体的分工与协作强调不同主体之间的紧密合作与共同成长。合理的分工和协作体系不仅在推动技术创新方面显得尤为重要，更对塑造整个创新链的结构、活动和生态起到了关键的作用。创新链能够高效运转，依赖于各个创新主体分工的明确性，只有合理分工，才能使各个创新主体发挥其特有的优势和责任，政府、领军企业、学研机构和用户都在这个过程中扮演重要角色。合理的协作机制最大限度地协调了市场和政府的力量，将各方能力最大限度地发挥出来，使得信息流通、知识流动、资源配置、风险共担、成果共享等过程顺畅运转，健全的机制直接影响着创新链的构建及效果。只有众志成城，领军企业创新链才能攀登更高峰。

参 考 文 献

杜运周, 尤树洋. 2013. 制度逻辑与制度多元性研究前沿探析与未来研究展望[J]. 外国经济与管理, 35（12）: 2-10, 30.

范旭, 刘伟. 2022. 中国光纤产业关键核心技术自主可控实现之路[J]. 科学学研究, 40（10）: 1767-1777, 1820.

胡增玺, 马述忠. 2023. 市场一体化对企业数字创新的影响: 兼论数字创新衡量方法[J]. 经济研究, 58（6）: 155-172.

黄先海, 宋学印. 2017. 准前沿经济体的技术进步路径及动力转换: 从"追赶导向"到"竞争导向"[J]. 中国社会科学, （6）: 60-79, 206-207.

李维维, 于贵芳, 温珂. 2021. 关键核心技术攻关中的政府角色: 学习型创新网络形成与发展的动态视角: 美、日半导体产业研发联盟的比较案例分析及对我国的启示[J]. 中国软科学, （12）: 50-60.

罗小芳, 李小平. 2021. 为什么要支持企业牵头组建创新联合体[N]. 光明日报, 2021-06-08（15）.

邵记友, 丁琨, 杨忠. 2023a. 企业与高校协同创新的制度逻辑冲突解决机制: 以华为与×大学的联合研究中心为例[J]. 科技管理研究, 43（17）: 94-102.

邵记友, 盛志云. 2022. 领军企业创新链的嵌套式结构与协同机制: 基于华为的案例研究[J]. 科技进步与对策, 39（18）: 67-76.

邵记友, 杨忠, 汪涛, 等. 2023b. 以领军企业为核心主体的创新链: 结构特征与协同机制[J]. 中国科技论坛, （11）: 97-107.

史璐璐, 江旭. 2020. 创新链: 基于过程性视角的整合性分析框架[J]. 科研管理, 41（6）: 56-64.

宋艳, 原长弘, 张树满. 2022. 装备制造业领军企业如何突破关键核心技术[J]. 科学学研究, 40（3）: 420-432.

孙薇, 叶初升. 2023. 政府采购何以牵动企业创新: 兼论需求侧政策"拉力"与供给侧政策"推力"的协同[J]. 中国工业经济, （1）: 95-113.

谭劲松, 宋娟, 陈晓红. 2021. 产业创新生态系统的形成与演进: "架构者"变迁及其战略行为演变[J]. 管理世界, 37（9）: 167-190, 235.

王海军, 陈劲, 冯军政. 2020. 模块化嵌入的一流企业产学研用协同创新演化: 理论建构与案例探索[J]. 科研管理, 41（5）: 47-59.

杨忠, 宋孟璐, 徐淼. 2021. 制度复杂性下的国有领军企业创新链运作机制: 基于国家电网的案例分析[J]. 南京大学学报（哲学·人文科学·社会科学）, 58（6）: 84-98, 161.

叶祥松, 刘敬. 2020. 政府支持与市场化程度对制造业科技进步的影响[J]. 经济研究, 55（5）: 83-98.

尹西明, 陈劲, 贾宝余. 2021. 高水平科技自立自强视角下国家战略科技力量的突出特征与强化路径[J]. 中国科技论坛, （9）: 1-9.

余义勇, 杨忠. 2020. 如何有效发挥领军企业的创新链功能: 基于新巴斯德象限的协同创新视角[J]. 南开管理评论, 23（2）: 4-15.

余义勇, 杨忠. 2023. 从追赶到前沿: 后发企业自主创新能力演化路径研究: 基于"政府-市场"双元驱动视角[J]. 南京社会科学, （12）: 25-35.

Bush V. 1945. Science: The Endless Frontier[M]. Washington: National Science Foundation.

Friedland R, Alford R R. 1991. Bringing society back in: symbols, practices, and institutional contradictions[C]//Powell W W, DiMaggio P J. The New Institutionalism in Organizational Analysis. Chicago: The University of Chicago Press: 232-263.

Greenwood R, Díaz A M, Li S X, et al. 2010. The multiplicity of institutional logics and the heterogeneity of organizational responses[J]. Organization Science, 21（2）: 521-539.

Ocasio W. 1997. Towards an attention-based view of the firm[J]. Strategic Management Journal, 18（S1）: 187-206.

Oliver C. 1991. Strategic responses to institutional processes[J]. Academy of Management Review, 16 (1): 145-179.

Stokes D E. 1997. Pasteur's Quadrant: Basic Science and Technological Innovation[M]. Washington: Brookings Institution Press.

Thornton P H. 2002. The rise of the corporation in a craft industry: conflict and conformity in institutional logics[J]. Academy of Management Journal, 45 (1): 81-101.

Thornton P H, Ocasio W. 1999. Institutional logics and the historical contingency of power in organizations: executive succession in the higher education publishing industry, 1958-1990[J]. American Journal of Sociology, 105 (3): 801-843.

Thornton P H, Ocasio W. 2008. Institutional logics[C]//Greenwood R, Oliver C, Sahlin K, et al. The SAGE Handbook of Organizational Institutionalism. London: SAGE Publications: 99-129.

Thornton P H, Ocasio W, Lounsbury M. 2012. The Institutional Logics Perspective: A New Approach to Culture, Structure and Process[M]. Oxford: Oxford University Press.

第三篇 领军企业创新链发展与优化

第 9 章 领军企业创新链的动态演化

领军企业创新链有类生命体特征，根据生命周期理论，其发展同样遵循孕育、成长、成熟和衰退的演化规律。探究领军企业创新链的动态演化规律，可以为更好地理解其组织架构及协同管理工作提供情境解释。从核心主导逻辑来看，领军企业创新链的动态演化主要由核心主体（领军企业）从"后发"走向"领先"过程中所采取的系列行动决定。基于此，本章以领军企业为创新链动态演化的抓手，探究领军企业创新链的主体情境、认知与行为演化规律，主体自主创新能力演化机制以及主体间合作关系动态演化过程。

9.1 领军企业创新链的主体情境、认知与行为演化规律

对创新链中的核心主体领军企业而言，其在成长过程中面临的外部环境条件存在高度的动态性。在动态变化的环境中，一大批企业由于无法克服组织惰性而没有进行适时的组织变革，倒在了持续成长的道路上（白景坤和王健，2019）。对创新链中的核心主体领军企业而言，它们是如何克服从"后发"走向"领先"过程中面临的组织惰性以实现持续成长的呢？探究这一问题，无论是对领军企业高质量发展，还是对领军企业创新链的成功构建和高效稳定运行，都具有极其重要的理论和现实意义。

理论层面，企业如何克服组织惰性以实现持续成长一直是组织领域研究的核心议题，其大致经历了"资源基础观—动态能力观—资源行动观"的发展过程。从资源基础观角度看，有价值的、稀缺的、不可模仿的和不可替代的资源是企业获得持续竞争优势并不断成长的关键（Barney，1991）。从动态能力观角度看，企业应根据环境变化适时整合、构建并重新配置内外部资源和能力，以生成新的能力，进而实现企业持续成长（Teece，2007）。从资源行动观角度看，企业可通过构建、捆绑和利用的资源配置方式来实现企业能力的提升（Sirmon et al.，2011）。综合而言，动态情境下管理者利用好资源占有（基于资源基础观）和资源使用（基于资源编排理论）才是促使企业实现持续成长的关键。

尽管现有文献针对企业克服组织惰性以实现持续成长的主题已取得了一些有价值的成果，但现有研究仍存在一些不足。一方面，虽然现有研究开始将管理者认知引入组织变革及企业能力提升领域，但对微观层面管理者认知来源、

形成过程及作用机理关注不够。另一方面，面对不同类型的组织惰性（资源刚性和惯例刚性），组织变革的促发因素、管理者认知形成过程以及资源行动策略选择间的匹配关系有待进一步区分与探讨。基于此，本章尝试以恒瑞医药和中车四方为例，通过对企业发展过程中克服组织惰性的六次变革事件进行多案例对比分析，探究管理者通过组织情境分析和资源配置来突破组织惰性的内在机理。

9.1.1 企业成长过程中的惯例刚性和资源刚性

通过对案例进行比较研究发现，企业的整个发展历程是一个不断克服组织惰性的动态持续过程，且不同所有制企业所遇到的组织惰性不尽相同，甚至同一企业在不同发展阶段所面临的组织惰性也具有异质性，如图9-1所示。其中，恒瑞医药在发展过程中依次经历了惯例刚性、资源刚性和惯例刚性三个阶段。1970~1990年，作为国企的连云港制药厂（恒瑞医药前身）主要以普药生产为主，由于国企当时僵化的制度、文化以及给大药厂做灌装和原料粗加工的落后发展理念，表现出较强的惯例刚性；1990~2000年，恒瑞医药主要以仿制药为主，相对于创新药的高风险、高投入及高失败率，仿制药不仅风险低且利润高，因此企业一般很难走出做仿制药的"舒适区"，该阶段表现出较强的资源刚性；从2000年至今，恒瑞医药开始进入创新药领域，但由于企业技术能力和国内医药发展缓慢的限制，被寄予厚望的产学研以及合作研发等均以失败告终，落后的认知以及不适的发展模式导致该阶段恒瑞医药面临较大的惯例刚性。

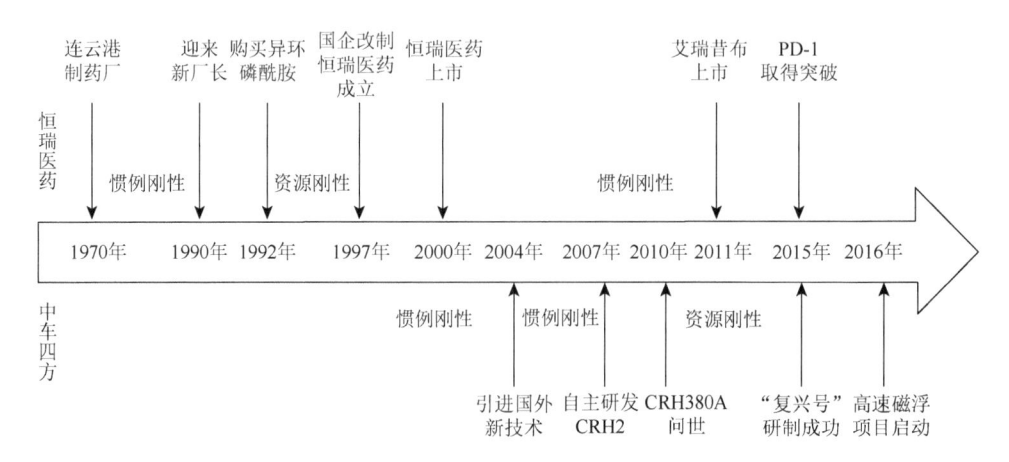

图9-1 恒瑞医药和中车四方发展过程中依次经历的组织惰性类型

中车四方在发展过程中依次经历了惯例刚性、惯例刚性和资源刚性三个阶段。

2004年之前，中车四方主要走自主探索道路，由于该模式阻碍了对外界新知识的学习与利用，导致企业内部知识僵化，加之国企的制度约束与不灵活所带来的管理流程与结构的僵化，该阶段中车四方表现出较强的惯例刚性；2004~2007年，中车四方处于引进消化吸收阶段，由于技术引进存在路径依赖，且要想突破引进技术的知识结构和管理流程的限制较为困难，所以组织表现出较强的惯例刚性；2007~2015年，中车四方处于自主创新阶段，由于轮轨技术已接近速度极限，必须转向新的技术领域（磁悬浮），但鉴于在轮轨领域已取得的辉煌成就（如CRH380A以及"复兴号"标准动车组的研制），让企业放弃对已有优势市场领域的继续投入，而转向新的未知领域，则较为困难，该阶段中车四方表现出较强的资源刚性。

9.1.2 资源刚性导向的组织情境分析、管理者认知与资源行动策略

通过对恒瑞医药（第二阶段）和中车四方（第三阶段）克服资源刚性历程的解读发现，威胁感知是资源刚性下促使企业进行主动变革的关键因素，管理者基于威胁感知和机会抓取（机会窗口和创业导向）对组织情境进行分析以形成现阶段管理者认知，从而指导后续资源行动策略的选择与实施（图9-2、图9-3）。

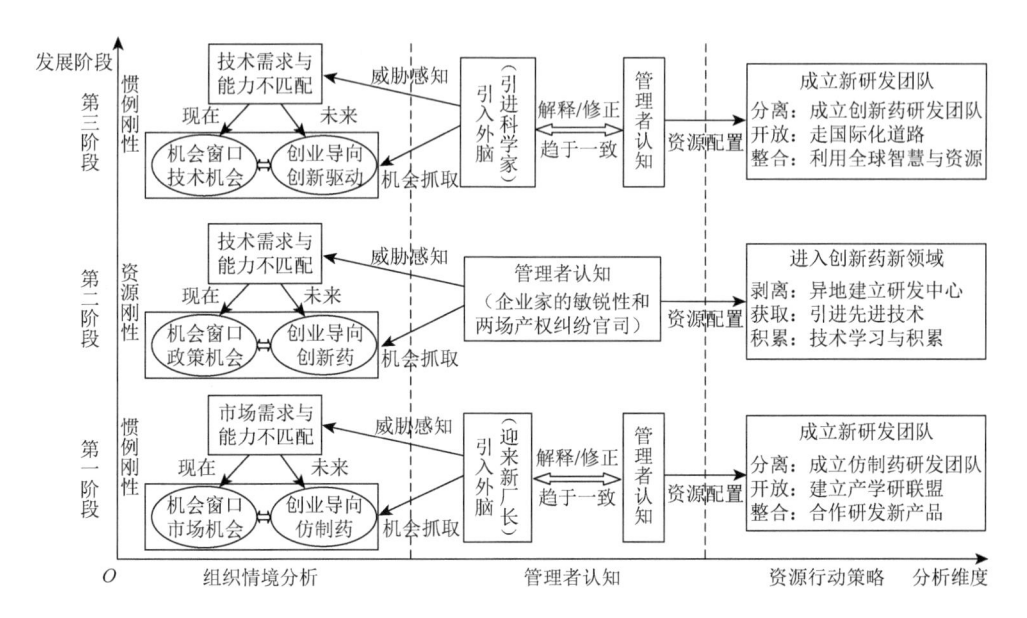

图9-2 恒瑞医药各发展阶段应对不同组织惰性的组织情境分析、
管理者认知与资源行动策略匹配流程

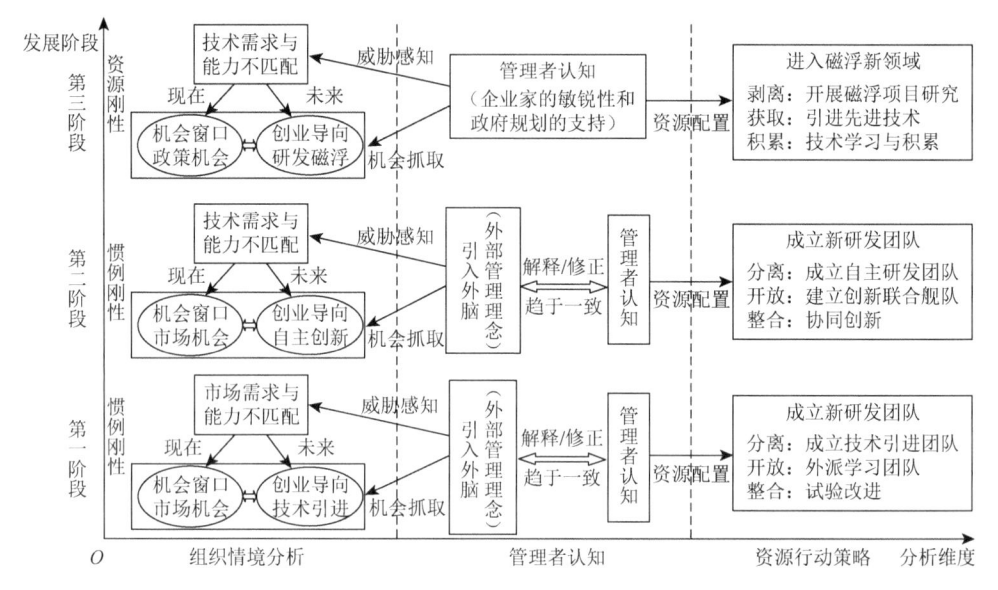

图 9-3　中车四方各发展阶段应对不同组织惰性的组织情境分析、
管理者认知与资源行动策略匹配流程

首先，在组织情境分析方面，面对资源刚性，威胁感知是促使企业主动进行变革的关键因素。企业只有感知到潜在威胁时才会走出"舒适区"，通过对当下机会的把握以及未来机会的预判（注意力焦点为机会窗口和创业导向）来主动进行组织变革。该案例中，恒瑞医药从仿制药主动向创新药的转变，以及中车四方从高铁技术主动向磁浮技术的转变，都是被对潜在威胁的准确感知促发。例如，在恒瑞医药仿制药阶段，由于仿制药市场很快被后来者介入，行业竞争加剧且以仿制为主的发展模式前景堪忧（"国内市场仿制药步步紧逼的情形""没有核心技术的医药公司处境堪忧"），技术需求与能力的不匹配使得恒瑞医药主动做出变革。通过分析，恒瑞医药发现创新药赛道是未来发展的方向（"只有创新药才是未来的发展方向"），并确定进入"创新药"领域。一方面是因为国家给予了大力鼓励研制创新药的政策机会，另一方面是因为创新药存在巨大的潜在回报率以及市场竞争优势。

在中车四方自主创新阶段，由于高铁的速度已接近轮轨极限，更高速度等级只有磁浮技术能够实现，如果不及时转轨可能会将之前建立起来的优势葬送，技术需求与能力不匹配的威胁感知促使中车四方必须进入新赛道研制磁浮技术。一方面，政府政策支持对磁浮技术的自由探索（"国家'十三五'规划继续为高速磁浮设置重点研发计划项目"）；另一方面，这也是未来轨道交通技术的发展方向（"飞机的速度一般在 800 公里/时左右，高铁的速度在 400 公里/时左右，而这中间空出来的一段速度空间就需要磁浮技术的 500～600 公里/时来填补"）。

其次,在管理者认知方面。资源刚性情境下,管理者认知的形成主要由内部管理者的威胁感知所激发,管理者通过对组织外部信息的敏锐感知来发现威胁,并进一步通过机会抓取形成现阶段新的管理者认知。面对资源刚性,民企感受比较强烈,一般企业内部管理者自身就可以感知到威胁;而国企由于体制原因,相对而言感受不是那么强烈,需内部管理者具有较为敏锐的威胁感知能力。这是因为民企面临的是一个完全竞争的市场,如果不能进一步提升能力就会被市场淘汰;而国企面对的一般是垄断市场,且由于体制机制原因,相对而言主动进入新领域的动力较弱,因此需要内部管理者具有较强的信息敏锐性。

例如,中车四方在自主创新阶段取得辉煌成就后,其管理者就已认识到发展磁浮技术的必要性,但由于投资风险较大且国家对于磁浮技术的发展只引导、不强求,所以真正促使其进行变革的动力来自内部管理者对外部信息的敏锐性。中车四方高管通过对行业专家关于未来发展趋势的研判以及政府对磁浮技术发展规划与支持的组织情境分析,最终确立了进入磁浮领域,如行业专家认为"500~600公里/时的速度等级正好适合发展磁浮技术,磁浮技术具有安全性高、爬坡性强的特点,未来应用前景十分广泛",而且科学技术部也顺势以国家战略的方式提出高速磁浮项目。

最后,在资源行动策略方面。应对资源刚性,企业主要采取业务剥离以进入新领域的发展策略,具体表现为剥离、获取和积累。资源刚性是由企业无法走出舒适区或重复性投资于某一领域所致,所以企业必须先与原有业务进行剥离,以寻找到新的领域进行投资发展;而企业进入新领域后所面临的首要问题是识别、积累和获得合法性资源,并在能力的不断积累中获得生存发展。因此,为摆脱资源刚性,企业应逐渐与原有资源业务进行剥离以投入到新的创新领域中,然后通过合作伙伴或市场来获取外界新知识、新技术以发展新能力,并在不断积累的过程中内化为自身能力和优势。

例如,恒瑞医药斥资 2 亿元在上海建设具有国际水准的研发中心以与总部进行业务剥离,专门进行创新药研发,通过与瑞典生物技术公司 MedivirAB 进行联合研发(对方出技术,恒瑞医药出资金),企业真正了解了从靶标的确定到化合物合成等药物研发全过程。除采取新研发模式外,恒瑞医药还将研发人员送到国外进行培训,这不仅使其学习到先进的管理理念,而且为其积累了大量技术经验,使得恒瑞医药创新能力得到较大提升。

中车四方通过与高铁项目进行业务剥离进入磁浮技术新领域,通过与国内高铁和磁浮领域 30 余家企业、高校、科研院所进行合作来获取磁浮优势技术与资源,经过近三年的技术攻关,成功突破高速磁浮系列(车辆、牵引、运控通信等)关键核心技术。2021 年 7 月 20 日,由中车四方牵头承担研制的具有完全自主知识产权的时速 600 公里的高速磁浮交通系统成功下线，标志着我国在高速磁浮技术领域实现重大突破。此外，通过开展高速磁浮综合试验和示范运营技术积累，不仅为中车四方在"百家争鸣"的磁浮技术流派中积累了创新能力，而且为中车四方高速磁浮的持续创新和产业化奠定了基础。

9.1.3　惯例刚性导向的组织情境分析、管理者认知与资源行动策略

通过对恒瑞医药（第一、三阶段）和中车四方（第一、二阶段）克服惯例刚性历程的解读发现，机会抓取是惯例刚性下促使企业主动进行变革的关键因素，管理者通过引入外脑，基于威胁感知和机会抓取（机会窗口和创业导向）对组织情境进行分析，进而重构其现阶段的管理者认知，并指导后续资源行动策略的选择与实施（图 9-2、图 9-3）。

首先，在组织情境分析方面。面对惯例刚性，虽然威胁感知也能警醒企业做出改变，但机会抓取才是促使企业主动进行变革的关键因素。一般而言，惯例刚性只影响企业效率且短期内并不涉及企业生死，但进行组织变革伴随着较大风险。对在位者而言，只有在发现潜在发展机会的情况下才会主动做出变革，在机会抓取方面，既要关注当下潜在机会窗口，又要关注未来创业导向。在该案例研究中，恒瑞医药从灌装药向仿制药的转变以及从国内创新到国际化的转变，中车四方从自主探索向引进消化吸收的转变以及再向自主创新的转变，都是由对潜在机会的准确把握所促发的。例如，在恒瑞医药第一阶段，作为国企的连云港制药厂主要以灌装药水为生，低端产品激烈的市场竞争导致恒瑞医药连年亏损；但在当时缺医少药的年代，市场较大（"抗癌药当时极度匮乏，整个市场处于饥渴状态，谁有产品谁为王"），市场需求与能力的不匹配促使恒瑞医药感知威胁并发现机遇。鉴于此，恒瑞医药发现做仿制药以形成差异化竞争战略是其转型发展的方向。在恒瑞医药第三阶段，研发具有核心技术的创新药已成不可阻挡之势，但不管是国内技术储备，还是立足于国内产学研技术合作的固有认知，都阻碍了企业的创新发展，技术需求与能力的不匹配给企业带来发展威胁。经济全球化为企业获得新技术提供了机会，企业可通过国际化合作等方式引进先进技术和管理经验来实现技术能力的再次突破，这促使恒瑞医药研发由"国内合作"向"国际化"转变。

在中车四方自主探索阶段，国企体制机制导致其创新动能及灵活性较差，使得技术瓶颈迟迟未能突破，而巨大的铁路运力市场需求不断为企业提出更高要求，市场需求与能力的不匹配给企业发展带来威胁。然而，该阶段正好处于国家大力发展轨道交通以及技术引进的关键机遇期。为此，中车四方与日本川崎达成协议以引进先进技术。在中车四方引进消化吸收阶段，一方面，我国幅员辽阔且独特

的国情对高速列车发展不断提出新的技术需求;另一方面,存在技术封锁以及技术引进所导致的"技术引进陷阱"。基于此,技术需求与能力不匹配的威胁感知促使中车四方必须进行自主创新。而该阶段国家大力发展高速铁路网的战略决策为企业提供了巨大的市场发展机遇,同时自主创新也是企业获得未来市场优势的必由之路。为此,中车四方一方面在引进技术平台上研发时速300公里的动车组;另一方面自主研发领先世界的新一代高速列车。

其次,在管理者认知方面。在惯例刚性下,由于组织制度、行为以及认知的形成过程都由现任管理者推动,而作为"局中人"的现任管理者不仅很难突破认知局限以感知威胁,而且即使能感知威胁,作为原有惯例的执行者也很难主动做出变革。因此,该情况下一般由外部人员最先感知到威胁或寻找到潜在发展机会,企业通过引入外脑(如引进外部人员或外部管理理念)来对组织情境进行分析,从而形成新的管理者认知。例如,恒瑞医药第一阶段向仿制药转变、第三阶段向国际化转变,中车四方从自主探索向引进消化吸收转变以及再向自主创新的转变都是由外部人员主导或受外部管理理念的影响,从而改变并修正了管理者的认知结构,进而形成了新的管理者认知。

恒瑞医药在第一阶段,企业经营状况每况愈下,厂领导就寄希望于寻找一位新厂长来力挽狂澜,1990年新厂长的上任为企业拉开了大刀阔斧的改革序幕("新厂长认识到给大药厂做灌装药没前途,只有自己掌握技术才行")。在第三阶段,由于创新药研发不仅需要大量领军人才,还需要新的管理理念,因此恒瑞医药不仅引进了一大批科学家("我们从外面引进首席科学家、高级化学家、资深研究顾问等人才"),而且将科研人员送到国外进行培训,通过引入外脑改变了企业的管理者认知,并指导后续资源行动策略的实施。

中车四方在第一阶段(2004年前),关于是走"技术引进"还是"自主探索"路径,行业内存在激烈讨论,但最终认为在铁道部的主导下"技术引进"道路更加符合当时需要。在第二阶段,为避免陷入"技术引进陷阱",行业内专家认为只有进行自主创新才能摆脱对引进技术的依赖,如业内专家一致认为,"为避免类似我国小轿车行业技术引进失败案例的出现,高铁企业必须要在引进技术的基础上进行自主创新,真正掌握核心技术能力"。为此,中车四方积极学习并吸收外界专家关于高铁技术发展趋势的研判及相关管理理念,通过引入外脑修正与更新管理者认知。

最后,在资源行动策略方面。应对惯例刚性,企业主要采取结构分离以成立新的研发团队进行技术攻关或探索创新,具体表现为分离、开放和整合。惯例刚性是企业在长期发展过程中所形成的例程、标准、认知和文化等,该组织惯例起初对企业发展起积极作用,但随着时间的推移,原有惯例反而成为企业前进的阻碍。由已有研究可知,降低惯例刚性的方法有外部因素影响、结构分离及发展新

3. 企业的"交互型"双元学习策略

在技术超越阶段,企业表现出"交互型"双元学习策略。首先,从学习方式来看,中车四方以内外部利用和内部探索相结合的学习方式为主。在利用式学习方面,在原有技术平台上利用外部已有技术继续保持时速 250 公里高速列车的开发和优化;在探索式学习方面,内部研发部门在利用外部已有技术的基础上开始自主探索时速 300~350 公里高速列车技术,如"我们只买了 200 公里速度等级的技术平台,而我们兄弟单位引进的是 350 公里速度等级的平台,我们一方面在引进平台上进行改善,优化到 300 公里,另一方面开发超越原型车速度等级的全新车型 380A……"

其次,从知识搜索范围来看,该阶段中车四方打破"路网"限制,开始在国内进行知识搜寻,且与其他伙伴建立了长期稳定的合作关系,如中车四方人员表示:"原来主要和路内高校合作,现在我们开始和路外高校、院所开展长期稳定的战略合作,通过寻求外部支持来实现技术能力的提升。"因此,该时期中车四方主要表现为"交互型"双元学习策略,具体为:象限Ⅰ和象限Ⅱ(外部利用+内部利用)的相互作用,并向象限Ⅳ(内部探索)过渡的组合,即在利用已有技术的同时也进行企业技术的自主探索,详见图 9-6。

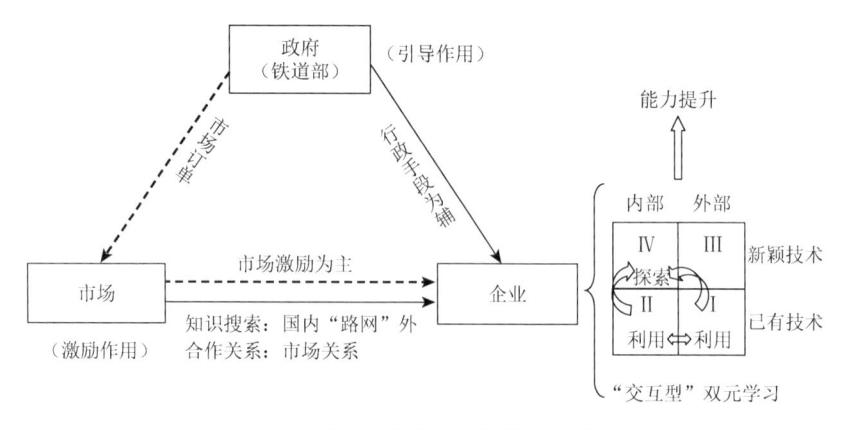

图 9-6 技术超越阶段的企业能力提升机制

该阶段政府通过市场订单间接引导企业行为,如图中粗体虚线箭头所示

综上所述,在政府引导和市场激励的交互作用下,企业通过"交互型"双元学习策略实现了能力的快速提升。其中,政府通过项目立项(为辅)以及市场手段(为主)引导企业主动进行技术能力提升;市场通过大市场需求、经济刺激计划的利益驱动及试验性场地的机会驱动来激励企业进行自主创新;企业在政府与市场交互作用下,通过与国内"路网"外的高校院所进行合作以利用式学习与探索式学习相结合的方式获得企业能力的积累与提升。

9.2.3 技术前沿阶段的企业能力提升机制

1. 政府的服务作用

在技术前沿阶段，政府不再干预企业创新行为，而是为企业创新搭建平台与提供服务，主要表现为服务作用的角色。2013年，铁道部被拆分为国家铁路局（承担行政职责）和中国铁路总公司（承担企业职责）。随着高铁产品开发平台的成熟和政府行政干预的减弱，政府职能逐渐向宏观管理、重要决策、顶层协调和制度建设等方面转变，主要靠出台政策、搭建平台、创造环境等服务于高铁事业的发展。例如，政府提出"一带一路"倡议、建设"八纵八横"铁路网、启动高铁外交等举措，进一步为高铁行业的发展提供了服务支持。

2. 市场的主导作用

该阶段市场充分发挥其在资源配置中的决定性作用，表现出竞争机制的主导作用。一是市场需求的利益竞争主导作用。例如，"八纵八横"铁路网的规划、"一带一路"倡议的提出以及来自国际市场的订单需求，都鼓舞并驱动着企业通过不断地自主研发与创新来实现能力的进一步跃升。二是产品标准竞争主导企业创新行为。为了车辆统型，中国铁路总公司决定启动中国标准动车组研制项目，如"中国铁路总公司在该项目中要求各项重要技术指标中的中国标准必须达到84%才行，否则不予采购"。因此，在基于市场机制的车辆统型项目主导下，各车辆生产企业为响应高技术需求只能靠技术创新来构建竞争优势，从而实现企业创新能力的进一步突破。

3. 企业的"协同型"双元学习策略

在技术前沿阶段，企业表现出"协同型"双元学习策略。首先，从学习方式来看，中车四方以外部探索分别支持内部利用和内部探索的学习方式为主。在利用式学习方面，中车四方继续在已有技术积累的基础上，开发特殊运行条件下的产品以提升、完善现有技术能力，如"为了适应更加复杂的运营环境，中车四方在原有技术平台上对大量模块和关键零部件重新进行设计和调整，开发具有耐高寒、抗风沙特性的高速动车组"；在探索式学习方面，中车四方积极与其他科研院所或企业建立战略关系、战略联盟，以使自身能力得到进一步提升，如中车四方通过与外部合作单位及研发团队进行共同攻关，开发具有完全自主知识产权和技术标准体系的时速350公里"复兴号"中国标准动车组。

其次，从知识搜索范围来看，该阶段中车四方开始在全球范围内开展知识搜寻，且以建立海外研发中心等市场合作关系为主。正如中车四方高级管理人员所说："只要是我们不能做的，我们就寻求其他人以各种方式进行合作，将他们的人力、物力资源为我们所用。"随着技术难度的增加，中车四方技术合作的范围也由国内转向国外，在全球范围内寻求技术资源为我所用，如在海外建立研发中心等。因此，该时期中车四方主要表现为"协同型"双元学习策略，具体为：象限Ⅲ和象限Ⅳ（外部探索＋内部探索）以及象限Ⅲ和象限Ⅱ（外部探索＋内部利用）的组合过程，即企业既可通过与外部联盟合作以共同探索新技术，也可通过利用企业内部已有技术与外部联盟进行技术优化升级来提升企业自主创新能力，详见图9-7。

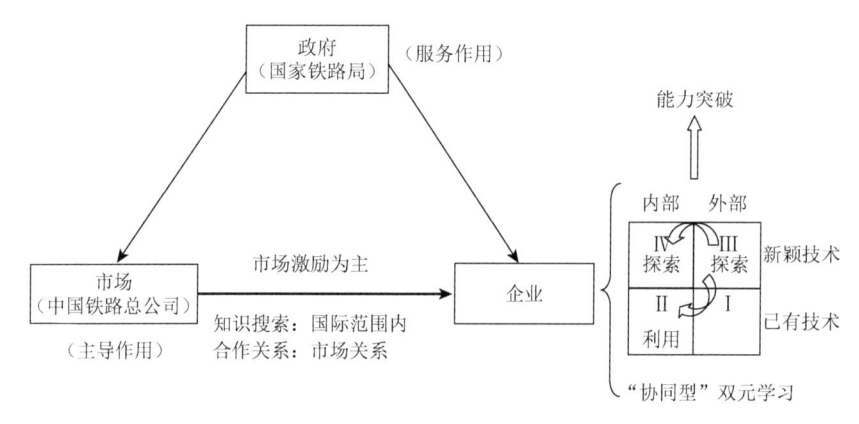

图9-7 技术前沿阶段的企业能力提升机制
该阶段市场通过自身机制直接主导企业行为，如图中粗体实线箭头所示

综上所述，在政府服务和市场主导的交互作用下，企业通过"协同型"双元学习策略实现企业能力的突破。其中，政府通过出台政策和搭建平台为企业创新提供服务与支持；该阶段市场则充分发挥其在资源配置中的决定性作用，通过大市场需求、市场竞争的利益驱动以及试验性场地的机会驱动等市场机制主导企业创新行为；企业在完全市场行为下，通过全球范围内的资源搜索以探索式学习与利用式学习相互协同的方式获得企业创新能力的突破。

9.2.4 "政府-市场"双元驱动的企业自主创新能力提升理论框架

后发企业能力积累与跃升的过程可分为两个阶段：创新要素获取阶段和创新能力提升阶段。其自主创新能力提升动力不仅源于政府综合运用行政手段和市场手段所创造的技术机会，也得益于大规模市场建设所形成的发展机会与市场需求的拉动。由前文分析可知，在技术追赶不同阶段，政府与市场间的交互作用不仅为企业自主创新提供了动力，而且为企业提供了创新所需的各类创新要素；企业在利用创新要素的基础上，充分发挥自身能动性，通过组织双元性学习策略实现了自主创新能力的提升。鉴于此，本章构建了基于"政府-市场"双元驱动的后发企业自主创新能力提升理论框架（图9-8）。

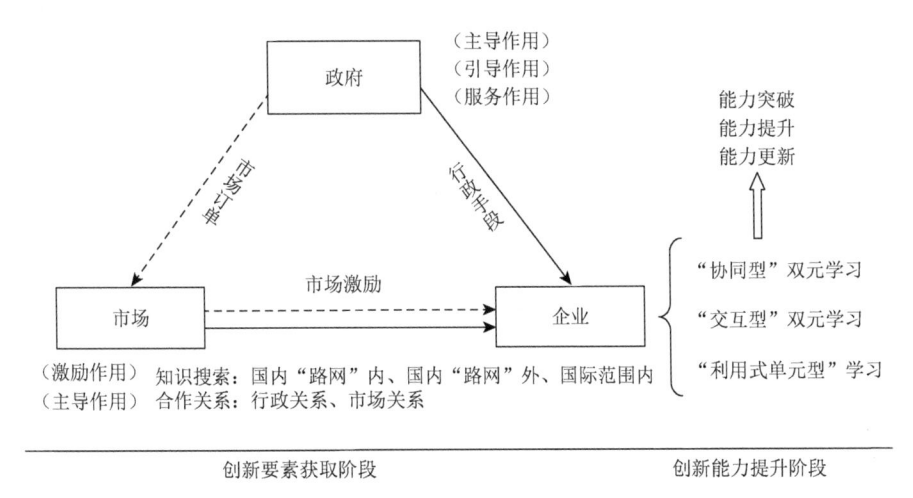

图9-8　基于"政府-市场"双元驱动的后发企业自主创新能力提升理论框架

（1）后发企业突破"技术引进陷阱"并实现有效追赶并非一蹴而就，而是一个企业技术能力不断积累与提升的动态演化过程。后发企业要想实现有效追赶关键在于培育自主创新能力，而自主创新能力的提升得益于"政府-市场"双元驱动的结果，且任何单一维度都不利于有效解读后发企业技术追赶这一学术命题。政府应根据产业发展阶段的技术风险特征，积极推动有效市场和有为政府更好结合，通过有效构建"政府-市场"双元驱动下的企业自主创新能力演化机制，促进企业自主创新能力不断提升。

（2）政府在后发企业技术追赶过程中扮演着重要角色，但不同发展阶段其角色有所不同。政府角色应随着企业发展阶段及制度情境、特定产业的战略地位、产业组织结构以及技术类型的改变而做出相应的调整，如经历了政府主导—政府引导—政府服务的转变过程，且政府所发挥的作用在逐渐减弱，由最初行政手段的直接干预转变为通过市场手段影响企业行为，再到最后完全退出，承担起服务角色。因此，在企业后发追赶过程中，政府角色应根据外界环境变化适时做出调整，如在适宜由市场配置资源的领域，政府坚决退出，但对市场运行的法治保障、监督监管以及市场失灵后的弥补等，政府要及时做到补位。

（3）市场需求的不断升级不仅推动了企业的持续创新，也是产业政策有效发挥作用的必要条件。企业的本质是逐利，如果没有市场利益的激励，即使是政府行政手段也不能充分且持续地激发企业创新活力。市场需求不仅来自现实中客观存在的显性需求，也来源于政府构建的制度型市场需求，其激励作用有以下三点：一是市场竞争机制的驱动作用；二是市场需求选择机制能够诱导企业进行自主创新；三是市场需求可提供试验并完善产品的应用机会窗口，这对于创新产品的持续改进及创新能力的提升与突破具有重要意义。因此，在目前国内国际双循环发展格局下，关注市场（尤其是统一市场）在企业关键核心技术突破过程中的角色和作用具有重要现实意义。

（4）组织学习是后发企业培养并提升自主创新能力的有效方式。在政府和市场所提供的创新环境及要素的支持下，企业通过采用双元性学习策略实现了自身能力的提升与跃迁。不同发展阶段，后发企业应根据具体组织情境采取相应的组织学习方式以及知识搜索方式来提升企业能力。在发展初期，由于受资源或能力所限，企业可先通过"利用式单元型"学习策略来进行能力更新，然后随着企业不断发展再慢慢过渡到"交互型"双元学习策略来实现能力提升。在技术前沿阶段，企业可采用"协同型"双元学习策略来实现能力的再次跃迁。此外，后发企业的知识搜索范围也需逐渐扩大，如今国际化（如国际合作、海外并购、建立海外子公司和海外研发中心等）也是一条获取外界资源以实现创新追赶的有效途径。

9.3 领军企业创新链的主体间合作关系动态演化过程

领军企业创新链的不同阶段创新目标的实现，是领军企业与高校、科研院所的专家学者及产业链上下游的客户、供应商等参与主体，以适宜的耦合模式协同创新的结果。现有对领军企业创新链在协同创新维度基本特征的研究，已经提出领军企业与链中参与主体之间高效、稳定的协同创新合作关系，有助于信息和资源在不同主体之间充分地流动进而实现价值增值，是创新链整体价值得以实现的基本保障（余义勇和杨忠，2020；杨忠等，2021）。同时，现有关于创新链中组织间协同创新合作关系主题的研究，也在宏观或中观层面对关系建立的动因、模式、影响因素及对策等进行了大量的探讨（殷俊杰和邵云飞，2017；Hannah and Eisenhardt，2018；Berchicci，2013）。

尽管现有研究已经取得丰富的研究成果，但在微观层面针对创新链中不同类型创新主体间协同创新的定量研究不多。而且，现有研究的落脚点多在于如何达成不同类型创新主体协同创新合作，分析其协同创新合作关系建立的时机和条件，较少有文献分析领军企业与创新链中参与主体之间协同创新合作关系的动态演化规律，以及识别影响合作关系稳定性的因素。需要强调，利用数理模型探究领军企业与创新链中参与主体双方在有限理性条件下协同创新合作关系的动态演化过程，识别影响合作关系稳定性的因素。这一方面有助于推动领军企业创新链的研究从定性层面向定量层面的转化，为后续领军企业创新链的治理体系设计提供更加科学的理论指导，另一方面可为领军企业高层管理者的关系维系策略选择、制定等工作提供相应的判断方向和必要的判断标准。因此，本章将利用演化博弈研究方法，对领军企业与创新链中参与主体之间协同创新合作关系的动态演化过程及其影响因素进行系统化探讨。

9.3.1 模型假设与参数设置

在进行协同创新合作主体博弈关系的分析前，本章需要明确各个博弈主体的责任、目标以及相互利益关系，从而确定并找出影响领军企业与创新链中的参与主体之间协同创新合作关系演化的关键因素。对领军企业与创新链中的参与主体而言，双方追求的共同目标是协同创新，指双方以合作方式开展创新链的各个阶段的创新活动，通过协同创新合作关系创造关系租金，即合作双方因关系本身所创造的价值增量（罗珉和徐宏玲，2007）。技术创新不确定性、复杂性等带来的各种风险，使博弈主体处于信息不对称状态，且博弈双方基于有限理性，在达成初步合作后，无法确定对方接下来的策略选择及具体收益。这时随时间推移，需要进行重复试探、博弈，吸取经验并调整策略，最终双方形成稳定策略。基于此，本章提出如下假设。

假设 1：博弈策略。在领军企业与参与主体达成初步合作后，双方基于有限理性，在协同创新过程中不断学习进而调整策略，直至达到均衡策略。假定双方在博弈时的策略组合是(继续合作,中途退出)。其中，领军企业采取继续合作的概率为 $x(0 \leqslant x \leqslant 1)$，采取中途退出的概率为 $1-x$；参与主体采取继续合作的概率为 $y(0 \leqslant y \leqslant 1)$，采取中途退出的概率为 $1-y$。

假设 2：成本。领军企业与创新链中的参与主体协同创新过程中，必然会产生一定的创新成本，包括人力、财力和物力以及核心技术知识外溢可能造成的风险损失等。在此，记领军企业的创新成本为 C_1，参与主体的创新成本为 C_2。

假设 3：收益。领军企业与参与主体在进行合作接触前存在初始收益，为便于计算分析，设定二者无论采取继续合作还是中途退出策略，都有基于自身资源禀赋上的基本收益，领军企业的基本收益记为 R_1，参与主体的基本收益记为 R_2。若博弈双方均采取继续合作的策略，在合作过程中协同运作，充分利用资源，则共同分享合作收益 R，且存在收益分配系数 ε_1、ε_2（$\varepsilon_1 + \varepsilon_2 = 1$），领军企业获得的合作收益记为 $\varepsilon_1 R$，参与主体获得的合作收益记为 $\varepsilon_2 R$。若达成初步合作协议后，在后续合作中由博弈双方获取的信息不对称、制度缺陷等原因造成双方不能汲取对方优势，没有技术上的合作和资源的共享，则均采取中途退出策略，合作关系名存实亡，此时二者只有基本收益 R_1、R_2。

假设 4：激励与惩罚。推动领军企业与创新链中的参与主体（高校、科研院所、上下游配套企业）协同创新，可以促进科研成果市场化、产业化发展，进而带动国家及区域性经济与产业结构转型升级（杨忠和巫强，2021）。基于此，为了提高领军企业与参与主体之间协同创新的成功率，政府会对积极参与的主体给予一定政策上支持和资金激励。在此模型中，将政府给予领军企业的各项优惠措施量化为政府激励 G_1，将政府给予参与主体的各项优惠措施量化为政府激励 G_2。同时，如果领军企业与参与主体在协同创新过程中选择积极共享知识、协同互动，经过长期或多次博弈后，社会上将对积极合作者产生正面评价，由此产生了社会上对积极合作方的声誉奖励，假设领军企业积极合作行为带来的声誉奖励为 E_1，参与主体积极合作行为带来的声誉奖励为 E_2。当然，如果领军企业与参与主体在合作过程中出现了违约行为，经过长期或多次博弈后，社会上将对不合作方产生负面评价，由此产生了社会上对违约方的声誉惩罚，假设领军企业违约行为导致的声誉惩罚为 P_1，参与主体违约行为导致的声誉惩罚为 P_2。其中各个符号及其释义如表 9-1 所示。

表 9-1　相关参数设置及其含义

符号	意义与说明
x	领军企业采取继续合作策略的概率
y	参与主体采取继续合作策略的概率
C_1	领军企业的合作创新成本
C_2	参与主体的合作创新成本
R_1	领军企业的基本收益
R_2	参与主体的基本收益
R	领军企业与参与主体的合作收益（即价值增值部分）
ε_1	领军企业可获得合作收益的比例
ε_2	参与主体可获得合作收益的比例
G_1	政府给予领军企业的各项优惠措施激励
G_2	政府给予参与主体的各项优惠措施激励
E_1	领军企业积极合作行为带来的声誉奖励
E_2	参与主体积极合作行为带来的声誉奖励
P_1	领军企业违约行为导致的声誉惩罚
P_2	参与主体违约行为导致的声誉惩罚

9.3.2 支付矩阵构建

在博弈模型中，领军企业与参与主体基于自身意愿选择继续合作或中途退出策略。由上述四种假设可得出领军企业与参与主体协同创新合作关系的演化博弈支付矩阵，如表9-2所示。

表 9-2 领军企业和参与主体协同创新合作关系的演化博弈支付矩阵

项目		参与主体	
		继续合作 y	中途退出 $1-y$
领军企业	继续合作 x	$R_1+\varepsilon_1 R+G_1+E_1-C_1$ $R_2+\varepsilon_2 R+G_2+E_2-C_2$	$R_1+G_1+E_1-C_1$ R_2-P_2
	中途退出 $1-x$	R_1-P_1 $R_2+G_2+E_2-C_2$	R_1 R_2

9.3.3 演化稳定策略求解

领军企业与创新链中参与主体之间的协同创新合作是一个不断磨合、适应、完善的进程。当时间趋于无穷大时，领军企业和参与主体是选择继续合作还是中途退出策略，就涉及领军企业与参与主体协同创新合作过程中的演化博弈稳定性问题，一个稳定状态必须对微小扰动具有一定的稳健性，才能成为演化稳定策略。下文先对领军企业和参与主体各自的协同创新合作策略的稳定性进行分析，接着用雅克比矩阵的局部稳定性，来验证双方博弈所形成的策略组合是否为演化稳定策略，并具体分析影响策略选择的因素。

第一，领军企业合作策略的演化稳定性分析。

根据表9-2中演化博弈支付矩阵，在领军企业与创新链中参与主体协同创新合作过程中，领军企业选择继续合作策略的期望得益为

$$U_{1a} = y(R_1+\varepsilon_1 R+G_1+E_1-C_1)+(1-y)(R_1+G_1+E_1-C_1)$$

领军企业选择中途退出策略的期望得益为

$$U_{1b} = y(R_1-P_1)+(1-y)R_1$$

领军企业的总体平均期望得益为

$$\overline{U_1} = xU_{1a}+(1-x)U_{1b}$$

领军企业的复制动态方程为

$$F(x) = \frac{dx}{dt} = x(U_{1a} - \overline{U_1}) = x(1-x)[G_1 + E_1 - C_1 + y(\varepsilon_1 R + P_1)]$$

为便于讨论，令

$$y_0 = \frac{C_1 - G_1 - E_1}{\varepsilon_1 R + P_1}$$

（1）若 $y = y_0$，则 $F(x) \equiv 0$，意味着所有水平都是稳定状态，即无论领军企业选择"继续合作"和"中途退出"策略的初始比例如何，该比例都不随时间的变化而改变。

（2）若 $y \neq y_0$，令 $F(x) = 0$，可得两个稳定状态的平衡点为 $x = 0$、$x = 1$。对 $F(x)$ 求导得

$$F'(x) = (1 - 2x)[G_1 + E_1 - C_1 + y(\varepsilon_1 R + P_1)]$$

根据微分方程的稳定性定理，当 $F'(x) < 0$ 且 x 本身是稳定状态的平衡点时，x 为博弈方的演化稳定策略。此时有如下两种情况：①若 $y < y_0$，则有 $F'(x)|_{x=0} < 0$，$F'(x)|_{x=1} > 0$，由此可知 $x = 0$ 为演化稳定策略；②若 $y > y_0$，则有 $F'(x)|_{x=0} > 0$，$F'(x)|_{x=1} < 0$，由此可知 $x = 1$ 为演化稳定策略。

领军企业的协同创新合作策略的演化相图如图 9-9 所示。

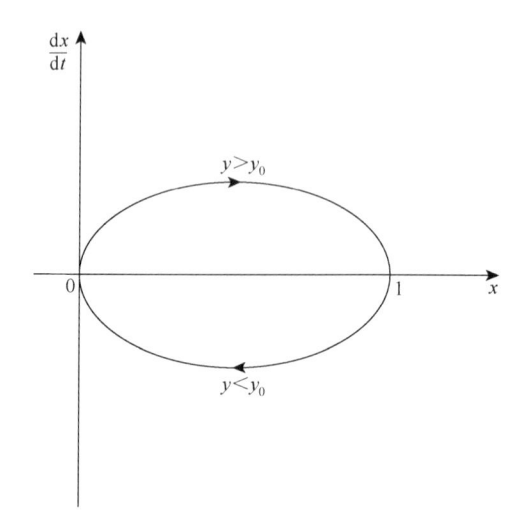

图 9-9　领军企业协同创新合作策略的演化相图

第二，参与主体合作策略的演化稳定性分析。

根据表 9-2 中演化博弈支付矩阵，在领军企业与创新链中参与主体协同创新合作过程中，参与主体选择继续合作策略的期望得益为

$$U_{2a} = x(R_2 + \varepsilon_2 R + G_2 + E_2 - C_2) + (1-x)(R_2 + G_2 + E_2 - C_2)$$

参与主体选择中途退出策略的期望得益为

$$U_{2b} = x(R_2 - P_2) + (1-x)R_2$$

参与主体的总体平均期望得益为

$$\overline{U_2} = yU_{2a} + (1-y)U_{2b}$$

参与主体的复制动态方程为

$$F(y) = \frac{\mathrm{d}y}{\mathrm{d}t} = y(U_{2a} - \overline{U_2}) = y(1-y)[G_2 + E_2 - C_2 + x(\varepsilon_2 R + P_2)]$$

为便于讨论,令

$$x_0 = \frac{C_2 - G_2 - E_2}{\varepsilon_2 R + P_2}$$

(1)若 $x = x_0$,则 $F(y) \equiv 0$,意味着所有水平都是稳定状态,即无论参与主体选择"继续合作"和"中途退出"策略的初始比例如何,该比例都不随时间的变化而改变。

(2)若 $x \neq x_0$,令 $F(y) = 0$,可得两个稳定状态的平衡点为 $y=0$、$y=1$。对 $F(y)$ 求导得

$$F'(y) = (1-2y)[G_2 + E_2 - C_2 + x(\varepsilon_2 R + P_2)]$$

根据微分方程的稳定性定理,当 $F'(y) < 0$ 且 y 本身是稳定状态的平衡点时,则 y 为博弈方的演化稳定策略。此时有如下两种情况:①若 $x < x_0$,则有 $F'(y)|_{y=0} < 0$,$F'(y)|_{y=1} > 0$,由此可知 $y=0$ 为演化稳定策略;②若 $x > x_0$,则有 $F'(y)|_{y=0} > 0$,$F'(y)|_{y=1} < 0$,由此可知 $y=1$ 为演化稳定策略。

参与主体的协同创新合作策略的演化相图如图 9-10 所示。

第三,博弈双方合作策略的演化稳定性分析。

联立领军企业的复制动态方程 $F(x)$ 和参与主体的复制动态方程 $F(y)$,可得到博弈主体的复制动态方程组如下:

$$\begin{cases} F(x) = \dfrac{\mathrm{d}x}{\mathrm{d}t} = x(U_{1a} - \overline{U_1}) = x(1-x)[G_1 + E_1 - C_1 + y(\varepsilon_1 R + P_1)] \\ F(y) = \dfrac{\mathrm{d}y}{\mathrm{d}t} = y(U_{2a} - \overline{U_2}) = y(1-y)[G_2 + E_2 - C_2 + x(\varepsilon_2 R + P_2)] \end{cases}$$

令 $F(x) = 0$、$F(y) = 0$,得到 5 个均衡点,分别为:$A(0,1)$、$B(0,0)$、$C(1,0)$、$D(1,1)$、$E\left(\dfrac{C_2 - G_2 - E_2}{\varepsilon_2 R + P_2}, \dfrac{C_1 - G_1 - E_1}{\varepsilon_1 R + P_1}\right)$。

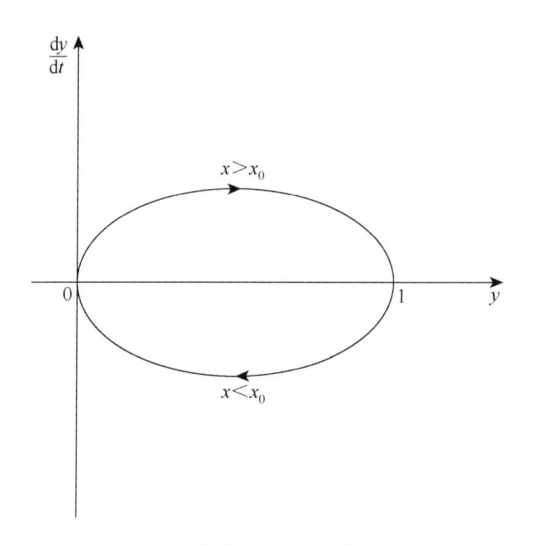

图 9-10 参与主体的协同创新合作策略的演化相图

由复制动态方程组可求得雅克比矩阵为

$$J = \begin{bmatrix} a_{11} & a_{12} \\ a_{21} & a_{22} \end{bmatrix}$$

$$= \begin{bmatrix} \dfrac{\partial F(x)}{\partial x} & \dfrac{\partial F(x)}{\partial y} \\ \dfrac{\partial F(y)}{\partial x} & \dfrac{\partial F(y)}{\partial y} \end{bmatrix}$$

$$= \begin{bmatrix} (1-2x)[G_1 + E_1 - C_1 + y(\varepsilon_1 R + P_1)] & x(1-x)(\varepsilon_1 R + P_1) \\ y(1-y)(\varepsilon_2 R + P_2) & (1-2y)[G_2 + E_2 - C_2 + x(\varepsilon_2 R + P_2)] \end{bmatrix}$$

记雅克比矩阵的行列式为 $\det(J) = a_{11}a_{22} - a_{12}a_{21}$，矩阵的迹为 $\mathrm{tr}(J) = a_{11} + a_{22}$，对于 5 个均衡点的稳定性分析如表 9-3 所示。根据假设条件，任一初始点及其演化后的点在二维空间 $V = \{(x,y) | 0 \leqslant x \leqslant 1, 0 \leqslant y \leqslant 1\}$ 才有意义，所以 $0 \leqslant \dfrac{C_2 - G_2 - E_2}{\varepsilon_2 R + P_2} \leqslant 1$，$0 \leqslant \dfrac{C_1 - G_1 - E_1}{\varepsilon_1 R + P_1} \leqslant 1$。基于此可知：$0 \leqslant C_2 - G_2 - E_2$，$0 \leqslant C_1 - G_1 - E_1$，$C_1 - G_1 - E_1 \leqslant \varepsilon_1 R + P_1$，$C_2 - G_2 - E_2 \leqslant \varepsilon_2 R + P_2$。因此，5 个均衡点对应雅克比矩阵的 $\det(J)$ 和 $\mathrm{tr}(J)$ 的符号如表 9-4 所示。当 $\det(J) > 0$、$\mathrm{tr}(J) < 0$ 时，此条件下的策略组合为演化稳定策略。因此，由表 9-4 可知：$A(0,1)$ 和 $C(1,0)$ 为不稳定点；$B(0,0)$ 和 $D(1,1)$ 为博弈的演化稳定策略；$E\left(\dfrac{C_2 - G_2 - E_2}{\varepsilon_2 R + P_2}, \dfrac{C_1 - G_1 - E_1}{\varepsilon_1 R + P_1}\right)$ 为鞍点。领军企业与参与主体协同创新合作策略的演化相图如图 9-11 所示。

表 9-3 均衡点数值表达式

均衡点	$\det(J)$	$\mathrm{tr}(J)$
$A(0,1)$	$(G_1+E_1-C_1+\varepsilon_1 R+P_1)(C_2-G_2-E_2)$	$(G_1+E_1-C_1+\varepsilon_1 R+P_1)+(C_2-G_2-E_2)$
$B(0,0)$	$(G_1+E_1-C_1)(G_2+E_2-C_2)$	$(G_1+E_1-C_1)+(G_2+E_2-C_2)$
$C(1,0)$	$(G_2+E_2-C_2+\varepsilon_2 R+P_2)(C_1-G_1-E_1)$	$(G_2+E_2-C_2+\varepsilon_2 R+P_2)+(C_1-G_1-E_1)$
$D(1,1)$	$(G_1+E_1-C_1+\varepsilon_1 R+P_1)(G_2+E_2-C_2+\varepsilon_2 R+P_2)$	$-[(G_1+E_1-C_1+\varepsilon_1 R+P_1)+(G_2+E_2-C_2+\varepsilon_2 R+P_2)]$
$E\left(\dfrac{C_2-G_2-E_2}{\varepsilon_2 R+P_2},\dfrac{C_1-G_1-E_1}{\varepsilon_1 R+P_1}\right)$	$-(C_1-G_1-E_1)(C_2-G_2-E_2)\left(1-\dfrac{C_2-G_2-E_2}{\varepsilon_2 R+P_2}\right)\left(1-\dfrac{C_1-G_1-E_1}{\varepsilon_1 R+P_1}\right)$	0

表 9-4　均衡点的局部稳定性分析

均衡点	det(J)	tr(J)	稳定性
$A(0,1)$	+	+	不稳定
$B(0,0)$	+	−	稳定
$C(1,0)$	+	+	不稳定
$D(1,1)$	+	−	稳定
$E\left(\dfrac{C_2-G_2-E_2}{\varepsilon_2 R+P_2},\dfrac{C_1-G_1-E_1}{\varepsilon_1 R+P_1}\right)$	−	0	鞍点

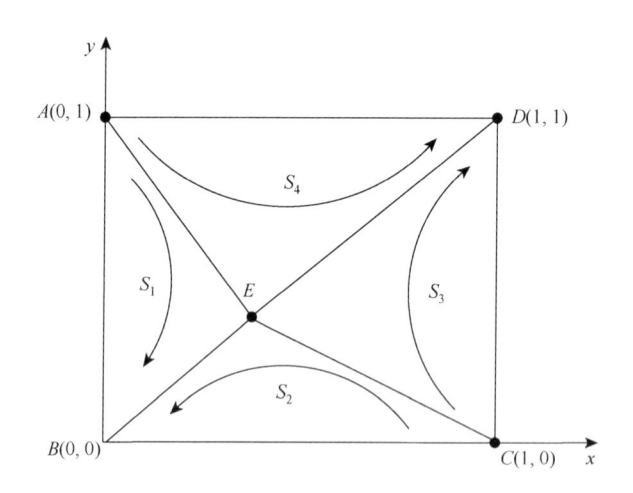

图 9-11　领军企业与参与主体协同创新合作策略的演化相图

9.3.4　演化稳定策略的影响因素分析

探究影响领军企业与参与主体协同创新合作关系演化稳定性的因素，也就是研究 (x,y) 趋于 $D(1,1)$ 的过程。由图 9-11 可知，领军企业与参与主体协同创新合作博弈的最终演化稳定性结果是：双方都会选择继续合作、双方都会选择中途退出，长期的演化稳定策略对初值具有依赖性，且当初始状态在鞍点 $E\left(\dfrac{C_2-G_2-E_2}{\varepsilon_2 R+P_2},\dfrac{C_1-G_1-E_1}{\varepsilon_1 R+P_1}\right)$ 附近时，初始状态的微小变化会影响博弈双方的最终演化结果。当初始状态处于 $AECB$ 区域时，博弈双方将向 $B(0,0)$ 点稳态收敛，即领军企业与参与主体双方都采取中途退出策略；当初始状态处于 $AECD$ 区域时，博弈双方将向 $D(1,1)$ 点稳态收敛，即领军企业与参与主体双方都采取继续合作策略，双方之间的合作关系将持续下去。

因此，领军企业与参与主体协同创新合作关系演化的最终稳定结果随着初始点的不同可能是选择继续合作，也可能是合作终止，究竟趋于哪一演化状态，取决于区域 $AECB$ 面积 S_1+S_2 和区域 $AECD$ 面积 S_3+S_4 的大小。当 S_1+S_2 大于 S_3+S_4 时，博弈双方更趋于向合作终止的状态演化；当 S_1+S_2 小于 S_3+S_4 时，博弈双方更趋于继续合作的状态演化。这说明，探究影响领军企业与参与主体双方协同创新合作关系演化稳定性的因素，关键在于分析影响 S_3+S_4 的因素。S_3+S_4 的表达式如下：

$$S_3+S_4=\frac{1}{2}(1-x_0)+\frac{1}{2}(1-y_0)=1-\frac{1}{2}\left(\frac{C_2-G_2-E_2}{\varepsilon_2 R+P_2}+\frac{C_1-G_1-E_1}{\varepsilon_1 R+P_1}\right)$$

由 S_3+S_4 的表达式可知，影响 S_3+S_4 的因素可分为收益类和成本类两种，其中收益类影响因素包括 R、ε_1、ε_2、G_1、G_2、E_1、E_2；成本类影响因素包括 C_1、C_2、P_1、P_2。将 S_3+S_4 的表达式分别对以上参数求偏导数，↑表示单调递增，↓表示单调递减，？表示无法判别，具体见表 9-5。

表 9-5 博弈双方演化稳定策略的影响因素分析

影响因素	偏导数	对 S_3+S_4 的影响
R	+	↑
ε_1、ε_2	?	?
G_1、G_2	+	↑
E_1、E_2	+	↑
C_1、C_2	−	↓
P_1、P_2	+	↑

由表 9-5 可知，R 是领军企业与参与主体双方在协同创新合作过程中的合作收益，当其不断增长变化时，相当于鞍点 $E\left(\frac{C_2-G_2-E_2}{\varepsilon_2 R+P_2},\frac{C_1-G_1-E_1}{\varepsilon_1 R+P_1}\right)$ 向 D 点移动，区域 $AECD$ 面积 S_3+S_4 增加，经过长期演化，博弈双方更易于趋向 $D(1,1)$ 点，即领军企业与参与主体双方选择继续合作策略。从实际考虑，合作收益增长可以激励博弈双方加强通力合作的紧密性，有利于维护合作状态的稳定性。同理，政府分别给予领军企业和参与主体的奖励 G_1、G_2，以及领军企业和参与主体双方从

积极合作行为中获得的社会证明评价 E_1、E_2，都是二者收益的一部分，均可以提高双方协同创新合作关系的稳定性。就博弈双方的收益分配方案而言，由于 $\varepsilon_1 + \varepsilon_2 = 1$，$\varepsilon_1$、$\varepsilon_2$ 均大于 0，需要 $S_3 + S_4$ 对 ε_1 进行二阶求导，得出导数小于 0，表示 $S_3 + S_4$ 关于 ε_1 存在最大值，同理，$S_3 + S_4$ 关于 ε_2 也存在最大值，即存在合理的协同创新合作收益分配系数，使领军企业与参与主体更趋于选择继续合作策略，有利于双方达成继续合作的双赢局面。

同时，由表 9-5 可知，P_1、P_2 是领军企业与参与主体在合作过程中出现了违约行为后，社会上将对其产生负面评价，也就是违约行为导致的声誉惩罚。当 P_1、P_2 不断增长变化时，相当于鞍点 $E\left(\dfrac{C_2 - G_2 - E_2}{\varepsilon_2 R + P_2}, \dfrac{C_1 - G_1 - E_1}{\varepsilon_1 R + P_1}\right)$ 向 D 点移动，区域 $AECD$ 面积 $S_3 + S_4$ 增加，经过长期演化，博弈双方更易于趋向 $D(1,1)$ 点，即社会上对领军企业与参与主体中途退出行为产生的负面评价会约束双方选择继续合作策略。另外，C_1、C_2 为领军企业与参与主体双方投入的各项协同创新合作成本。当这些投入成本增加时，区域 $AECD$ 面积 $S_3 + S_4$ 减小，表示博弈双方选择继续合作的概率变小，最终做出中途退出的决定，协同创新合作终止。

综上所述，在领军企业与参与主体协同创新合作的进程中，双方合作稳定性会受到合作收益（即价值增值部分）、投入的各项成本、政府激励、社会评价（声誉奖励或惩罚）等因素的影响，并存在合理的合作收益分配系数，有利于领军企业与参与主体双方协同创新合作过程的稳定。

9.3.5 数值模拟仿真

在上述有关领军企业与创新链中参与主体双方协同创新合作关系演化稳定性分析的基础上，对各参数赋值并进行数值演化与仿真分析，借助 Matlab 软件模拟领军企业与参与主体双方协同创新合作策略选择的动态演化过程，进一步论证上文各个均衡点以及博弈主体的不同初始值点向均衡点演化的轨迹，同时分析合作收益（即价值增值部分）R、投入的各项成本 C_1 和 C_2、政府激励 G_1 和 G_2、社会评价（声誉奖励 E_1 和 E_2 或声誉惩罚 P_1 和 P_2）等因素的变动对博弈双方协同创新合作关系稳定性的影响路径。在数值模拟仿真过程中，经征求案例企业雇员意见，对支付矩阵中的参数初始值给出假设（表 9-6）。

表 9-6 参数初始化数值表

参数	ε_1	ε_2	C_1	C_2	R	G_1
赋值	0.6	0.4	500	200	1000	60

续表

参数	G_2	E_1	E_2	P_1	P_2
赋值	20	80	80	80	80

第一，协同合作收益对演化结果的影响。

由表 9-5 可知，领军企业与参与主体协同合作收益会对博弈主体的最终演化结果产生影响。接下来，选取领军企业与参与主体协同合作收益 R 作为变量，分析博弈结果的演化过程。根据 $0 \leqslant \dfrac{C_2 - G_2 - E_2}{\varepsilon_2 R + P_2} \leqslant 1$、$0 \leqslant \dfrac{C_1 - G_1 - E_1}{\varepsilon_1 R + P_1} \leqslant 1$ 的条件，在 C_1、C_2、G_1、G_2、E_1、E_2、P_1、P_2、ε_1、ε_2 是表 9-6 中的参数设置时，$R > 466$。令 R 取值为 800、1000，$(x, y) = (0.5, 0.5)$，仿真得出博弈主体演化结果随协同合作收益 R 的参数调整所呈现的趋势，如图 9-12 所示。结果显示，随着 R 的增大，博弈双方趋于合作概率的速度越来越快，协同合作收益 R 对博弈双方的动态演化起到了正向的作用。

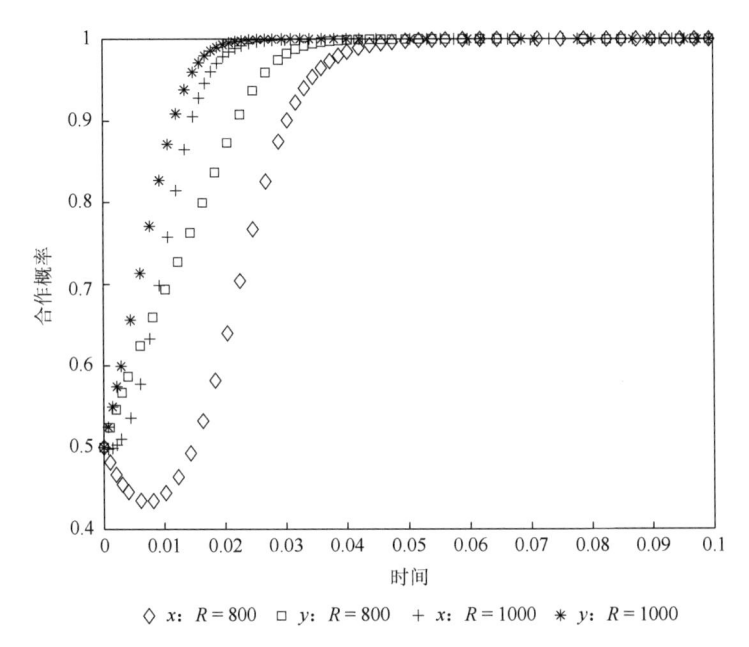

◇ x：$R = 800$ □ y：$R = 800$ + x：$R = 1000$ ∗ y：$R = 1000$

图 9-12 协同合作收益对博弈双方策略选择的动态演化结果的影响

第二，政府奖励对演化结果的影响。

由表 9-5 可知，政府奖励会对博弈主体的最终演化结果产生影响。接下来，选取政府给予领军企业与参与主体的奖励 G_1、G_2 作为变量，分析博弈结果的演化过程。根据 $0 \leqslant \dfrac{C_2 - G_2 - E_2}{\varepsilon_2 R + P_2} \leqslant 1$、$0 \leqslant \dfrac{C_1 - G_1 - E_1}{\varepsilon_1 R + P_1} \leqslant 1$ 的条件，在 C_1、C_2、R、E_1、E_2、P_1、P_2、ε_1、ε_2 是表 9-6 中的参数设置时，令 $(G_1, G_2) = (40, 10)$、$(G_1, G_2) = (60, 20)$，仿真得出博弈主体演化结果随政府给予领军企业与参与主体的奖励 G_1、G_2 的参数调整所呈现的趋势，如图 9-13 所示。结果显示，随着 G_1、G_2 的增大，博弈双方趋于合作概率的速度越来越快，政府给予领军企业与参与主体的奖励 G_1、G_2 对博弈双方的动态演化起到了正向的作用。

综合而言，领军企业与参与主体双方的合作成本越高，越不利于双方协同创新合作的稳定，而政府奖励、博弈主体从积极合作行为中（消极合作行为中）获得的社会正面评价（社会负面评价）、良好的合作收益以及合理的收益分配系数都有利于博弈双方合作关系的稳定。用 Matlab 仿真对上述结论进行了模拟，直观展示了领军企业与参与主体双方策略动态演化过程。

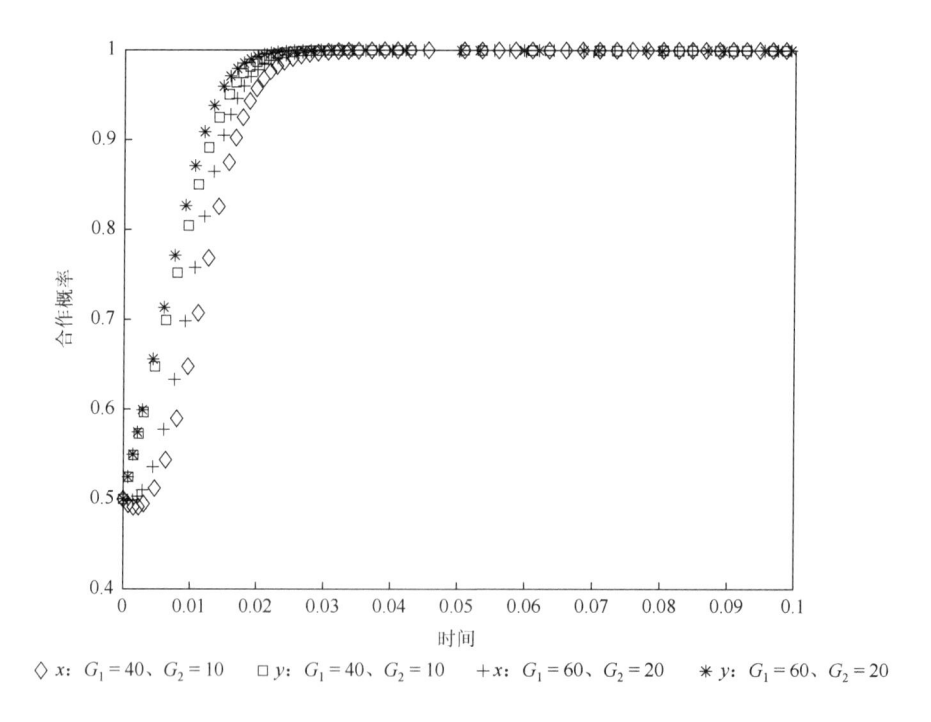

图 9-13 政府奖励对博弈双方策略选择的动态演化结果的影响

参 考 文 献

白景坤，王健. 2019. 创业导向能有效克服组织惰性吗？[J]. 科学学研究，37（3）：492-499.
贺俊，吕铁，黄阳华，等. 2018. 技术赶超的激励结构与能力积累：中国高铁经验及其政策启示[J]. 管理世界，34（10）：

191-207.

寇宗来, 孙瑞. 2023. 技术断供与自主创新激励: 纵向结构的视角[J]. 经济研究, 58 (2): 57-73.

刘海兵, 杨磊, 许庆瑞. 2020. 后发企业技术创新能力路径如何演化?——基于华为公司 1987—2018 年的纵向案例研究[J]. 科学学研究, 38 (6): 1096-1107.

路风. 2019. 冲破迷雾: 揭开中国高铁技术进步之源[J]. 管理世界, 35 (9): 164-194, 200.

罗珉, 徐宏玲. 2007. 组织间关系: 价值界面与关系租金的获取[J]. 中国工业经济, (1): 68-77.

吕一博, 韩少杰, 苏敬勤. 2017. 翻越由技术引进到自主创新的樊篱: 基于中车集团大机车的案例研究[J]. 中国工业经济, (8): 174-192.

彭新敏, 姚丽婷. 2019. 机会窗口、动态能力与后发企业的技术追赶[J]. 科学学与科学技术管理, 40 (6): 68-82.

杨忠, 宋孟璐, 徐森. 2021. 制度复杂性下的国有领军企业创新链运作机制: 基于国家电网的案例分析[J]. 南京大学学报 (哲学·人文科学·社会科学), 58 (6): 84-98, 161.

杨忠, 巫强. 2021. 深入把握科技创新规律 加快构建创新联合体[N]. 人民日报, 2021-08-16 (10).

余义勇, 杨忠. 2020. 如何有效发挥领军企业的创新链功能: 基于新巴斯德象限的协同创新视角[J]. 南开管理评论, 23 (2): 4-15.

余义勇, 杨忠. 2022. 动态情境下企业如何克服组织惰性以实现持续成长?——基于"情境-认知-行动"分析框架[J]. 管理世界, 38 (12): 159-176.

殷俊杰, 邵云飞. 2017. 创新搜索和惯例的调节作用下联盟组合伙伴多样性对创新绩效的影响研究[J]. 管理学报, 14 (4): 545-553.

Barney J B. 1991. Firm resources and sustained competitive advantage[J]. Journal of Management, 17 (1): 99-120.

Berchicci L. 2013. Towards an open R&D system: internal R&D investment, external knowledge acquisition and innovative performance[J]. Research Policy, 42 (1): 117-127.

Gilbert C G. 2005. Unbundling the structure of inertia: resource versus routine rigidity[J]. Academy of Management Journal, 48 (5): 741-763.

Hannah D P, Eisenhardt K M. 2018. How firms navigate cooperation and competition in nascent ecosystems[J]. Strategic Management Journal, 39 (12): 3163-3192.

Sirmon D G, Hitt M A, Ireland R D, et al. 2011. Resource orchestration to create competitive advantage: breadth, depth, and life cycle effects[J]. Journal of Management, 37 (5): 1390-1412.

Shan J, Jolly D R. 2011. Patterns of technological learning and catch-up strategies in latecomer firms: case study in China's telecom-equipment industry[J]. Journal of Technology Management in China, 6 (2): 153-170.

Teece D J. 2007. Explicating dynamic capabilities: the nature and microfoundations of (sustainable) enterprise performance[J]. Strategic Management Journal, 28 (13): 1319-1350.

第 10 章　领军企业创新链的整体效能提升

2020 年 10 月通过的《中共中央关于制定国民经济和社会发展第十四个五年规划和二〇三五年远景目标的建议》指出，"打好关键核心技术攻坚战，提高创新链整体效能"。在全球新一轮科技革命和产业变革同我国经济优化升级交汇融合的历史背景下，中国企业可以在这次浪潮中实现更多的科技突破（陈劲，2019）。以中国航天、大型客机、中国高铁、港珠澳大桥等为例，我国领军企业已经突破了世界级工程技术，围绕产业链成功实现了创新链的发展。领军企业是指具有明确的科技创新愿景使命和科技创新战略，组织体系完善，科技创新投入水平高，在关键共性技术、前沿引领技术和颠覆性技术方面取得明显优势，能够引领和带动产业链上下游企业，有效组织产学研力量实现融通创新发展，并在产业标准、发明专利和自主品牌等方面居于同行业国际领先地位的创新型企业（尹西明等，2021）。领军企业在补链、延链和强链过程中的主体地位日益突出，通过"链式效应"发挥"链主"企业的领航作用，促进创新主体间协同创新（中国社会科学院工业经济研究所课题组，2021）。

10.1　领军企业创新链整体效能提升的影响因素

以中国中车为例，其从 1997 年开始研制第一代高速动车组，在 20 多年内，中国成为全球少数掌握高速列车生产技术的先进国家之一，成功实现了创新链整体效能的不断提升，成为我国领军企业技术追赶的典型案例。面对以中国中车等领军企业为代表的成功实践，学术界对领军企业创新链整体效能提升过程尚未进行很好的理论构建。领军企业拥有优秀的科研人才、积累了丰富的创新资源，领军企业创新链整体效能的提升，除了发挥领军企业的"链主"核心作用，还要强调创新要素之间的连接与融通，充分调动创新链上各个创新主体积极性，高效利用创新资源。

10.1.1　影响领军企业创新链整体效能提升的创新主体要素

进入 21 世纪后，创新研究一个明显的趋势是用开放的视角看待创新，认为创新不是一个封闭的系统，注重各创新主体在创新过程中发挥的协同作用（陈劲和吕文晶，2018）。创新链的参与主体具有多元性，并且只有在相互协作的基础上才能保证创新链的高效运行，蔡翔（2002）提出创新链构念时，强调创新链是围绕创新的核心主体优化创新系统和知识经济化的功能链节结构模型。在定义创新链后，蔡翔（2002）还指出创新链上的多元创新主体中，"核心主体"负责管理创新链上的各类创新活动，其他的创新主体则属于"协作主体"，"核心主体"和"协作主体"之间是相互影响与依赖的交互关系，并直接影响到创新链的衔接与效率。代明等（2009）在对创新链进行解构研究时，进一步发展了蔡翔（2002）对创新链内涵的理解，认为创新链是围绕核心主体，连接各创新节点，通过创新协作和交互连接实现创新系统优化和知识经济化，同时总结出创新链上核心主体具有自主性、市场敏感性和全局统筹能力的特点，起到组织、领导、控制创新链的重要作用。对应于创新实践，一般具有核心竞争力、自有品牌和自主知识产权的领军企业属于创新链的核心主体。

宋煊懿（2016）指出创新链是围绕创新核心主体，为满足市场需求，通过组织创新、管理创新和制度创新，连接各创新主体，以此实现价值增值的功能链接模式，企业是创新链的核心主体，创新链上的高等院校、科研机构、用户、中介机构等通过企业的连接相互协作，实现价值增值和创新体系的优化。康健和胡祖光（2016，2017）将创新链定义为各类经营主体为了实现共同创新，在价值关联上形成的链条结构。

创新链的参与主体划分为政产学研用五个类型，创新链被界定为政产学研用紧密结合的结构模式，学研是科技资源的聚集地，是对接产业的动力源泉，产涉及关键技术的破解，而政府发挥产学研结合的宏观引领作用，用是市场需求的体现，起到重要的需求牵引作用（邢超，2012）。创新链的不同关键环节需要不同的参与主体发挥作用，在基础研究阶段，需要高校和科研机构的专业科研人员运用创造性思维参与研究，属于公共产品性质；在应用研究阶段，科研机构起主导作用，企业适当参与，具有半公共产品性质；在试验发展阶段，科研机构仍然起到主导作用，企业的全面参与可以加快技术应用和产业化的进程，此阶段产品仍然是半公共产品性质（张杰等，2017）。

创新链由参与不同创新活动的创新主体构成，其中大学和科研院所是基础性技术知识的生产者，政府是创新政策和产业政策的制定者，企业是科技成果转化的实施者，创新中介机构则是创新要素的流动者（杨忠等，2019）。创新链的高效运行需要不同创新活动参与主体之间的相互协作（史璐璐和江旭，2020），在创新链的开放式创新过程中，任何参与主体都不是孤立存在的，创新活动都存在上下游联系，创新成果是多主体协同合作的产物（代明等，2009）。

创新链中多元化、多功能的各类创新主体嵌入创新链中，相互影响，互为反馈，通过高效连接实现创新链的形成和演进（宋煊懿，2016）。创新链上不同类别的创新主体发挥着不同的作用和功能，只有创新主体之间开放合作（杨忠等，2019），有效嵌入创新链，才能形成高效能的创新链。领军企业创新链上不同的创新主体相互之间协同合作，共同促进创新链整体效能提升。

10.1.2　影响领军企业创新链整体效能提升的创新资源要素

21 世纪后创新研究具有代表性的成果是 Chesbrough（2003）提出的"开放式创新"，认为企业在创新过程中应该突破以往仅注重内部研发的封闭创新模式，注重利用企业内外部的创新资源。"开放式创新"的观念自提出以来，一直都是创新研究的热点领域之一。

创新的主要动力源泉来自市场需求，创新链强调市场对科技的拉动作用，呈现为以需求拉动为主的链节模式（蔡翔，2002）。创新链上各创新主体整合各类创新资源以满足市场需求，以顾客需求为导向（杨忠等，2019）。创新资源的数量、质量和利用机制对创新链的运行效率有直接影响，其中创新资源的整合既包括对资金、技术、科技、人力等有形资源的整合（代明等，2009），也包含对知识、信息等无形资源的整合，在此基础上实现创新链的高效运行。充分发挥市场对创新资源配置的主体作用，在促进知识和信息扩散与创新优化选择的基础上，创新链呈现出自组织演进的运行特征（宋煊懿，2016），创新链具有围绕市场需求整合各类创新资源的自组织演进性特征。

Schumpeter（1934）开创了创新经济学研究理论，并将创新定义为"重组现有资源，创造新的生产函数"。创新资源不仅是创新的重要基础，而且对创新链的构建和发展起到资源保障的关键作用。第 3 章研究分析了创新链的不同发展阶段，创新链的不同发展阶段对创新资源的要求不同。代明等（2009）从功能视角定义创新链时，指出创新链包括基础研究、应用研究、技术开发、产品设计、试制改进和营销策划等创新过程。蔡坚（2009）指出创新链是在基础研究中积累科学知识，以科学知识指导技术革新，以此实现产业应用的过程；创新链的形成过程具体包括需求分析、技术分析与预测、创新构思提出、基础研究、应用研究、设计开发、生产制造和最终的市场化。余泳泽和刘大勇（2013）实证研究创新效益，将创新价值链划分为知识创新、科研创新和产品创新三个阶段，分别对应于基础研究、应用研究和试验发展三类创新活动。

创新是一个动态和复杂的过程，创新链是从以基础学科研究中产生的创新思想和科学知识为基础，到应用研究引导下的产品试制、技术创新，再到产品化和大规模的市场应用（蔡坚，2009）。创新链中的关键环节一般包含基础研究阶段、应用开发阶段和试验与发展阶段。其中，第一个阶段是基础研究阶段，是知识产生的源泉，属于知识创新系统，也是后期应用研究和试验发展的基础，主要任务聚焦于新原理、新思想、新技术等内在原理和基本逻辑（张杰等，2017；曲久龙和顾穗珊，2006；余泳泽和刘大勇，2013）。第二个阶段是应用开发阶段，属于科研创新系统，在基础研究提供的知识的基础上为试验与发展提供理论和方法支撑，主要任务是通过多轮次的实验，在实验室生产出符合功能、性能和技术质量设计要求的样品或样机（曲久龙和顾穗珊，2006；余泳泽和刘大勇，2013；张杰等，2017）。第三个阶段是试验与发展阶段，对应于产品创新和技术创新，是科学技术知识进入生产领域的桥梁和纽带，核心任务是按照大规模生产的要求，集中解决生产工艺、生产流程、关键零配件和原材料供给、关键生产设备新系统以及产品质量标准制定等问题（张杰等，2017；曲久龙和顾穗珊，2006；余泳泽和刘大勇，2013）。

领军企业相较于行业内的一般企业，在行业地位、创新资源、技术能力各方面均具有优势，在创新链中占据独特的位置。因此，研究领军企业创新链整体效能提升的影响因素，应该加强并重视对领军企业创新资源的研究（史璐璐和江旭，2020），不同创新链发展阶段由于对应于不同的创新任务，决定了创新链效能提升过程中，不同的创新阶段对创新资源有具体的资源配置要求。

10.1.3　影响领军企业创新链整体效能提升的技术能力要素

企业技术能力是多数企业竞争优势的重要来源和基础（赵晓庆和许庆瑞，2001），也是我国推行技术创新、实现技术赶超的重要原因。企业技术能力是企业创新的重要前提和基础，作为一个含义广泛的概念，目前为止，"技术能力"这一概念内涵的界定还未被国内外的研究者明确统一。最早期的论述源自20世纪60年代，Arrow（1962）用经济学理论提出了技术进步源自生产中积累的经验，即著名的"干中学"理论，Arrow的理论为后期企业技术能力的积累效应提供了理论基础（魏江，2000）。20世纪80年代，源自需要从最终用户的经验中学习耐用品的复杂技术，Rosenberg（1982）提出"用中学"观点。"用中学"思想对企业技术能力的研究者最大的启示是，包括用户在内的外部信息的吸收有利于提高企业的技术能力（魏江，2000）。

Fransman和King（1984）将技术能力概括为从技术购买、使用、模仿到创新四个阶段，标志着技术能力研究的理论初步形成（魏江，2000；苏敬勤和洪勇，2008）。20世纪80年代"第三世界技术能力"的研究背景是源自对作为技术引进方的第三世界国家如何获得自主技术的关注（赵晓庆和许庆瑞，2001）。对国家技术能力的关注是从宏观层次研究技术能力，而从企业角度即微观视角研究技术能力，标志着技术能力的研究进入发展阶段（魏江，2000）。

作为较早从企业视角研究技术能力的学者之一，Desai（1984）明确把技术能力概括为从企业技术购买、操作运行、模仿扩展到创新的四个阶段。Katz（1984）是第一个明确把技术能力定义为技术诀窍（know-how）的研究者，他认为技术能力是企业采用国外技术，并使国外技术更好地适应本地环境而逐渐建立起来的技术诀窍的存量。Katz 对技术能力内涵的探索启示了对技术能力本质的研究，强调技术能力是企业知识。Barton（1995）是最早提出核心技术能力概念的学者之一，从技术和知识的角度研究企业技术能力的核心，是继 Katz 观点之后的又一重大突破，开始从企业的知识、价值观视角来界定企业技术能力（魏江，2000）。

企业技术能力的概念源自对企业知识基础论的认识，在发展中国家进行技术追赶的实践中得以发展（王秀江和彭纪生，2008）。发展中国家企业技术能力的发展基本经历了一个从技术引进、消化吸收到自主创新的过程（魏江，2000）。早期研究企业技术能力的成果，如 Desai（1984）指出技术能力包括技术购买能力、生产组织能力、复制与扩散能力和创新能力。同期，Dore（1984）将技术能力划分为监测能力、学习能力和创新能力。Rosenberg 和 Firschtak（1985）指出技术能力是技术知识积累或者组织学习的过程。被广泛引用的技术能力定义是 Kim（1997）提出的，他认为技术能力是在企业消化、使用、适应和改变技术方面能够使用技术知识的能力，在变化的环境中，技术能力有利于企业创造新技术、开发新产品和使用新工艺。Kim（1997）从发展中国家技术追赶的视角，提出技术能力分为仿制能力、创造性模仿能力和自主创新能力。

区别于国外学者从技术能力的提高过程考察其结构，联合国工业发展组织将技术能力划分为人员培训能力、基础研究能力、实验设施装备能力、获取并采用技术的能力、提供信息支持和网络支持能力（魏江和许庆瑞，1995）。在国外学者对企业技术能力发展过程探索的基础上，魏江和许庆瑞（1995）将企业技术能力分为三个组成部分，包括技术监测能力、消化吸收能力和技术创新能力。其中，技术监测能力包括技术搜索能力和技术选择能力，技术监测能力要求企业建立完善的信息情报系统，调查国内外的技术发展动态，在判断需引用的技术对本企业适应性基础上决定是否购买技术。消化吸收能力指企业具有对引进技术、信息进行分析、综合和使用的能力，在对引进的技术进行组织学习的基础上把引进的技术和企业既有的知识储备相融合，以此转化为企业自己的技术与知识，并完成企业技术与知识的积累和储备。消化吸收能力包括对技术知识的学习能力、综合能力和激活能力。技术创新能力是指企业对消化吸收的技术知识进一步再加工，在生产、扩散的基础上实现经济效益的能力，由技术开发能力、生产能力和组织管理能力组成。

吴晓波（1995）基于二次创新视角，指出发展中国家技术能力包括模仿创新能力、创造型模仿创新能力和改进型创新能力。魏江（1997，2000）从技术能力提高的过程观视角，提出我国实现技术能力按阶段有序提高的关键在于，技术引进和模仿阶段重点提高技术检测能力，技术消化吸收阶段重点提高技术吸收能力，技术自主创新阶段提高技术变革能力。郭斌（1998）指出技术能力核心是组织学习过程，企业技术能力分为静态视角和动态视角，静态视角关注组织知识的存量，动态视角涉及组织知识存量的递增和重组的动态过程，包括搜索、筛选、存储、纯化、编码和激活等操作。谢伟（1999）提出发展中国家技术能力发展模式是从技术引进开始，发展到生产能力，最后形成创新能力。赵晓庆和许庆瑞（2002）按照发展演化过程，将技术能力分为仿制能力、创造性模仿能力和自主创新能力。仿制能力指在现有成熟技术的基础上进行操作和维护生产设备所需要的技术能力，包括三类能力，即有效操作的能力、工程实施及维修的能力，以及在现有设计范围内根据变化的环境需求调整和改进的能力。创造性模仿能力是基于现有的技术平台和核心技术架构，对原有设计进行创造性模仿改进或重新设计，以适应新的市场需要的能力。自主创新能力是在新技术平台和新核心技术的基础上推出新产品的能力，自主创新分为渐进式自主创新和根本式自主创新，渐进式自主创新是通过原有技术融入或引进研究中的技术来建立新的技术平台，根本式自主创新是在研究发明出全新技术的基础上，开发出全新产品或新一类产品。

对企业技术能力提升不同阶段的特征和要素构成，学者展开了深入研究。魏江等（1996）分别分析企业技术能力在技术监测阶段、技术消化吸收阶段和技术创新阶段的特征。在技术监测阶段，发挥最核心作用的是人员能力，具体体现为具有战略眼光、技术专业背景的企业家与高水平的总工程师和 R&D 人员，依靠企业家进行最终决策，而技术的搜索筛选和谈判则依靠总工程师和高技术科技人员的能力。除了人员能力，信息能力和技术储备能力也很重要。在技术消化吸收阶段，人员能力仍是最重要的能力，企业的技术核心人物结合已有的技术和知识，消化吸收引进的技术，在融合两类技术、知识的基础上形成企业新的技术能力。在技术创新阶段，企业技术能力最重要的关键在于信息能力，即解决好两个"接口"，通过试制解决图纸与样品的"接口"，通过销售解决从产品到商业化的"接口"。

企业技术能力提升不同阶段之间存在着相互作用和影响，企业的技术创新活动促进企业对信息的消化吸收和应用能力，而企业的消化吸收能力是企业原有的相关知识水平的函数（Cohen and Levinthal，1990）。周浩军和蒋天颖（2007）按照技术追赶，技术能力发展过程将技术能力分为搜索能力、选择能力、获取能力、吸收能力和改进能力。技术能力的五个阶段存在时间上的时序性和并行性，其中，时序性是指后续阶段以前面阶段为基础，并行性是指在企业技术能力提升的过程中，虽然每个阶段有重点关注的技术能力类型，但是一般都需要同时进行不同的几类技术能力。

资源学派的学者在企业资源基础理论的基础上提出技术能力的概念。技术能力被定义为企业中来源于研究开发活动、产品工艺过程、制造活动以及技术变革的资源，包括知识、经验、组织结构和外部联系等（Bell and Pavitt，1995）。知识是企业创新过程中重要的无形资源，随着学者对企业内部资源中知识重要性的认识，基于知识的企业技术能力理论逐渐成为基于资源的企业技术能力理论的核心（王秀江和彭纪生，2008）。企业的技术能力源自企业解决实际问题中创造出的知识，并结合外部知识，产生解决新问题的能力（Meyer and Utterback，1993）。

魏江（1996，1998）基于知识观提出了企业技术能力的定义，即企业为支持技术创新，附着在内部人员、设备、信息和组织中的所有内生化知识存量的总和，企业技术能力体现了企业从外部环境获取先进的技术和信息，并结合内部已有的知识，创造出新的技术和信息，实现技术创新与扩散，同时积累和储备技术及知识的能力。郭斌等（1996）指出技术能力是企业对技术资源和其他关联资源的处理能力。赵晓庆和许庆瑞（2002）将企业技术能力定义为企业在技术资源和技术活动方面的知识和技能的总和，在此基础上把技术能力分解为技术的战略逻辑、外部知识网络、技术资产（有形的设备和无形的知识技能、知识产权、信息）和技术资产的组织整合四个维度。安同良（2004）将企业技术能力界定为企业在持续不断的技术变革过程中，选择、获取、吸收学习、改进和创造技术，在与其他资源整合的基础上，生产产品或提供服务的累积性知识。

企业的知识具有不同的形态。在企业技术能力增长过程中，具有自身特性的知识、缄默的知识、嵌入系统的知识、复杂的知识相较于可表达知识、独立的知识、简单的知识和具有非企业特性的知识，更有利于企业提升技术能力，因为这类知识不易转移而为其他企业所获取（魏江，1998）。企业的技术能力源自对企业技术资源的操作处理过程，分为组织知识操作能力和硬件资源操作能力（郭斌等，1996；魏江，1998），其中，组织知识操作能力反映企业收集、处理和应用内部、外部知识的过程，这类知识与企业个体成员和企业的创造力密切相关。硬件资源操作能力反映个体及企业对企业拥有的仪器、设备、设施等硬件资源的操作应用能力，是企业技术能力的基础。随着技术能力的发展，组织知识操作能力和硬件资源操作能力的联系愈发紧密。由于知识积累的方式具有路径依赖性和动态性的特点，因此企业技术能力的增长也相应具有路径依赖性和动态性（魏江，1998）。基于企业技术能力的本质是企业的知识，知识学习和积累是提升企业技术能力的有效路径，企业的知识和技能是长期积累的产物；技术积累作为企业的重要创新资源，对企业进行技术追赶、实现技术创新具有重要的战略意义（魏江，1998）。

企业技术能力增长演化是构成技术能力的各要素连续性积累和技术能力总体水平间断性跃迁的过程（赵晓庆和许庆瑞，2002）。后发国家的企业技术能力演进是一个由简单到复杂、由底层到高端逐渐发展的过程（苏敬勤和洪勇，

2009）。Lee（2001）将后发国家技术能力提升的过程分为组装（模仿）、低技术含量部件开发、高技术含量部件开发、产品设计和新产品概念推出五个阶段。

张宗臣和苏敬勤（2001）提出技术平台由不同的梯级构成，包括处于最底层的基础技术、中间层的产业生产技术和组装技术以及最上层的核心技术，同一产业中的企业由于技术能力的差别，具有明显的梯级差，技术平台梯级高低决定了最终产品技术含量的高低。

赵晓庆和许庆瑞（2002）提出技术能力的积累过程是内外交替的螺旋运动过程。周浩军和蒋天颖（2007）的研究揭示了后发企业技术能力呈现螺旋式上升运动，其中技术搜索、技术选择、技术获得、技术吸收和改进的不同阶段之间呈现递进性和往复性。后发企业技术能力"渐进性"能力理论认为技术能力的演化路径遵循由低到高的顺向演进，即企业在获得较为初级的技术能力的基础上，向更为高级的技术能力发展，低等级技术能力是高等级技术能力的基础，并促进高等级技术能力的发展（张冬梅等，2019）。

Breschi 等（2000）首次从产业角度研究技术模式，从后发国家技术追赶的角度提出，产业技术模式特征包括以下四方面：技术机会、创新的独占性、技术进步的积累性以及知识技术。唐春晖（2006）指出我国各产业的技术追赶程度和水平存在较大差异，后发国家为了提升技术能力，应该根据所处行业的技术特性来确定适合企业技术能力提升的具体路径。苏敬勤和洪勇（2008）通过选取家庭录像机产业的华松和汽车制造业的吉利汽车进行案例研究，提出后发国家企业技术能力发展的路径应该遵循从技术引进到自主性创新的过程，符合技术能力发展的客观规律，不能逾越中间阶段一蹴而就。技术创新和后发国家的企业技术追赶存在较大行业差异性，企业应该根据所处行业技术和产品特征选择适合的技术能力提升路径。

有学者采用案例研究，从产业层面探索不同行业技术能力发展的路径。重大技术装备行业企业的技术能力演进过程依次为监测引进能力阶段、模仿制造能力阶段、改进制造能力阶段和自主创新能力阶段；随着技术能力构成要素的积累，呈现技术能力阶梯平台螺旋演进上升（于渤等，2011）。张冬梅等（2019）通过案例研究，发现复杂装备制造企业的技术能力包括由低到高的四个环节，分别是组装加工能力、制造设备及检测设备能力、关键部件设计及制造能力以及技术标准和新技术原理开发能力，高梯级与低梯级技术能力之间存在"双向促进"作用，表现为低梯级技术能力对高梯级技术能力的支撑作用和高梯级技术能力同时对低梯级技术能力的拉动作用，发展原有的"渐进式"能力发展理论，强调在此基础上高梯级技术能力对低梯级技术能力的拉动作用，提出技术能力演化"序贯"模型。徐雨森等（2008）采用案例研究探寻 DVD 视盘机产业技术能力提升的规律，研究发现 DVD 视盘机产业具有有不同技术能力的技术平台，从低到高包括组装生产技术（产品架构技术）、核心制造技术（制造设备开发）、核心关键件技术和技术标准（顶层技术），技术平台之间具有循序渐进的内在联系，后发国家企业技术能力的发展必须遵循技术能力内在演化规律，不能逾越阶段。

创新链由多个不同创新主体参与的不同创新阶段和创新环节构成，技术能力是创新过程中技术因素的体现，因此领军企业创新链整体效能提升建立在领军企业技术能力提高的基础上。

10.2 领军企业创新链整体效能提升过程：以中国中车为例

作为科技创新的主体，我国领军企业在全球创新活动中经历了从跟跑到并跑、并跑到领跑的不同阶段。由于处于不同的创新阶段，领军企业面临的创新情境和采取的创新举措存在较大区别，因此将领军企业创新活动按照技术追赶历程，分为跟跑、并跑和领跑阶段，分析不同创新情境因素对领军企业创新链整体效能提升的影响。

10.2.1 跟跑阶段领军企业创新链整体效能提升

在科技创新活动的跟跑阶段，领军企业的角色是创新的追随者和模仿者（巫强，2021），这一阶段是产业链拉动创新链构建的过程。企业的技术能力得到发展，尤其是制造能力和工艺能力得到较大的提升，但是企业并不能独立完成技术的消化吸收，解决所有的问题。企业必须依靠高校的研究力量，对引进技术中尚不能顺利消化吸收的关键部分进行重点攻关，借此加快实现关键技术上的消化吸收再创新（高柏等，2016）。

在跟跑阶段，中国中车针对高速列车技术引进消化吸收过程中出现的问题进行适应性改进优化，具体工作内容涉及基础理论研究设计及制造参数的调整。高校在理论上的重大突破为这一时期引进消化吸收国外高铁技术提供了重要的理论指导，高校的实验平台为高铁创新提供设计参数和运营安全上的支持以及对车上关键技术的全面支持。高校凭借其在技术积累时期全面支撑高速列车进行自主创新所孕育形成的研发能力，持续支持制造企业对于引进技术的消化吸收。在企业经历引进初期的"僵化"和"固化"工艺流程后，高校在该阶段发挥了对企业消化吸收关键技术的引领和支撑作用。通过设立横向和纵向研究项目，企业与高校和科研院所之间形成更为紧密的跨部门合作，以增强对国际先进技术的消化吸收能力（高柏等，2016）。企业与高校和科研院所之间的合作层次逐渐从技术层面拓展至设计理念与制造标准等领域。

中车四方主机厂在对引进日系技术平台进行适应性改进后，生产制造的CRH2A设计最高速度是200~250公里/时，网络控制比较简单，自动化程度不高，途中故障较少，采用由ARCNET（attached resource computer network，附加资源计算机网络）构成的列车网络控制系统。中车长客从阿尔斯通引进SM3型动车组和Pendolino摆式动车组，并将二者的结合体作为原型车，命名为CRH5A，设计最高速度是200~250公里/时。中国北车唐山轨道客车有限责任公司引进德系机车命名为CRH3C，设计最高速度是300~350公里/时，自动化程度高，使用的传感器多，对故障极其敏感，容易误报故障，经常要使用电脑软件进行查询和处理故障。CRH3C采用的是由时间卷积网络构成的列车控制系统（高柏等，2016）。

根据课题组2017年7月、2018年7~8月在中国中车的深度调研访谈，高速列车行业在跟跑时期，已经在主机厂、科研院所和高校等不同主体紧密的跨部门技术创新合作中提高了高速列车的运营车速，制造出车速为200~250公里/时的高速列车"CRH2A"和"CRH5A"。高速列车行业的主机厂制造能力和工艺能力得到了较大的提升，但是企业并不能独立完成技术的消化吸收。科研院所聚焦于开发设计和制造工艺，负责高速列车核心零部件的技术突破与设计制造。高校聚焦基础理论研究和设计及制造参数的调整，对引进技术中尚不能顺利消化吸收的关键部分进行重点攻关。高校在理论上的重大突破为这一时期引进消化吸收国外高铁技术提供了重要的理论指导，高校的实验平台为高铁创新提供了设计参数和运营安全上的支持以及对车上关键技术的全面支持。

10.2.2 并跑阶段领军企业创新链整体效能提升

在技术创新活动的第二阶段并跑阶段，领军企业的角色是创新的并行者，这一阶段是创新链推动产业链攀升的过程。在并跑阶段，领军企业的开发和试验能力得到了极大提升，具体表现为制造能力的大幅提升以及设计和试验能力的进步。以高速列车行业为例，由于高速列车技术的高度复杂性，主机厂企业无法独立完成模仿创新的技术需求。根据课题组2017年7月、2018年7~8月在中国中车的深度调研访谈，高速列车行业在主机厂、科研院所和高校等创新主体的跨部门创新合作中，提高高速列车的运营车速，制造出车速为300~350公里/时的高速列车"CRH2C"（一代、二代）。

2007年12月22日，首列国产高速动车组CRH2C下线。CRH2C是中车四方在CRH2A基础上研发的新车型，CRH2A的设计运营速度是250公里/时，而CRH2C的速度为300~350公里/时，是在真正掌握引进技术，对整个动力系统进行深度开发的基础上完成的。中车四方在第一批30列CRH2C研发运营基础上，研制中国第一代动车组中最重要的一个车型，被称为CRH2C二阶段。这具有浓厚的自主色彩，主要技术突破包括铝合金车体设计，将列车的气密强度由4000 帕提升到 6000 帕，使车拥有了良好的气密设计，彻底改善车体在高速运行时的共振和气动变形问题。后来的二代动车组 CRH380A 继承了 CRH2C 的车体设计，所以 CRH380A 具有极高的舒适度。同时改进转向架，加装抗蛇行减震器，解决垂向和横向振动问题；采用新的牵引电机，改用加大功率的 YQ-365 型交流牵引电动机，将列车的功率由原来的 7200 千瓦提升为 8760 千瓦，使列车持续运营速度提升为 350 公里/时。此外，CRH2C 还在隔音、降噪、受流、内饰等方面进行全面改进。CRH2C 的一系列重大技术突破，为中国第二代动车组 CRH380A 的诞生奠定了基础（高柏等，2016）。

2008 年 4 月 11 日，国产车速 350 公里/时的 CRH3 型动车组在中国北车唐山轨道客车有限责任公司下线。CRH3 型动车组是在 2005 年引进西门子技术的基础上，适应中国铁路客运需求特点，优化设计而产生的铁路技术装备现代化的重大成果（高柏等，2016）。

并跑时期的高速列车行业，围绕领军企业中国中车，以满足用户需求为导向，科研院所、高校和主机厂开展密切创新合作，生产出车速为 300~350 公里/时的高速列车"CRH2C"（一代和二代）。在并跑阶段，高速列车行业的主机厂制造能力和工艺能力得到了较大的提升。科研院所聚焦于开发设计和制造工艺，负责高速列车核心零部件的技术突破与设计制造。

10.2.3 领跑阶段领军企业创新链整体效能提升

在技术创新活动的第三阶段即领跑阶段，领军企业的角色是创新的领先者，这一阶段是构建以我国为主导的全球价值链过程。进入自主创新阶段，在 CRH2C 二阶段基础上研制开发出具有自主知识产权的 CRH380A 系列动车组，牵引传动系统等关键技术均由中车时代电气研发制造。主机厂企业的开发和试验能力得到了极大提升，科研院所在应用研究、技术研发方面的能力也得到了增强。同时，高校在研制开发 CRH380A 系列动车组过程中，对科学知识进行原始性探索。

高速列车行业在领跑时期已经在主机厂、科研院所和高校等创新主体的跨部门创新合作中，提高了高速列车的运营车速，制造出车速达到 350 公里/时、具有自主知识产权的 CRH380 高速列车。创新链关键阶段中的基础研究是对科学知识进行的原始性探索创新（曲久龙和顾穗珊，2006），专注于知识原理、规律方法上的演进和理论模型推导（余泳泽和刘大勇，2013）。

2010 年 5 月 27 日，CRH380A 新一代高速列车首辆车在中车长客正式下线。2010 年下半年，中车四方、中国北车唐山轨道客车有限责任公司也相继研制出 CRH380A 型、CRH380BL 型高速动车组。CRH380A（L）型动车组是在 CRH2C

二阶段基础上，由中车四方研制开发而成，在 CRH380 系列车型中自动化程度最高，牵引传动系统等关键技术均由中车时代电气研发制造。美国通用电气公司邀请美国戴维斯律师事务所与美国专利商标局对 CRH380A 型高速动车组的知识产权问题进行评估，最终出具的专利风险评估报告的结论是：世界各国相关高速动车组在美国申请的专利与中车四方准备出口到美国的 CRH380A 型高速动车组相关性不大，没有发现任何可能会产生产权纠纷的情况（高柏等，2016）。

在领跑时期，高校在领军企业中国中车创新链的效能提升过程中发挥了显著作用，体现在为这一时期高铁技术提供了重要的理论指导，实验平台为高铁创新提供了设计参数和运营安全上的支持。

10.3 两链融合促进领军企业创新链整体效能提升的机制

在百年未有之大变局、新一轮科技革命和产业变革深入发展的背景下，推动产业链与创新链融合发展是实现科技创新、经济社会发展的必然途径（洪银兴，2020）。2019 年，《国务院关于全面推进北京市服务业扩大开放综合试点工作方案的批复》中首次提出"促进创新链、产业链、资金链深度融合"的表述。此后，两链融合的政策性越来越明确，在国家层面上也越来越受到重视。国家出台的政策文件进一步提出了两链融合的方向，即"围绕产业链部署创新链，围绕创新链布局产业链"。

相应地，产业链、创新链融合发展已经成为创新推动产业发展的最新研究方向（梁文良和黄瑞玲，2023）。产业链和创新链深度融合的理论基础是技术创新和产业发展的"互补互促效应"（韩江波，2017；孙琴等，2023），具体表现为创新链推动产业链和产业链拉动创新链（洪勇和苏敬勤，2007），实现产业链和创新链以双螺旋形式彼此推进。产业链的发展带动创新链的提升，创新链的提升带动产业链的升级，促进一个国家在全球价值链的位置攀升。在两链融合的路径方面，韩江波（2017）提出了两链融合的思路：研发能力较强的国家或地区适合创新链推动产业链融合模式，研发能力较弱的国家或地区适合产业链拉动创新链融合模式。洪银兴（2019）提出了两链融合的不同设计：一是在科技领先的领域构建主导型创新链，进而推动产业链发展；二是在相对落后的领域促进产业的价值链攀升，进而拉动创新链发展。在双链融合的主体方面，孙琴等（2023）强调，一方面要加强国家战略部署的引导性，另一方面要发挥行业骨干企业的主力军作用。杨忠等（2019）指出，领军企业在创新链构建过程中起主导作用。

已有研究表明，创新链与产业链的深度融合是一个受到多种情境因素影响的动态过程（褚思真和万劲波，2022）；行业领军企业在创新链与产业链深度融合的过程中发挥着不可替代的引领作用（杨忠等，2019）。然而，学术界对领军企业创新链与产业链深度融合的过程与机制尚未进行很好的理论构建。领军企业创新链与产业链是如何动态融合的，以及融合过程中有哪些具体机制，成为当前亟待解决的理论问题。

近年来，我国企业逐步沿着产业价值链攀升，其中部分企业已经成长为国民经济的重要支撑力量，对整个行业发展起到重要的引领作用。中国航天、大型客机、中国高铁、港珠澳大桥等凭借强大的产业链规模优势，在其主导的产业内深度参与并引领创新活动，成功实现了产业链和创新链的深度融合。中国领军企业推进两链融合的成功实践，为解决上述理论问题提供了重要的现实依据。

领军企业技术创新是技术能力和创新资源的融合。技术能力是企业竞争优势的重要来源和基础（赵晓庆和许庆瑞，2001），是企业创新的重要前提和基础。创新链的运行以各创新主体整合各类创新资源为基础（宋煊懿，2016；杨忠等，2019）。创新链和产业链的融合需要领军企业技术能力的积累和创新资源的协同实现功能的融合。

10.3.1 提升领军企业技术能力，奠定创新链产业链融合的能力基础

创新链概念的提出源自创新模式的根本改变，即从企业内部的创新转变成跨越组织边界，形成组织之间的协同创新。从过程定义创新链，都是以研发活动为起点，终止于价值的市场实现，本质上都是科技成果产业化的过程。基于参与主体视角研究创新链内涵时，学者们强调创新链是围绕创新的核心主体，优化创新系统和知识经济化的功能链节结构模型（蔡翔，2002）。企业是科技创新的主体，领军企业有能力在纵向和横向维度上，牵头联合同行业、上下游的中小企业，以及大学、科研院所等创新主体，构建创新联合体，即领军企业创新链。由此学者界定领军企业创新链为以领军企业为主导，围绕共同的创新目标，基于各参与主体之间的相互协作实现价值创造的创新组织结构（巫强，2021）。

作为企业实现创新的重要前提和基础，企业的技术能力是多数企业竞争优势的重要来源和基础（赵晓庆和许庆瑞，2001）。"资源/能力"理论认为企业竞争力的源泉来自难以模仿和提到的资源或能力（路风，2018）。基于企业资源基础理论，技术能力被定义为企业源于研究开发活动、产品工艺过程、制造活动以及技术变革的资源，包括知识、经验、组织结构和外部联系等（Bell and Pavitt，1995）。知识是企业创新过程中重要的无形资源，企业的技术能力源自企业解决实际问题中创造出的知识，并结合外部知识，产生解决新问题的能力（Meyer and Utterback，1993），因此知识学习和积累是提升企业技术能力的有效路径。企业的知识与能力只有通过产品的开发才能得到提升，即产品开发是技术能力提高的成长途径（Helfat and Raubitschek，2000；路风，2018）。本章借鉴路风（2018）采用产品开

发平台来刻画技术能力提升的方法，引入产品开发平台的概念框架来分析技术能力的发展与演化机制。产品开发平台的概念模型依照复杂产品系统工业的特征进行描述，基于产品视角，技术密集的、高定制化的高速列车属于复杂产品系统（庄永耀等，2011）。复杂产品系统产业作为对技术和组织要求最高的产业类别，其价值链更长，连接关系更复杂（张亚豪和李晓华，2018）。系统集成商一般由掌握核心技术、在行业竞争中占据引领地位的领军企业担任，通常处于中心主导位置，负责参与主体的管理与协调，控制创新的整体进程（Hobday and Rush，1999）。

产品开发平台概念框架提出的逻辑是，技术能力的成长建立在企业产品开发的实践中，所以企业的技术能力成长过程和发展机制可以用产品开发平台（路风，2018）的概念框架来分析。基于动态观点，产品开发平台由三部分组成，分别是产品序列、专业的研发团队和技术支持系统。其中，技术支持系统具体包括三个组成部分：有形技术支持系统、无形技术支持系统和外部技术支持系统（路风，2018，2019）。产品序列是技术活动的对象，也是产品开发平台的重要构成部分。产品开发需要受过专业训练的研发人员，他们构成产品开发的活动主体。技术支持系统中的有形技术支持系统包括环境设施（办公室、厂房等）、工具（计算机系统等）、工程试验、制造和检测设备等。无形技术支持系统主要有积累的经验知识和使之能够发挥作用的组织系统。外部技术支持系统由外部供应商网络（提供材料、元件、子系统和设备）、大学（提供基础理论、原理知识）和基础研究机构组成。产品开发平台是一个由作为技术活动对象的产品序列、作为技术活动主体的专业研发团队和技术活动的支持系统（设备、经验知识、供应商网络、合作的大学、研究机构）组成的活动系统（路风，2018，2019）。

在我国高速列车行业中，主机厂、科研院所和高校都围绕用户需求开展紧密的跨部门技术创新合作。主机厂在高校和科研院所的支持下完成制造工艺环节和核心部件的研发制造，但研发设计能力较弱。科研院所聚焦于开发设计和制造工艺，和主机厂进行联合设计与生产，同时将一部分基础理论成果转化为可应用的技术，负责准高速列车和高速列车核心零部件的技术突破与设计制造。高校在高速列车的研发中发挥重要的作用，先为高速列车的研制提供了基础理论支撑，如西南交通大学的沈氏理论、翟孙模型以及中南大学的列车气动外形结构研制和列车/隧道耦合气动结构优化方法等，从基础原理上揭示了高速轮轨黏着蠕滑机理、轮轨关系和列车空气动力学等影响高速列车性能与安全的重大理论问题。同时高校还向主机厂和科研院所提供应用技术支持，并进行仿真测试和参数设计，以协助主机厂和科研院所完成关键部件的设计、试验与生产（高柏等，2016）。

企业技术能力是我国推行技术创新、实现技术赶超的重要原因，也是企业创新的重要前提和基础。企业的技术能力是多数企业竞争优势的重要来源和基础（赵晓庆和许庆瑞，2001）。从技术能力获取和提高的过程分析企业技术能力构成要素，认为发展中国家企业技术能力的发展，基本经历了一个从技术引进、消化吸收到自主创新的过程（魏江，2000）。技术能力是创新中技术因素系统的体现，是企业为支持技术创新，附着在内部人员、设备、信息和组织中的所有内生化知识存量的总和（魏江，1996）。技术能力是企业对技术资源和其他关联资源的处理能力（郭斌等，1996）。

谢伟（1999）认为发展中国家的技术能力发展阶段可以划分为技术引进能力、生产能力和技术自主创新能力阶段，每一个阶段都是上台阶的过程，同时伴随技术能力的跃迁。魏江和葛朝阳（2001）提出企业技术能力的演进分为技术引进与模仿、消化吸收和技术自主创新三个不同的阶段，技术能力的增长是"平台扩展—上台阶—新平台的扩展—上新台阶"的循环往复过程。领军企业技术能力的提升是领军企业创新链和产业链融合的能力基础。我国高速列车行业创新链和产业链融合的过程，也是领军企业中国中车协同创新链上的各类创新主体不断提升技术能力的过程。

10.3.2 协同领军企业创新资源，夯实创新链产业链融合的资源保障

产业链和创新链的关系体现为产业链是创新链落地生根的载体，对创新链发展提出创新需求，进而推动创新链升级并产生新的创新链；创新链是产业链发展的动力之源（中国社会科学院工业经济研究所课题组，2021）。我国推动产业迈上全球价值链中高端的突破口是把科技创新落在产业发展上，围绕产业链部署创新链的关键是在产业链关键技术环节上进行创新，而产学研协同创新有利于创建产业创新链，即创新链与产业链的深度融合（洪银兴，2019）。创新链和产业链的融合有利于推动供给侧结构性改革，建设现代化经济体系，创新链和产业链的融合路径要求处理好政府与市场、制造业与服务业、基础研究与应用研究、科技创新与制度创新以及自主创新与开放引进之间的关系。

创新资源融合探究领军企业创新链上各创新主体之间如何实现资源的高效融合，为领军企业创新链、产业链的融合建立资源保障。郭斌等（1996）指出技术能力是企业对技术资源和其他关联资源的处理能力。

创新资源的数量、质量和利用机制对创新链的运行效率有直接影响。创新资源的整合既包括对资金、技术、科技、人力等有形资源的整合（代明等，2009），也包含对知识、信息等无形资源的整合。根据课题组2017年7月、2018年7～8月在中国中车的深度调研访谈，我国高速列车行业的实践中，主机厂在高校和科研院所的支持下完成制造工艺环节和核心部件的研发制造；科研院所聚焦于开发设计和制造工艺，和主机厂进行联合设计与生产，同时将一部分基础理论成果转化为可应用的技术，负责准高速列车和高速列车核心零部件的技术突破与设计

制造；高校为高速列车的研制提供了基础理论支撑，同时高校还向主机厂和科研院所提供应用技术支持并进行仿真测试和参数设计，以协助主机厂和科研院所完成关键部件的设计、试验与生产。我国高速列车行业创新链和产业链融合的过程也是领军企业中国中车协同创新链上的各类创新主体融合各类创新资源的过程。

参 考 文 献

安同良. 2004. 企业技术能力发展论：经济转型过程中中国企业技术能力实证研究[M]. 北京：人民出版社.
蔡坚. 2009. 产业创新链的内涵与价值实现的机理分析[J]. 技术经济与管理研究，(6)：53-55.
蔡翔. 2002. 创新、创新族群、创新链及其启示[J]. 研究与发展管理，14（6）：35-39.
陈劲. 2019. 新时代科技创新管理要更好发挥三个优势[J]. 学术前沿，(13)：43-49.
陈劲，吕文晶. 2018. 创新研究：学科演变与中国贡献[J]. 技术经济，37（5）：1-13.
褚思真，万劲波. 2022. 创新链产业链的融合机制与路径研究[J]. 创新科技，22（10）：41-51.
代明，梁意敏，戴毅. 2009. 创新链解构研究[J]. 科技进步与对策，26（3）：157-160.
高柏，李国武，甄志宏，等. 2016. 中国高铁创新体系研究[M]. 北京：社会科学文献出版社.
郭斌. 1998. 基于核心能力的企业组合创新理论与实证研究[D]. 杭州：浙江大学.
郭斌，许庆瑞，魏江. 1996. 组织技术能力概念框架研究[J]. 科学学研究，14（2）：44-50.
韩江波. 2017. 创新链与产业链融合研究：基于理论逻辑及其机制设计[J]. 技术经济与管理研究，(12)：32-36.
洪银兴. 2019. 围绕产业链部署创新链：论科技创新与产业创新的深度融合[J]. 经济理论与经济管理，39（8）：4-10.
洪银兴. 2020. 促进创新链与产业链深度融合[J]. 中国科技奖励，(10)：63-65.
洪勇，苏敬勤. 2007. 发展中国家核心产业链与核心技术链的协同发展研究[J]. 中国工业经济，(6)：38-45.
康健，胡祖光. 2016. 创新链资源获取、互联网嵌入与技术创业[J]. 科技进步与对策，33（21）：16-23.
康健，胡祖光. 2017. 创新链内多重网络、创业能力与创业绩效关系研究[J]. 科技管理研究，37（2）：7-16.
梁文良，黄瑞玲. 2023. 产业链创新链"两链"融合的内涵、结构与动力因素[J]. 科技和产业，23（3）：62-67.
路风. 2018. 论产品开发平台[J]. 管理世界，34（8）：106-129.
路风. 2019. 冲破迷雾：揭开中国高铁技术进步之源[J]. 管理世界，35（9）：164-194，200.
曲久龙，顾穗珊. 2006. 我国 R&D 活动中创新链的构建研究[J]. 工业技术经济，25（3）：68-71.
史璐璐，江旭. 2020. 创新链：基于过程性视角的整合性分析框架[J]. 科研管理，41（6）：56-64.
宋煊懿. 2016. 中小企业在创新链中的主体作用研究[J]. 经济纵横，(5)：50-56.
苏敬勤，洪勇. 2008. 后发国家企业技术能力发展理论与实证研究[J]. 管理评论，20（3）：31-38，63-64.
苏敬勤，洪勇. 2009. 发展中国家技术能力研究综述[J]. 研究与发展管理，21（3）：91-97，104.
孙琴，刘戒骄，胡贝贝. 2023. 中国集成电路产业链与创新链融合发展研究[J]. 科学学研究，41（7）：1223-1233，1281.
唐春晖. 2006. 资源基础演化视角下的后进企业技术追赶战略[J]. 当代财经，(11)：75-79.
王秀江，彭纪生. 2008. 企业技术能力：一个新的概念界定与测量模型[J]. 科学学与科学技术管理，29（12）：146-150.
魏江. 1996. 影响科技人才成长的因素分析[J]. 科学·经济·社会，14（3）：25-28.
魏江. 1997. 企业技术能力：增长过程，机理与模式[D]. 杭州：浙江大学.
魏江. 1998. 基于知识观的企业技术能力研究[J]. 自然辩证法研究，14（11）：55-57，60.
魏江. 2000. 企业技术能力研究的发展与评述[J]. 科学管理研究，18（5）：20-22，33.
魏江，葛朝阳. 2001. 组织技术能力增长轨迹研究[J]. 科学学研究，19（2）：69-75.
魏江，许庆瑞. 1995. 企业创新能力的概念、结构、度量与评价[J]. 科学管理研究，13（5）：50-55.

魏江，郑斌，许庆瑞. 1996. 技术能力支撑下的企业科技发展战略选择[J]. 科研管理，17（2）：28-34.

巫强. 2021. 领军企业创新链：理论内蕴与政策体系[J]. 工信财经科技，（2）：26-33.

吴晓波. 1995. 二次创新的进化过程[J]. 科研管理，16（2）：27-35.

谢伟. 1999. 技术学习过程的新模式[J]. 科研管理，20（4）：1-7.

邢超. 2012. 创新链与产业链结合的有效组织方式：以大科学工程为例[J]. 科学学与科学技术管理，33（10）：116-120.

徐雨森，洪勇，苏敬勤. 2008. 后发企业技术能力生成与演进分析：以中国华录·松下公司DVD视盘机产业发展为例[J]. 科学学与科学技术管理，29（5）：9-13.

杨忠，李嘉，巫强. 2019. 创新链研究：内涵、效应及方向[J]. 南京大学学报（哲学·人文科学·社会科学），56（5）：62-70，159.

尹西明，陈劲，贾宝余. 2021. 高水平科技自立自强视角下国家战略科技力量的突出特征与强化路径[J]. 中国科技论坛，（9）：1-9.

于渤，张涛，郝生宾. 2011. 重大技术装备制造企业技术能力演进过程及机理研究[J]. 中国软科学，（10）：153-165.

余泳泽，刘大勇. 2013. 我国区域创新效率的空间外溢效应与价值链外溢效应：创新价值链视角下的多维空间面板模型研究[J]. 管理世界，29（7）：6-20，70，187.

张冬梅，史雅楠，徐雨森. 2019. 复杂工程机械制造企业技术能力的"序贯性"演进：三一重工和中联重科的纵向案例分析[J]. 科研管理，40（11）：123-133.

张杰，吉振霖，高德步. 2017. 中国创新链"国进民进"新格局的形成、障碍与突破路径[J]. 经济理论与经济管理，37（6）：5-18.

张亚豪，李晓华. 2018. 复杂产品系统产业全球价值链的升级路径：以大飞机产业为例[J]. 改革，（5）：76-86.

张宗臣，苏敬勤. 2001. 技术平台及其在企业核心能力理论中的地位[J]. 科研管理，22（6）：76-81.

赵晓庆，许庆瑞. 2001. 技术能力评价：理论与方法[J]. 科学学与科学技术管理，22（4）：64-67.

赵晓庆，许庆瑞. 2002. 企业技术能力演化的轨迹[J]. 科研管理，23（1）：70-76.

中国社会科学院工业经济研究所课题组. 2021. 推动产业链与创新链深度融合[J]. 智慧中国，（12）：20-24.

周浩军，蒋天颖. 2007. 基于技术追赶的企业技术能力微观结构研究[J]. 科技进步与对策，24（5）：99-103.

庄永耀，姚洁盛，王伟锋，等. 2011. 影响昆明中小IT企业自主创新能力因素分析[J]. 科技管理研究，31（15）：17-19，27.

Arrow K J. 1962. The economic implication of learning by doing[J]. Review of Economics Statistics, 29（3）：155-173.

Barton D L. 1995. Wellsprings of Knowledge：Building and Sustaining the Sources of Innovation[M]. Boston：Harvard Business School Press.

Bell M，Pavitt K. 1995. The development of technological capabilities[J]. Trade，Technology and International Competitiveness，22：69-101.

Breschi S，Malerba F，Orsenigo L. 2000. Technological regimes and schumpeterian patterns of innovation[J]. The Economic Journal，110（463）：388-410.

Chesbrough H. 2003. Open Innovation：The New Imperative for Creating and Profiting from Technology[M]. Boston：Harvard Business School Press.

Cohen W M，Levinthal D A. 1990. Absorptive capacity：a new perspective on learning and innovation[J]. Administrative Science Quarterly，35（1）：128-152.

Desai A V. 1984. Achievements and limitations of India's technological capability[C]//Fransman M，King K. Technological Capability in the Third World. London：Palgrave Macmillan：245-261.

Dore R. 1984. Technological self-reliance：sturdy ideal or self-serving rhetoric[C]//Fransman M，King K. Technological Capability in the Third World. London：Palgrave Macmillan：65-80.

Fransman M, King K. 1984. Technological Capability in the Third World[M]. London: Palgrave Macmillan.

Helfat C E, Raubitschek R S. 2000. Product sequencing: co-evolution of knowledge, capabilities and products[J]. Strategic Management Journal, 21 (10/11): 961-979.

Hobday M, Rush H. 1999. Technology management in complex product systems(CoPS): ten questions answered[J]. International Journal of Technology Management, 17 (6): 618-638.

Katz J M. 1984. Domestic technological innovations and dynamic comparative advantage: further reflections on a comparative case-study program[J]. Journal of Development Economics, 16 (1/2): 13-37.

Kim L. 1997. The dynamics of Samsung's technological learning in semiconductors[J]. California Management Review, 39 (3): 86-100.

Lee J W. 2001. Education for technology readiness: prospects for developing countries[J]. Journal of Human Development, 2 (1): 115-151.

Meyer M H, Utterback J M. 1993. The product family and the dynamics of innovation[J]. Sloan Management Review, 34 (3): 29-47.

Rosenberg N. 1982. Perspective on Technology[M]. London: Cambridge University Press.

Rosenberg N, Frischtak C. 1985. International Technology Transfer: Concepts, Measures, and Comparisons[M]. New York: Praeger.

Schumpeter J. 1934. The Theory of Economic Development: An Inquiry into Profits, Capital, Credit, Interest, and the Business Cycle[M]. Cambridge: Harvard University Press.

第 11 章　领军企业创新链优化策略与制度安排

随着领军企业创新链的成功构建，领军企业与其他主体之间逐渐形成彼此创新协同的新结构模式，但在其构建和演化过程中，还需要保证创新链持续有效地运行。只有有效解决创新链上潜在的阻碍，才能真正促进领军企业创新链的良性发展，进一步推动合作关系的迭代升级。领军企业创新链的优化，一方面需要明确的策略，为各创新主体提供清晰的发展方向和目标；另一方面还需要健全的制度安排，利用新型举国体制的制度优势，保障策略活动的有效性，解决可能遇到的创新链"堵点""断点""难点"问题。基于此，本章将重点探讨领军企业创新链的优化策略与制度安排，为领军企业创新链稳定运行以及各创新主体更好协同提出建设性指导方案。

11.1　领军企业创新链优化策略设计

11.1.1　领军企业创新链推动共同目标达成的策略设计

现实情况中，尽管部分领军企业创新链已经成功构建，但企业间的创新合作关系并不牢固。尤其当创新链涉及多种类型的创新主体时，彼此之间往往存在天然的"制度逻辑"张力，在运作方式、行为准则、沟通模式上都存在不一致（杨忠等，2021）。例如，企业主体作为营利性组织，必然更看重经济回报；政府作为公共部门，必须基于社会大众的公共需求和利益设置其行政行为。这种无法事先避免的差异化会使创新链上的各个主体在后续的合作关系中缺乏共同目标。因此，整个创新链就会缺乏一个足够牢固的"抓手"，创新活动的推进也会受到阻碍。

领军企业作为创新链的核心主体，毋庸置疑需要承担起从不同的目标追求中凝结出共同利益价值的责任。共同目标，最直接的便是以利益为纽带，构建起平衡的合作机制。通过研究多个领军企业创新链案例，本章发现领军企业会根据创新链的不同发展阶段实行"两步走"策略。

1. 第一步：基于利益共享的目标共享

在创新链的初级阶段，领军企业需要让其他创新主体有意愿投入精力，参与创新活动。此时，打破障碍的关键在于先建立起基本的信任。无论创新链上各个主体之间有多大差异，"利益"始终贯穿其中，每个主体都在不同程度上追求利益获得。因此，针对利益关系协商与妥协，与其他外部主体建立明确的利益分配机制，彼此共同认可，是形成创新链初级共同目标的首要策略。

对此，国家电网采取的办法是"主动让利"。创新需要消耗大量成本，承担较高的失败风险。作为央企，国家电网拥有庞大资源体量和更为充裕的资金储备，抗击风险能力相对高。相比之下，其他创新主体如高校、科研机构以及众多中小企业等，并不具备如此强大的资源能力，它们往往注重经济收益，并对创新合作成果分配抱有顾虑。为减少这类障碍，国家电网会主动为其他主体提供更多的利益价值。比如，国家电网在与高校、科研机构进行合作时，事前会协商利益分配，通过许诺在项目评奖中轮流担任第一完成人等方式满足科研人员对科研成果的诉求；帮助合作伙伴分担科研成本，降低合作伙伴的研究负担；为科研机构解决启动资金以及场地问题。在成果专利分配方面，国家电网严格遵循合同制，而非始终由自己独占鳌头。

国家电网曾实施三大举措：一是开放合作科技项目研究，二是向全社会开放实验室共享资源，三是合作共建能源电力创新共同体。围绕着实现国家科技进步的主要目标，国家电网主动释放大量资源经费，成功吸引优秀合作方共同开展国家重点科研项目联合攻关，发出真诚的信号，让其他创新主体感到"有利可图"。这样的方式同时提高了双方合作积极性，不仅在很大程度上解决了创新链上合作关系的前期困境，也减少了彼此的潜在冲突，同时保证了自身利益需求。

华为在与科研机构合作时，也面临着与国家电网相似的问题。华为的科研机构合作者并不以单纯的经济收益为利益诉求，更多考虑是否拥有足够的科研空间、能否获得合理的专利成果等。对此，华为采取的手段是"放权"。华为并不追求将其他主体整合进自身创新蓝图，而是给予对方充分自主权，通过协商共建方式优化创新链发展。例如，华为会主动与研究所或高校成立联合实验室，并推选主任负责联合实验室的设计和运行，而主任通常由学校或科研机构的老师担任。在此期间，华为充分尊重科研人员，一般公司成员只作为副主任协助产品研发。由此，科研人员精神追求得以满足，科研积极性能够保持。华为向科研机构许诺事后利益如何分配，共享合作成果，注明其他研究人员的具体功绩；对于重大研发，华为设立表彰大会，为相关负责人举行颁奖仪式。

此外，为进一步扩大自身的产业链，华为会通过利益统合方式将同行企业拉入其创新链，而不是使其陷入竞争关系的"囚徒困境"中。华为选择协商办法，形成一荣俱荣、一损俱损的合作模式。在访谈中，一位工作人员解释道："我们与友商共同发展，既是竞争对手，也是合作伙伴，共同制造良好的生存空间，共享价值链的利益。"作为同行领域的两大代表企业，华为在和中国移动合作时，成立了新通话联合创新中心。华为希望将自身 5G 通信技术普及到民用领域。对此，华为负责主攻通信技术设备研发和供应，为中国移动公司提供必要技术支持，而中国移动公司则帮助华为拓宽下游消费领域市场。双方的主营业务具有互补性，都能基于自身利益需求，通过对方获得自身所需资源。

综上所述，华为和国家电网优化创新链的策略，都以满足共同利益为基础，打造初始信任关系。相对而言，华为更侧重"放权"，而国家电网更侧重"让利"。无论哪种方式，领军企业都通过利益这一条纽带，推动了创新合作，凝聚了创新主体力量资源，产生了"1＋1＞2"的协同效果。双方都能在已有规则体系下保持行为边界，促进创新链的可持续发展。

2. 第二步：志同道合者的"和而不同"

随着创新链进一步发展，领军企业"第一步"基于利益实现目标共享的机制逐渐完善。然而，如果合作继续仅围绕"利益"本身开展，将无法更好地适应创新链深度发展的需求。此时需要扩大合作范围，采取更高层次的创新合作模式，以支撑创新链的纵深发展，从而响应并落实复杂、高难度的创新战略目标。在这一阶段，创新链将更关注长期利益的获取，合作主体不再以短期项目为合作依托，而是强调开展具有重大意义、需要长期合作、依赖长期投入的创新活动和项目。这意味着，除了领军企业，合作伙伴甚至也愿意放弃部分"利益"，合作关系也由原先基于简单利益分配的模式，转变为更倾向于对"志同道合"者的追求，不再局限于对利益的考量，而是希望建立深度的信任机制。

国家电网的具体做法是提出建立电网共同体的新型合作结构。"共同体"的建设目标，并不是只建设一项技术或实现某几个项目服务，而是致力于更长期的国家整体电力行业的转型升级。以此为共同目标，国家电网开始涉足互联网技术、光电技术等领域，提出了"四个开放、四个合作"的八大举措：开放共享实验研究资源、开放合作科技项目研究、开放实施科技示范工程、开放应用全社会新技术、合作共建能源电力创新共同体、合作共建国家双创基地、合作共享科技服务平台、合作共营科技创新企业。此外，国家电网还专门建立了实验室资源网络共享平台，面向全社会开放 100 个实验室，吸引和选拔在互联网行业、光电技术行业具有强势技术成果和科研能力的院校加入电网共同体中。

2022 年，国家电网牵头 31 家单位共同成立新型电力系统技术创新联盟，旨在凝聚合力，打造能源电力行业创新高地。可见，国家电网"第二步"策略展现了更高层级的社会责任感，即贯彻落实党中央重大决策和国家战略规划部署，带头集中优势力量，针对新型电力系统重大发展方向、发展路径、技术攻关、市场化机制、支撑技术示范等方面，与合作伙伴共同研讨，群策群力，充分共享科研成果，实现能源领域资源的最优化配置。通过这样的机制，国家电网创新链的目标从"分享利益"演化为更宏大的"创新联合体建设",牵引着志同道合者共同为国家的发展贡献力量。

与国家电网类似,华为也在创新链发展成熟阶段,提出"生态合作管理"的概念。例如,华为发起数字平台的建设,深化与其他主体的协同关系,形成"多对多"的协商体系,致力于推动电子通信创新链的转型发展。在2016年华为全联接大会上,公司轮值董事长郭平就提出"做大蛋糕比做大份额更重要";在2018年华为亚太创新日上又进一步提出"华为愿意与亚太各国共建数字化的生态,广泛地开放合作,将自己的蛋糕比例与大家分享,共同做大蛋糕,与各国、各行业合作伙伴共同成长"。华为非常重视对数字平台秩序的建立和维护,坚持技术性、公平性、开放性、边界性等原则。例如,华为坚持"平台建立必须给予领先技术支持;平台需要保持公平公正,保证各方合作者的权益;平台必须是开放和自由出入的;平台运行需要具有一定的边界性,保持基本的创新准则,守好自身所负责的边界,不侵占其他合作伙伴的基本利益"。华为对技术、公平、开放、边界进行秩序构建,依托华为创新链平台,华为的生态合作伙伴也由原来的几百家扩展到上万家,极大保障了创新链发展的长期可持续性。

国家电网和华为在从第一步走向第二步的共同目标转化上,其实存在差异。华为采取了"多对多"的合作伙伴关系,自身作为平台提供者,吸引各主体主动加入创新链的深层次构建,各方平等交流协商。华为更关注"底线"问题,明确各方边界线。而国家电网则采取了"一对多"合作模式,即作为合作过程的主导者,直接邀约、拉伙、牵头,始终承担主体地位;在承担大量义务的同时,也保证自身主导权利。可见,国家电网在创新链合作关系中更强调"秩序",重视明确的权责关系和联盟的牢固。

综上所述,华为与国家电网作为领军企业,两者均通过"两步走"策略,进一步推动领军企业创新链共同目标的达成。这些策略深化了领军企业与其他主体之间的信任,使创新链各个创新主体在意识形态层面彼此认可,创新合作意愿不断提升。

11.1.2 持续推动结构优化的策略设计

在共同目标策略驱动下,各创新主体逐渐建立起了长期、深层次的合作关系,实现了向"心往一处想"的蜕变。领军企业创新链上,企业之间以及企业与高校、科研院所之间的认知壁垒显著降低,有效推进了创新链的优化。然而,只在认知层面实现共同目标确立还远远不够。在实际的创新链运行过程中,作为主导者的领军企业经常会受到自身结构和架构方面的制约。

具体来说,领军企业大多是在产业链的基础上构建创新链,通过产品需求刺激技术研发，从而实现创新链的持续运转。随着领军企业创新链的不断延伸、发展，市场逻辑和专业逻辑间的冲突会越来越激烈。达到发展瓶颈期后，产业链反而会对创新链形成阻碍，"技术"与"产业"相互"打架"。这就需要领军企业带头重塑内部产业体系与创新体系的结构关系，将两种体系进行分离，确保两套逻辑能够相对独立地运行。

优化领军企业创新链，领军企业就必须将组织内部的制度逻辑进行转化与重新整合，根据任务、职责将逻辑冲突的创新任务和创新体系独立出来。这意味着，领军企业要进一步明确技术创新的核心地位，构建相对独立的创新体系，并调整产业研发职能与技术创新职能的优先地位，以创新链发展回馈产业链运行，保证创新链的重要功能得以实现。对此，领军企业可采取两类结构优化策略。

1. 支撑技术创新牵引的结构设计

要想突出技术创新的核心地位，需要先对相应的创新体系作出结构性调整。领军企业创新链作为创新活动实施的载体，需要服务于技术创新与行业发展。随着创新链不断扩展、延伸，越来越多的创新主体加入到创新环节中，在创新活动中产生互动影响，产业链与创新链也在互动中结合得更加紧密（李沫阳，2023）。然而，产品研发带来的利润通常比技术研发更为明显直接，导致创新主体更加关注产业链的发展，那些能够更快转化为产品的创新活动更容易获得重视。在此情况下，技术创新的核心地位可能被忽视，所需的关键资源、核心人才等也纷纷流向产品研发领域。因此，为了防止产业链对创新链过多干预、拖慢创新链发展的正常进程，领军企业可能会选择牵头将内部的技术创新体系独立出来，实现创新体系与产业体系的相对分离，并明确以"技术产出"带动"产品研发"、以"产品销售"证明"技术成果"的创新理念。

在践行上述创新理念时，不同领军企业自身定位不同，采取的措施也略有不同。中国电子科技集团公司第十四研究所（以下简称十四所）是中国雷达工业的发源地和国防电子信息行业的排头兵，同时遵循社会使命逻辑、市场逻辑、技术逻辑等制度逻辑，不仅为国防和军队现代化建设提供了一大批"大国重器"，还参与制造了民用雷达及系统、高端芯片、智慧轨交等一系列民用产品。不过，对从事科技创新工作的十四所成员来说，他们不仅要专注预研技术的创新与发展，还要协助产业链进行产品的研制工作，承担了相当繁重的科研、生产任务。与见效快的产品创新相比，预研技术虽然更关键，但耗时长、见效慢，对科研人员的毅力和能力有着更高的要求。大多数科研人员对预研技术的创新热情低下，预研技术也因此迟迟得不到更新发展。

为了解决上述困境，十四所重新明确自身定位，重视创新技术发展，专门设立了以重点实验室为核心的"创新特区"，将技术预研功能从原有组织职能中剥离出来，以避免创新体系受到产业体系的过多干扰。该创新特区下设两大实验室和三大中心：智能感知技术重点实验室、天线与微波技术重点实验室、智能制造创新中心、人工智能创新中心和产业孵化中心。摆脱了产业链的束缚后，十四所在预研技术方面取得了巨大成果，在技术层面上进一步提升了我国雷达能力，还攻克了宽带信号产生和宽带实时成像处理两大难题，拓展了雷达在军民领域的应用前景。十四所在雷达等领域进行的技术预研拓展了相应技术在产品研发方面的应用，进一步促进了产业链的发展。

与十四所不同，国家电网的职能本身与民生产业有密切联系。为了保证技术研发能够支撑产品创新，国家电网早已分别完成了产业体系和创新体系的构建。在技术创新层面，国家电网构建了一套以直属科研产业单位、省级电力公司、基层创新力量为主体的三级创新体系，用以支持产业体系的运转。然而，国家电网过于强势的产业链发展，不仅使得其创新链发展分散，难以集中力量，还会增加其他中小企业的生存压力与运营负担，也不利于电力市场的持续繁荣。为了响应国家政策，推动能源市场的开放与竞争，实现电力市场的高效运行和优质服务，同时也为了切实提高企业核心竞争力和增强核心功能，国家电网逐渐将创新体系中与电网相关的装备制造、设计、施工等竞争性非核心业务剥离公司并投放至市场，缩减产业链规模，降低对产品创新的精力投入。其中，许继、平高和山东电工电气等涉及竞争性业务的集团已于2021年分离出国家电网系统，如今仅有南瑞集团有限公司、国网信息通信产业集团有限公司等直属产业单位被保留。

与此同时，国家电网加快转移工作重心，更加重视技术创新和学术生产，并推动资源、人才等向创新链倾斜。竞争性业务的剥离和独立创新体系的完善，使国家电网能够将更多的心血倾注到技术研发层面，而部分产业单位的保留则能够保证产业体系对创新体系依然存在持续的促进作用，避免产业体系与创新体系完全脱离。

十四所与国家电网虽然对产业和创新体系采取了两种截然不同的剥离方式，但殊途同归。十四所在已有体系的基础上"做加法"，额外构建了一套以重点实验室为核心的创新体系，将攻克重点转移到技术创新上，从而在预研技术上获得了巨大突破，促进了创新链和产业链的延伸和扩大。国家电网则选择在已有创新体系的基础上"做减法"，将部分弥散性产业链业务从创新链上剥离出去，提高创新体系的纯粹性，强化技术创新的核心地位。这两种做法本质上都是帮助创新链减轻产业链带来的研发负担。不同之处在于，十四所通过提高预研技术在技术生产中的优先地位，向预研技术倾注更多的研发资源，有效激发了技术人员的生产积极性，同时也反向促进了产业链的发展，有利于企业未来的整体性发展。国家电网则更多地出于使命激励、落实国家政策的考虑，通过剥离竞争性业务来帮助激发市场的活力，同时也将自身发展定位从"企业"转向了"领军企业"，更看重创新链的良性发展。

不过，这两种方式也分别存在着不足之处，引发更深入的思考。重新构建创新链，意味着现有创新链与原创新链、原产业链之间会形成空隙，产业链对创新链的促进作用可能受到影响；将部分竞争性业务剥离创新体系，同样也会减轻产业体系的促进作用，甚至可能降低部分人员的积极性。

2. 支撑技术与产业协同的结构设计

正如前文所说，无论哪种剥离方式，都不可避免地会影响产业链对创新链的促进作用。这也说明，产业体系与创新体系的相对分离，虽然有助于领军企业将视线重新转向技术创新，但分离过度则会造成"物极必反"的局面。产业体系存在的价值之一，就是为了检验和应用创新体系的技术成果。脱离应用的技术是没有意义的，产业链也需要各种技术加以支撑，以强化高附加值生产环节，增强产业综合竞争力。对创新链来说，产业链的作用不可或缺（杨忠等，2023）。因此，为了发挥产业链对创新链的刺激作用，在剥离后，还需要在两者间构建结构性通道，加强彼此互动，避免产业和技术脱离。

部分企业在构建结构性通道时，更注重加强产业链和创新链之间的双向互动。中国中车就是其中的典型案例。中国中车始终遵循创新链拉动产业链、产业链回馈创新链的"双链互促"良性发展模式。一方面，中国中车采用"技术+"模式，聚焦突破原创技术、基础技术和系统解决方案，以产品研发为技术发展导向，在轨道交通领域着力突破核心技术。另一方面，中国中车采取"产品+"模式，结合"技术+"模式运用，着力营造产业链创新生态，最终巩固产业链重要地位、实现产业链资源效能聚合，为创新链发展提供了动力。两种模式相互影响，最终形成了"技术—产品—技术"的良性循环。

一些企业在构建结构性通道时，更注重产业链与创新链的精准对接，做到资源对需求的精准投放。华为通过建立一套耦合内外部需求和技术资源的供需匹配系统，实现了产业链与创新链的有效联结。在技术需求侧，华为打造了一个专门的需求管理系统，负责收集来自内外部主体的需求信息，确保技术发展能够实时满足产业链的运营需要。其中，外部需求主要来源于客户侧，通过分散在全球各区域代表处的"铁三角团队"，以问题联络单的方式导入；内部需求则是通过内部交易方式导入。在技术供给侧，华为搭建了完整的技术资源管理组织架构，通过获取外部技术资源、收购外部前沿技术、整合管理内部储存的技术资源等方式扩充技术资源储备库，以维持创新链的充分运转。华为内部研究所中的科技外交家团队、技术导入团队、技术开发部，以及其他支撑团队，如信息安全部、法务部、质量与运营部等，均参与其中。通过打造技术资源的供需匹配系统，华为的创新体系能够更加准确地了解产业体系的产品需求和研制产品生产所需的具体技术，使产业链与创新链的结合更加紧密，创新链内外部主体也能够有机嵌套在一起开展协同创新，最终同样实现了创新链的结构优化。

虽然上述两个公司采取了不同方式来构建结构性通道，但本质上都是为了加强产业链和创新链之间的有效联系。中国中车的方式可以看作基于"输出"视角的产物，而华为的方式可以看作"输入"视角下的决策。在"输出"视角下，中国中车更注重加强创新链和产业链本身具有的互促关系，致力于将其影响放大；在"输入"视角下，华为则更强调创新链与产业链对接的精准性，解决产品研发过程中的技术支持问题。如果说在构建结构性通道时，中国中车解决的是"产业链如何促进创新链发展的问题"，那么华为解决的就是"创新链如何回应产业链需求的问题"。相较而言，中国中车的构建方式能够放大产业链和创新链的互促作用，有助于实现结构的整体性提升；而华为的构建方式则能够优化内部结构，有助于实现结构的精简升级。

11.1.3 进一步扩大协同创新的策略设计

如果把视角转向领军企业组织外部，就会发现当领军企业处理与其他创新主体关系时，同样也会面临在产业链和创新链间的权衡问题（杨忠等，2021）。此时，如何处理产业链和创新链的关系、如何壮大和发展创新链，成为各创新主体需要共同解决的难题。这种情境下，领军企业要做的不是如前文所述的简单分离产业链和创新链，而是要打通创新主体间的信息壁垒，保证创新要素和资源能够在主体与主体之间、创新链与产业链之间得到充分流通，引导各创新主体走向协同创新，在互动中推进创新链、产业链的持续升级。

对此，领军企业不仅要坚定协同创新的决心，还要发挥领导作用，采取强有力的手段号召合作伙伴协同，在实践中寻找技术创新资源互通和实现双链双向联结的关键方法。

1. 打造资源池与共生树，夯实协同基础

创新主体之间以产业链为基础的合作本来就是一场博弈，尤其对企业来说，信息、技术、资源在企业的经营过程中发挥重要作用（张银银和邓玲，2013）。尽管各创新主体在领军企业的带领下愿意暂时、部分地共享上述要素，但是现实中各主体、各环节仍处于彼此独立的状态，创新合作难以继续深入。造成上述困境的因素多种多样。首先，在协同创新过程中，各节点间汇聚的大量信息极易在传递中遗失。这加剧了信息碎片化问题，导致不同创新环节之间信息共享度不足、信息内容失真，阻碍了创新协同效率的提高。其次，对不同企业来说，它们独有的创新技术、创新资源是企业发展核心竞争力的关键，它们往往成为合作中谈判的筹码和合作中自身利益维护的保障。即使企业希望通过资源共享来节约创新成本、进一步提高协同创新效率，在纯市场环境下也是难以实现的。如果在不具备深厚信任的基础上轻易将技术、资源共享给合作伙伴，反而会给创新链的运行增加额外的风险。

此时，领军企业作为行业中的"老大哥"、大家有目共睹的"好口碑"，就可以承担起创新链中"维系者""担保人""牵头方"等角色，促进大家相互共享或为大家提供相应的技术、资源，形成深度、良性的合作模式。因此，要想解决上述难题，进一步实现协同创新，领军企业需要带头进行分享，促进伙伴间的知识和资源共享，并牵头构建统一的资源共享平台，推动信息、技术等多种资源的充分流通。

为了实现信息等资源的主动流通，需要领军企业发挥带头作用，创设资源共享池，鼓励各创新主体接入"资源池"，并降低其他主体获取资源的门槛。例如，国家电网把公司实验室资源纳入国家实验资源共享平台，并向社会全面开放。在上述公开平台，各创新主体可以查看共享平台的全部实验室详情，查询实验室已公开资源，并了解各种资源的预约、共享情况。学校、企业、公众等各主体可以通过预约机制提前进行沟通、预约，一旦申请获批准，即可获得相关资源的使用权。这种分享行为并非以营利为目的。如果各创新主体需要使用上述资源，国家电网会收取适当费用用于实验室场地维护、设备折旧、试验耗材等开支。这不仅提高了资源流动的透明度与公开性，为有需要的创新主体提供了资源获取通道，还减少了企业的信息搜集成本，有助于企业将投入集中在技术研发领域。

只有领军企业进行共享还不够，需要号召其他主体也参与到共享行动中来。为此，领军企业应当带头开展主体间合作，在项目合作中加强彼此信任，增强共享意愿，最终实现各创新主体间的基础性研究资源共享。通过加强由内而外的三级创新合作，十四所不仅整合了所内各种资源和成果，还通过加强外部联结机制，在全球范围内进行资源的获取和配置。在内部研究层面，十四所以智能感知技术重点实验室和天线与微波技术重点实验室为核心，将研究重点放在前瞻性技术突破上，并建设创新平台，以自身技术成果作为项目合作与信息共享的筹码。在国内合作层面，十四所与国内清华大学、北京大学、南京大学等高校密切合作，构建以集团公司下属成员单位和相应战略合作单位共建共管的协同创新平台，为技术资源在国内各主体间流动奠定基础。在国外合作层面，十四所积极与德国弗朗霍夫研究所等先进的科研院所建立联系，尝试与它们形成技术上的合作，以加强对国外技术资源的吸纳与整合。在十四所的引领下，各高校和研究所的创新资源、学术成果不仅得以整合，还能够在创新协同平台的基础上进行共享，实现利益互惠。

为了实现更高层次的资源共享、形成良好的资源共享生态，领军企业不仅要能够提供数字性基础平台和主体间合作共赢的机会，还应该发挥领导力和号召力，鼓励各创新主体从相互合作走向相互依赖，最终形成"共生树"形态的利益共同体。华为通过实施"平台+AI+生态"战略，对此进行了积极的探索和实践。该战略主要是由华为协同端、管、云建立开放平台，充分运用 AI 技术，与生态合作伙伴一起，帮助各行各业完成数字化转型，最终形成良好的数字行业生态。在"平台"层面，华为通过构建基础性数字平台，以云为基础，整合各种新信息与通信技术，实现数据的互联互通。该数字平台为合作伙伴提供包括技术支持、资源开放、商业服务等在内的全方位支持，也为合作伙伴之间的资源共享创造了良好的环境与条件。在"AI"层面，华为持续投资基础研究和 AI 人才培养，致力于实现"普惠 AI"，推动人工智能在各行各业落地，实现各创新主体在 AI 技术、资源方面的共享互助。在"生态"层面，华为采取稳定的生态合作模式，期望基于自身的平台能力，与合作伙伴一起为客户提供长期服务，最终形成一个"生态协同"的良好合作模式。该战略的最终目的是实现生态协同，让生态成员之间互为加持、互相使能、互动成长、彼此成就，共同追求更加高效的价值创造，最终形成有机协同、健康稳定的命运共同体。这也是更高层次的资源共享所追求的价值所在。

综上，要想夯实协同创新基础，实现更高层次的资源共享，领军企业可以通过创设资源池，带头进行分享，创造合作机会促进主体间资源共享，形成良好的资源共享生态的步骤，一步步将各创新主体有机联结起来，最终形成"共生树"。上述三阶段代表了资源共享由浅至深的过程。对大多数领军企业来说，第三阶段是最难实现的。因为这一阶段的领军企业不但是领导者和秩序维持者，还需要成为创新链中的风险担保方，促进各创新主体相互信任、相互成就，最终形成利益共同体。这对于领军企业的技术能力、协同能力等都提出了较高的要求，也意味着领军企业需要加强结构优化和技术创新能力，实现个体与创新链的同步发展。

2. 升级拓宽产业，做大行业规模

如果说前文加强资源共享是为了巩固基于产业链联结而成的合作关系，那么本部分将要解决的问题就是：领军企业如何通过拓展创新活动来扩大产业链的规模，做大"行业蛋糕"。对领军企业创新链来说，资源共享平台、生态的形成，不仅能够激发已有创新主体的合作积极性，还能吸引更多的创新主体加入其中。在创新链的延伸过程中，要想实现提质升级，就必须要求创新链各主体都能够具备先进的技术能力、高素质的人才资源和配套的产业基础。最重要的是，必须具备与原有主体相区别的、更为独特的技术优势，这对新加入的创新主体提出了更高的要求。它们不但要在原有创新链上衍生出新型产业环节，提升自我价值，还要更精准地对接到产业链的相关环节中，促进上下游产业链联动协同发展（邵记友等，2023a）。因此，对领军企业来说，要想推动产业链壮大、升级甚至最终形成产业链群，最重要的是联合其他行业进行跨界合作，以技术发展吸引更多主体加入，在创新链延伸的基础上扩大产业链，形成创新链与产业链的双向促进。

在创新链延伸的基础上扩大产业链，最关键的是要明确如何寻找合适的创新合作伙伴。例如，国家电网采取了两种加盟形式：目标导向型和资源导向型。对于目标导向型，国家电网主要根据自身转型目标寻找合作伙伴。国家电网提出"三型两网"战略，明确打造"枢纽型、平台型、共享型"企业、建设运营"坚强智能电网"与"泛在电力物联网"，这是出于自身发展的考量。它试图从单一发电企业向智慧供能企业转型，扩大与人工智能、大数据、云计算、移动互联、区块链等跨界新技术和新产业的协同合作，向用户提供更安全、智慧、经济、便捷的综合能源服务，通过谋求"跨界融合"来实现从传统电力企业向智慧电力企业的升级转型。在这一过程中，国家电网以该目标为导向，联合人工智能等其他行业的佼佼者形成新型创新链延伸环节，成功实现电力行业提质升级。对于资源导向型，国家电网联合上下游产业形成产业园，实现能源企业的集聚、合作。此外，国家电网与扬州合作建设国网智慧能源双创科技园，构建以"央企＋园区＋科研＋企业＋基金"为主要特色的"5合1"创新产业化生态圈，围绕打造智慧能源装备制造中心的功能定位，共同开展能源路由器、先进传感器、多能转换等设备的研发生产，辐射带动上下游产业发展，形成了覆盖全国的现代化电网新应用产品供应链体系。上述生态园的构建，同样也实现了电力产业从传统发电到智慧供能的转型升级。

无论是目标导向型还是资源导向型，都是创新链新主体汇集的一种手段，旨在扩大产业链。区别在于，目标导向型的联结方式，能够丰富创新主体的行业类型，帮助生产出更多复合型产品，提高产业链的附加值，对原有产业链进行延伸与拓展；资源导向型的联结方式，则能够预防潜在的资源匮乏问题，将行业产品做专做精，提高产业链的质量水平，扩大原有产业链的生产规模。但这同时也对领军企业提出更高的要求。一方面，企业需要有广阔的社交网络和良好的政府关系，能够较快地召集各行业中的佼佼者共谋发展，在践行企业目标时得到充分的外界支持；另一方面，企业需要有极强的行业号召力和强大的包容力，能够迅速与同领域不同类型产业达成合作共识，与同行业具有竞争关系的企业"化敌为友"。这也说明，只有在领军企业创新链发展到一定程度时，才能够进入创新链带动产业链的发展进程中。

11.2　领军企业创新链制度安排与保障措施

11.1节在探讨了优化领军企业创新链的策略设计后，引发了对另一个重要问题的思考：究竟如何保证这些优化策略的落地和实施。

不可否认的是，优化策略有效发挥，背后一定离不开合理的制度安排与保障措施。正如第 8 章讨论的，创新链的建构离不开政府和市场作用，以领军企业为主导的创新链设计，涉及跨价值体系的组织合作、不同价值体系之间的协同和多元制度逻辑的调和。有些是可以通过市场手段由领军企业牵头解决的，但有些则需要依赖于政府的顶层设计规划。因此，领军企业创新链制度安排的关键是要处理创新链结构和运行中政府主导和市场机制的关系，分清楚哪些优化策略可以由领军企业牵头，通过市场机制实现，哪些优化策略需要政府主导，通过政策机制予以保障。但无论通过哪种方式，目标都是一致的，即形成一套创新链上各主体能够共同遵守的办事准则，并通过准则来引导创新链各个环节的工作，确保创新链中每个阶段的有效管理，推动共同目标的实现。所以，在领军企业创新链制度安排方面，最关键的出发点在于两大主体：一个是领军企业，另一个是政府。

11.2.1 以领军企业为主导的领军企业创新链制度安排

领军企业具有资金、规模、技术优势，在合作关系中保持主导地位（杨忠和巫强，2021）。为进一步稳固分工协作效率，针对不同主体类型的合作对象，领军企业需要灵活地进行差异化的制度安排。

1. 企-企合作：权力地位引导的"合同制"

领军企业与其他企业都遵循市场逻辑，有相似的话语和价值体系，比如希望获取更高的经济收益、赢得市场竞争等。现实中，领军企业和其他企业之间的创新合作很大部分都基于"合同制"，既能保障双方有一定的信任，也是一份有约束力的协议。在合同制的基础上，为了进一步保障创新链上合作关系的稳定，领军企业可以根据自身和对方企业权力地位性质差异，选择不同的合作制度安排。

第一种是主体中心制。国家电网的例子是该类型制度安排的很好体现。国家电网有特殊经济地位和庞大的资源体系，在与其他企业主体合作的过程中，能在商业决策、经济行动中始终占据主导地位，可通过自身的一系列行为对其他企业施加强影响，推动创新链向既定方向发展。以国家电网为中心，并不代表其他企业会缺少相应利益；与之相反，国家电网的资源体量优势是其他企业产生信任的主要因素。其他企业更愿意依托于国家电网促进自身创新发展，国家电网也有意愿吸纳更优质的创新主体实现创新链和产业链互联互通。在这类制度安排下，国家电网掌握话语权，往往会主动出资支持科技项目，或以项目协定方式明确各方的权责关系，主导建立稳定支持和有序竞争相结合的经费投入机制。该机制下，国家电网不仅是创新链的发起者，还是创新链上最主要的投资者、建设者和监督者，更是风险承受者，带领整个创新链的运行（杨忠等，2021）。

第二种是平等协商制。以华为为例，其作为领军企业，在和一些更高地位企业合作时，自身的技术优势或领域声望并不足以领导所有博弈过程。此时，华为采取平等协商的方法，即合作模式中各方的地位基本平等，资源互助，通过事前拟定具有约束力的市场合同进行"利益捆绑"，以吸引合作主体的参与（邵记友和盛志云，2022）。在平等协商制的框架下，各方先明晰各参与方的价值创造和分配原则，有效减少各方的利益冲突，在合作过程中，华为尊重契约精神，信守契约约定，将合同视为双方合作的基础，强调双方共同对合同执行，比如双方都要及时验收、及时反馈、及时付款等。在市场合同约束基础上，组合以商业利益捆绑，减少其他企业主体采取机会主义行为的动机，同时有效牵制合作方的隐性知识共享行为。

2. 企-政合作：政策企业家

领军企业和政府的创新合作对于推动创新链发展极为重要。为更好推进创新链的建设，领军企业往往会借助现有的平台与资源，积极与政府部门协商沟通，以期进一步获得政府支持，融入政策制定的过程中。

以国家电网为代表的国有领军企业，与政府协商往往更具优势，这类企业还具有自然垄断地位，比如国家电网就是国家能源体系中不可缺少的一环，对社会民生具有重要的支撑作用，这些都是政府决策必须考虑的重要因素。因此，国家电网会积极主动参与到政府政策制定和执行环节中，成为国家基本政策实现的重要推动者。比如，大力实施农网改造升级工程，持续优化电网结构，打造安全、可靠、高效的农村电网，为国家的乡村振兴战略插上电力"翅膀"。又如，大力投资水电、风电等清洁能源，架起"西电东送"大动脉，推动我国整体的清洁能源格局打造等。此外，国家电网也积极参与国家项目的指南的编制、编写，参与项目的研究申报，把核心的行业研发需求上升到国家需求，解决国家目前存在的科技短板及"卡脖子"问题。在创新链布局上，国有领军企业扮演着国家与行业、国家与社会之间的桥梁角色，配合政府需求，担任政府的延伸者，支撑国家战略布局与相关政策制定。

相较于国有企业，民营领军企业往往不具备先天资源、政治优势。对此，民营领军企业会抓住我国营商环境建设逐步改善、政商关系亲清程度逐步提高的利好背景，借助当今数字化、平台化风口，抓住与政府有效沟通的机会。比如，华为作为通信技术领域的领军企业，随着其技术创新能力不断升级，在其领域内已经取得了不可忽视的重大成就。企业本身受到国家的重视，为华为走入政府视野、赢取政企合作提供了契机。华为依托于自身技术优势，已和各级政府部门开展了紧密合作,与多个政府部门签署战略合作协议。依托于国家建设数字中国的需求,华为主动聚焦智慧政务、智慧城市、水利、应急、交警等多个场景,打造数字政府解决方案,帮助政府满足基础设施集约化、政务服务实时化、建设运营服务化的"三化"新要求,构建数字中国连接新底座,为政府数字化改革提供了相应的软硬件支持。在政企合作过程中,华为发布《政府与公共事业行业智能化架构白皮书》,引领行业规范。如今,华为已经在政务云网、城市云网和水利云网等方面,为国家提供不同的解决方案。

3. 企-学研合作:定制科研

随着创新产业链的不断扩大,领军企业对与高校和科研机构的合作愈发重视,改变了过去"两条赛道"的形式。在领军企业主体与科研机构、高校之间的合作中,双方要扫清的合作障碍主要集中在信息和积极性这两个方面,常见的困难包括对合作角色定位不准、校企深度合作"形式多、实质少"、动力缺乏导致的"启动易、持久难"等。领军企业想要改善与科研机构和高校的合作,需要推动两者的同频,减少因信息差异形成的分歧,制定调动双方积极性的制度方针(邵记友等,2023b)。现实中,领军企业往往会根据掌握信息的多寡,制定不同类型制度措施来调动科研主体的积极性,实现对创新链的巩固与保障。

首先,当领军企业不了解科研主体的具体信息时,往往以自身需求为引导,以利益让渡为手段,吸引潜在的科研合作伙伴,代表性制度为"揭榜挂帅制"。"揭榜挂帅"的意思就是"能者上、智者上、谁有本事谁上",是用市场竞争来激发创新活力的一种机制。企业通过释放自身需求,展现自身价值,吸引广大科研工作者积极参与项目研发,而企业也可以借此选择最合适的合作伙伴。

其次,当领军企业对科研主体有一定了解时,会主动邀请潜在的合作伙伴,在合作中深化了解、补全信息。代表性制度为"项目经理负责制"。领军企业通常会配备专门的项目经理来负责管理创新链项目。项目经理一般起到两种作用。一种是作为连接学者与企业的信息通道,协调解决合作中遇到的各种问题;另一种则是作为学者的研究助手,支撑学者解决关键研究问题,提供相关的资源支持,同时保证研究人员独立性,主要研究工作仍然由学者自行完成。项目经理的存在,使领军企业与学者之间的互动频率得到了提升,既加深了彼此信任关系,又减少了不必要的矛盾冲突,从而提高合作效率。

再次,当领军企业对科研主体有足够的了解时,合作关系就会更加深入具体,代表性制度为"科研合同制",即当领军企业与学研主体之间建立正式研发合作关系后,将以正式合同的签订为前提条件,合同内容详细规定了双方的责权明细,给学者制定递交概念模型、报告等作为目标要求。另外,领军企业也会积极响应对方科研和学术需求,配合老师进行验收等。正式合同的签订,使企业与学者之间创新合作增加了法律契约约束，维护彼此利益的同时，也增强了二者之间关系的紧密程度。

最后，除了合作研发，领军企业还会吸纳学研力量提升创新链技术储备，积极参与高校和科研机构的人才培养，对符合创新链要求的人才进行训练和甄选，典型的代表制度有工学交替制与订单培养制（郑洋，2022）。前者是指通过工学交替、校企双师联合的方式培养高级工作人员、预备技师和技师。领军企业依托院校创建或共建技能培训课程，通过研修交流、校企联合等方式开展科技攻关和技术革新项目。后者则是基于企业对人才的要求，学校和企业共同制订培养计划，共同进行教学、培训活动。通过订单式培养，高校将教学与实习、工作保持一致。这两类产教融合的形式，能帮助创新链形成稳定的校企合作关系。

11.2.2　以政府为主导的领军企业创新链运行保障措施

许多领军企业创新链所面临的问题，往往超出了其自身的能力范围，这些问题包括创新意愿不足、创新激励扭曲和创新信息不对称等。在这种情况下，政府针对性制度的支持和引导成为不可或缺的要素，推动创新链顺利运行和取得良好的成果（余义勇和杨忠，2020）。

在前文的分析中可以看出创新链上的主体连接协同主要可分为四类：企业和企业之间、企业和高校及科研机构之间、企业和公众之间以及企业和政府之间。其中，企业和企业之间的创新链连接主要依靠市场机制，并不在此节的讨论范围中。不过，其他三种协同关系中，企业与不同主体有着天然存在的制度逻辑差异。无论是公众、政府，还是学研机构，都各有秉承的原则与价值体系，因此在相互合作过程中，难以避免彼此之间的张力。领军企业虽然能够通过各种具体制度措施的建立，一定程度上解决这些问题，但仍然有部分深层次的矛盾是难以化解的，此时就需要政府介入，主导制定相应保障措施。本节主要讨论三种需由政府出面的情况。

1. 引导最适合当前社会需求的创新

相对于政府，企业特别关注社会需求。比如，腾讯、抖音等互联网平台企业几乎可被誉为研究用户心理的专家，它们持续投入工程算法，打造大数据平台，扩张市场流量，最大化扩大用户黏性。企业如此注重社会需求，不停迭代用户反馈，剖析用户痛点，进行商业行为研究。然而即使如此，企业依然无法很好满足公众利益。比如，聚焦到医药行业创新链，病人作为公众方，希望看病吃药能够划算、便宜，然而医药企业研发需要得到回报，无法或不愿降低药价。因此，疑难杂症"用药贵""吃不起药"的声音此起彼伏。这就引发了思考：既然企业那么重视用户需求，为什么总是会忽略公众利益。

从定义来讲，公众利益是一个集合的概念，也称社会利益或者社会整体利益，指的是与个体利益相对应的全体社会公众或者公共利益。在某种程度上，可以理解为"群众利益"，它可以是一切公共政策的出发点与归宿点，也可以是一个国家和一个民族昌盛繁荣的真实写照。人们对自身的需求，主要是通过市场主体的商业活动来实现。如果没有对市场主体正当利益的必要保护，就无法满足公众商户端的需求，也就无法满足公众的利益。

相对地，"商业利益"对于一个企业或公司来说是核心导向。这也是企业性质的基础，即商业利益比"公众利益"更重要。企业无法放弃主导的商业利益，"委身"公众利益。事实上，在创新链活动中，企业会投资炒房等"短平快"项目，2010年出现的"光伏热"等现象都是企业逐利性质的直观体现。例如，在医药领域，药品创新投入周期长，资源消耗大，风险高，会使企业面临极大的成本压力和商业风险，然而一旦成功对社会的贡献巨大；与创新药品相比，非实质性创新项目的投资少、周期短、见效快，但对企业来说效益高，然而由于不涉及基础研究，仅仅在模式上做文章，对公众来说价值不大，还会造成社会资源浪费。

由此可见，公众利益和商业利益之间在某些情况下存在明显的张力。此时仅仅依靠领军企业通过具体的制度安排难以从根本上化解这种张力。所以，需要政府帮助创新链上的多元主体处理公众利益与商业利益关系，引导它们认识不同阶段公众利益与商业利益的分歧点，有针对性解决每个阶段最关键的张力点。

1）政府控制创新发展的方向与时序

以医药行业为例，在我国医药行业发展早期，药企和公众之间最大的问题是老百姓没有药吃，制药企业生产不出老百姓急需的救命药，很难保障人民群众用药方便、及时、安全、有效的需求。此时，政府要保证人民群众"有药吃"，"医药创新"实际上是对外国原创药进行仿制，而非直接要求国内药企进行自主原研药的研制。换句话说，政府引导企业讲创新聚焦于仿制环节，使得企业能够更好地回应老百姓的需求。

在解决了"没药吃"的问题后，政府再次替老百姓做出判断，发现行业发展中，"危害"最大的是药品质量问题。我国医药企业数量巨多，却品种雷同，形成恶性竞争的局面，药品质量和创新质量参差不齐。对此，政府这一时间开始高度重视药品质量管理，收紧药厂审批政策，实施 GMP（good manufacturing practices，生产质量管理规范）质量管理措施，迫使医药企业重视质量问题，将创新资源更多投入生产改造环节，因为只有质量过关的药品才能够正常通过市场机制获得利润。

随着行业发展，政府判断出，公众与企业之间存在的最大问题是成本，即药企如果降价就挣不到钱，而老百姓花不起那么多钱买药。对此，政府首先要求实行省级集中招标采购，并强制公立医院只能使用中标的基本药物，不得销售其他药物。其次，要求公立医院实施零差率销售，而政府设法从其他渠道，主要是财政和医保基金，为医疗机构提供原来15%的药品加成补偿。简单来说，就是通过政府管制来降低药价，推动药企将创新资源投入生产成本控制领域，让那些在成本控制上做得更好的企业获得更多市场订单。

医药改革步伐不断跟进，政府相应协调好了没药吃、质量差、药价贵的问题，实现了基本的药物可及性和可负担性后，才开始鼓励原创式医药创新，支持研发投入更多地集中到慢性病治疗、罕见病治疗、儿童医疗、老年人护理，推动产业的创新转型和原始技术攀升。但是，实现"既要又要"是很难的，对此，国家医疗保障局采取"双通道"方式，对谈判药品实施分类管理，对临床价值高、患者急需、替代性不高的品种及时纳入双通道药品管理范围。对于没有创新的药企，将老百姓诉求排在前面，以推动降价为主。另外对于创新药，政府帮助兼顾企业覆盖研发成本的要求，包括提供补助等。

可见，在整个过程中，政府都负责帮助企业和公众做判断。面对与民生问题相关的创新困境时，要意识到在社会层面上，"创新"价值内涵不同。政府要通过相应手段，既满足老百姓的需求和利益，又激励药企创新。这是创新链上企业自身难以做到的。

2）政府机构设置调整：国家医疗保障局成立

政府要做好公众利益与商业利益的调解人角色，需要具备足够的判断力和强大的协调能力。这两种能力的实现，都要依靠一定的组织结构作为支撑，因为判断力的实现涉及对多个政策子系统的专业知识的吸纳，而协调能力的实现涉及对复杂政策体系的协同更新。

例如，在推动药企进行原创式创新的过程中，政府就经历了因缺乏合适的组织结构而难以承担协调人角色的困境。这是因为在早期，医药产业政策由经济部门负责，新药研发由科学技术部和原卫生部负责，医保由人力资源和社会保障部管理，药品定价权在国家发展和改革委员会。国家药品监督管理局难以遏制地方政府发展医药产业的强烈愿望。因此，行业内的创新链子系统间冲突关系严重，制药企业不能既进行高风险投入，又因为医保"压价"无法获得利益。

国家医疗保障局的成立解决了这一结构性难题。国家医疗保障局成立源于福建省的三明医改。2017年，国务院印发《关于进一步深化基本医疗保险支付方式改革的指导意见》，2018年中共中央决定成立国家医疗保障局，整合国家卫生和计划生育委员会的新型农村合作医疗，人力资源和社会保障部的城镇职工和城镇居民基本医疗保险、生育保险，国家发展和改革委员会的药品和医疗服务价格管理以及民政部的医疗救助等职责。

国家医疗保障局的设立，打破了药监部门与卫生部门传统博弈格局的思路，大大促进了我国医疗保险体系的整合和协调，政府可以更好地规划和监督医疗保险政策，以确保公众获得更好的医疗保障。国家医疗保障局帮助确保医疗保险资源的合理使用，提高医疗保险服务的质量和可及性。这对于解决医疗费用过高和医疗资源不足的问题至关重要，特别是对于那些收入较低的人群。此外，国家医疗保障局在药品价格控制方面扮演了关键角色，通过谈判、招标和监管等手段，促使药品价格的合理性和可负担性，降低患者的医疗费用，提高医疗保险基金的可持续性。国家医疗保障局还积极参与医疗改革，推动了医疗机构的绩效管理和医保支付方式的创新，提高医疗质量和效率，减少浪费，并鼓励医疗机构提供更好的医疗服务。

以上的具体案例表明，政府在公众和企业利益之间，既是引导者，也是协调者。政府不仅制定相关政策和法规，还提供指导和支持，帮助企业实现其商业目标，也要求企业遵守规范并履行社会责任。同时，政府在政策制定中，极大程度地关注公众实际需求，根据社会需求发展不同阶段，调整相应决策，确保公众利益得到保护。政府引导与协调的双重身份，极大程度地实现了创新活动中公众利益和企业发展的良性互动。

2. *构建有效平台机制*

企业需求与高校技术之间存在信息壁垒和脱节，是创新链运行中普遍存在的问题，这种脱节通常导致技术转化效率低下，也被称为科技"死亡之谷"。例如，安徽六安是我国羽毛球细分领域的一个大的基地，我国超过半数的羽毛球生产企业在安徽六安，利用皖西白鹅资源作为原材料。但该创新链上的一个问题一直无法解决：相比于日本和瑞士的羽毛球，国产球的黏胶强度比较差，球打时间长了以后会脱胶断羽，这个技术问题并非特别难，但是企业始终找不到解决办法。

此时，我国羽毛球产业创新链上的领军企业由于缺乏足够的信息和时间，难以直接通过企-学合作寻求技术资源。这一现象的本质是创新供给与需求侧信息不充分，高校科研成果往往无法精准地满足企业的需求。在创新链结构中，缺乏有效的中介机构或平台，难以实现高校和企业之间的信息交流和合作。事实上，企业通常需要高水平的专业知识来评估高校的科研成果是否适用于商业应用，创新链上恰恰缺少这类人才。此外，高校和企业都面临时间和资源的压力，很多时候不愿意充分投入建立合作关系。那么，政府需要采用如下做法来解决企业和高校之间的信息不对称。

1）"技术经纪人"制度

"技术经纪人"制度是一个很成功的案例。上文提到的白鹅与羽毛球的问题，就是由技术经纪人从中协调推介的。在建设专门机构的基础上，政府主导培育专业的科技转化人才，成功解决信息不畅的困境。

由政府出资建立的安徽创新馆，在德国弗劳恩霍夫模式的基础上，主导发展了"技术经纪人"模式。培育技术经纪人，遵循一套完整流程。除上课外，还要积累市场信用积分，这样技术经纪人才能从初级、中级晋升到高级。安徽创新馆把对技术经纪人传统的样式性培养，改成实践性和理论性培养。在此基础上，安徽也在做新的尝试，比如在高级技术经纪人培养中，加入了企业技术项目架构的培养，使技术经纪人熟悉企业产品架构，并提供企业技术架构规划，从企业需求出发，有目的地寻找技术资源，并帮助企业有效吸取各个技术的优点。

在"技术经纪人"制度的支持下，高校与企业因制度逻辑差异而合作受限的问题也得到有效缓解。事实上，很多高校其实也发展类似"技术经纪人"的业务，但这类人员很难在学校拿到职称，无法衡量其绩效，因此被卡在"科研"与"商业"的缝隙间，自身的生存都面临困难，无法充分发挥桥梁作用。对此，安徽在2021年做出改革，允许用市场信用积分来代替大部分的考核成绩。技术经纪人晋升之前，必须要拿出技术交易合同和技术交易服务的组织案例。这就使技术经纪人评职称得到实现，而且是通过市场化评价方式实现。这种改革取得了很好的效果，技术经纪人提供了大量的技术交易和技术成果。安徽创新馆始终推进制度创新，比如成立技术经纪人事务所，让经纪人变成合伙人，实现人才激励的落地。通过建立企业化的机制，人才与中介机构形成合伙人机制，大大提高了技术经纪人培养流程的规范性，也让高校中的"技术经纪人"的工作得到了国家背书，在高校体系内获得了身份的合法性。

其实，研发机构的一项重要任务就是做产业技术的筛选和升级，这是短期内我国的产业链企业做不了的事情，但是这种事情恰恰不受高校和新型研发机构重视。安徽创新馆"技术经纪人"制度，帮助搭建科技成果转移和推广的平台，促进科研成果的商业化和应用，推动创新创业。这些专业人员充当科技成果与企业之间的桥梁和中介，协助科研机构与企业之间的对接与合作，帮助高校、研究机构和企业之间建立合作关系，实质性推动科技成果在产业界的应用。

2）政府主导建构新型研发机构等混合型组织

国外经验显示，新型研发机构是创新链结构上一种新兴的、必要的组织主体，因为它具有混合逻辑，在创新链运作中很好地协调科研和商业之间的张力，所以能够直接将科研资源和商业资源对接起来。由政府主导建立新型组织，也有利于缓解创新链多元主体间的信息不对称、逻辑不相容问题，并且和"技术经纪人"制度相比，新型研发机构的目标更明确、作用更直接。

德国弗劳恩霍夫协会、英国创新署都是新型研发机构建立的成功案例。德国在欧洲最具创新活力，是欧洲最先发动创新集群策动的国家。据统计，德国工业界超过半数的研发经费来自企业投入。德国校研机构协同创新模式分为共性模式和个性模式，弗劳恩霍夫模式就是个性模式中的一种典型模式。弗劳恩霍夫模式是以大学的研究机构为主体、知名企业参与的非营利性产学研联合组织，更侧重应用研究。

在第二次世界大战后，德国政府希望重建国家经济并提高科技创新能力，弗劳恩霍夫协会成立于1949年，是一个非营利性研究组织。弗劳恩霍夫协会接受政府、企业及其他组织的合同委托。德国联邦教研部是最大出资部门，投入达数百亿欧元。协会不超过半数的项目经费来自企业，其他经费则分别源于州政府的支持和欧盟的项目委托。在组织运作上，协会针对不同领域生产方式和技术，对某一具体的问题或需求开展定向的研究或开发，其所取得的成果将直接用于此。各个研究所拥有自己独立的财务预算和决策中心，并有很大的研究自主性，协会在通常情况下极少干预其运营。合同科研是弗劳恩霍夫协会技术转移最主要的途径。这种模式不仅激发了研究机构的创新能力，还为技术群集型企业开拓市场。

英国创新署成立于2007年，旨在推动英国的科技创新和经济增长，是英国政府的非部门独立机构，隶属于英国商业、能源和工业战略部。创新署是一个独立的机构，负责管理和分配用于创新和研发的公共资金。它与企业、研究机构、大学和政府部门合作，支持创新项目和企业发展。创新署的资金主要来自英国政府的拨款，用于支持各种创新项目和倡议。它还管理着一系列创新基金，用于资助不同领域的创新活动。创新署的主要任务是促进英国的科技创新，提高企业的竞争力，通过提供资金、技术支持、合作伙伴关系等方式，鼓励企业进行创新和研发活动。创新署还帮助企业与研究机构合作，加速技术转化和商业化应用。

这些新型研发机构的成功经验表明，政府在创新链结构和运转中的积极介入，可以促进科技创新和经济增长。它们为解决现实问题提供了强有力的支持，推动了产学研合作的深化，加速技术创新和知识转移，有助于提高国家的竞争力和可持续发展。

3. 减少创新政策可能产生的激励扭曲

在现实中，领军企业难以直接解决的问题是，鉴于创新风险高，许多企业不愿涉足创新领域。这种趋势导致一个不容忽视的后果，社会上对创新产品与服务的需求远远大于供给。这种现象可以视为市场失调的一种表现。

针对这个问题，政府为了实现整体的最优解决，会给予很多研发补贴推动创新供给，以激励企业投入创新活动。实际上，由于信息不对称，这种干预往往不够精准，政府依然存在失灵问题，甚至进一步引发激励扭曲。例如，部分企业在争取到科研补贴后，会将补贴资金挪作他用而非用于创新活动，甚至层出不穷地伪造虚假材料，骗取国家科研经费。这种现象造成创新链运行过程面对很大困境，政府分辨不出来争取到科研补贴的企业哪些是在真正做创新。这就会导致"劣币驱逐良币"。企业都"造假",争抢科研补贴,减少挪用研发费用,甚至部分高新技术企业通过研发操纵来获取认定资格。真正需要补贴的中小微创新企业反而没有得到足够的政府支持,而对政府来说,产业创新还未兴起却已经被骗走千亿资金。

如果难以精准识别企业动机,政府常常无法真正引导企业去做社会需要且符合公众利益的创新形式,造成了骗补与不创新的问题恶化。究其原因,关键可能在于政府处理产业政策导向的方法不对,给企业留下了巨大的寻租空间。比如,政府曾发布新能源汽车补贴政策,很快便刺激出几百家新能源汽车企业,可全世界真正意义上的新能源汽车企业只有几十家。不当的产业政策导向扭曲了资源配置,这在新能源领域、机器人领域、智能制造领域都不同程度存在。政府要引导企业向正向的、符合公共利益的方向投入,关键在于两个方面。

1)减少信息不对称,提高规制有效性

针对药企创新链,政府的管制办法是"抓关键少数"。2008 年,全国政协召开"基本药物制度"研讨会,医保机构作为药品的主要付费者,发挥其"团购"力量,与药品供方谈判出合理的基本药物价格,再配之约束性强的医保支付手段,以达到促使医疗机构使用基本药物的目的。但事实上,并非所有的基本药物都能被纳入医保报销的范围。例如,我国 2009 年发布基本药物目录,将政策范围主要限定在 307 个药物品种之内,目的就是通过抓关键少数来降低监管难度,提高政策实施力度。又如,2018 年国家医疗保障局成立后,通过对药品和医用耗材实行通用名管理,实现了用数百种通用药品名来管理数万种药品商品的重大突破(对同一通用名的药品按照统一支付标准进行医保结算),事实上也大大降低了信息处理体量。除此之外,各省(自治区、直辖市)政府还依托药品集中采购建立联合数据交换平台,使得政府与医院、药企间的信息不对称问题缓解,也使得政府的价格政策有精准决策的可能,让医保采购价成为实际成交价而不是模糊的政府指导价。国家医疗保障局价格政策从模糊性指导政策转变为清晰化的采购契约,而且可以一年一次动态更新,根据实际情况来调整医院、药企和患者的关系。与上一轮改革相比,此轮改革政策更加注重降低企业创新的制度成本,而不是采取传统的价格激励手段。政府直接抓关键少数,关注的药物减少,更能得到充分信息,使信息不对称得以减轻。

2)政府建立信息共享平台,形成政策联动

要避免政府失灵,提高规制的有效性,政府各部门间也需要加强合作、形成政策联动。由于政策体系往往非常复杂,不同的政策由不同部门主导,因此政策之间可能留下"间隙",而企业可能利用这些"间隙"开展寻租活动。例如,在国家针对价格问题实施医改时,药监部门曾经成为药企寻租的重点,因为彼时有些制药企业缺乏创新意愿,没有能力承担新药研发的成本和风险,但又希望获得超额利润，而只要企业获得新药批文，就可以绕过国家发展和改革委员会的价格管制政策，获得超额利润。这一时期，药监高官腐败案件不断出现。为了进一步监督制药企业，遏制企业的寻租行为，政府要求所有企业都要上网审计平台，在后台公开所有信息，防止企业骗取政府补贴。

同时，政府部门加强沟通协调，减少子系统之间的信息不对称。例如，成立国家医疗保障局，接过国家发展和改革委员会制定价格政策的职能，调整新药定价政策，不再依靠单独定价权鼓励创新，而是在仿制药集采之外，为新药进医保开辟国家谈判通道，从而既保持对药品创新的政策激励，又完善原有政策。国家药品监督管理局也配合行动，进一步收紧新药范围，强化新药审批，按创新程度将新药划分为不同等级，从而为国家谈判提供更明确的信息。政府的不同部门都能有效掌握企业研发实力状况，配合合理的反馈机制，及时纠正企业创新偏差，解决创新激励扭曲问题。

2023年《政府工作报告》提出，"完善新型举国体制，发挥好政府在关键核心技术攻关中的组织作用，支持和突出企业科技创新主体地位，加大科技人才及团队培养支持力度"[①]。在新时代背景下，优化创新链的战略与制度安排是至关重要的，不仅可以使创新链的结构与活动更为协调，也会进一步推动整个产业链的发展。

本章所讨论的领军企业创新链优化策略与制度安排，旨在为领军企业和政府提供一个相对全面有效的解决方案。创新永不停歇，它不仅仅是一个目标，更是一场持续前行的旅程。领军企业在构建及优化创新链的过程中，要长久保持积极、建设性态度，不断寻求新的机会，积极适应市场变化，为更好地实现自身发展和社会进步做出贡献。

成功的创新链优化不仅是以领军企业为主的战略性决策，还需要在更宏观的制度层面上落地并持续得到执行。党中央乃至各级政府需要不断投入时间和资源，持之以恒地推动创新，培育新兴人才，建立有效的绩效评估和反馈机制，以确保创新链上的各项活动得到有效实施。总之，领军企业创新链的优化是一项复杂而具有挑战性的任务，但也是一个充满机遇的征程，需要整个社会的积极参与。

参 考 文 献

李沫阳. 2023. 创新链与产业链深度融合：产业创新服务体系视角[J]. 求索，（5）：175-183.
邵记友，丁琨，杨忠. 2023b. 企业与高校协同创新的制度逻辑冲突解决机制：以华为与×大学的联合研究中心为

---

① 《政府工作报告——2023年3月5日在第十四届全国人民代表大会第一次会议上》，https://www.gov.cn/zhuanti/2023lhzfgzbg/index.htm，2023年3月5日。

例[J]. 科技管理研究，43（17）：94-102.

邵记友，盛志云.2022.领军企业创新链的嵌套式结构与协同机制：基于华为的案例研究[J]. 科技进步与对策，39（18）：67-76.

邵记友，杨忠，汪涛，等.2023a. 以领军企业为核心主体的创新链：结构特征与协同机制[J]. 中国科技论坛，（11）：97-107.

杨忠，宋孟璐，徐森. 2021. 制度复杂性下的国有领军企业创新链运作机制：基于国家电网的案例分析[J]. 南京大学学报（哲学·人文科学·社会科学），58（6）：84-98，161.

杨忠，巫强.2021. 深入把握科技创新规律 加快构建创新联合体[N]. 人民日报，2021-08-16（10）.

杨忠，巫强，宋孟璐，等. 2023. 美国《芯片与科学法案》对我国半导体产业发展的影响及对策研究：基于创新链理论的视角[J]. 南开管理评论，26（1）：146-160.

余义勇，杨忠. 2020. 如何有效发挥领军企业的创新链功能：基于新巴斯德象限的协同创新视角[J]. 南开管理评论，23（2）：4-15.

张银银，邓玲. 2013. 创新驱动传统产业向战略性新兴产业转型升级：机理与路径[J]. 经济体制改革，（5）：97-101.

郑洋. 2022. 共享经济视域下产业学院建设耦合逻辑与实现理路[J]. 现代经济探讨，（5）：99-105.

第 12 章 领军企业创新链主体连接与冲击应对：以集成电路产业为例

本书前面章节已经系统地介绍和阐释了创新链理论，本章侧重运用领军企业创新链的理论框架，开展对特定产业的应用型研究。集成电路产业链涉及的环节复杂，是典型的技术密集型产业；该产业对科技创新有极高依赖性，创新参与主体众多，因此具有领军企业创新链结构的代表性特征。本章通过研究集成电路产业这一行业，检验领军企业创新链理论的现实价值与实践意义。本章剖析领军企业创新链的主体构成情况，分析这些主体之间的连接关系，从而完整揭示出该领军企业创新链的运行机制。同时，本章研究美国《芯片与科学法案》出台这一外部事件对我国集成电路产业领军企业创新链的冲击，评估该事件产生的影响程度，并针对性提出应对这一外部冲击事件的政策措施。本章对集成电路产业领军企业创新链的研究，尤其是其应对美国《芯片与科学法案》的政策设计研究也能为其他可能遭受"卡脖子"外部冲击的本土产业发展提供有益借鉴。

12.1 集成电路产业领军企业创新链主体与连接

本节根据创新链的理论框架，分析目前全球范围内的集成电路产业链、创新链格局及我国集成电路产业现状。创新链研究与产业链研究的理论范式紧密相关。创新链主体更多，将产业链不同环节的产业主体、企业囊括在内，还包括高校、科研院所等其他创新主体，所以本节先分析集成电路产业链，再分析其创新链。

12.1.1 全球集成电路产业链格局

集成电路产业是对国民经济极其重要的战略性产业，也是支撑我国构建双循环新发展格局的核心产业。一方面，集成电路产业对接国内大循环，其产品被广泛应用到通信、汽车和电子消费品等众多行业中，构成我国数字经济发展的硬件基础；另一方面，集成电路产业对接国际大循环，我国本土集成电路企业深度嵌入全球集成电路产业链和创新链中，正在快速向集成电路全球价值链中高端攀升。

对我国而言，将集成电路产业称为国家崛起的"国之重器"毫不为过。

集成电路产业链长，环节多，覆盖全球，包含材料、设备制造、核心IP、EDA（electronics design automation，电子设计自动化）工具、芯片设计、芯片制造、封装测试等诸多环节，形成全球性集成电路产业体系。我国本土集成电路企业在不同程度上参与到这些环节中，所处的细分市场地位也差别明显。

全球范围内集成电路产业链可分为上-中-下游三大环节（吴晓波等，2021），本节进一步提出该产业链上游为设计，中游为制造，下游为封测，还有终端市场，即需要使用集成电路的各类应用设备和产品。此外，材料和设备研发是中游制造和下游封测环节中的支撑产业，为产业链提供支持。图12-1显示全球集成电路产业链各环节的关联、每一环节的优势国家和地区，列出各领军企业，刻画完整的全球集成电路产业链体系。

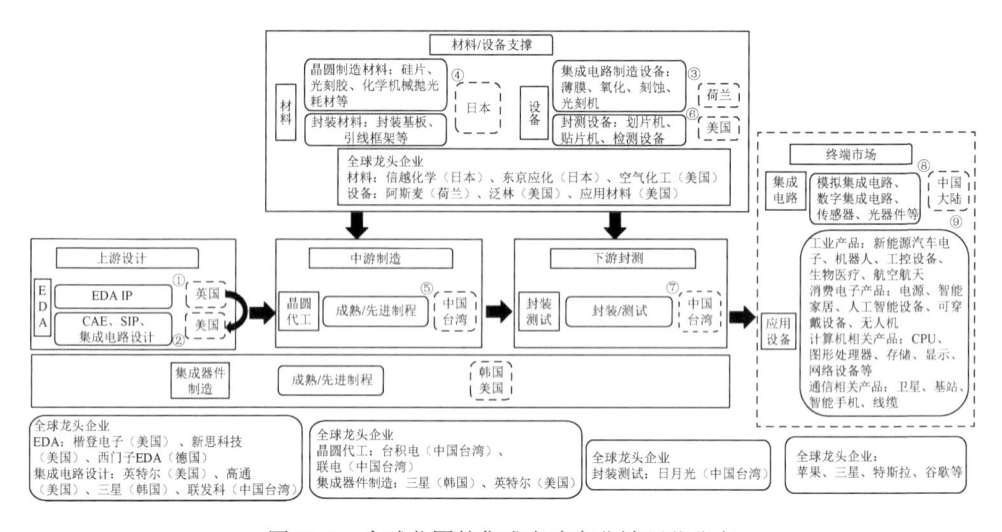

图12-1 全球范围的集成电路产业链环节分布

资料来源：作者结合长城证券研究院、中泰证券研究院、IC Insights报告绘制

①IP公司将知识产权授权给无晶圆厂芯片公司；②无晶圆厂芯片公司通过EDA软件的支持、CAE（computer-aided engineering，计算机辅助工程）、SIP（system in package，系统级封装）、集成电路设计，对复杂芯片进行设计；③设备公司为芯片厂制造在芯片流程中所需要的设备；④原料公司将硅料制成硅块，并切割成晶圆；⑤芯片代工厂将传感器和线路蚀刻进晶圆，并制成集成电路；⑥测试设备生产商为封装测试公司设计并生产测试设备；⑦封装测试公司对集成电路芯片进行封装测试；⑧电子制造厂将集成电路整合组装成终端电子设备；⑨制造电子成品，销往全球。虚框中为该环节领军企业主要分布国家或地区名称

上游设计环节是整个集成电路产业链中附加价值最高的环节，包括软件EDA、核心IP及专利等，大部分设计企业采用Fabless（无工厂）创新模式，只做芯片设计和销售，不涉及芯片制造。EDA软件是芯片产业链中最为基础、最为上游、最为关键的软件，属于高技术密集型环节。美国在上游设计环节拥有绝对

优势，尤其在 EDA 领域高度垄断，英国的 ARM 是核心 IP 领域的世界领军。我国虽然也涌现华大九天等企业，但只能处于全球第二梯队，芯片设计能力仍存在明显差距。

中游制造环节包括芯片制造、晶圆代工等环节，具有技术和资金密集型的要素特征。全球芯片的代工生产环节由我国台湾地区绝对主导，台积电是代表性领军企业。中国大陆的中芯国际也具有一定的市场占有率。这两家企业均采用 Foundry（代工厂）模式，根据上游企业的设计方案进行代工生产。中游制造企业生产线维持费用高，技术难度大，需要持续研发投入以维持先进工艺水平。

封测环节位于下游，随着高端封测技术升级，其附加价值和技术壁垒逐渐升高。在全球封测服务提供商中，我国台湾地区始终保持超高的市场份额。其中，日月光集团是全球封测企业领军，*BusinessKorea* 报道称，2021 年，在全球后段封测市场，日月光投控份额已高达 40%；美国的安靠公司（Amkor Technology）位列第二；我国大陆的长电科技已跻身全球第三。封测环节是我国集成电路产业链中成熟度最高且竞争力最大的环节。

需要指出，有少数企业采用集成器件制造模式，覆盖上中下游三个环节，如美国德州仪器和韩国三星集芯片设计、制造与封测等多个环节于一身，规模庞大，技术更为全面。虽然企业运营成本高，但有更好的协同程度（吴晓波等，2021）。

集成电路设备和材料的研发与生产贯穿于中游制造和下游封测两个环节。目前在集成电路设备领域，荷兰阿斯麦（ASML）是全球最大的集成电路设备制造供应商，基本垄断高端的极紫外光刻机市场。美国应用材料公司（AMAT）与美国泛林公司（Lam Research）也是全球领军企业。集成电路材料包括制造材料和封测材料，全球化工企业在该领域占据主导地位。例如，芯片制造中的关键耗材光刻胶主要由日本合成橡胶、东京应化、信越化学等生产，全球光刻胶市场集中度非常高，日本企业市场优势明显。

集成电路产业终端应用市场包括汽车、计算机、医疗、通信、军工等多领域，目前由计算机和通信设备占主导，共占约 70%的市场份额（李巍和李玙译，2022）。我国大陆拥有世界领先规模的智能手机、汽车、计算机、新能源汽车等终端应用市场，我国目前是全球最大的半导体消费国，半导体消费量占全球比重超过 40%。同时，依赖于强大的制造能力，我国在传感器、光感器件等关键终端产品的制造上，在全球具有优势。

12.1.2 全球集成电路产业的创新链格局

全球范围内，集成电路产业链上下游的各类企业共同构成了创新活动中的产业主体，在产业主体之外，还延伸出政府、高校及科研机构、金融机构和用户等其他创新主体；多个创新主体采取不同连接方式，开展各类创新活动，从而形成体系完整而结构复杂的全球集成电路产业创新链。正如本书前面章节所述，创新主体和连接行动是创新链理论的核心要素，本节从创新主体与主体间连接方式两个维度解构全球集成电路产业创新链，如图12-2所示。

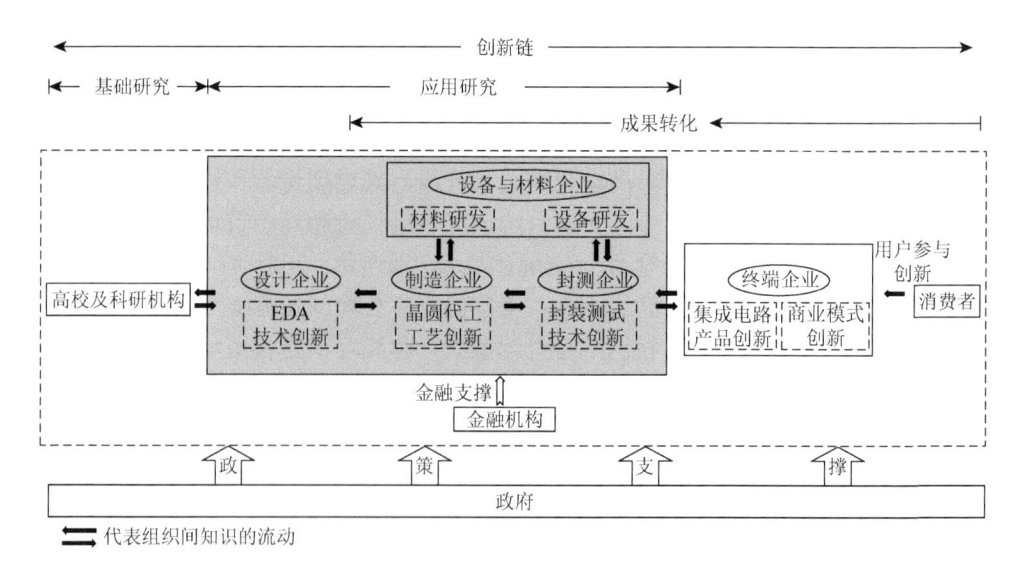

图12-2 全球集成电路产业创新链结构

1. 创新主体

一是高校及科研机构。基础研究是集成电路技术创新的源头，是集成电路产业创新链的上游环节，其创新主体是高校和科研机构，位于创新链最左端。它们主要承担在基础学科前沿探索未知领域的任务，发现新知识，提出新理论，不以商业化应用为目标，为集成电路创新链后续环节的创新活动提供理论基础。同时，高校及科研机构培养集成电路人才，能为集成电路产业创新链提供人才要素支撑，通过与企业建立联合人才培养机制，服务于创新链上的基础研究和应用研究（余义勇和杨忠，2020）。另外，高校和科研机构的集成电路领域学者还直接参与集成电路产业创业活动，或与企业联合攻关，推动产学研融合。

二是产业主体，即企业。企业不仅是集成电路技术创新的主体，更是产业链与创新链融合发展的核心主体（高洪玮，2022）。世界集成电路领军企业如英特尔、三星等的发展经验证明，持续大规模投入研发是塑造企业竞争优势的最主要途径。企业针对各自所在领域可能的创新方向和重点，自身要进行大量的研发投入，甚至要开展破坏性创新，才可能推进新技术与新产品的开发，在技术快速迭代的集成电路产业抢占市场份额。当多种潜在技术路线竞争时，小规模初创企业可能获胜并颠覆原先的行业格局，成长为领军企业，荷兰阿斯麦战胜日本尼康（Nikon）就是这方面的典型案例。领军企业还要在创新链上承担治理者角色。由于集成电路产业创新链参与主体众多，不同环节技术专用性强，所以领军企业实际上拥有集成电路产业全球创新链上的部分治理权。例如，阿斯麦、英特尔、高通、台积电等领军企业都在其所处的产业链环节上，向上下游环节中其他主体行使治理权，引领创新方向，整合协调创新资源，带动中小企业协同创新，并且彼此之间形成互补合作格局和高度依赖关系。

三是消费者。消费者在集成电路产业创新链中发挥客户参与创新的作用，位于创新链的最右端。集成电路产业的终端应用场景极为广泛，除了日常居民生活消费，还涉及医疗、安防等多个行业的信息化建设和智能化提升。数字经济时代下，庞大的客户群体可以通过线上平台或产品社区参与产品设计（焦媛媛等，2022），消费者与企业之间围绕产品创新、工艺创新等多方面建立良好的反馈机制，能推动企业技术的快速迭代，降低高科技企业的创新风险（陈钰芬和陈劲，2007）。

四是金融机构。金融机构包括商业银行、风险投资或股权投资基金等，为集成电路产业创新链提供金融要素和资源支持，提供创新必不可少的资金要素（杨忠等，2019）。例如，芯片设计和制造领域的起始投资门槛高、回报周期长，在技术产业化与市场化的过程中，面临非常多不确定性因素。风险投资、股权投资有助于企业突破初期发展遭遇的资金瓶颈，解决其早期创新资金来源不足的难题；对于企业规模化经营后持续开展创新活动，商业银行能提供充足的资金支持。

五是政府。政府是集成电路产业创新链上最特殊的主体，为创新链上其他主体提供全方位的政策支持。政府制定政策激励创新链上产业主体开展创新，其根本目的是克服集成电路产业技术创新中存在的市场失灵，用政府有形之手来弥补市场无形之手的不足。这些政策既包括研发补贴、优惠信贷等直接措施，可降低企业研发成本，促进企业更多投入研发（袁军等，2022），也包括推动建立技术战略联盟、协调产业标准、实施政府采购、投入人才培养等间接措施，可引领创新链其他主体围绕创新链的薄弱环节，促进资源整合与有效配置（李寅，2021）。

2. 连接方式

集成电路通过在芯片上集成数百万乃至数十亿个晶体管、电阻、电容等元件，实现了电子器件的微型化和集成化。这一集成过程涉及复杂的设计、制造和测试过程，以及与其他组件的互操作性，因此集成电路产业被认为是复杂产品系统的一部分。正如本书前面章节所述，复杂产品系统产品创新是由多个创新模块聚合而成。复杂产品系统类领军企业的创新链活动呈现出一种独特的"共生型"特征。这种特性使得各个创新环节可以同时进行，不再依赖传统的序贯模式，从而加快了创新链的运行速度。此外,复杂产品系统类领军企业注重各个创新环节之间的匹配与耦合关系,以确保产品创新的整体效益最大化。这进一步强调了连接方式在创新链中的重要性,不同的连接方式将直接影响到各个环节之间创新主体的协同合作和知识流动。因此,深入研究创新链上各个主体间的连接方式,能够更好地理解为什么复杂产品系统类领军企业的创新链能够高效运作,并在面对外部冲击时做出更灵活的应对。这种理解对于我国更好地应对集成电路产业的挑战至关重要。本节根据参与主体的数量,将集成电路创新链的连接方式分为双方连接和多方连接两类,如表12-1所示,这些连接方式也包含了知识在创新链的流动路径。

表12-1 集成电路产业创新链上各创新主体的连接方式

连接情境	连接形式	具体方式
双方连接	校企合作	共建实验室、研究中心、人才培养
	企企合作	上下游企业合作开发,下游企业并购上游企业
	金融机构投资和银企合作	提供创新资金、投资者参股或控股企业
	政企合作	提供研发补贴和税收优惠等,共建合资企业
多方连接	企业联盟	多个公司共同出资建立企业
	产学研合作	高校、科研院所、企业共同参与课题计划
	产业集群	政府建立集成电路工业园区,企业形成集聚

(1)双方连接情境。第一,校企合作。高校或科研院所与产业链上的某企业共建实验室或试验中心,开展产学研合作和科技成果转化。在这种连接方式中,高校和科研院所能为企业提供基础研究的知识支撑,助力企业弥补薄弱知识环节,同时也从企业的应用需求中确定基础研究方向,体现出知识双向流动(高运胜和杜晓晴,2022)。第二,企企合作。在集成电路创新链的产业主体部分,上下游企业间存在频繁的协同创新行为,尤其是产业链下游企业向上游企业发起的连接行动极为普遍。例如,芯片制造环节的台积电积极与上游光刻机企业建立合作,实现设备更新,在2007年与荷兰阿斯麦达成技术联盟协议,合作开发浸没式光刻机。荷兰阿斯麦也善于以收购为主要方式,获取上游企业的技术成果。这是利用上游企业在资金、物质或知识的投资,获得资产专用性并建立竞争优势(陈灿,2012)。在企企合作连接方式中,集成电路上中下游、设备与材料企业之间发生频繁的知识双向流动。第三,金融机构投资和银企合作。各类金融机构包括商业银行为企业提供不同阶段创新所需资金,通过资本参与企业的创新及治理(李巍和李玙译,2022),并不发生直接的知识流动。机构投资者还对企业参股或控股,影响企业与创新相关的重大决策。第四,政企合作。政府为企业研发提供直接补贴、设备加

速折旧、研发费用加计扣除等税收优惠或减免，激励企业加大研发投入，也通过产业投资基金参股企业或创办合资企业建立连接，但均不涉及知识流动。

（2）多方连接情境。第一，企业联盟。多个企业之间建立多种联盟关系，包括合资建立企业、技术创新联盟。多个企业间的连接有助于企业间通过跨组织学习进行知识积累，获取技术创新需要的知识及经验，实现联盟内企业创新能力的提升（Kavusan et al.，2016）。第二，产学研合作。产学研合作是国内外均广泛采用的多方连接合作创新的模式，在技术复杂、专用性强的集成电路产业，这种多方连接的创新模式较为普遍。产学研合作强调发挥政府引领作用，比如利用国家重大科技项目或基金课题资助，引导企业、高校和科研院所多方协同创新。产学研合作有助于减少企业技术创新中的信息不对称，提升企业内部研发和外部技术之间的互补性（Cassiman and Veugelers，2006），还能为企业解决旧产品迭代与新技术升级间的矛盾问题（欧阳桃花和曾德麟，2021）。第三，产业集群。区域产业集群涵盖政府、上下游企业、行业协会、科研与金融机构等多主体。我国情景下，产业集群常以工业园区或高新园区为载体，建立公共技术和检测平台，提供专利申报快速通道等关键行政服务，共同进行突破关键技术、推动技术成果转化等创新活动。

12.1.3 我国集成电路产业创新链的领军企业分析

创新链关注内部治理关系，强调以领军企业为核心主体，掌握创新链结构和功能的主导权（余义勇和杨忠，2020）。正如前面章节所述，与创新生态系统等理论相比，创新链更加强调领军企业带领下主体间相互合作的连接方式，以整体效益增值为共同创新目标（杨忠等，2019）。我国集成电路行业的不足主要体现在高端关键芯片自给率低，关键设备对进口高度依赖的局面尚未扭转，完全实现国产替代难度较大，且核心原材料不能自给自足。面对这一系列严峻挑战，领军企业显得至关重要。领军企业作为"出题人"，通过建立创新联合体、战略联盟等方式，汇集高校、科研机构以及其他产业链环节的企业，促进了创新链上各创新主体之间的协同合作。这种协同合作模式有助于加速创新成果的转化和应用，推动了前端创新供给和终端市场需求的直接互动。因此，本节将特别关注集成电路创新链的领军企业，通过分析表 12-2 中各环节本土领军企业现状，深入理解其在产业创新链中的关键角色和挑战。这将为本章后续分析冲击应对策略提供坚实的理论基础。

表 12-2 我国集成电路产业链各环节的本土领军企业现状

环节	我国本土领军企业	发展现状
设计	韦尔股份、兆易创新、卓胜微等	• 有若干局部细分领域技术突破 • 通用处理器技术与国外有差距

续表

环节	我国本土领军企业	发展现状
制造	晶圆厂：中芯国际、华虹	• 与领军企业存在3~4代技术差距 • 本土芯片制造尚未攻克技术堡垒 • 全球市场占有率极小
封测	封测企业：长电科技、通富微电、华天科技等	• 先进封装技术快速发展，国产替代不断加速 • 依托下游应用市场带动，营收增速表现优异
材料	制造材料：中环股份、沪硅产业、南大光电、晶瑞股份等	• 加大布局第三代半导体材料，部分实现国产化 • 硅片、光刻胶等核心材料实现自主研发，国产化率不断突破
	封测材料：康强电子等	• 先进封装材料加大布局，发展势头良好
设备	制造设备：中微公司、北方华创、晶盛机电、盛美上海等	• 细分领域实现技术突破，先进设备部分国产替代 • 光刻机、刻蚀机等关键设备国产化率不断提高
	封测设备：长川科技、北方华创等	
应用	通信领域：华为、小米、OPPO、vivo等	• 全球最大的芯片市场、集成电路出口份额最大
	计算机领域：联想、中科曙光、神州数码、紫光股份等	• 实测性能与主流产品基本相当
	汽车领域：比亚迪、中国中车、华微电子、寒武纪科技、地平线、中星微电子	• 大部分芯片都可以由28纳米以上成熟制程满足

在上游设计端，我国已涌现出一批本土芯片设计企业和EDA软件公司，包括韦尔股份、兆易创新、卓胜微等。这些设计企业大多采用Fabless模式。我国本土企业在设计环节的整体水平相对落后于国际领先技术，华为海思虽然在手机处理器设计领域领先，却因台积电不能为其提供先进制程芯片代工，发展受到限制。另外，本土企业在通用处理器，如CPU、图形处理器方面发展落后。

在中游制造端，全球集成电路代工厂呈现明显的头部效应，集中在台积电和三星。虽然它们在中国大陆建厂，但我国本土的优秀制造企业不多且工艺水平尚未达到最前沿。在晶圆制造方面，中芯国际是我国本土技术能力最强的公司，不断推进新工艺和夯实成熟工艺，但尚未达到全球第一梯队。华虹在中国大陆地区排名第二，但仅能实现28纳米芯片的量产。

下游封测包括封装和测试两部分，这是我国本土产业链中成熟度最高、竞争力最大的环节。Gartner（高德纳咨询公司）统计显示，封装和测试环节分别占80%~85%和15%~20%的市场份额。本土领军企业包括长电科技、通富微电和华天科技等。长电科技广泛覆盖先进封装技术，技术水平居于全球同行业前列；其他企业也大规模进军先进封装技术，不断完善产品布局。依托于本土应用市场需求，我国封装市场规模和营收能力迅速提升。

在材料方面，中国本土企业正整体加大布局第三代集成电路材料，南大光电、沪硅产业、康强电子等均是国内集成电路制造材料及封测材料的领军企业，已在一定程度上实现技术自主化，正逐步打破国际垄断。在设备方面，虽然本土企业仍存在关键设备依赖进口的情况，但在细分领域已逐步实现突破。我国本土设备领军企业有中微公司、北方华创、长川科技等，部分先进设备已能做到国产替代，顺利进入头部客户产线，形成较强竞争力。

我国本土拥有全球最大的集成电路终端应用市场，主要包括通信、计算机和汽车三大领域，这也是我国在集成电路产业链中的优势环节。华为、小米、联想、中科曙光、紫光股份等多家企业，分别是我国在通信和计算机领域的领军企业，在全球范围内已具备较强的竞争实力，部分企业已跻身全球同行业前列。

12.2 集成电路产业领军企业创新链遭遇的外部冲击：美国《芯片与科学法案》

近年来，我国集成电路产业发展面临来自美国的重重封锁与打压。美国先后出台了一系列措施，试图切断中国与全球集成电路产业链的联系，削弱我国集成电路产业创新链的发展动力。这导致我国集成电路企业在参与全球集成电路产业链分工时面临诸多困难，也给我国构建自主可控、安全高效的集成电路产业创新链带来新的挑战。特别是2022年8月，美国实施的《芯片与科学法案》进一步升级了对我国集成电路产业的遏制力度，其中《芯片法案》直接针对我国集成电路产业链的关键环节设置限制条件。该法案的影响范围广泛、力度强大，需要重点分析和应对。

因此，基于前文对领军企业创新链主体与连接的分析，本节将深入研究《芯片与科学法案》对我国集成电路产业的影响，包括三个部分。首先，本节将结合《芯片与科学法案》的出台背景，阐述美国对我国集成电路产业的遏制措施逐步升级与阶段划分。其次，本节将详细分析法案的具体内容，包括其中的关键政策和法规。最后，本节将针对集成电路产业设计、制造、封测和终端应用等不同产业环节，深入探讨《芯片与科学法案》产生的影响。通过这一深入研究，本节不仅将在整体层面上解构集成电路产业的产业结构和运行规律，还将深入揭示集成电路产业作为以创新为核心竞争力的产业本质。

12.2.1 美国对我国集成电路产业的遏制措施及其阶段演进

《芯片与科学法案》的出台并不是从未预料到的突发事件，与当前世界面对的百年未有之大变局紧密相关。面对我国经济实力持续增强和科技创新能力不断提升，美国必然基于其国家战略考虑，对我国实施各类遏制措施，该法案正是在这一历史背景下出台的，本节将美国对我国集成电路产业的遏制态势分为三个不同的发展阶段。

1. 矛盾渐显阶段

面对我国科技创新迅猛发展对美国科技领先地位的挑战，奥巴马政府后期就开始研究限制我国在美国的集成电路行业投资。特朗普上台后延续这一政策导向，2017年提出"中国半导体威胁论"，试图限制我国高科技行业发展。2018年特朗普政府挑起贸易争端，宣布对来自我国价值340亿美元进口产品加征25%的关税，其中就涉及集成电路产业。同年4月美国商务部宣布重启对中兴通讯的制裁禁令，禁止其以任何形式从美国进口产品；8月美国国会通过《国防授权法案》，限制政府采购来自华为、中兴通讯、海康威视等企业的设备，美国商务部将44家中国高科技和国防科技企业纳入"实体清单"，其中也包括集成电路企业，限制它们进口美国商品、技术或软件。

2. 重点围剿阶段

2018年12月1日，华为公司高管孟晚舟在加拿大温哥华被捕，成为这一阶段的标志性起点事件。从这一阶段开始，美国明确将集成电路产业作为限制我国高技术行业发展的焦点，专门针对华为等领军企业，加大力度对领军企业进行全方位限制和针对性围剿。从2019年5月到2020年8月，美国对华为步步紧逼，美国商务部先对华为提出刑事指控，将其及关联公司列入出口管制"实体清单"，并发布供货禁令，禁止美国企业向华为出售集成电路产品；接着不断修改制裁内容和范围、延长供货禁令期限，禁止一些企业为华为提供芯片；然后对华为全面收紧技术限制，将华为在全球的子公司共152家全部列入"实体清单"，禁止三星等公司为华为提供芯片，增加制裁华为云服务业务。2020年12月22日，美国将中芯国际及其10个子公司、晋华公司、海光公司和海思公司等我国集成电路公司列入"实体清单"；对我国集成电路企业在美并购进行安全审查。重点围剿集成电路领军企业，通过芯片断供来"卡脖子"是这一阶段美国限制我国集成电路产业发展的主要特征。

3. 链式遏制阶段

拜登政府上台后将我国定位为"最主要的战略竞争对手"，这一阶段从2021年上半年开始，特点是美国抢占集成电路产业主导权，从产业链多环节、全方位限制我国集成电路产业发展。2021年4月，美国参议院通过《2021年战略竞争法案》，要求拜登政府采取"战略竞争"政策，与我国在全球供应链和科学技术上开展全面竞争和对抗。2021年5月后美国加强对中国留学生的签证审批，尤其限制科学、技术、工程、数学、军事相关领域的留学生签证，试图逐步切断中美在科技教育领域的联系。同年 7~11 月，美国陆续将 35 家中国实体及量子技术企业列入"实体清单"。2022 年 5 月 23 日，拜登正式宣布启动"印太经济框架"，以保证供应链弹性为由，引导日本、澳大利亚等发达国家跨国企业减少在中国的布局，试图进一步降低中国的供应链地位。美国还阻止我国企业收购英国最大的晶圆芯片厂，并通过产业补贴吸引国际知名集成电路企业赴美建厂。2022 年 8 月 9 日，美国总统拜登正式签署《芯片与科学法案》，成为限制我国集成电路产业发展和追赶的政策体系中的最新举措。

2023 年 11 月后，随着习近平主席访美，中美关系有所缓和。但按照这一历史背景的推演，未来数年甚至数十年间，美国极有可能在集成电路领域出台后续针对我国的限制措施，特别是可能根据我国本土集成电路产业的发展情况，动态调整并更新其限制措施。在此意义上，该法案的出台并不是中美在集成电路产业主导权竞争上的终点，而仅是在长期竞争过程中的一个中间节点。

12.2.2 "2022 年 CHIPS 法案"的主要内容及解读

本节将重点解析《芯片与科学法案》内容。美国《芯片与科学法案》由美国众议院于 2022 年 7 月 28 日通过，由拜登于 2022 年 8 月 9 日正式签署，前期经过三年的磋商，是由三项法案合并而成的一个庞大法案。A 部分是"2022 年 CHIPS 法案"，主要包括政府拨款 542 亿美元支持集成电路制造及技术创新等内容；B 部分是"研发、竞争和创新法"，分七个部分详细阐述能源、航空等多个科技领域的发展方向及美国的资助计划；C 部分是"2022 年最高法院安全资金法案"。后两个部分阐述美国对关键和新兴技术的支持政策，不直接针对集成电路产业。

《芯片与科学法案》A 部分仅有 7 条，但内容关键，系统阐述美国意图改变全球集成电路产业链分工格局，维持其行业领先地位的诸多做法。首先，该法案通过成立四支基金，即美国芯片基金、美国芯片国防基金、美国芯片国际科技安全和创新基金、美国芯片劳动力和教育基金，围绕集成电路产业生产、研发、教育与人才培养各环节，从全产业链提供系统性、全方位扶持。除了通过设立基金给予直接补贴，还为相关集成电路制造企业提供约 240 亿美元的税收抵免。

其次，该法案直接限制接受美国资助的集成电路企业到中国开展正常经贸与投资活动。①限制受资助企业与芯片制造相关的投资选址活动，明确规定，"为了确保制造业激励措施提高美国的技术领先地位和供应链安全，禁止接受联邦奖励资金的企业，在那些对美国国家安全构成威胁的特定国家扩建或新建某些先进半导体的新产能，期限为十年"。在总结部分则直接写明，"禁止接受法案资助的企业在中国和其他特别关切国家扩建关键芯片制造厂""接受国家科学基金资助的机构必须披露其受重点关注的国家（中国、俄罗斯、朝鲜、伊朗）财政支持的情况，国家科学基金可以在某些情况下减少、暂停或终止资助"。②限制扩建或新建的设施范围。总结部分特别说明，"这些限制主要针对可以设计或生产芯片的新设施，已有的或为其他国家制造传统半导体的设施不受影响"。③限制芯片技术标准，并动态调整芯片技术门槛。规定"商务部长、国防部长和国家情报总监协调出口管制条例，根据行业投入，定期重新考虑受这一禁令约束的技术"。虽然该法案没有明确界定提及传统半导体和先进半导体，但目前普遍认为28纳米是先进制程和成熟制程的分界线，因此一般认为接受资助的企业将被禁止在中国等地区增产28纳米以下制程的芯片。这一门槛会根据行业发展情况而定期动态调整，且设定先进集成电路产能投资期限为10年；考虑到集成电路产业技术进步快，这10年限制将使得我国集成电路产业制造和研发水平落后于美国。

最后，该法案B和C部分从更为广泛的创新扶持、教育改革等方面形成对A部分的系统支撑，服务于美国争夺全球集成电路产业主导权的战略目标。例如，扩大科学、技术、工程和数学领域的教育创新，通过提供津贴和扩大奖学金范围等方式为本科生、研究生提供实践培训和研究培养，支持科研机构的研究能力建设，包括为开发研究项目、教师专业发展、学生津贴、研究仪器和行政研究提供资金支持。

本节通过对"2022年CHIPS法案"内容的解读，深入剖析该法案的本质特征，以全面理解该法案对集成电路产业创新链带来的冲击。

第一，该法案延续美国在高科技领域实施"强政治干预"的一贯做法。20世纪80年代美国对日本集成电路企业采取各种干预和打压措施，如实施301审查、征收高额关税、通过东芝制裁法案、禁止进口日本企业产品；同时美国国防部牵头与美国多家企业成立集成电路制造技术产业联盟，加速集成电路设备、材料的研发和工艺标准化工作。美国对内和对外两方面的"强政治干预"体现在两方面，对外利用国家政治力量压制竞争国家的重点企业，对内利用政府力量扶持本国企业，将全球集成电路产业链与消费链牢牢掌控在手中。这种内外两方面的"强政治干预"做法依然贯穿在该法案中，试图扭曲市场经济运行的正常规律。

第二，该法案试图打断我国集成电路产业快速成长的整体趋势。当前我国集成电路产业正处于逐步壮大，但还不够强大的关键时间点，这与我国制造业正不断向全球价值链高技术附加值的上游位置攀升，特别是高技术制造业的全球价值链参与地位上升幅度最大的历史阶段相符合。在集成电路产业中，随着台积电、英特尔、三星等公司在中国大陆投资兴建厂房，我国在全球芯片制造领域的份额不断增长。同时我国日益重视设计环节，涌现出华大九天等领军企业。但这些企业仍与国际巨头有差距，仅在特定领域实现部分流程或局部技术上的领先。该法案就是要在这一关键时间点，阻止我国集成电路产业继续快速成长。

第三，该法案是以争夺全球集成电路产业主导权为根本目标的产业政策。面对中国在集成电路产业的崛起，美国的产业政策从"拉"和"限"两方面展开。"拉"是通过补贴，吸引台积电、三星到美国设厂，完善其本土产业链；"限"是限制接受补贴的企业到中国增产，采取"二选一"的方式，迫使全球集成电路企业放弃中国市场。在全世界市场经济最为发达、号称政府干预最少的美国，产业政策依然在高科技产业领域发挥重要作用。对我国而言，这是对美国式自由市场经济的又一次祛魅，有力驳斥了仅将自由放任和政府不干预视为现代市场经济基本原则的片面理解；我国在开启全面建设社会主义现代化国家新征程中，应进一步坚定使市场在资源配置中起决定性作用，更好发挥政府作用。

12.2.3 《芯片与科学法案》对我国集成电路产业本土领军企业的影响评估

本节根据我国在集成电路产业各环节布局的领军企业以及它们的发展水平，探讨该法案对这些本土领军企业的具体影响和威胁程度。

1. 对上游设计本土领军企业的影响

由于该法案限制芯片制造企业对华投资，我国设计厂商在下游代工上会受一定影响，可能面临设计与制造之间的脱节。在该法案通过后，美国还对中国断供EDA工具，试图切断我国本土产业链上游的技术提升路径。我国本土设计企业对此已有预案，能规避实质性直接严重冲击，且我国国产EDA发展势头良好，该法案倒逼我国企业不断突破EDA"卡脖子"技术。总体上该法案对我国上游设计本土领军企业的威胁程度为中等。

2. 对中游制造本土领军企业的影响

该法案A部分第102、107条表明美国试图通过补贴和税收减免来刺激制造企业在美国的投资，第103条直接禁止获得资助的企业十年间在中国增产先进制程芯片。台积电、三星、SK海力士都在中国本土运营多家芯片厂，这些条款直接制约其在中国大陆的产能扩产和28纳米以下芯片的生产，阻碍我国实现制程追赶。

制造环节是集成电路产业链中承上启下、最为关键的一环，我国在先进制程芯片制造上还存在空白，因此该法案对我国中游制造本土领军企业的威胁程度最高。这是直接对我国相对薄弱的制造环节进行封锁打压，使我国企业在建厂资金、先进设备、工艺技术和材料的资源获取等方面受到阻碍，限制我国与全球领先企业通过技术交流和协同创新实现技术追赶的机会，加大我国本土制造企业的升级难度，可能导致其长期处于尾随状态。

3. 对下游封测本土领军企业的影响

封测环节企业营收情况与集成电路行业整体景气度高度相关，该法案可能减少本土封测企业的订单，封测企业与中游制造企业的技术交流和协同创新受到限制，但总体上受该方案的影响程度较低。

4. 对终端应用本土领军企业的影响

通信、计算机领域本土领军企业要用到先进制程的芯片，可能受到该法案较大的冲击，削弱其在高端产品市场的竞争力。汽车企业主营产品主要使用成熟制程芯片，不会受到太大的负面影响。总体来看，该法案对终端应用环节本土企业的影响较小。

除了对我国集成电路各环节本土领军企业产生影响，该法案还从资本、人才两个维度，阻碍我国集成电路产业创新链的整体效率提升。首先，集成电路产业具有显著的资本密集型特点，美国可能通过占有资本和融资渠道，阻碍集成电路研发创新投资流向我国，导致我国本土集成电路产业链创新能力无法持续增强。其次，该法案禁止受资助的人员参与"外国人才招募计划"，削弱我国集成电路行业发展对全球人才的吸引力，从而有可能会延缓我国人才培养和技术创新的速度，增加我国引进和培育高技术人才的难度。

12.3 领军企业创新链下推动我国集成电路产业高质量发展的政策措施

我国集成电路产业的技术实力正从量的积累迈向质的飞跃，但整体上还处于技术追赶的过程中，尚未取得技术领先优势。如何加快这一进程，使得我国集成电路产业尽快接近全球技术前沿，自主掌握关键核心技术，是当前我国集成电路产业发展迫切需要解决的关键点。过去我国集成电路产业技术创新速度不够快，自主可控创新体系未能形成，深层次的原因就在于没有形成高效的创新组织体系，在产业层面上的协同创新不足，更多依赖企业自身以单打独斗方式开展创新。针对上述关键点及其背后的深层次原因，我们应充分认识到我国集成电路产业的技术追赶和技术超越不能仅靠一家企业或几家企业来完成，必须采用领军企业创新链这种新型创新组织体系，必须由本土领军企业协同创新链上的各主体通过协同创新实现这一技术追赶和技术超越，从而实现集成电路产业关键核心技术的自主可控和自立自强。这需要建设适合产业发展的创新链，强化创新链责任的制度创新，提升本土领军企业创新链治理权，建立创新链内主体间的风险分担和利益分享机制。

另外，上文分析表明，该法案对我国集成电路产业产生重大冲击，意图切断中国与国际的技术合作交流，造成我国集成电路产业与全球集成电路产业创新链脱钩，所以我国必须坚持集成电路产业创新链的开放发展。同时，该法案还揭示出我国集成电路产业创新链本土人才供给不足的根本约束条件，破解人才这一关键要素的供给束缚极为迫切。所以本节从集成电路产业创新链的治理权、开放性和关键要素供给三方面设计应对政策体系。

12.3.1 自立自强，培育掌握创新链治理权的本土集成电路企业

多中心治理、分散化治理成为集成电路全球创新链中的一个特有现象，客观上很难有一家绝对强大的企业能完整主导集成电路全球创新链。拥有创新链治理权是抢占全球集成电路产业主导权的前提条件。在技术高度密集的集成电路产业内，只有当一个国家本土企业成为该创新链上多个治理者中的一员时，这个国家才能拥有该创新链的治理权，才可能进而拥有全球集成电路的产业主导权。我国要正视全球集成电路产业发展主导权的国际竞争形势，积极谋划，主动推动本土企业成为全球集成电路创新链的治理者之一。只有我国本土企业在集成电路全球创新链的不同部分中更多地担任治理者角色，才能与美国在全球集成电路产业中形成势均力敌的竞争均衡格局，才能扭转当前所处的不利竞争地位。

发挥新型举国体制优势，培育集成电路产业创新链中的战略科技力量。我国社会主义市场经济条件下的新型举国体制具备鲜明的制度优势，它要求本土集成电路产业发展坚持在党的领导下集中力量办大事，针对集成电路产业创新链中的关键核心技术问题，有机结合政府、市场和社会三方面力量，完善协同组织运行机制，跨行业、跨学科、跨部门、跨企业协调资源，科学论证，集中攻关，攻克具有先发优势的集成电路产业中关键科学与技术难题，实现创新链的突破性发展和跨越式进步。

新型举国体制把政治制度优势与市场机制结合起来，针对集成电路产业创新链中不同阶段、不同类型的创新活动采取相应的差异化组织方式。针对集成电路科技创新需要的基础研究和共性前沿问题，要采取揭榜挂帅、赛马等方式，组织相应的重大科技项目，汇集国家科技力量，持续投入，共同突破难题。针对工程技术迭代发展及产业应用问题，国家设立产业发展大基金，发挥市场机制和资本市场的作用，由企业组织资源投入创新，组建以企业为主体的创新联合体；政府

则负责维护行业竞争环境公平有序,加强知识产权保护,制定政策以合理引导产业发展。

加快在集成电路产业培育战略科技力量,关键是发挥好国家实验室、国家重点实验室、国家工程技术研究中心等在原始创新上的优势,凸显国家级科研平台和大科学装置等的科技创新引领功能,提升高水平研究型大学的基础研究能力,加强科技领军企业面向应用统筹创新资源的协同创新能力。政府要加快转变科技管理职能,激发这些集成电路产业战略科技力量的活力,形成互补合力,共同实现集成电路产业的高水平科技自立自强。

利用好我国规模庞大的内需市场,在细分垂直领域构建本土领军企业主导的集成电路创新链。随着全国统一大市场的建设和推进,国内内需市场的庞大规模为国内经济循环提供强大的驱动力,其也是我国集成电路产业终端应用环节发展的主战场。这些终端应用领域需要的芯片以成熟制程为主,如物联网和新能源汽车等快速增长行业所采用的芯片主要是 28 纳米以上制程工艺,5G 领域对集成电路需求最高的光学、功率器件、射频器件等也大多采用 28/65 纳米及以上制程工艺。该法案针对的 7 纳米和 5 纳米制程工艺芯片目前主要用于高端手机和计算机的 CPU 及人工智能。我国要充分挖掘与中等收入群体相关的终端应用领域需求,从中培育在细分垂直市场中存在绝对竞争优势的龙头企业,持续提升自身研发创新实力,并利用其在产业链下游的主导优势,调动产业链上游环节企业创新能力,虹吸高校、科研院所等外部创新主体的创新要素,从而提高其在创新链上的资源整合协调能力,在全球范围内构建以其为主要治理者的创新链。构建本土领军企业主导的集成电路创新链,并重点培育细分环节和赛道中的专精特新企业,专精特新企业作为隐形冠军,甚至可能是狭小市场中的小公司,这些小微企业和领军企业共同构成集成电路产业生态体系。它们在各自环节中不断攻克"卡脖子"技术,构建本土领军企业主导的集成电路产业创新链的完整度越来越高,就更不畏惧全球集成电路产业主导权的争夺。

紧抓集成电路产业技术更新迭代、技术路线变革的重大机遇,利用"弯道超车""换道超车"实现技术创新并提升创新链治理权。集成电路产业技术更新迭代速度快,而且硅集成电路芯片的基本规律摩尔定律正逼近物理技术和经济成本的极限,其技术路线已经在向"后摩尔时代"转变,集成电路产业创新面临全新的未知领域和技术挑战。集成电路产业未来的新技术路线尚未完全明朗,我国要加强对技术创新全新赛道、全新领域的积极探索,如发展第三代集成电路材料与器件,突破冯·诺依曼结构的新型存算一体芯片体系,实现异质集成封装的先进芯片拓宽新兴应用场景(人工智能、元宇宙)等。这些技术创新都可能带来"变革式创新""颠覆式创新",或形成全新的技术创新周期,从局部改变集成电路产业现有的主流技术路线,甚至对集成电路产业全局带来重要影响。我国企业作为集成电路产业后发者，受传统技术路线影响小，创新的历史包袱轻，在弯道或新赛道上更能发挥后发优势，更容易切入新技术、新赛道。

推行集成电路产业链长制，重点解决集成电路产业创新的市场失灵，构建"链主＋链长"的创新链双重治理模式。习近平强调，"创新链产业链融合，关键是要确立企业创新主体地位"①。领军企业产生于产业链，以其为主导构建创新链，难点在于领军企业能否依靠其在产业链上的优势地位，真正成为创新链的"链主"。创新链参与主体比产业链更为广泛，包括高等学校、科研院所等非产业链上的创新主体。我国长期以来存在科技与经济"两张皮"的痼疾，集成电路产业也同样面对这一难题，高校、科研院所的科研活动容易脱离企业实际需求。构建我国本土集成电路领军企业主导的创新链，必须要发挥政府作为集成电路产业"链长"的协调整合功能（刘志彪和凌永辉，2021）。重点要推进顶层制度设计创新，打破束缚高校、科研院所与企业研发活动之间的制度障碍，发挥好领军企业的"出题人"作用，在各级科技项目中引入领军企业的研发需求，由领军企业发布专项研究项目指南；深化科技项目体制改革，建立差异化的科技项目验收和评价机制，对参与领军企业发布项目的科研人员不硬性要求发表论文，以解决企业实际问题为项目验收和科研人员绩效考评的主要标准；为创新要素在创新链上的跨部门、跨领域流动消除体制障碍，尤其是打通高校和科研院所的科技创新人才融入领军企业创新链的机制堵点。

担任链长的政府还要重点解决创新中的市场失灵问题。例如，面对启动资金和后续投入的分担、研发过程的控制与研发绩效的评估、研发过程中的信息沟通、创新成果的分享，无论是领军企业还是其他主体，都存在着各种顾虑。市场的无形之手并不能完全消除这些顾虑，政府的有形之手必须参与其中。链长的具体任务清单应包括：作为中立第三方，担任创新链的监督者和仲裁者；协助链主企业统一创新链内多主体对于创新主导方向的认识；以集成电路产业投资基金撬动社会资本，为创新链提供足够的研发资金投入，加强各级政府集成电路相关的产业投资基金之间的协调；调整现有科技创新激励政策体系，加大对创新链主体间协同创新活动的扶持力度，按创新链上贡献大小来决定实际奖励额度；鼓励龙头企业收购科技型初创企业，缩短科技创新创业者获得回报的周期，同时引导企业学习先进的创新管理理念，培育科学的创新管理氛围。

"链主＋链长"的创新链双重治理模式有两方面的内涵。一是要发挥集成电路领军企业作为链主企业的治理优势，调动高校、科研院所等创新主体的创新资源，组建以企业为中心的创新联合体；链主企业深度参与并引领集成电路产业链上下游环节企业的研发活动，具体通过设定产品性能指标、规划技术创新方向、培训

---

① 《加快建设科技强国 实现高水平科技自立自强》，http://www.qstheory.cn/dukan/qs/2022-04/30/c_112860736 6.htm，2022年4月30日。

技术人员、开展联合研发和协同创新等各种方式，构建链主企业主导的开放创新体系。二是要让政府担任集成电路产业链长，通过链长制弥补构建本土集成电路领军企业主导的创新链时可能的市场失败，实现有效市场与有为政府的紧密结合。链主企业应重点从现有各环节具有技术领先优势的龙头企业中培育，也要关注快速成长的初创企业，在动态视角下关注潜在链主企业的成长。考虑到集成电路产业链长度长、创新链主体众多的特点，集成电路产业链长制宜在产业基础好的若干地区省级政府层面上实施，并在国务院设立集成电路产业创新发展工作领导小组，通过这一议事协调机构加强各地区、各部委的协作。

12.3.2 开放共赢，建立全球合作集成电路创新网络

要遵循集成电路产业创新链的开放性要求，坚持在高水平开放格局下推动集成电路产业的创新发展，绝不能闭门造车。在首届中国国际进口博览会开幕式上，习近平强调："中国开放的大门不会关闭，只会越开越大。"[①]我国任何一个行业都必须要主动对外开放，进一步提高对外开放水平。集成电路产业创新链的开放性是指其创新主体和创新活动都具有鲜明的全球分布属性，是面向全球开放的创新系统和创新网络。这种全球开放属性更加说明，全世界任何一个国家都无法完全仅靠自身力量去推动本土集成电路产业的创新发展。虽然《芯片与科学法案》试图限制我国集成电路产业的发展，但我国要坚持在高水平开放格局下推动集成电路产业创新，坚持"引进来"和"走出去"相结合。

在走出去方面，我国应坚持主动开放，支持本土集成电路企业主动积极参与全球集成电路产业的创新网络，加强与集成电路全球产业链的合作，帮助企业提高国际合作的精准度和深入度。在国际合作对象的选择中，除了继续和美国企业合作，还应注重与欧洲、日本、韩国等国家或地区的集成电路企业加强合作，巩固与这些集成电路企业的科技合作，利用好这些企业在集成电路创新链特定环节上的领先地位。支持本土企业积极主动参与集成电路产业国际标准的制定，逐步提高在全球集成电路创新链标准制定中的话语权。

在引进来方面，应持续扩大市场准入，落实在集成电路产业中的稳外资政策，完善相应的外资法律体系。继续吸引与我国有合作愿望的各国集成电路企业来我国落地投资，为已经在我国投资的外资集成电路企业继续提供高质量的服务保障，及时解决外资企业知识产权保护、员工招聘等方面的实际困难，用好外资企业留存利润递延纳税政策，鼓励留存利润再投资。积极推动集成电路外资企业开展本

---

① 《习近平出席首届中国国际进口博览会开幕式并发表主旨演讲》，https://www.gov.cn/xinwen/2018-11/05/content_5337594.htm，2018年11月5日。